Spurensuche im Indianerland

Günther Stoll, Rüdiger Vaas

Spurensuche im Indianerland

Exkursionen in die Neue Welt

S. HIRZEL VERLAG STUTTGART · LEIPZIG 2001

Die Deutsche Bibliothek – CIP-Einheitsaufnahme
Stoll, Günther:
Spurensuche im Indianerland : Exkursionen in die Neue Welt / Günther Stoll ; Rüdiger Vaas. - Stuttgart ; Leipzig : Hirzel, 2001
ISBN 3-7776-0939-0

Gestaltung: de'blik, Berlin
Druck: Gulde, Tübingen

Birkenwaldstraße 44, 70191 Stuttgart
Printed in Germany

Inhalt

Einleitung: Reise zum unsichtbaren Volk

Momentaufnahmen. Der Motor schnurrt wie eine zufriedene Katze, die Tachonadel ist auf 65 Meilen festgefroren. Mit hypnotischer Intensität gleitet der Mittelstreifen vorüber, wie ein endloses Band, eine Möbiusschleife, die der Wagen nie verlassen kann. Der zuletzt eingestellte Radiosender wird immer schwächer – Zeit, einen neuen zu suchen. Einige Stationen schälen sich aus dem statischen Rauschen. Ein Prediger verliest Bibelstellen und prophezeit das Ende der Welt; dann ein Indianer, er spricht ernst und schnell, wahrscheinlich ein Navajo. Obwohl ich kein Wort verstehe, höre ich ihm eine Zeitlang zu. Es könnte eine bedeutsame Rede sein oder auch nur eine amtliche Bekanntmachung; ich weiß es nicht.

Schließlich lasse ich den Suchlauf fortsetzen, und ich bekomme wieder die *weeping steel guitars,* nach denen ich eigentlich gesucht habe. Willie Nelson, ich erkenne die Stimme sofort, die charakteristisch ruhigen, oft melancholischen Arrangements. Keiner bringt Klassiker wie „City of New Orleans“ oder „Heart of Gold“ besser als er, und keiner kann besser mit den verschiedensten Musikern zusammenarbeiten, Kris Kristofferson, Bonnie Raitt, Sinead O'Connor oder Paul Simon. Aber diesmal ist er es ohne Begleitung, mit „On the road again“ – wie passend.

Klischees. Über kein Land werden so viele Klischees verbreitet, die dann auch noch stimmen. Gemäß der Duden-Definition ist ein Klischee eine eingefahrene, überkommene Vorstellung. Die Gefahr liegt darin, daß man das Objekt zu kennen glaubt, daß man der Meinung ist, ausreichend Bescheid zu wissen. Da Klischees nie völlig falsch sind, wird man unter Umständen darin sogar bestätigt. Es ist somit nicht verwunderlich, daß man hierzulande der Ansicht ist, über die Vereinigten Staaten gut informiert zu sein. Wird ein Präsident gewählt, ein Anschlag auf das Weiße Haus verübt, oder wütet gar ein Hurrikan, dann berichten unsere Medien darüber. Außerdem sind da noch unzählige Spielfilme und Seifenopern, amerikanische Musik, von George Gershwin bis zum Rap, amerikanische Shows und Disneyland, amerikanische Außenpolitik und amerikanische Sekten – welchen Aspekt amerikanischen Daseins wir auch übersehen haben könnten, über den stolpern wir dann sicher, wenn wir in großen Touristenmassen in das Land einfallen.

Jemand hat einmal gesagt, über Nordamerika zu schreiben, halte man zunächst für sehr einfach, doch je mehr man sich mit dem Thema beschäftige, neige man dazu, es zu lassen. Man „traut“ sich nicht mehr.

Stimmt. War das vielleicht Hemingways eigentliche Motivation, so gut wie nie amerikanische Themen aufzugreifen? Sieht man einmal von seinen Nick-Adams-Stories und dem Roman „Inseln im Strom“ (der auch nicht gerade als „typisch amerikanisch“ gelten kann) ab, so hat er sich sehr stark auf Europa konzentriert, weil eben in Amerika nichts passiere, wie er behauptete. Er war in diesem Punkt wohl nicht ganz ehrlich.

In der sehr kurzen Geschichte „Indianerlager“ beispielsweise zeigt Hemingway, sich selbst widerlegend, daß die amerikanische Heimat viele starke Geschichten bot, Geschichten, die zu erzählen er sich vielleicht scheute. „Die Gegend, in der er als Knabe gelebt hatte, die hatte er wirklich ganz gut beschrieben. So gut er es damals verstand.“ So heißt es in einer frühen Fassung des Meisterwerks „Schnee auf dem Kilimandscharo“. In „Indianerlager“ erlebt der Arztsohn Nick Adams, wie ein Indianer die entsetzlichen Qualen seiner Frau während eines Kaiserschnitts ohne Narkose nicht mehr ertragen kann und sich die Kehle durchschneidet. „Ist Sterben schwer, Daddy?“ wird der Junge dann fragen, und sein Vater wird antworten: „Nein, ich glaube, es ist ziemlich leicht, Nick. Es kommt drauf an.“

Vielleicht war das Sterben leicht für George Armstrong Custer an jenem 25. Juni 1876, gegen 17 Uhr 30, am Little Big Horn in Montana. Er hatte seine Abteilungen in den Tod geführt, und er selbst sah, wenn man den Schilderungen seiner indianischen Gegner glauben darf, dem Tod tapfer ins Auge. Tapferkeit ist oft ein Privileg jener, die nicht in der Lage sind, die Folgen ihres Handelns abzusehen.

Aber war das Sterben für seinen Widersacher Sitting Bull leicht? Am 15. Dezember 1890 wurde er von einem Indianerpolizisten durch einen Kopfschuß getötet, während sein Pferd, das Buffalo Bill Cody ihm geschenkt hatte, ein altes Zirkuspferd, von den Schüssen des Kampfs aufgeschreckt, einen Geistertanz vollführte – seine alten Manegenkunststücke.

Wie war es mit Crazy Horse? Am 5. September 1877, schon bald nach der Schlacht am Little Big Horn, im Alter von 35 Jahren, wurde er in Fort Robinson getötet, völlig grundlos. Zwei Männer hielten ihn fest, während ein dritter ihm ein Bajonett in den Bauch stieß.

Wie war es mit Big Foot, der am 28. Dezember 1890 am Wounded Knee in den Badlands von South Dakota starb, zusammen mit Hunderten von anderen alten Männern, Frauen und Kindern der Miniconjou-Sioux? Man fand bei den gefallenen Indianern vier Gewehre und einen Revolver – nicht sehr viel gegen eine Übermacht von mehreren Schwadronen mit Schnellfeuer-Gewehren bewaffneter Soldaten der US-Armee. Wie sich später herausstellte, waren die meisten der dreißig getöteten Soldaten durch verirrte Schüsse ihrer Kameraden gefallen.

Mit dem Massaker am Wounded Knee endet meist die Geschichtsschreibung der Historiker über die Indianer, die an jenem hinreichend beschworenen und umstrittenen 11. Oktober 1492 beginnt. Was *nach* 1890 geschah, gehört in die allgemeine Geschichte des nordamerikanischen Kontinents und findet seine widersprüchlichen Symbole in der Freiheitsstatue und der Einwandererinsel Ellis Island südlich von Manhattan – Fakt und Fiktion des Schmelztiegels. Was aber war *vor* 1492? Tatsächlich denkt man selbst heute, wenn von präkolumbischen Hochkulturen der Neuen Welt die Rede ist, vorwiegend an die Inka, Maya und Azteken in Süd- und Mittelamerika. Doch auch im Norden des Kontinents sind Kulturen entstanden, deren beeindruckende Errungenschaften oft übersehen werden. Ihre zum Teil riesigen Wohnstätten waren überwiegend schon verlassen, als die Europäer sie entdeckten. Doch in diesem Moment der Entdeckung zählte nur das Element mit der Ordnungszahl 79 – Gold! Was könnten auch wir heute noch sehen, wenn, wie es Mary und Franklin Folsom ausgedrückt haben, Kolumbus und seine Nachfolger etwas neugieriger und erheblich weniger gierig gewesen wären?

Amerika ist, ein wenig salopp ausgedrückt, eine gigantische Petrischale für ein einzigartiges ökologisches Experiment. Vor vielen Tausenden von Jahren wurde der Kontinent von winzigen „Mikroorganismen" besiedelt, die von Asien aus über die Beringstraße einwanderten. Wie Bakterien, die auf einen geeigneten Nährboden gelangen, vermehrten sie sich, breiteten sich aus und paßten sich an ihre Umwelt an. Der Archäologe, der sich jener Phase der Menschheitsgeschichte annimmt, steht vor einem Problem: Gerade in Nordamerika fehlen schriftliche Aufzeichnungen. Das macht die Altamerikanistik zu einem „heißen

Pflaster". Die Quellen, die man auf bewährte Art und Weise auswerten kann, sind die Zeugnisse und Schriften der Eroberer – keine neutralen Berichte über den Zustand vor dem denkwürdigen Kontakt, sondern parteiische Bestandsaufnahmen nach der „Infektion".[1] Manche, wie beispielsweise die amtliche Verlautbarung des Edward Waterhouse von 1622, sind zynische Belege eines uneingeschränkten Frühkapitalismus; ein Massaker, dem 347 weiße Kolonisten zum Opfer fielen, war ihm willkommene Rechtfertigung für eine skrupellose Landnahme und Versklavung der Indianer; daß nach den Ursachen des Gemetzels nicht weiter gefragt wurde, versteht sich von selbst. Andere – wenige! –, wie der Missionar und Theologe Bartolomé de Las Casas, stellten sich auf die Seite der Ureinwohner und prangerten die Zustände an, die in der Neuen Welt um sich griffen, so in seinem 1542 entstandenen Werk „Brevisima relación de la Destrucción de las Indias" (Bericht von der Verwüstung der Westindischen Länder).

Aber all diese Schriften und Dokumente können nur einseitige Schlaglichter liefern; so interessant sie alle im einzelnen sein mögen, fehlt ihnen doch die Neutralität. Und sie stammen alle aus der Zeit *nach* 1492, als bereits Einwanderung, Seuchen und Völkermord herrschten; als, um im Bild zu bleiben, bereits weitere Mikroorganismen die Petrischale mit der ursprünglichen Reinkultur zu überwuchern begannen. Doch was hatte *zuvor* existiert? Führen wir die Frage im Sinne der Folsoms weiter. Eine Art von Gedankenexperiment bei Historikern und ein beliebtes Sujet in Science-Fiction-Erzählungen ist der „Was wäre, wenn"-Ansatz. Was wäre, wenn Cäsar an den Iden des März auf seine Frau gehört hätte? Wenn Napoleon bei Waterloo gesiegt, die Verschwörer vom 20. Juli 1944 Erfolg gehabt hätten? Was wäre, wenn alle Indianer-Stämme zusammengehalten und die Invasion des Weißen Mannes bekämpft hätten, statt sich in blutigen Fehden mit wechselnden Koalitionen zu verzetteln?

In Europa, in seinem Brennpunkt um das Mittelmeer herum können sich die Archäologen auf einen gigantischen Fundus an Literatur stützen, der mit den ausgefeilten Methoden des Geisteswissenschaftlers übersetzt und gedeutet wird. Jedes archäologische Faktum muß an der schriftlichen Hinterlassenschaft gemessen werden, und umgekehrt gilt das Gleiche. In Amerika, besonders im Nordteil des Kontinents, fehlt diese Gegenkontrolle. Hier kann die Naturwissenschaft bis zu einem gewissen Grad aushelfen, mit ihren so unterschiedlichen Fachdisziplinen wie Geologie, Physik, Chemie oder Biologie. Das läßt den Historiker mit gemischten Gefühlen zurück, denn er muß sich bei der Deutung vieler Ergebnisse auf Fachfremde verlassen, und die Überprüfung anhand schriftlicher Belege, die eine bestimmte Interpretation stützen oder widerlegen könnte, fehlt.

Für jeden naturwissenschaftlich „Vorbelasteten" jedoch bietet das Vorteile. Er hat einen sehr viel einfacheren Zugang zu den Rätseln der Vergangenheit, weil er die Methoden nachvollziehen kann, mit denen die Ergebnisse gewonnen wurden; er kann mitreden im andauernden Disput um die Fragen nach „dem Indianer". Er wird gut daran tun, Resultate noch vorsichtiger zu interpretieren als sonst, und er ist verpflichtet, die Grenzen und Beschränkungen der Techniken zu erkennen und auch anderen verständlich zu machen – wir werden immer wieder auf diese Grundtatsache stoßen. Aber er kann etwas beitragen, und er findet einen leichteren Zugang als in irgendeinem anderen Kulturkreis auf dieser Erde.

Zu diesem Zugang möchten wir mit diesem Buch beitragen. Es ist also kein Fortschrittsbericht für Amerikanisten; wir hoffen vielmehr, aus ihren Arbeiten eine interessante Auswahl an Fakten getroffen und ein einigermaßen repräsentatives Bild gezeichnet zu haben. Wir hatten auch nicht vor, den unzähligen esoterischen Bänden voller geheimnisvoller Weissagungen und Mahnungen einen weiteren hinzuzufügen. Wie später noch zu begründen sein wird, gilt dieser Boom unter den weißen Völkern bei den Indianern – sehr zu Recht – als eine Art von Kulturimperialismus. Man pickt sich hier jene Bereiche aus dem indianischen Leben heraus, die einem zusagen, und verleugnet all das, was man als nicht so angenehm empfindet. Diese Legendenbildung verklärt den Indianer als „edlen Wilden" und „Hüter der Erde" – der Indianer als Mitmensch wird übersehen. Es war gleichfalls nicht unsere Absicht, einen Reiseführer zu schreiben. Uns lag vielmehr daran, einige Tips zu geben, Hinweise auf Stätten und Orte, die man keinesfalls auslassen sollte, wenn man die Vereinigten Staaten bereist, und dazu anzuregen, vielleicht einmal mit etwas anderem Blickwinkel die Ziele auszuwählen und nicht so bekannte Stationen anzusteuern. Ein Reiseziel muß nicht immer einem Superlativ genügen, um neue Einsichten zu vermitteln.

Wir möchten vielmehr mit diesem Buch einen naturwissenschaftlich orientierten Zugang zur indianischen Kultur vermitteln und den Weg vom eher punktuellen, episodischen Text im Reiseführer hin zu dem reichen Fundus an Wissen erleichtern, das die Archäologen und Altamerikanisten inzwischen angehäuft haben. Dementsprechend werden wir auch jene Bereiche betonen, die uns selbst zur Beschäftigung mit der Vorzeit Nordamerikas geführt haben: die Archäoastronomie, die Ethnobotanik, die Paläoökologie, die vergleichende Anatomie, Biochemie oder auch die kognitive Linguistik, all jene Wissensgebiete also, die heute Aufschlüsse über jene Zeiten und Völker vermitteln, von denen wir keine schriftlichen Hinterlassenschaften haben.

Wir bilden uns dabei keineswegs ein, *das* objektive Bild der Indianer zeichnen zu können, das wäre vermessen. Wenn wir in diesem Buch nicht auf die unzähligen Biographien von einzelnen Persönlichkeiten[2] verweisen, uns damit auch gar nicht auseinandersetzen, so bedeutet das keine Wertung. Wir sind vielmehr der Meinung, daß diese einzelnen Stimmen sehr wohl gehört und zur Kenntnis genommen werden sollten. Dieses Buch ist aber mit einer anderen Perspektive entstanden. Zwar versuchen wir, einiges von der Breite und Vielfalt der Kulturen Nordamerikas aufzuzeigen und zum Weiterforschen zu verführen. Dementsprechend haben wir Wert darauf gelegt, neben spezielleren Publikationen vorwiegend wichtige, gut zugängliche Literaturstellen zu zitieren, die ein intensiveres Studium möglich machen. Aber wir können und wollen kein enzyklopädisches Werk über die nordamerikanischen Indianer vorlegen, das haben andere getan. Wir wollen zu einem Brückenschlag beitragen und die vielzitierten Grenzen zwischen den zwei Kulturen, wie sie Charles Percy Snow gezogen hat, überschreiten helfen. Aus den schon erwähnten Gründen ist dieses Thema dafür besonders geeignet, und so möchten wir zu naturwissenschaftlichen Streifzügen durch die Kulturgeschichte Nordamerikas einladen.

Zunächst verfolgen wir den historischen Weg der Entdeckung Nordamerikas, um zu sehen, welche Quellen uns zur Verfügung stehen und wie sich einer Periode der Eroberung auch eine Phase der Erforschung anschloß. Hier stoßen wir auf einen seltsamen Widerspruch: Der weiße Mann konnte sich nicht vorstellen, daß jene Monumente untergegangener Zivilisationen, denen er beispielsweise in Form von Pueblos und Mounds überall begegnete, Hinterlassenschaften des roten Mannes waren. Ein Volk wurde erfunden, eine legendäre Rasse, Nachkommen von Atlantis oder auch der verlorenen Stämme Israels, die sie erbaut haben sollten, um schließlich von den „blutrünstigen Wilden" überrannt zu werden, die zu dieser Zeit den Siedlern an der Frontier, der westwärts wandernden Grenze, das Leben schwermachten.

Schon damals galt, was sich bis heute nicht geändert hat. Man sah den Indianer, wie man ihn sehen wollte, nicht so, wie er war. Eine „Spurensuche im Indianerland" ist somit immer eine „Reise zum unsichtbaren Volk". Diese Formulierung beruht auf einer Äußerung der Naturforscherin Caroline Dormon aus den 30er Jahren dieses Jahrhunderts. Sie studierte vor allem die Stämme im Süden und Südosten der USA, und sie nahm die zwiespältige Haltung ihrer Landsleute sehr wohl zur Kenntnis, die mit einer wieder langsam anwachsenden indianischen Bevölkerung konfrontiert waren, diese jedoch einfach nicht beachteten. „Irgendwie", so faßte es der 1993 verstorbene Anthropologe Fred B. Kniffen zusammen, „scheinen sie auch heute noch einer Bevölkerung eher unwirklich, die von Hollywood darauf konditioniert wurde, Indianer auf dem Pferderücken galoppieren zu sehen, daß sie gefiederten Kopfschmuck tragen, in Tipis leben und zum Klang von Kriegstrommeln tanzen."

Es bedurfte einer gehörigen Anstrengung, Mythen, Legenden und nicht zuletzt Aversionen beiseite zu schieben und die Indianerkulturen auch wissenschaftlich zu erforschen. John Wesley Powell, einem Veteranen des amerikanischen Bürgerkriegs, verdanken wir den Anstoß zu diesen wichtigen Arbeiten, die an den Mounds, jenen geheimnisvollen Erdhügeln im Osten der USA, begannen und schließlich zu einer amerikanischen Archäologie führten. Als unumstößlich feststand, welche Rolle der Indianer als autochthoner Ureinwohner Nordamerikas spielt, begann die Suche nach den Spuren der frühesten Besiedlung, ein klassischer Tummelplatz für Methoden der Naturwissenschaften und noch heute ein faszinierendes Forschungsgebiet voller Kontroversen.

Neben den Kulturen des Ostens waren es besonders die reichen Funde im amerikanischen Südwesten, die aus den zaghaften Anfängen eine florierende amerikanische Archäologie werden ließen. Mesa Verde, Chaco Canyon, Canyon de Chelly, Aztec, Wupatki und Montezuma Castle, das sind heute nicht nur gut untersuchte Fundstätten, sondern Besuchermagneten. (Da auch viele andere Ruinen in der Region der Four Corners sehr gut erschlossen sind, haben wir in unseren Reisetips hier einen besonderen Schwerpunkt gesetzt. An zweiter Stelle betonen wir den Südosten. Die Gewichtung der einzelnen Kapitel spiegelt bis zu einem gewissen Grad auch die Stärke der Besucherströme in den jeweiligen Regionen wider.) In dem Maße, wie sich die Altamerikanistik fortentwickelte, kamen auch zunehmend ökologische Fragestellungen ins Spiel; nicht im Sinne einer „verträumten Naturidylle mit edlen Wilden“, sondern mit dem Ziel, den Einfluß der Umwelt auf die Ausprägung einer Zivilisation herauszuarbeiten. Wenn die Ressourcen knapp sind, müssen menschliche Gemeinschaften einen Weg finden, sie sinnvoll zu nutzen. Die Alternative ist der Untergang – auch das ist beispielsweise im Südwesten Nordamerikas archäologisch belegt.

Es versteht sich nahezu von selbst, daß man den Spuren jener bewußtseinsprägenden Präriekulturen nachgehen muß, die immer noch unser Bild vom Indianer formen. Der bisonjagende Krieger auf dem Pferd, für kurze Zeit und an einem bestimmten Ort war er Realität. Es lohnt sich aber auch, der Frage nachzugehen, warum dieses Bild von solcher Eindruckskraft ist, daß es bis heute nachwirkt. Ebenso wichtig ist die Bestandsaufnahme der Gegenwart. Die indianische Geschichte endet ja nicht am Wounded Knee, sie geht noch heute weiter. Was geschah nach dem „erfolgreichen“ Abschluß der Indianer-Kriege? Wie geht es den rund 1,8 Millionen Indianern (0,7 Prozent der Gesamtbevölkerung) heute?[3]

Drei Themen verdienen es, besonders herausgegriffen zu werden. Da ist zunächst der Sprachenstammbaum des amerikanischen Doppelkontinents, ein Forschungsgebiet, das in sich selbst wichtige Komponenten der „zwei Kulturen“ vereint und ganz wesentliche Impulse für sprachphilosophische, erkenntnistheoretische und kognitionspsychologische Fragestellungen gegeben hat. Da ist die Frage, was wir von dem reichen empirischen Wissen der amerikanischen Ureinwohner heute noch nützen können und inwieweit wir es bewahren sollten, nicht zuletzt als eine Quelle medizinisch-pharmazeutisch relevanter Informationen. Und da bleibt stets auch die Frage nach Mathematik und Astronomie: Ereignisse am Himmel, Sonnenwenden und Tagundnachtgleichen, dienten als Zeitgeber für Aussaat und Ernte wie auch die begleitenden Zeremonien. Hier schließt sich der Kreis, Naturforschung und Mythologie fließen ineinander.

Jedes dieser Themen wird in Form eines Übersichtsbeitrages (oder nennen wir es lieber Essay) behandelt, dem sich Literaturverweise und einige Reisetips anschließen. Damit sollte es für jeden möglich sein, sich einen eigenen Weg zum „unsichtbaren Volk“ zu erschließen.

Es ist uns ein besonderes Vergnügen, Dank zu sagen für die Ermutigung und Hilfe, die wir erfahren haben. Prof. Dr. Wolfgang Haberland, Hamburg, stellte wichtige Informationen und Publikationen zur Verfügung, ebenso Dr. Bruno Wolters, Braunschweig. Herr Reimer Eck von der Niedersächsischen Staats- und Universitätsbibliothek, Göttingen, stellte bereitwillig Literatur vor allem über John Wesley Powell zur Verfügung. Prof. Dr. Peter Thiele, Stuttgart, erwies sich als aufgeschlossener und hilfsbereiter Völkerkundler, der (wie auch Dr. Günther Darcis) den „fachfremden Naturwissenschaftlern“ die Informationen der Bibliothek des Lindenmuseums zugänglich machte. Dr. Matthias Oberhack war so freundlich, einige Abbildungen zur Verfügung zu stellen.

Mein (G. S.) herzlicher Dank gilt Prof. Dr.-Ing. Wolfgang W. Wurster, dem Leiter der KAVA (Kommission für Allgemeine und Vergleichende Archäologie) in Bonn, der nicht nur die Idee eines „naturwissenschaftlichen Reiseführers in die Archäologie“ gut fand, sondern in vielfacher Weise hilfsbereit war. Für Hinweise und Anregungen sind wir stets aufgeschlossen und dankbar.

Günther Stoll, Rüdiger Vaas

Zitierte Literatur

[1] Aus der Vielzahl von Lesebüchern mit unterschiedlichsten Dokumenten sei nur auf vier relativ neue und sehr erschwingliche hingewiesen: *Behringer, W.:* Amerika. Die Entdeckung und Entstehung einer neuen Welt. München 1992. – *Council of Interracial Books for Children,* aktual. v. *C. Biegert:* Die Wunden der Freiheit. Der Kampf der Indianer Nordamerikas gegen die weiße Eroberung und Unterdrückung. Göttingen 1994. – *Arens, W., H.-M. Braun:* Die Indianer – Ein historisches Lesebuch. München 1995. – *Eck, R., K. J. Ohlhoff, D. Voss:* Nordamerika aus der Sicht europäischer Reisender. Hannover 1991. – [2] *Augustin, S.:* Die Geschichte der Indianer. München 1995.– [3] Zur heutigen Situation der Indianer vgl. z.B.: *Gesellschaft für bedrohte Völker (Hrsg.):* „Unsere Zukunft ist eure Zukunft“. Indianer heute. Zürich 1992; *Gerber, P.R.(Hrsg.):* 500 Jahre danach. Zur heutigen Lage der indigenen Völker beider Amerika. Chur, Zürich 1993.

1 Erkundung eines Kontinents: von Bartram bis Powell

Die Erschließung des nordamerikanischen Kontinents wird – sicher nicht ungerechtfertigt – als eine Eroberung geschildert, und die Ausrottung der Ureinwohner steht im Mittelpunkt der Berichte. Dabei werden die friedlichen Entdecker und Forscher vergessen, deren gefahrvolle Expeditionen den Naturraum erschlossen. Sie waren die ersten, die die Kultur und Zivilisation der Indianer ernst nahmen und zu dokumentieren versuchten. Drei Namen ragen dabei besonders heraus: *John Muir*, der „Vater" des Nationalparkgedankens, *John Wesley Powell*, dessen Expeditionen die Erkundung Nordamerikas abschlossen, und *Alfred Vincent Kidder*, einer der bedeutendsten amerikanischen Archäologen.

In the year of '39 assembled here the volunteers
In the days when land were few
Here the ship sailed out into the blue and sunny morn
The sweetest sight ever seen.
An the night followed day
And the storytellers say
That the score brave souls inside
For many a lonely day sailed across the milky seas
Never looked back – never feared – never cried.
QUEEN (Text und Musik Brian May)

Auf den Gesichtern der Männer liegt ein Lächeln, aber es ist nicht echt. Schweigend kontrollieren sie noch einmal die Ladung der Boote. Es ist der Morgen des 13. August 1869. Major John Wesley Powell und seine neun Begleiter haben am Zusammenfluß des Green River und des Little Colorado gelagert, in einer großartigen und auch abweisenden Landschaft (ABB.1). Der Colorado hat sich tief in die Gesteinsschichten eingeschnitten, einzeln stehende Tafelberge, unzählige große und kleine Seitencanyons und bizarre Felsformationen bilden ein Labyrinth, das zu erforschen sich die Männer nun anschicken.

„Wir sind jetzt bereit, unseren Weg hinab in das Große Unbekannte zu beginnen. Unsere Boote, an einen gemeinsamen Pfahl gebunden, reiben aneinander, als der aufgewühlte Fluß sie umherstößt. Sie liegen leicht und hoch im Wasser, denn ihre Ladungen sind geringer, als wir uns wünschen können. Kaum eine Monatsration ist uns verblieben. Das Mehl wurde noch einmal durch das Moskitonetz gesiebt, der verdorbene Speck getrocknet und die schlechtesten Teile ausgekocht... Das geringere Gewicht der Boote hat immerhin auch Vorteile: Sie werden die Wellen besser nehmen können, und wir müssen weniger tragen, wenn wir sie [an einer Stromschnelle vorbei über Land] transportieren müssen... Wir haben eine unbekannte Wegstrecke vor uns, einen unbekannten Fluß zu erforschen. Welche Stromschnellen uns erwarten, wissen wir nicht, welche Felsen im Flußbett lauern, wissen wir nicht, welche Steilwände über dem Fluß emporragen, wissen wir nicht. Ja gewiß, wir können uns so manches ausmalen. Die Männer unterhalten sich so heiter wie stets, Scherze werden ausgetauscht, aber auf mich wirkt die Heiterkeit ernüchternd und die Späße gespenstisch“.[1]

Major Powell, einarmiger Veteran des Bürgerkrieges und Leiter der Expedition, war sich der Tatsache bewußt, daß er sich anschickte, den letzten großen weißen Fleck auf der Landkarte Nordamerikas zu tilgen. Er beschließt damit eine scheinbar unendlich lange Reihe von Eroberern und Entdeckern, die, soweit wir heute wissen, mit den Wikingern um Leif Eriksson ihren Anfang nahm. Fast 500 Jahre vor Kolumbus (oder John Cabot alias Giovanni Caboto, um den leidigen Prioritätenstreit hiermit sofort ad acta zu legen) beginnt die Geschichte der Entdeckung Nordamerikas, unterbrochen von langen Phasen der Ruhe. Hier ist nicht der Ort, die Fahrten der Konquistadoren nachzuvollziehen, zudem ist dies im Umfeld des Jubiläumsjahres 1992 auch zur Genüge getan worden. Den-

ABB. 1: Die Erkundung des Grand Canyon durch die Expedition von John W. Powell im Jahre 1869 steht am Ende der Entdeckung und Vermessung der Vereinigten Staaten. Die wagemutige Fahrt durch die Wildwasser des Colorado beseitigte den letzten weißen Fleck auf den Landkarten der Vereinigten Staaten.

noch ist es eigenartig genug, daß dabei sehr viel Aufmerksamkeit der Eroberung galt, während die meist ebenso abenteuerlichen Expeditionen der Forscher und Naturkundler kaum beachtet wurden. Natürlich ist es nahezu unmöglich, von Beginn an Entdeckung und Eroberung zu trennen, aber im Lauf der Zeit trennten sich diese Entwicklungslinien, und als schließlich die Eroberung abgeschlossen war, hatte die Entdeckung noch kein Ende gefunden!

Im Blickpunkt der Weltmächte

In den bewegten Zeiten nach jener schicksalhaften Entdeckung im Jahre 1492 rangen vier europäische Länder um die Vorherrschaft: England, Frankreich, Spanien und Portugal. Der berühmte Vertrag von Tordesillas vom 7. Juni 1494 stellte einen Versuch dar, eine Demarkationslinie zwischen den Einflußsphären Spaniens und Portugals zu ziehen, im Jahre 1529 durch den Vertrag von Saragossa ergänzt, der diese Grenze durch beide Pole rings um den Erdball weiterführte.

Die Portugiesen waren als eine aufstrebende Kolonialmacht jedoch bereits in Asien und Afrika gebunden, und ohne einen unmittelbar greifbaren Vorteil unterblieben dann weitere Fahrten in die neue Welt, obwohl sie zunächst die fisch- und walreichen Gewässer vor den Küsten Grönlands, Neufundlands und Labradors erkundet hatten.

Nicht Amerika, sondern Asien war das eigentliche Ziel der Spanier, die sich bereits in der Karibik und Mittelamerika festgesetzt hatten. Neben der Suche nach einer Durchfahrt zum Pazifik hatte die Erkundung der unbekannten Festlandmasse daher nur geringere Bedeutung (ABB.2). Am 3. März 1513 stach Juan Ponce de León (um 1460–1521) mit drei Karavellen von Puerto Rico aus in See, auf der Suche nach Gold, Indianersklaven und nach der Quelle ewiger Jugend. Am 27. März, während der Osterfeiertage (span. „pasqua de flores“) entdeckte er Florida, das er zunächst noch für eine Insel hielt. Feindliche Eingeborene bereiteten ihm jedoch einen kriegerischen Empfang, so daß er bald zurückkehrte. Da die spanische Krone ihm das Recht verlieh, die entdeckten Gebiete zu erobern und zu besiedeln, segelte er 1520 wieder in die Neue Welt, fand jedoch den Tod anstatt der Unsterblichkeit. Erst 1565 gründeten dann spanische Seefahrer St. Augustine im Norden Floridas als erste ständige Kolonie.

Die zweite Stoßrichtung der spanischen Konquistadoren zielte in den Südwesten der späteren Vereinigten Staaten. Die abenteuerlichen Fahrten von Pánfilo de Narvaez im Jahre 1528 und vor allem Álvar Nuñez Cabeza de Vaca (1490–1564) von 1528 bis 1536 führten zu weiteren Landexpeditionen. Cabeza de Vaca hat große Teile des amerikanischen Südens in einer unglaublichen Odyssee durchirrt, später dann auch in seinem Buch „Naufragios“ (Schiffbrüche) beschrieben und vielfältige Informationen über die indianischen Ureinwohner vermittelt. Er war der erste Europäer, der von den Bisons hörte. Leider sind die geographischen Beschreibungen eher lückenhaft, so daß manche Streckenabschnitte seiner Reise nur vage zu rekonstruieren sind.

Die Historiker schildern Cabeza de Vaca als einen Mann mit viel Verständnis für die Sitten und Gebräuche der Indianer, und er trat stets für eine menschenwürdige Behandlung der Ureinwohner ein. Es ist daher nicht sehr erstaunlich, daß er eine Teilnahme an der geplanten großen Expedition von Hernando de Soto (1496–1542) ablehnte, der sich bereits durch verschiedene Beutezüge

ABB. 2: Die abweisenden Sümpfe des amerikanischen Südostens, hier am Natchez Trace Parkway, behinderten den Vorstoß der Spanier mit ihren schweren Rüstungen, dem Troß und den Pferden. Die nur nach Schätzen suchenden Konquistadoren nahmen die Zeugnisse einer Hochkultur, auf die sie immer wieder stießen, gar nicht zur Kenntnis.

einen zweifelhaften Namen gemacht hatte. De Soto war grausam und brutal, sein einziges Ziel Gold. Eine Stelle in den eher ernüchternden Erzählungen de Vacas hatte ihn aufgestachelt, in der von Goldstädten im Norden berichtet wurde. Das Stichwort war gefallen, und von 1539 bis 1542 durchquerte er auf einem erratischen Kurs (auch nur das leiseste Gerücht von irgendwelchen Reichtümern genügte ihm, um einen anderen Weg einzuschlagen) den Süden Nordamerikas. Von der Küste des Golfes von Mexiko ausgehend trieb es ihn durch Georgia und South Carolina, ehe er nach Nordwesten bog, die Appalachen durchquerte, bis er – unweit des heutigen Memphis – den Mississippi überschritt. Er stieß bis nach Arkansas und Oklahoma vor, immer in der Hoffnung, den Pazifik zu erreichen. Als er schließlich an Fieber und Erschöpfung starb, wurde seine Leiche heimlich im Mississippi versenkt; er hatte sich den Indianern gegenüber stets als göttliches Wesen ausgegeben, so daß nach dem plötzlichen Tod eines „Überwesens“ eine Erhebung zu befürchten war.

Zur gleichen Zeit kämpfte sich Francisco Vázquez de Coronado (1510 bis 1544) mit einer hervorragend ausgerüsteten Expedition in das Gebiet der heutigen Zuni-Indianer vor (1540–1542). Die hoffnungslos übertriebenen Erzählungen eines Franziskanerpaters, Fray Marcos de Nizza, über die „sieben goldenen Städte von Cibola“, in denen von unermeßlichem Reichtum und Edelsteinen die Rede war, waren der Auslöser des Unternehmens gewesen. Coronado fand ärmliche Pueblos, einige Türkise und sah schließlich auch die ersten Bisons; sein Gefolgsmann García Lopez de Cardenas entdeckte zudem noch den Grand Canyon. Das waren jedoch nicht die Ergebnisse, die der Vizekönige von Mexiko sich vorgestellt hatte. Coronado fiel in Ungnade und starb, völlig vergessen, schon zwei Jahre später in der Hauptstadt Mexico.

Coronado und de Soto hätten sich 1542 beinahe begegnen und sich gegenseitig eingestehen können, daß ihre Unternehmen fehlgeschlagen waren. Auch wenn beide Männer von sehr zweifelhaftem Charakter waren und stets nur von der Gier nach Gold getrieben wurden, so legten ihre Reisen doch den Grundstock für die spanische Kolonisation im amerikanischen Südwesten, die erst 1848 mit dem Vertrag von Guadelupe beendet werden sollte.

Die Annexion von Texas 1845 löste einen Krieg zwischen Mexiko und den Vereinigten Staaten aus, an dessen Ende die Abtretung der späteren Staaten Kalifornien, New Mexico, Utah, Nevada, Arizona und Colorado stand. Dieses riesige Gebiet, das der USA damit in den Schoß gefallen war, sollte zunächst noch unbeachtet bleiben; erst nach dem Bürgerkrieg wurde der Westen systematisch erschlossen.

Die Krone Frankreichs hatte den selbstherrlichen Anspruch der Spanier und Portugiesen nie akzeptiert, und sie rechtfertigte eigene Eroberungsreisen in die Neue Welt mit dem Hinweis, daß es keine unveräußerlichen Rechte auf Ländereien geben könne, die nicht erobert und dauerhaft besiedelt seien. So wurde 1523 der Florentiner Giovanni di Verrazano (1485–1528) damit beauftragt, einen nordwestlichen Seeweg nach China zu finden. Im Verlauf mehrerer Unternehmen wurde die amerikanische Ostküste von North Carolina bis nach Maine erkundet, doch blieben dies zunächst nur Episoden, da Kriege in Europa Frankreichs Kräfte banden.

1534 entdeckte Jaques Cartier (1491–1557) den Saint Lawrence River, doch wieder scheiterten Versuche einer Besiedlung. Cartier war ein erfahrener Kapitän und soll ganz ausgezeichnete Karten erstellt haben, die jedoch nicht erhalten sind. Seine Berichte mit geographischen Angaben und Informationen über die Tier- und Pflanzenwelt des Nordens wie auch seine irrige Vorstellung, der amerikanische Kontinent weise nur eine geringe Ausdehnung nach Westen auf, beeinflußten seine Nachfolger, allen voran Samuel de Champlain (1570–1635). Mit der Gründung von Quebec im Jahre 1608 begann nun endlich eine Phase der ausgedehnten Kolonisation, und Missionare der Franziskaner und Jesuiten wie auch Pelzjäger und -händler stießen bis zu den Großen Seen, den Rocky Mountains und auf dem Mississippi bis zum Golf von Mexiko vor. Ohne die Unterstützung und Führung der Indianer und vor allem deren Nahrungsvorräte wären diese Entdeckungsreisen nicht denkbar gewesen.

Einen entscheidenden Fortschritt für Frankreich erzielte René Robert Cavelier, Sieur de La Salle (1643–1687), als es ihm 1681/82 gelang, mit einer Kanuflotte von der Einmündung des Illinois aus den Mississippi bis zu seiner Mündung in den Golf von Mexiko abwärts zu fahren. Er nahm das Mündungsdelta und das gesamte Flußbecken als La Louisiane für König Ludwig XIV. in Besitz. 1718 gründete dann Jean Baptiste Le Moyne, Sieur de Bienville (1680 bis 1768), La Nouvelle Orléans (New Orleans) im Bereich der Flußmündung. Theoretisch kontrollierte Frankreich damit fast ganz Nordamerika, in der Praxis jedoch war die Krone viel zu sehr in europäische Streitigkeiten verstrickt, um diesen Anspruch erfolgreich verteidigen zu können.

Der Widerstand beginnt

Die Niederländer müssen zumindest kurz erwähnt werden, wenn sie auch im Verlauf der weiteren Geschichte – gerade aus indianischer Sicht – keine große Rolle gespielt haben. Dennoch machten sie recht erfolgreich den Franzosen ihr Pelzhandelsmonopol im Norden streitig. Nach der Fahrt von Henry Hudson in niederländischen Diensten – der 1550 geborene englische Seefahrer wurde im Juni 1611 nach einer Meuterei in einem Beiboot ausgesetzt, um nie wieder aufzutauchen – unternahmen einige andere Seefahrer Erkundungsfahrten zur Ostküste Nordamerikas. Peter Minuit kaufte den Indianern die Insel Manhattan ab, wie die Überlieferung es will, für ein wenig Tand im Wert von 60 Gulden. Man hat diese Episode gern tradiert, manche, um die scheinbare Leichtgläubigkeit zu dokumentieren, andere, um zu belegen, wie schamlos der Weiße den Roten Mann ausgenommen hat. Da jeder weiß, wie die Geschichte letztlich ausging und als Wertmaßstab die Grundstückspreise im heutigen New York im Hinterkopf hat, ist die Deutung doch eigentlich auch klar – oder nicht?

In Wirklichkeit dürften sich die indianischen Geschäftspartner nach Abschluß des Handels fürchterlich amüsiert haben. Man muß dazu wissen, daß bei fast allen Indianern Nordamerikas Landbesitz nicht individuell verteilt war, sondern der Gemeinschaft gehörte.[2] Auch darunter darf man sich jedoch keinen Besitz in unserem Sinn vorstellen, sondern vielmehr eine Art Aufgaben- und Verantwortungszuweisung. Zwar beanspruchte jeder Stamm ein bestimmtes Gebiet als Territorium, das er gegen Übergriffe verteidigte, doch innerhalb dieses Bereichs zog er meist relativ frei umher. Die Arbeit auf den Feldern mußte von bestimmten Gruppen übernommen werden, beispielsweise von einer Familie. Waren jedoch die Böden erschöpft, verließ man die Dörfer und zog ohne Bedauern innerhalb des Stammesterritoriums weiter. Eine gewisse Ausnahme von dieser Regel bildeten manche kalifornischen Stämme wie die Yurok. Bei der Festlegung einer Mitgift galten hier bestimmte Umrechnungsfaktoren für die zu erbringenden Geschenke, aus denen man so etwas wie eine Vorstellung von privatem Grundbesitz ableiten kann.[3] Im Normalfall jedoch ergab sich eine Bindung an das angestammte Land eher aus dem Ahnenkult, der Ehrfurcht vor den Gräbern der Vorfahren und dem zur Verfügung stehenden jagdbaren Wild.

Im Jahre 1664 fiel die Siedlung Neu Amsterdam an die Engländer und hieß fortan nach dem Bruder des Königs New York. Die Briten, deren Rolle die wohl wichtigste in der Neuen Welt wurde, waren auch die ersten, in deren Auftrag die Erkundung Nordamerikas begann. Heinrich VII. unterstützte den Plan des Venezianers Giovanni Caboto (um 1450 – um 1498)[4], einen Seeweg zu den Ländern Asiens zu finden. Von England aus wollte Caboto sein Ziel auf einer kürzeren Route als Kolumbus erreichen; er hielt sich daher weiter nördlich und gelangte auf zwei Reisen 1497 und 1498 in jenen Teil Nordamerikas, den vor ihm bereits die Wikinger erreicht hatten. Wenn auch die genaue Stelle seiner Landung umstritten bleibt, so gebührt ihm doch das Verdienst, vor Kolumbus das amerikanische Festland erreicht zu haben.

Erst sehr viel später waren die Engländer in der Lage, solche Reisen selbst durchzuführen; Schiffbau und Navigation steckten bei ihnen noch in den Kinderschuhen. Die beginnenden religiösen Auseinandersetzungen und auch die Möglichkeit, durch Piraterie schnell zu Geld zu kommen, förderten jedoch die Bemühungen in dieser Richtung ganz enorm. Sir Walter Raleigh (1552–1618) gründete 1584 die erste englische Kolonie, deren Legitimation auf Cabotos Fahrten begründet wurde. Dauerhaft besiedelten die Briten den neuen Kontinent jedoch erst mit der Gründung von Jamestown (1607) durch Kapitän John Smith.

Eine wichtige Rolle unter den Indianerstämmen, die in dem zukünftigen Bundesstaat Virginia lebten, spielten die Powhatan. Im Jahre 1608 fiel Smith in die Hände der Indianer und sollte hingerichtet werden, seine Rettung verdankte er der Tochter des Sachems mit Namen Matoaka. Hier gilt es zunächst, den Begriff Sachem näher zu erläutern. Wir sind daran gewöhnt, den Anführer einer Lokal- oder Stammesgruppe als Häuptling zu bezeichnen, dessen führende Stellung auf einer besonderen Persönlichkeit und Autorität beruht. Bei den politisch hochentwickelten Indianergesellschaften des Ostens gab es jedoch gewählte Führer, die man mit königlichen Parlamentspräsidenten verglichen hat.[5] Sie hatten auch nach dem Willen der Mehrheit zu handeln, waren also als grundlegend demokratische Gestalten anzusehen.

Die erwähnte Indianerprinzessin kennen wir heute unter dem Namen Pocahontas. Wahrscheinlich wurde sie 1595 unweit von Jamestown geboren, war also etwa dreizehn Jahre alt, als sie das Leben von Smith rettete. Jenseits aller Legenden hat sie erheblich zu einem friedlichen Zusammenleben der Siedler mit den Indianern beigetragen, doch als Smith 1609 nach England zurückkehrte, verschlechterten sich die Beziehungen wieder. Man dankte Pocahontas ihre Bemühungen, indem man sie 1613 als Geisel gefangennahm. Zwar, so wird überliefert, sei sie mit großem Respekt und Ehrerbietung behandelt worden, doch man bekehrte sie auch zum Christentum und taufte sie zur Lady Rebecca. Ihr Vater zahlte Lösegeld, um sie freizukaufen, doch ehe sie zu ihrem Volk zurückkehren konnte, kam es zur Heirat mit dem Siedler John Rolfe. Sowohl der Gouverneur von Virginia, Sir Thomas Dale, wie auch der Begründer der Powhatan-Konföderation und später von den Engländern zum König Powhatan erklärte Großsachem Wahunsonacock stimmten der Heirat zu. Die Rechnung der Machthaber ging auf; solange Pocahontas lebte, herrschte Frieden.

Doch dieses Leben währte bedauerlicherweise nicht allzu lange. Dale hielt es für einen gelungenen Schachzug, die attraktive Indianerprinzessin mit ihrem Mann auf eine Art Propagandareise nach London zu schicken; als sie gerade wieder in die Kolonien zurückkehren wollten, starb sie an den Pocken. Opechancanough, Bruder und Nachfolger des 1618 verstorbenen Powhatan, begann 1622 einen Vernichtungsfeldzug gegen die Engländer, der am 22. März dieses Jahres mit einem Massaker an 347 Siedlern begann. Für die Geschäftemacher jenseits des Atlantiks war dieses grauenvolle Ereignis hochwillkommen. Ein Pamphlet aus dem Jahre 1622 zählt die Vorteile einer Vernichtungsaktion gegenüber dem vernünftigen Zusammenleben auf: „... Denn es ist viel leichter, sie zu unterwerfen, als sie zu zivilisieren, da sie ein rohes, barbarisches und nacktes Volk sind ... Außerdem sind viele gleichzeitig und sehr schnell zu unterwerfen, während Erziehung sich mit dem einzelnen beschäftigen muß; sie erstreckt sich über einen langen Zeitraum und ist sehr mühselig. Abgesehen davon kann der Sieg auf vielerlei Arten errungen werden: durch Anwendung von Gewalt, indem man eine Hungersnot herbeiführt und ihr Getreide verbrennt, ihre Boote, Kanus und Häuser vernichtet, ihre Reusen zerstört, sie während der Jagd angreift, durch die sie den größten Teil ihres Unterhalts für den Winter einbringen müssen. Wir können sie mit unseren Pferden und Bluthunden verfolgen und jagen, mit Doggen, die sie zerreißen ... Auf diese und mannigfaltige andere Arten ... kann ihre Vernichtung und Unterwerfung bald herbeigeführt werden..."[6]

Opechancanough führte den indianischen Widerstand bis 1641, als er, weit über neunzig Jahre alt und nicht mehr in der Lage zu gehen, noch einmal einen großen Sieg über die Weißen errang. Schließlich jedoch wurde er gefangengenommen und erschossen. Der Aufstand war zu Ende.

Expansion nach Westen

Die Glaubenskriege im Mutterland trieben weitere Menschenmassen in die Kolonien, aus denen die späteren Neuenglandstaaten werden sollten. 1619 kamen die ersten Schwarzen, 20 vertraglich verpflichtete Bedienstete, nach Nordamerika. Ein Jahr später landeten die Puritaner mit der Mayflower in der Nähe des heutigen Boston. Die ersten Siedlungen wären ohne den Anbau von Tabak, Mais und Kürbissen schnell zugrunde gegangen. Da die meisten Kolonisten auch keine Kenntnisse von Landwirtschaft und Ackerbau hatten, wären sie ohne die tatkräftige Unterstützung der Indianer bald verhungert. (Sie dankten es später, indem sie in Überfällen auf die Siedlungen die Wintervorräte stahlen.) Den wohl größten Wirtschaftsfaktor machten bald die Pelze und Häute von Elchen, Hirschen und ganz besonders Bibern aus. Die Entdeckung des Innern des neuen Kontinents wäre wohl kaum so vorangetrieben worden, wenn nicht Pelzjäger und -händler auf den Spuren von *Castor fiber* den aussterbenden Beständen nachgezogen wären. In Europa war dieser große Nager vor allem wegen seines Schwanzes, der als Delikatesse galt, und wegen des Bibergeils verfolgt und ausgerottet worden, dem Inhaltsstoff der beiden birnenförmigen Duftdrüsen am Hinterende seines Körpers. In der medizinischen Praxis des Mittelalters galt es als eine Art Allheilmittel, das in zahllosen Präparaten eingesetzt wurde und von der Wassersucht bis zum Kopfschmerz hilfreich sein sollte. Dieser Glaube war wohl auf das Salizin zurückzuführen, das die dem Tier als Nahrung dienende Weidenrinde enthielt. Später jedoch war es der herrliche Pelz des Tieres, dem eine ganze Reihe von Handelsgesellschaften, beispielsweise die Hudson Bay Company, ihren Reichtum verdankte.[7]

Während die Briten zunächst keine Anstalten machten, ihren Einflußbereich an der Ostküste merklich auszudehnen, kam es dann doch mit dem Ende des Siebenjährigen Krieges ab 1763 zu einer intensiven Expansion nach Westen, nicht zuletzt auch geschürt durch große Einwanderungswellen. Als das Mutterland versuchte, die Lasten des Krieges auf die Kolonien abzuwälzen, entbrannte der Unabhängigkeitskrieg. Dem „Boston Massacre“ 1770 und der „Boston Tea Party“ 1773 folgten Repressalien, die schließlich die Unabhängigkeitserklärung vom 4. Juli 1776 provozierten und mit den Gefechten bei Lexington und Concord den Beginn der Amerikanischen Revolution auslösten (1775–1783).

Die Verdrängung der früheren Kolonialmächte und die Autarkie der jungen Demokratie waren nicht nur weltgeschichtlich bedeutende Ereignisse, sondern markieren auch einen Wandel in der Erforschung des neuen Kontinents. Deren Historie läuft jetzt nicht mehr völlig parallel zur Politikgeschichte, wie sie in den Geschichtsbüchern nachzulesen ist.[8] Damit soll nicht gesagt werden, daß die großen Geschehnisse und Gestalten für diese Geschichte unbedeutend wären, ganz im Gegenteil. Aber die Personen und Expeditionen, über die jetzt zu berichten ist, waren nicht mehr generell Militärs und Politiker, sondern meist Wissenschaftler und Naturkundler. *Abenteurer* jedoch mußten auch sie sein. Vor allem aber können ab diesem Zeitpunkt nur noch einzelne, besonders herausragende Persönlichkeiten vorgestellt werden.

Da wären beispielsweise John und vor allem William Bartram. Der Vater, John (1699–1777), war ein Naturkundler und Entdecker, der heute als der Begründer der amerikanischen Botanik gilt. Der Autodidakt war ein enger Freund von Benjamin Franklin, hatte jedoch auch Kontakt mit europäischen Wissenschaftlern wie Carl von Linné, der ihn sehr schätzte. Er führte Kreuzungsexperimente an Blütenpflanzen durch und sammelte Samen und Pflanzen, die einmal den Grundstock eines berühmten botanischen Gartens in Philadelphia bilden sollten. Mit der Namensgebung der Moosgattung *Bartramia* wurde er geehrt. Man schätzt, daß er etwa 200 Arten nordamerikanischer Pflanzen als Neuentdeckungen in die Gärten der Alten Welt eingeführt hat.[9] Bartram reiste viel, in die Alleghenies, durch North und South Carolina und nach Ontario. 1743 erkundete er im Auftrag der britischen Regierung das Gebiet der Sechs Nationen („League of Six Nations“). Dieser um 1570 gegründete Bund aus sechs Stämmen der Irokesen (Seneca, Onondaga, Cayuga, Mohawk, Oneida und später noch Tuscarora) hatte eine überaus komplexe politische Organisation, und es gibt etliche Hinweise darauf, daß Benjamin Franklin als einer der Väter der amerikanischen Präsidialverfassung sich am Vorbild der Irokesen orientierte.

Auf eine Reise nach Florida 1765/66 nahm Bartram auch seinen Sohn William mit, der ein außergewöhnlich gut geschriebenes Buch mit Beschreibungen seiner Erlebnisse auf späteren Expeditionen veröffentlichen sollte. Noch heute gilt es als eine der verläßlichsten Quellen über die Pflanzen- und Tierwelt, aber auch die Indianerstämme und archäologischen Relikte im Südosten der USA.[10] Er schilderte die artesischen Quellen, die zu Rückzugsgebieten für die Seekühe, die Manatis, geworden sind, er schlug sich mit Alligatoren herum, aber berichtete auch ausführlich über die Sitten und Gebräuche der Cherokee oder der Seminolen.

Ein Präsident wird aktiv

Eine der beeindruckendsten und schillerndsten Persönlichkeiten der amerikanischen Geschichte ist zweifellos Thomas Jefferson (1743–1826), der von 1801 bis 1809 der dritte Präsident der jungen Vereinigten Staaten war.[11] In seine Regierungszeit fällt der berühmte „Louisiana Purchase" vom 2. Mai 1803, der später auf den 30. April zurückdatiert wurde. Für umgerechnet 15 Millionen US-Dollar erwarben die Vereinigten Staaten ungefähr 2,1 Millionen Quadratkilometer, was auf eine Verdoppelung des Staatsgebiets hinauslief. (Das damalige Louisiana-Territorium umfaßte nicht nur den heutigen Staat gleichen Namens, sondern den größten Teil des Gebiets im Westen, außer dem spanisch-mexikanischen Südwesten). Schon vor diesem Coup hatte er sich mit Plänen für Erkundungsexpeditionen in den Westen getragen, eine besonders groß angelegte sollte den Oberlauf des Missouri und das Land bis zum Pazifik erschließen. Für Jefferson war dies eine direkte Konsequenz seiner Ideen von einer agrarischen Gesellschaftsordnung, die notgedrungen nur mit viel Land zu verwirklichen war. Dies bedeutete natürlich eine Vorbereitung zum Landraub an den Indianern, doch er war fest überzeugt, ihnen etwas Besseres bieten zu können: „In Wahrheit erreichen sie Ruhe und das höchste Glück erst dann, wenn unsere Siedlungen und ihre sich miteinander verbinden ... und wir ein Volk werden." Zumindest aber könnten nach der Erschließung der riesigen Weiten des Westens neue Gebiete für die Indianer gefunden werden.

So ernannte Jefferson seinen Privatsekretär Meriwether Lewis (1774–1809) zum Leiter der ersten transkontinentalen Expedition.[12] Der frühere Infanterie-Hauptmann hatte bereits an Kämpfen gegen die Indianer teilgenommen und besaß Führungsqualitäten und eine gute Beobachtungsgabe. Darüber hinaus war er umfassend gebildet, hatte sich mit Latein und Mathematik, Literatur und Naturwissenschaften befaßt und war Botaniker und Zoologe. Es gelang ihm, den Armeeoffizier William Clark (1770–1838) als gleichberechtigten Partner zu gewinnen, ein Sohn eines Pflanzers, der vielleicht keine so gediegene Ausbildung hatte, aber ein hervorragender Landvermesser war.

Nur vier Tage nach der offiziellen Übergabe „Louisianas" brachen Lewis und Clark mit 43 Männern in drei Booten auf. Zunächst ging es den Missouri aufwärts. Bis Ende Oktober hatten sie 3000 km zurückgelegt und überwinterten bei den gastfreundlichen Mandan-Indianern im heutigen North Dakota. Hier stieß der kanadische Pelzhändler Toussaint Charbonneau mit seiner indianischen Frau Sacajawea, einer Schoschonin, zu ihnen. Ihre Orts- und Sprachkenntnisse sollten sich als unschätzbare Hilfe erweisen. Im April 1805 ging es weiter stromaufwärts, bis zu den Großen Fällen des Missouri; am 12. August erreichten sie nach vielen Mühen die Wasserscheide des Kontinents. Sie überquerten die Rocky Mountains, fuhren schließlich den Snake und den Columbia River abwärts und gelangten am 15. November an die Küste des Pazifiks, nach einer Reise von über 4000 englischen Meilen. Im März des folgenden Jahres traten sie den Rückweg an, oft wieder auf unterschiedlichen Wegen. An der Mündung des Yellowstone River in den Missouri trafen die Gruppen wieder zusammen.

Dank der sorgfältigen Vorbereitung war das Unternehmen ein voller Erfolg geworden. Lewis und Clark verloren nur ein Mitglied der Expedition, wahrscheinlich wegen einer Blinddarmentzündung. Dafür hatten sie hervorragendes Kartenmaterial und Unmengen an Informationen über Flora, Fauna und die Indianerstämme mitgebracht. Clarks ausführliches Tagebuch wurde später mehrfach publiziert. Dem Weg nach Westen, den berühmten Oregon-Trail, den sie erschlossen hatten, sollten später viele Siedler folgen. Lewis, der später

Gouverneur von Louisiana wurde, starb dann unter nie ganz geklärten Umständen am 11. Oktober 1809 in Nashville, vermutlich als Opfer eines Mordes.

Im Gefolge der Lewis-und-Clark-Expedition kamen jedoch nicht nur Siedler und Glücksritter, sondern auch Menschen, die sich für das Land und die Indianer interessierten. Einer der auch heute noch bekanntesten dürfte George Catlin (1796–1872) gewesen sein. Er war ursprünglich als Rechtsanwalt tätig, doch seine Leidenschaft galt dem Malen, besonders auch dem Porträt. In dieser autodidaktisch angeeigneten Tätigkeit entwickelte er sich zu einem Meister, und als er 1829 begann, die neu erschlossenen Gebiete des Westens zu bereisen, da entstanden schließlich mehr als 500 Gemälde und Zeichnungen, die heute eine unschätzbare Quelle anthropologischen und ethnographischen Wissens darstellen. In mehreren Büchern faßte er seine Beobachtungen zusammen, sein zweibändiges Werk von 1841 über die nordamerikanischen Indianer wird auch heute regelmäßig neu aufgelegt.[13]

Catlins Verdienste sind jedoch umfassender. Von 1852 bis 1857 bereiste er noch Süd- und Mittelamerika, um dann 1858 nach Europa überzusiedeln, wo er bis 1870 lebte. Alles, was er auf seinen Expeditionen an Material angesammelt hatte, stellte er auch aus; gerade für Europäer wurde auf diese Art zum ersten Mal ein differenziertes Bild der Indianer sichtbar. Dem wachen Verstand und der scharfen Auffassungsgabe konnte nicht verborgen bleiben, welche Folgen die überstürzte Besiedlung des Westens haben mußte. Er sah die Ausrottung des Bibers voraus, er erkannte die Interessenkonflikte zwischen Rot und Weiß, und er forderte daher schon 1832 die Einrichtung von Nationalparks. Sie sollten große Gebiete umfassen, die nicht nur Schutzzonen für die Tier- und Pflanzenwelt, sondern auch für die Indianer bieten konnten. Diese frühe Einsicht macht es um so tragischer, daß beispielsweise der Stamm der Mandan nur fünf Jahre, nachdem Catlin ihn eingehend porträtiert hatte, durch Pocken mehr oder weniger ausgelöscht wurde. Andere Stämme mußten ihre Sitten und Gebräuche, ihr ganzes Leben so stark umstellen, daß Catlins Beschreibungen die letzten Zeugnisse ihres ursprünglichen Daseins geworden sind.

Eine vor allem für den mitteleuropäischen Leser interessante Gestalt war zweifellos Balduin Möllhausen (1825–1905), ein mit fast vierzig Romanen, zahlreichen Kurzgeschichten und vor allem zwei wissenschaftlichen Reisewerken (1858 bzw. 1861) äußerst produktiver Autor. Da über ihn eine kenntnisreiche Biographie neueren Ursprungs vorliegt, kann sein Wirken hier kurz umrissen werden.[14] Im Gegensatz zu dem auch heute noch vielgelesenen Karl May kannte Möllhausen die Schauplätze seiner Erzählungen, etwa den Grand Canyon oder den Oberlauf des Colorado. Als Sammler, Naturforscher, Trapper, Jäger und Indianermaler schlug er sich im damals noch wirklich „Wilden Westen“ herum, er lebte unter verschiedenen Indianerstämmen und war auch mit einer Indianerin liiert. Seine umfangreichen Reiseberichte brachten ihm unter anderem die Anerkennung des greisen Alexander von Humboldt ein.

Ein Mann wettet um sein Gehirn

Wenn Sie einmal nach Washington, D.C., kommen, sollten Sie nicht versäumen, das National Museum of Natural History der Smithsonian Institution zu besuchen. Es hat ganz beeindruckende Sammlungen zur Geologie und Biologie, Anthropologie und Archäologie. In der Rotunde am Eingang empfängt Sie der größte Afrikanische Elefant, der je erlegt wurde, außerdem können Sie ein eindrucksvolles Modell eines Blauwals und das 25 m lange Skelett eines Dinosauriers aus der Gattung *Diplodocus* bestaunen. Fans der legendären Norma Jean Baker werden es sich nicht nehmen lassen, dem berühmten blauen Hope-Diamanten mit immerhin 45,5 Karat ihre Reverenz zu erweisen.

Der gewöhnliche Besucher wird es jedoch nicht einfach haben, ein ganz besonderes Ausstellungsstück zu sehen, ein menschliches Gehirn in einem altmodischen Glasbehälter mit Konservierungsflüssigkeit. Dieses Gehirn war einst die materielle Grundlage jener Persönlichkeit, die sich John Wesley Powell nannte, geboren am 24. März 1834 in Mount Morris, New York, gestorben am 23. September 1902 in Haven, Maine. Powell hat, im wahrsten Sinne des Wortes, um sein Gehirn gewettet. Doch bevor wir uns dem toten Powell zuwenden, soll uns noch der lebende beschäftigen.

Powell war Sohn walisischer Einwanderer.[15] Sein Vater hätte es gern gesehen, wenn auch John Wanderprediger geworden wäre, doch der konnte diesem Dasein nicht viel abgewinnen. Schon im Alter von zwölf Jahren mußte er fast eigenverantwortlich die kleine Farm in Hinterland von Wisconsin führen, doch seine Liebe galt der Naturgeschichte. Bevor er jedoch eine akademische

Kidder und die Pecos-Konferenzen

Alfred Vincent Kidder (29. Oktober 1885 – 11. Juni 1963) wird von vielen als der bedeutendste Archäologe für den Bereich des Südwestens und Mittelamerikas angesehen. Vor allem jedoch gilt er als die treibende Kraft für einen umfassenden, systematischen Zugang zur nordamerikanischen Archäologie. 1907 begannen für ihn 25 Jahre intensiver Grabungsarbeit in Utah, Colorado und New Mexico, die unter anderem zu einer wichtigen Keramiktypologie führten. Während er ab 1916 besonders am Pueblo Pecos forschte, der damals größten Ausgrabung in Nordamerika, förderte er intensiv die Anthropologie und Archäologie an den Universitäten des Südwestens und regte den Aufbau von Museen und Sammlungen an. Kidder trug dazu bei, die Stratigraphie als Ausgrabungsprinzip zu fördern und später auch auf Forschungen in Mittel- und Südamerika zu übertragen. Er führte so eine fein ausgearbeitete Reihe von Untersuchungsstrategien in die nordamerikanische Archäologie ein. Sein Buch „Introduction to the Study of Southwestern Archaeology“ von 1924 wurde ein Standardwerk, in dem er detailliert den Übergang von den „Basketmaker“- zu den Pueblo-Kulturen beschrieb (siehe Kap. 5). In den Ruinen des Pueblos hielt er 1927 die erste „Pecos-Konferenz“ ab, zunächst gedacht als ein Forum zur Darstellung und Zusammenfassung des archäologischen Kenntnisstandes. Diese Konferenzen werden seither an verschiedenen Orten des Südwestens abgehalten und sind zu einer „Institution“ geworden.[16]

Laufbahn einschlagen konnte, brach der Sturm los. Powell trat in die Armee der Nordstaaten ein. Am 6. und 7. April 1862 nahm er an der Schlacht von Shiloh, Tennessee, teil, wo er in einem bezeichnenderweise „Hornissennest“ genannten Wäldchen schwer verwundet wurde, man amputierte ihm den rechten Arm. Trotz dieser Behinderung blieb er im Militärdienst, erst kurz vor dem Ende des blutigen Bürgerkrieges schied er aus dem aktiven Dienst aus. Der Armstumpf sollte ihm ein Leben lang Beschwerden bereiten.

1867 wurde er Professor für Geologie an der Illinois Wesleyan University in Bloomington. Wer nun allerdings geglaubt hätte, daß er einen ruhigen Lebenslauf zwischen Schreibtisch und Vorlesungssaal einschlagen würde, sah sich getäuscht. Powell nahm seine Studenten mit in die Prärien und auf ausgedehnte Exkursionen in die Rocky Mountains. Dabei begleitete ihn oft seine Frau Emma Dean, die 1867 als erste Frau den Pikes Peak bestieg.

Der Vater des Nationalparkgedankens

John Muir (21. April 1838–24. Dezember 1914) hat in der friedlichen Erschließung und Prägung der Vereinigten Staaten eine so wichtige Rolle gespielt, daß es wahrscheinlich keine Übertreibung darstellt, wenn man den heutigen Touristikboom auf sein Wirken zurückführt. Der bärbeißige Schotte [17] strebte zunächst eine Industriekarriere an, doch ein Unfall, der ihn fast das Augenlicht gekostet hätte, änderte seinen Lebensweg radikal. Ab 1867 durchstreifte er den noch unerschlossenen Westen, 1868 besuchte er das Yosemite-Tal in Kalifornien, 1874 erforschte er die Sierra Nevada. Reisen durch Nevada, Utah, Oregon, Washington und Alaska folgten. 1903/1904 schloß sich eine Weltreise an.

Schon 1876 drängte er die Bundesregierung, eine Politik des Waldschutzes zu beginnen. Als Folge wurden im September beziehungsweise Oktober 1890 der Sequoia und der Yosemite National Park gegründet. Anfang 1897 veranlaßte Präsident Grover Cleveland den Schutz von 13 Nationalwäldern vor kommerzieller Plünderung. Aufgrund geschäftlicher Interessen versuchte der Kongreß, das Inkrafttreten hinauszuschieben; doch in zwei eloquenten Zeitschriftenaufsätzen (Juni und August 1897) zog Muir die öffentliche Meinung und die Mehrheit des Kongresses auf seine Seite. Später gelang es ihm auch, die großangelegten Schutzprogramme von Präsident Theodore Roosevelt zu beeinflussen, mit dem er während dessen erster Amtsperiode eine Expedition in das Yosemite-Gebiet unternahm. 1908, noch während seiner Lebenszeit, wurde ihm zu Ehren im Marin County, Kalifornien, ein unberührter Redwood-Hain zum Muir Woods National Monument erhoben.

Heute gilt John Muir als erster wissenschaftlicher Sammler botanischer und geologischer Daten in den Vereinigten Staaten und Kanada. Vor allem jedoch hat der von ihm vertretene Nationalparkgedanke zur Rettung unschätzbarer Naturlandschaften beigetragen. Wenn man bedenkt, daß es zeitweise sogar Bestrebungen gab, beispielsweise den Grand Canyon zuzuschütten, um Verkehrswege zu bauen, fragt man sich doch, wie die USA ohne John Muir heute wohl aussehen würden.

Nach dem Ende des Bürgerkriegs standen die USA vor einer eigenartig zwiespältigen Situation. Auf der einen Seite gab es die Schäden und Wunden des Krieges im Osten, die es zu heilen galt. Der blutige Krieg hatte viele entwurzelte Menschen hinterlassen, die eine neue Heimat suchten. Auf der anderen Seite riß die Einwanderungswelle nicht ab. Wohin? Es blieben nur die riesigen Ländereien im Westen, entdeckt im Gefolge von Lewis und Clark, bis zum Pazifik ausgedehnt nach dem Krieg mit Mexiko bis zum Jahre 1848. Zwanzig Jahre lagen diese Gebiete noch im Windschatten der Weltgeschichte, doch nach 1865 sollte sich das ändern.

Powell war sich dieser Problematik bewußt. Daß der Westen besiedelt werden mußte, lag auf der Hand, doch die Folgen mußten ebenfalls bedacht werden. Aus seinen Exkursionen kannte er die fragile Ökologie der Wildnis, und ihm war völlig klar, welche wichtige Rolle das Wasser spielen würde. Es war somit unabdingbar, neben einer kartographischen Aufnahme – weite Bereiche waren nur unvollständig, wenn überhaupt, vermessen – auch die Wasserreserven im Westen kennenzulernen. Dabei war der Colorado von entscheidender Bedeutung, und Powell hatte schon früh den Entschluß gefaßt, dieses Stromsystem zu erkunden. Es gelang ihm nicht nur, das Geld für die Ausrüstung zu beschaffen, sondern auch eine Crew von zehn Männern anzuheuern, mit denen ein solches Wagnis einigermaßen vertretbar erschien.

Am 24. Mai 1869 begann eine denkwürdige Flußfahrt. Zehn Männer mit vier Booten, neben John auch sein Bruder Walter Powell, psychisch gezeichnet durch eine lange Kriegsgefangenschaft, brachen von der letzten noch erreichbaren Eisenbahnstation am Green River auf. Von Anfang an stand die Fahrt unter einem schlechten Stern. In den unbekannten Stromschnellen des damals noch völlig ungezähmten Flusses ging ein Großteil der Ausrüstung, vor allem auch der Nahrungsmittel verloren; die Boote, obwohl extra für die Wildwasserfahrt konstruiert, erlitten schwere Schäden. Viele der Katarakte gingen die Männer nicht direkt an, sondern sie tasteten sich mühsam entlang der oft schwer passierbaren Ufer und ließen die Boote an Seilen durch die Stromschnellen.

Den 18. Juli dürfte Powell nie mehr vergessen haben. Zusammen mit George Y. Bradley erkundete er das Ufer nicht weit von der Einmündung des Yampa River. Bei einer zunächst scheinbar harmlosen Klettertour unterschätzte Powell die Gefahr, und er fand sich in einer ausweglosen Situation: „Mit einem Sprung gelingt es mir, in einem kleinen Felsspalt Fuß zu fassen und einen Felsen über mir zu ergreifen. Ich stelle fest, daß ich nicht höher komme und auch nicht zurück kann, denn ich wage es nicht, mit einer Hand loszulassen, finde auch für meinen Fuß unter mir keinen Halt." Powell rief Bradley zu Hilfe, doch die Situation wurde zunehmend kritischer. Die Anstrengung ließ seine Glieder zittern, es blieb keine Zeit mehr. Bradley fiel in höchster Not nur noch eines ein: Er entledigte sich seiner Unterhose und zog Powell daran aus dem Abgrund empor. Trotz der gerade überstandenen Gefahr führten die beiden Männer die beabsichtigten geodätischen Messungen durch, ehe sie auf einem sichereren Weg zum Lager zurückkehrten.

Am 27. August zeichnete sich ein Auseinanderbrechen der Expedition ab. Die Angst der Männer, in noch unbekanntem Gebiet verlorenzugehen, von einer weiteren, noch mächtigeren Stromschnelle getötet zu werden, führte dazu, daß drei der Teilnehmer einen Ausstieg aus dem Canyon versuchten. Es ist eine Ironie des Schicksals, daß jede der beiden Gruppen die jeweils andere als todgeweiht sah. Powell und der verbliebene Rest fuhren weiter, meisterten schließlich noch die letzten Schwierigkeiten. Später erfuhren sie, daß ihre Gefährten zwar den Weg aus dem Canyon geschafft hatten, dann jedoch infolge eines tragischen Irrtums von Indianern erschossen worden waren.

Powells Expedition schloß die letzte große Lücke auf den Karten der Vereinigten Staaten. Schon 1871 kehrte er wieder in den Südwesten zurück, und bis 1879 führte er eine Reihe von geologischen und geographischen Vermessungs- und Forschungskampagnen durch. Seine Forschungen faßte er unter anderem in drei wichtigen Büchern zusammen, eines über die Fahrt durch den Grand Canyon (1875/1895), eines über Indianersprachen (1877) und eines über die Möglichkeit zur ressourcenschonenden Landnutzung des trockenen Westens (1878), die heute als Klassiker gelten. 1879 wurde das US Bureau of Ethnology der Smithsonian Institution gegründet, dessen erster Direktor Powell wurde. Im Jahre 1891 veröffentlichte er eine Einteilung indianischer Sprachen in 58 Gruppen, die von immenser Bedeutung war (siehe Kapitel 6). Zudem arbeitete er von 1881 bis 1892 als Direktor des US Geological Survey.

Bleibt noch die Geschichte mit der Gehirnwette zu erzählen. Ganz und gar Wissenschaftler, wettete Powell mit seinem Freund (und späteren Präsidenten der National Geographic Society), dem riesenhaften W.J. McGee, daß er ein größeres Gehirn habe. Nach dem jeweiligen Tod der beiden Männer wurden die Gehirne entnommen und vermessen. Edward A. Spitzka veröffentlichte das

Ergebnis später unter dem Titel „A Study of the Brain of the Late Major J.W. Powell" in der wissenschaftlichen Zeitschrift „American Anthropology" (Vol. 5, Nr. 4, Oct.–Dec. 1903); das Untersuchungsobjekt selbst wurde konserviert. Powell hatte recht behalten, mit 1488 Gramm übertraf er McGee um fünf Prozent.

Die Flut kommt

Am 26. März 1996 begann ein kühnes ökologisches Experiment, das mit Sicherheit die Zustimmung des Majors gefunden hätte: die experimentelle Überflutung des Grand Canyon.[18] Zwar wurde die gigantische Schlucht bereits zwischen 1908 und 1919 zumindest teilweise unter Naturschutz gestellt und als Nationalpark etabliert. Das bewahrte den Colorado jedoch nicht vor einer intensiven Nutzung. Im Zuge der Besiedlung wurde Wasser ein wichtiger Faktor für die Errichtung neuer Städte, und um sowohl die Versorgung mit Brauchwasser wie auch mit Strom sicherzustellen, begann man, Staustufen zu errichten. Zwei solcher Staudämme definieren heute den Grand Canyon, oder besser gesagt das, was von ihm noch übrig ist.

Im nördlichen Grenzgebiet des Bundesstaats Arizona blockiert der Glen-Canyon-Damm den Lauf des Flusses und staut so den Lake Powell auf. So malerisch heute diese Landschaft aus Wüste, Fels und See auch anmuten mag, muß man doch bedenken, daß sie einen ökologischen Wahnsinn darstellt (und der Major über die Benennung sicher nicht sehr erfreut gewesen wäre!). Die ausgedehnten Wasserflächen sind unter der heißen Wüstensonne einer beachtlichen Verdunstung ausgesetzt, bei der nicht nur wertvolles Naß verlorengeht, sondern auch eine beträchtliche Versalzung zu beobachten ist. Außerdem schleppt der Colorado große Mengen an Schwebstoffen mit sich, Erosionsmaterial aus den Höhen der Rocky Mountains, wo er entspringt, das sich nun vor den verschiedenen Staustufen ablagert und die künstlichen Seen langsam auffüllt. Viele Schluchten, deren Schönheit Powell noch voller Begeisterung beschrieben hat, sind so für alle Zeiten unter den Ablagerungen und den zurückgehaltenen Wassermassen verschwunden. Dies gilt ebenso für den Lake Mead hinter dem Hoover-Damm, der die flußabwärts gelegene Begrenzung des heutigen Canyon bildet. Daher ist diese gigantische, auch aus dem Weltraum sichtbare Schlucht heute nur noch etwa 350 Kilometer lang, zwischen sechs und 29 Kilometer breit und bis zu 1800 Meter tief.

Die fast ungezügelte Nutzung des Colorado hat ihre Folgen gezeitigt.[19] Zum einen wurde den verschiedenen Anrainerstaaten und nicht zuletzt Mexiko ein prozentuales Quantum an Flußwasser zugeteilt, das sich zu über 100 Prozent aufaddiert. Folgerichtig haben die Mexikaner nicht mehr sehr viel davon und wenn doch noch etwas ankommt, ist das Wasser salzig. Die Vereinigten Staaten mußten daher eine Entsalzungsanlage bauen: Sie hatten sich in einem Abkommen mit dem Nachbarland verpflichtet, einen bestimmten Qualitätsgrad des Wassers zu garantieren!

Doch auch im Canyon selbst waren die Konsequenzen spürbar. Nach der Zähmung des Flusses blieben die natürlichen Überschwemmungen im Frühjahr nach der Schneeschmelze aus. Obwohl sie jeweils nur einige Wochen gedauert hatten, formten sie den Flußlauf doch erheblich: Sie rissen Vegetation vom Ufer, untergruben Felswände und bauten Sandbänke und Uferstreifen um. Als 1963 das Wasserkraftwerk am Glen-Canyon-Damm in Betrieb ging, blieben die Fluten aus. Die meisten Sandbänke wurden nun allmählich abgetragen, doch dem Colorado fehlte die Kraft, große Gesteinstrümmer zu beseitigen. Inseln und Uferstreifen in den Tiefen der Schlucht verschwanden, Stromschnellen wurden immer enger und waren schließlich kaum noch befahrbar. Auch Flora und Fauna veränderten sich, fremde Arten begannen die ursprünglichen zu verdrängen, deren Lebensräume durch die Veränderungen verschwanden.

Nach intensiven Diskussionen unter Wissenschaftlern aller Fachrichtungen wurde dann der Entschluß gefaßt, eine künstliche Flut durch den Canyon zu jagen. Im Frühjahr 1996 begann das penibel vorbereitete und engmaschig überwachte Experiment; eine Woche lang wurden zusätzlich zu den Turbinen vier mächtige Abflußrohre am Damm geöffnet und eine etwa dreifach höhere Strömung erzeugt. In den Monaten danach zeigte sich bereits der Nutzen. Engstellen wurden zumindest teilweise wieder geräumt, ausgesuchte Uferzonen waren wieder höher und auch breiter. Sensible Ökosysteme wurden trotz mancher Befürchtungen nicht geschädigt, da die einheimischen Arten wohl an solche Hochwasser angepaßt sind. Dafür entstanden wieder Lebensräume, wie sie die autochthonen Lebewesen gewohnt waren. Nicht einmal die vielen archäologischen Fundstellen waren geschädigt worden. Heute denkt man darüber nach, nicht nur den Colorado, sondern auch andere gestaute Ströme hin und wieder solchen kontrollierten Überschwemmungen zu unterwerfen. Major Powell hätte wohl seine Freude an dieser Rückkehr zu natürlichen Verhältnissen gehabt, wie gering sie auch sein mag.

Zusammen mit John Muir und Alfred Vincent Kidder steht der Major heute am Ende der Entdeckung und am Beginn einer systematisch-wissenschaftlichen Erforschung der Vereinigten Staaten. Diese drei Männer verkörpern dabei jene Fachdisziplinen, denen wir in diesem Buch vornehmlich folgen wollen: Biologie, Anthropologie und Archäologie. Die an den Bürgerkrieg sich anschließende zivile Besiedlung des Westens ist nicht mehr unser Thema, so spannend diese Geschichte auch sein mag.[20] Vor allem Powell selbst wird uns aber bald wieder begegnen, wenn es darum geht, einen Mythos zu beseitigen.

* * *

Zur Einführung empfohlen:

Ceram, C.W.: Der erste Amerikaner, München 1991. – *Erweiterte Neuauflage eines „Klassikers". Mit der Sachkenntnis und Verve geschrieben, die auch „Götter, Gräber und Gelehrte" zu einem Weltbestseller gemacht hat. Unverzichtbar.*

Coe, M.D., Snow, D., Benson, E. (Hrsg.): Amerika vor Kolumbus, München 1989. – *Als Atlas aufgebautes und gut bebildertes Werk, das die Entdeckungsgeschichte, Urbesiedlung sowie die Archäologie des gesamten Kontinents abhandelt.*

Fagan, B.M.: Ancient North America. London 1991. – *Umfassende moderne Einführung in das Thema, die auch sehr gut geschrieben ist.*

Haberland, W.: Amerikanische Archäologie. Darmstadt 1991. – *Geschichte, Theorie, Kulturentwicklung. Sachbuch vom „Papst der deutschen Amerikanistik". Für ernsthaft Interessierte das Standardwerk. Behandelt den Gesamtkontinent.*

Harpprecht, K., Höpker, T.: Amerika. Hamburg 1986. – *Geschichte der Eroberung von Florida bis Kanada.*

Peck, R.M.: Im Land des Adlers. Oststeinbek 1992. – *Farbenprächtig bebilderte Einführung in die Entdeckungsgeschichte Nordamerikas, nach einer Fernsehserie. Unterhaltsame und interessante Lektüre.*

Salmoral, M.L.: Amerika 1492. Porträt eines Kontinents vor 500 Jahren. München 1991. – *Behandelt den gesamten Kontinent, nicht geographisch unterteilt, sondern nach Lebensbereichen wie Politik und Gesellschaft, Kunst oder Stadtleben.*

Zitierte Literatur

1 *Powell, J.W.:*The Exploration of the Colorado River and its Canyons. New York. Nachdruck der Ausgabe von 1895. — 2 *Lindig, W., Münzel, M.:* Die Indianer. Band 1: Nordamerika. München 1987. — 3 *Langellier, J.* in: Indianer. München 1994. — 4 Die Lebensdaten der frühen Ent-

decker und Eroberer sind stets mit Vorsicht zu genießen; man findet häufig unterschiedliche oder nur ungefähre Angaben. Die hier wiedergegebenen Daten stammen meist aus *Birr, H.D., Schödler, J.:* Die Entdecker Amerikas. Berlin 1991. — [5] Siehe etwa *Stammel, H.J.:* Indianer – Legende und Wirklichkeit. München 1992. — [6] *Council of Interracial Books for Children* (Hrsg.): Die Wunden der Freiheit. Göttingen 1994. — [7] Zur finanziellen Bedeutung des Pelzhandels s.a. *Weatherford, J.:* Indian Givers. New York 1988. — [8] So z.B. *Dahms, H.G.:* Grundzüge der Geschichte der Vereinigten Staaten. Darmstadt 1991. — [9] *Whittle, T.:* Pflanzenjäger. München 1971. — [10] *van Doren, M.:* Travels of William Bartram. Philadelphia 1791. Neu aufgelegter Nachdruck der Ausgabe von 1928. — [11] *Nicolaisen, P.:* Thomas Jefferson. Reinbek bei Hamburg 1995. Hier auch eine ausführliche Diskussion des Verhältnisses von Jefferson zu den Indianern, seine wissenschaftlichen Arbeiten über sie und seine Vorstellungen von der Weiterentwicklung nach der Erschließung des Westens. — [12] *Dillon, R.:* Meriwether Lewis. Santa Cruz 1988. Zur Geschichte der Expedition selbst siehe auch *Muench, D., Murphy, D.:* Lewis and Clark – Voyage of Discovery. Las Vegas 1988; außerdem *Murphy, D., Ladd, G.:* Oregon Trail – Voyage of Discovery. Las Vegas 1992. Unter Betonung der naturwissenschaftlichen Aspekte: *Fisher, R.:* National Geographic *194*, Nr. 4, S.76 (1998). — [13] *Catlin, G.:* Letters and Notes on the Manners, Customs and Conditions of North American Indians. 2 Vols. London 1844. — [14] *Graf, A.:* Der Tod der Wölfe. Berlin 1991. — [15] Eine kurze Biographie von Powell findet sich in *Miller, P., Dale, B.:* John Wesley Powell – Vision for the West. National Geographic *185*, Nr. 4, S. 89 (1994). Die wohl wichtigste und umfangreichste Biographie über Powell ist von *Darrah, W.C.:* Powell of the Colorado. Princeton 1951. Ebenfalls von Bedeutung: *Meadows, P.:* John Wesley Powell: Frontiersman of Science. Lincoln 1952. *Steguer, W.E.:* Beyond the hundredth meridian. Boston 1954. *Terell, J.U.:* The Man Who Rediscovered America. New York 1969. — Von Powells eigenen Werken auch heute noch problemlos erhältlich: *Powell, J.W.:* The Exploration of the Colorado River and its Canyons. Nachdruck der Ausgabe von 1805. — Zum 100jährigen Jubiläum seiner Expedition durch den Grand Canyon erschien eine Reihe von Schriften, z.B. *Rabbitt, M.C., u. Mitarb.:* The Colorado River Region and John Wesley Powell. Geological Survey Professional Paper 669. Washington 1969. Siehe auch *Murphy, D., Ladd, G.:* John Wesley Powell – Voyage of Discovery. 2. Aufl. Las Vegas 1992. Seine Arbeiten zur Anthropologie der Indianer sind unter anderem zusammengefaßt in *Fowler, D.D., Euler, R.C., Fowler, C.S.:* John Wesley Powell and the Anthropology of the Canyon Country. Geological Survey Professional Paper 670. Washington 1969. — Viel Wissen über die Entdeckungsgeschichte des Grand Canyon, Powell selbst und die Natur, aber auch spannende Schilderungen heutiger Wildwasserfahrten bietet *Ghiglieri, M.P.:* Canyon. Tucson 1992. Eine interessante Einführung in die Ökologie des Canyon, die Anasazi und das große Grundthema der Evolution bietet *Calvin, W.H.:* Der Strom, der bergauf fließt. München 1994. — Von den Publikationen über den Grand Canyon selbst seien empfohlen *Wallace, R.:* Der Grand Canyon. Wildnisse der Welt. Amsterdam 1973. *Whitney, S.:* A Field Guide to the Grand Canyon. New York 1982. — [16] *Woodbury, R.B.:* 60 Years of Southwestern Archaeology: A History of the Pecos Conference. Albuquerque 1993. — [17] Eine gelungene Mischung aus (Kurz-)Biographie und Einführung in Muirs schriftliches Werk bietet *Teale, E.W.* (Hrsg.): The Wilderness World of John Muir. Boston 1954. Neuauflage durch *N.D. Teale*, Boston 1982. — [18] *Collier, M.P., Webb, R.H., Andrews, E.D.:* Spektrum der Wissenschaft, März 1997, S.76 — [19] *Fradkin, P.L.:* A River No More. Berkeley 1996. — [20] Informative Bilddokumente über diese Zeit siehe *Junkelman, M.:* Der Amerikanische Bürgerkrieg 1861–1865. Augsburg 1992. *Ders.:* Die Eroberung des Westens. Die USA nach dem Bürgerkrieg 1865–1890. Augsburg 1993.

Reisetips	**Staat**	**Nahegelegene Orte und Zugangsstraßen**	**Bemerkungen**
Grand Canyon	Arizona	Grand Canyon Village, South Rim Visitor Center, Tusayan Ruins	Museum und Fundstätten werden leider angesichts des nahegelegenen Naturschauspiels und mangels spektakulärer Ruinen oft übersehen. Interessante Einführung in die lokale Archäologie
Muir Woods	California	San Francisco *Über Golden Gate, US 101, Shoreline Highway, Muir Woods Road*	Hauptweg am linken und Hillside Trail am rechten Ufer des Redwood Creek
El Camino Real	California	San Francisco, San Diego *Interstate 5, ab Los Angeles Highway 101*	Entlang der Straße können 21 Missionen aus der spanischen Kolonialzeit besichtigt werden
John Muir Trail	California	Merced/Yosemite NP – Lone Pine *Von Merced 120 km bis Parkbeginn*	350 km langer Wanderweg mit zahlreichen Naturschönheiten. Mit Parkrangern absprechen, gute Ausrüstung notwendig
Bartram's Garden	Pennsylvania	Philadelphia *Südwestlich vom Civic Center, 54th.St & Elmwood Ave.*	Mit dem 1731 erbauten Haus des Botanikers John Bartram
Monticello	Virginia	Charlottesville *5 km südwestlich*	Landsitz u. Sterbeort von Th. Jefferson, zum 250. Geburtstag renoviert und als Museum ausgebaut
Jamestown	Virginia	Williamsburg *Colonial Parkway (verbindet Yorktown, Williamsburg und Jamestown) 10 km nach Südwesten*	Älteste britische Ansiedlung, „lebendes Museum" mit Rekonstruktionen von Schiffen, historisches Alltagsleben
Smithsonian Institution	Washington D.C.	*Entlang der Mall verschiedene Museen, die z.T. der Smith. Inst. zugehören.*	z.B. National Museum of History and Technology (Geschichte der USA und technische Entwicklung) o. National Museum of Natural History (Geologie, Biologie, Anthropologie, Archäologie)
National Geographic Society	Washington D.C.	*Ecke 17th/ M Street*	Verlagsräume des populären Magazins, Explorers Hall (Ausstellung zu Geographie und Astronomie, u.a. indianische Felswohnungen)

2 Die Waldländer des Ostens: eine Hochkultur verschwindet

In den ausgedehnten Wäldern der Ostküste existierte eine Hochkultur, deren Ursprünge in das Archaikum, also mehr als zehntausend Jahre weit zurückreichen. Die Artefakte, vor allem die teilweise gigantischen Erdhügel (Mounds) wurden oft einer mythologischen Rasse zugeschrieben, die erst durch die aufkommende Altamerikanistik endgültig ins Fabelreich verwiesen wurde. Schon die scheinbar einfache Gestalt der Mounds verrät viel über die Erbauer. Heute unterscheidet man die Adena-, die Hopewell- und die Mississippi-Tradition.

Hier, bedeckt mit den gewaltigen Bäumen eines Urwaldes,
bietet das Werk ein wahrlich großes und eindrucksvolles Bild;
und der Besucher, wenn er zum ersten Mal die alte Allee betritt,
kann nicht umhin, ein Gefühl der Ehrfurcht zu erleben,
wie er es fühlen mag, wenn er durch die Türen
eines ägyptischen Tempels tritt oder wenn er
auf die schweigenden Ruinen von Petra in der Wüste blickt.
SQUIER und DAVIS zu den Newark Earthworks

Atlanta, die Metropole des neuen und alten Südens, liegt hinter mir, über den Interstate Highway 75 bin ich nach Norden gefahren, bis nach Cartersville. Kaum fünfzig Meilen von der Hauptstadt des Bundesstaates Georgia entfernt liegt diese Kleinstadt mit ihren idyllischen gepflegten Eigenheimen, deren Bewohner überwiegend zu den Stammlesern der Zeitschrift „Southern Living" gehören dürften. Während ich die kleinen Vorgärten bewundere, achte ich auf die Hinweiszeichen auf braunem Grund: „Etowah Mounds State Historic Site". Drei Meilen außerhalb der Stadt passiere ich eine jener charakteristischen Siedlungen aus „mobile homes", Heimstätten meist ärmerer Bevölkerungsschichten, die in ihren bisweilen recht großen Wohnwagen der Arbeit hinterherziehen. Dann ein eigenartiger Gegensatz: Zu meiner Rechten ein riesiger Friedhof, geschmückt von unzähligen Sträußen aus Plastikblumen, zur Linken, jenseits eines großen, jetzt noch völlig leeren Parkplatzes ein niedriges Museumsgebäude. Dahinter liegen sie.

Es sind die ersten Mounds (oder Erdhügel) indianischen Ursprungs, die ich sehe. Gewiß, ich habe schon viel darüber gelesen, aber lesen und wahrnehmen sind doch zwei verschiedene Dinge. Ich hatte stets Schwierigkeiten damit gehabt, die Faszination nachzuvollziehen, die von diesen eigenartigen Bauwerken auszugehen schien. Die trügerisch einfache Form der Mounds, wie man sie im Osten der Vereinigten Staaten findet, verleitet auch heute noch viele Besucher dazu, die Höhe der Kulturstufe zu unterschätzen, die die indianischen Ureinwohner erreicht hatten. Die Mounds von Etowah sind weder die größten oder ältesten, noch zählen sie sonst aus irgendwelchen Gründen zu den besonders herausragenden. Aber sie hinterlassen doch einen bleibenden Eindruck bei mir. Warum?

Amerika ist in vielleicht noch viel stärkerem Ausmaß als das alte Ägypten das Land der Pyramiden. Zehntausende dieser künstlichen Hügel mit dem abgeflachten Plateau findet man im gesamten Osten der Vereinigten Staaten, unzählige mehr muß es gegeben haben, die dann aber dem Pflug des Farmers, Grabräubern oder der Planierraupe beim Straßenbau zum Opfer fielen. Manche dieser Erdanhäufungen sind kaum groß genug, um einen einzigen Leichnam aufzunehmen, andere dagegen wie der Monks Mound in Cahokia im Bundesstaat Illinois bedecken eine Grundfläche, die größer ist als die der Cheops-

Pyramide. Konnte man solche Bauwerke übersehen, oder, gesetzt den Fall, man nahm sie wahr, falsch einordnen? Wie die Geschichte der amerikanischen Archäologie lehrt, kann man das tatsächlich.

Ein Volk wird erfunden

Wer die Gelegenheit hat, einmal die Stadt Tuscaloosa im US-Bundesstaat Alabama zu besuchen, wird es sicher nicht versäumen, den Moundville Archaeological Park zu besuchen (ABB. 3). Auf dem 150 Hektar großen Gelände am Ufer des Black Warrior River finden sich rund zwanzig Mounds ganz unterschiedlicher Größe, die als Wohnhügel oder zu zeremoniellen Zwecken dienten. Der größte bedeckt eine Grundfläche von einem Hektar und ist knapp 18 Meter hoch. Genau wie viele andere Erdhügel auch ist er heute von der alles überwuchernden Vegetation befreit. Schroff, nahezu abweisend ragen die steilen

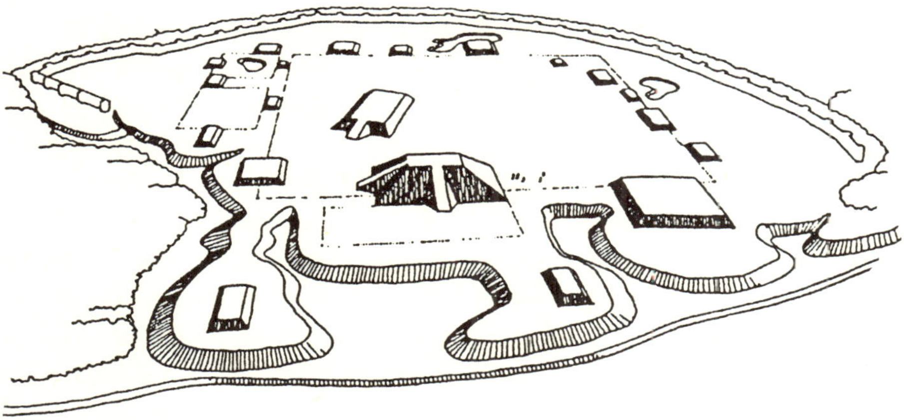

ABB. 3: Schon de Soto muß in der Nähe von Moundville (Tuscaloosa, Alabama) vorbeigekommen sein, ohne den beeindruckenden Komplex später zu erwähnen. Squier und Davis berichteten dann in ihrem Werk[2] von dem Zeremonialzentrum, und schon 1840 begannen erste, noch vereinzelte Grabungen. Die Rekonstruktion gibt eine Vorstellung vom früheren Aussehen.

Seitenwände aus der Ebene empor, und es erfordert einige Anstrengung, sein abgeflachtes Plateau zu erreichen, von dem man aus einen herrlichen Blick über die ganze Anlage hat.

Um jedoch einen Eindruck davon zu bekommen, wie sich diese Erdhügel den ersten Pionieren und Entdeckern dargestellt haben, sollte man dem nahegelegenen Naturpfad folgen. Zum Teil auf Holzbohlen, oft jedoch auf festgetrampelter Erde dringt man in eine Wildnis vor, wie sie sich Hernando de Soto und seiner Gruppe von Abenteurern dargeboten haben mag, die zumindest ganz in der Nähe den Fluß überquert haben müssen, das spätere Moundville jedoch nicht in ihren Aufzeichnungen erwähnt haben. Unzählige Schlingpflanzen erschweren das Vorankommen, umgestürzte Baumstämme versperren den Weg. Zum Black Warrior River hin fällt das Gelände ab, Hügel und Mulden folgen aufeinander. Noch heute passieren die meisten Besucher trotz der Hinweise der Parkverwaltung zwei Mounds, die im Urzustand belassen wurden, ohne sie auch nur zu bemerken. Achtet man nicht genau darauf, daß zwei der Erdhügel unter der dichten Pflanzendecke doch wesentlich regelmäßiger erscheinen als die anderen darum herum, dann fallen sie keineswegs auf. Und wer ahnt schon – ohne einen Spatenstich –, was unter der Krume an Artefakten schlummern mag?

Man kann die Mounds also sehr wohl übersehen. Hat man sie jedoch erst einmal wahrgenommen, beginnt man ihre Ausmaße zu erahnen, ja, weiß man erst – nach einem Gang durch die Museen –, was manche von ihnen an Schätzen geborgen haben, dann setzt ein Bewußtseinswandel ein. Überspitzt mündet er in die Auffassung, die der bekannte Geologe J.W. Foster, immerhin Präsident der Chicagoer Academy of Science, um 1873 noch vertrat. Der Gedanke, daß die nordamerikanischen Indianer als „ein von Verrat und Grausamkeit geprägtes Volk“ die Mounds geschaffen haben könnten (und damit nicht zuletzt auch die vielen darin aufgefundenen Kunstwerke), sei so absurd wie die Behauptung, sie hätten die Pyramiden von Ägypten erbaut.

Die Spekulationen um die geheimnisvollen Erdhügel trieben phantastische Blüten. Hatten sich Überlebende nach dem Untergang von Atlantis hierher gerettet und eine Hochkultur errichtet? Waren es Wikinger gewesen, Griechen, Römer oder gar die Phönizier, immerhin ein ausgewiesenes Volk von Seefahrern? Oder vielleicht die legendären zehn verlorenen Stämme Israels? Welche

Hypothese auch immer vorgebracht wurde, Einigkeit bestand eigentlich nur darin, daß die heutigen Indianer diese alte Hochkultur dann vernichtet, als barbarische Horden die Zivilisation weggefegt hatten. Der Mythos wurde auf diese Weise nicht aus der Welt geschafft, aber er legte schließlich das Fundament der modernen amerikanischen Archäologie.

Doch während noch zu Beginn des 19. Jahrhunderts quasi ein Volk neu erfunden wurde, trug man bereits einzelne Befunde zusammen, die Zweifel nährten. Der erste Bericht über die systematische Erforschung eines Mounds stammt von Thomas Jefferson, der 1781 in seinen „Notes on Virginia" die Ergebnisse eigener Grabungen publizierte. Zunächst begannen einzelne Amateure, besonders der Postmeister Caleb Atwater, mit einer Bestandsaufnahme und Beschreibung der Mounds, die oft dem Pflug des Farmers zum Opfer fielen. Kurt W. Marek berichtete über ein praktisch vergessenes Buch, das 1827 in Heidelberg erschien, verfaßt von dem Bergmann Friedrich W. Assall. Auf die Anregung eines Göttinger Professors hin trug er darin seine Beobachtungen an indianischen Bauwerken, vor allem Mounds im Bundesstaat Ohio, zusammen; ein kaum bekanntes, offenbar aber sehr sachliches Werk.[1]

Ein Arzt aus Philadelphia, Samuel G. Morton, studierte später die aufgefundenen Schädel der Hügelerbauer und verglich sie mit solchen von Indianern aus jüngerer Zeit. Eine der von ihm eingeführten Techniken bestand beispielsweise im Auffüllen des Schädels mit Senfkörnern, um so das Gehirnvolumen zu bestimmen. Das Ergebnis war eindeutig genug: Die Indianer und die geheimnisvollen Hügelerbauer gehörten derselben Rasse an. Morton war zwar mutig genug, dies 1839 in einem Buch zu veröffentlichen, relativierte seine Schlußfolgerungen aber sofort. Es mußte, so argumentierte er, in dieser Rasse zwei Gruppen gegeben haben, einerseits die hochkultivierten Tolteken (hier übertrug er einfach und fälschlicherweise die Bezeichnung des mexikanischen Volkes) und andererseits die blutrünstigen Indianerstämme des heutigen Nordamerikas.

1848 erschien ein umfangreiches und engagiertes Werk von zwei Amateurarchäologen, das die Kontroverse eigentlich hätte beenden müssen.[2] Der Journalist Ephraim G. Squier, vor kurzem aus dem Großstadttrubel New Yorks nach Chillicothe in Ohio umgezogen, hatte mit dem Arzt Edwin H. Davis im Verlauf von zwei Jahren nahezu 200 Mounds und 100 weitere Erdaufschüttungen erforscht und beschrieben. Die kurz zuvor gegründete Smithsonian Institution verlegte das Buch, das heute von unschätzbaren Wert ist, da die meisten der darin beschriebenen Monumente nicht mehr existieren. Der größte Teil der Fundstücke gelangte für den relativ lächerlichen Gegenwert von 10000 Dollar schließlich in das British Museum in London, wo sie heute zu besichtigen sind – kein Amerikaner hatte Interesse gezeigt.

Es ist dem bereits vorgestellten John Wesley Powell zu verdanken, daß der Mythos von der mysteriösen fremden Hochkultur widerlegt wurde. Seit 1875 Leiter des U.S. Geological Survey, veranlaßte er 1879 die Gründung des Smithsonian Bureau of Ethnology, dem er als erster Direktor vorstehen sollte. Er kannte die Erdhügel von Ohio und Illinois, wo er aufgewachsen war, und er war bestens mit den Indianerstämmen seiner Zeit vertraut. Für ihn gab es nicht den geringsten Zweifel daran, daß die Vorfahren eben dieser Indianer die Mounds errichtet haben mußten. Als der Kongreß eine Summe von 5000 US-Dollar ausschließlich für die Erforschung der Mounds bereitstellte, beschloß er, diese Streitfrage ein für allemal klären zu lassen, um sich wichtigeren Problemen zuwenden zu können.

Von der „alten" zur neuen Archäologie

Cyrus Thomas war eigentlich Entomologe, nicht Archäologe. Aber er wußte, wie systematische wissenschaftliche Arbeit zu erfolgen hatte. Als Powell ihn 1882 zum Leiter einer Forschungsgruppe ernannte, war er persönlich zwar davon überzeugt, daß einmal eine besondere Moundbilder-Rasse existiert hatte, doch begann er sich dessen ungeachtet sehr objektiv mit der Aufgabe auseinanderzusetzen. Vor ihm lag eine zeit- und personalintensive Kampagne, Grabungen und Kartierungen mußten durchgeführt werden, vor allem jedoch galt es unzählige Erdbauten vor weiterer Zerstörung zu retten. 1894 erschien seine voluminöse Zusammenfassung der Ergebnisse[3], mit einem klaren Fazit: Die Erbauer waren die Vorfahren der heutigen Indianer gewesen, eine eigene Rasse hatte nie existiert.

Es mag bisher nicht so recht deutlich geworden sein, doch schon in dieser frühen Phase zeigt sich eine Tendenz, die für die Frühzeit der amerikanischen Archäologie prägend werden sollte. Squier war zunächst Journalist, später

Diplomat, Davis Arzt, Thomas Entomologe, Powell Naturkundler und Soldat. Frederic Putnam, dem wir die Rettung des Great Serpent Mound verdanken, hatte bei Louis Agassiz Zoologie studiert, ehe er sich in Amerika dem Aufbau naturkundlich-anthropologischer Sammlungen und Museen widmete. *Archäologen* im klassischen Sinn, wie sie in Europa verstanden wurden, gab es in den Vereinigten Staaten nicht. Zu grundverschieden war auch die Fundsituation. In den Ländern um das Mittelmeer gab es eine reichhaltige schriftliche Überlieferung, die mit den Methoden der Philologie ausgewertet wurde. Jenseits des großen Teichs dagegen sah man Archäologie nicht als ein Anhängsel der Geschichtsforschung, sondern stellte sie der Anthropologie nahe, also eher zu den Naturwissenschaften. Dies ist zu einem nicht unerheblichen Ausmaß auf John Wesley Powell zurückzuführen, der seine gesamte Arbeit in der Smithsonian Institution unter diesem Aspekt ausrichtete. Die Anthropologie hatte somit drei Subdisziplinen: die Ethnographie, die sich mit den existierenden Völkern beschäftigte (heute würde man das unter die Kulturanthropologie einordnen), die physikalische Anthropologie, die sich mit der Biologie jener Menschen befaßte, und schließlich die Archäologie, die ihre Vergangenheit erforschte.

Diese ganz spezifische Eigenart der amerikanischen Archäologie erwies sich als Glücksfall, eröffnete besondere Perspektiven und Arbeitsmethoden, bot moderne Analogien, um den archäologischen Befund zu interpretieren. Hier ist nun nicht der Platz, ausführlich auf die Geschichte der Altamerikanistik einzugehen, zudem gibt es dafür äußerst empfehlenswerte Arbeiten.[4] Aber es ist interessant zu beobachten, daß heute die außereuropäische Archäologie ganz ähnliche Wege geht und bei ihrer Feldforschung in Asien und Afrika verstärkt naturwissenschaftliche Methoden einsetzt.[5]

Bei der Besprechung einzelner Kulturräume wird sich noch Gelegenheit bieten, auf die Verdienste einzelner Forscher hinzuweisen und so dem skizzenhaften Bild der amerikanischen Archäologie weitere Puzzlesteine hinzuzufügen. Exemplarisch soll hier auf eine Fundstelle hingewiesen werden, die recht anschaulich den Wandel in der Archäologie deutlich macht, der in den sechziger Jahren dieses Jahrhunderts einsetzte. Dem Farmer Theodore Koster waren beim Pflügen seines Maisfeldes bei Kampsville, Illinois, 75 Meilen nordöstlich von St. Louis im Tal des Illinois River, immer wieder Tonscherben aufgefallen, und sein Nachbar Harlin Helton riet ihm, dies den Archäologen mitzuteilen. 1969 begann Stuart Struever von der Northwestern University mit ersten Probegrabungen, die so erfolgreich waren, daß bis heute kein Ende abzusehen ist.[6] Über rund 9000 Jahre hinweg haben Menschen mehr oder weniger kontinuierlich an diesem von der Natur begünstigten Platz am Fuße einer Kalksteinklippe gesiedelt, von 7500 vor bis 1200 nach Christus. Wann immer die Stelle, aus welchen Gründen auch immer, verlassen wurde, bedeckte Löß die Spuren menschlicher Anwesenheit und bewahrte sie für die Nachwelt. So unterscheiden die Archäologen heute vierzehn klar definierte, wahrscheinlich aber sogar mehr als zwanzig Horizonte mit Artefakten, die durch sterile Bodenschichten voneinander getrennt sind.

Die Koster-Fundstelle bot zum ersten Mal einen detaillierten Einblick in die sogenannte archaische Besiedlung, machte exakte Datierungen möglich und bot Forschungsmaterial für die verschiedensten Disziplinen. Geologen untersuchten die Bodenschichten, Zoologen bestimmten die Schalen von Schnecken. Botaniker wiesen nach, daß über einen großen Zeitraum hinweg Hickory-Nüsse die Hauptnahrung gewesen waren und später erst weitere Pflanzenarten dazukamen. Die Knochen von jagdbarem Wild und Unmengen an Fischgräten machten eine Einordnung der Jahreszeit möglich, zu der die Stelle besucht wurde. Mediziner und Anthropologen rekonstruierten das Aussehen der Menschen, identifizierten die Krankheiten, an denen sie gelitten hatten. Schon vor 8500 Jahren scheint es hier eine stabile menschliche Gemeinschaft gegeben zu haben. Der Horizont 8 enthielt Überreste der wohl frühesten permanenten Siedlung in Nordamerika, die man bisher kennt; sie datiert auf 5000 vor Christus. Kürbisse wurden bereits angebaut, um 2000 vor Christus kamen weitere kultivierte Wildpflanzen, Mais dann erst 500 nach Christus hinzu. Interessanterweise finden sich schon in den ältesten Kulturhorizonten Hundegräber.

Die kurze Aufreihung von Ergebnissen macht eine Eigenart deutlich, die man schon in der Frühzeit der amerikanischen Archäologie nachweisen kann: den Einfluß der biologischen Evolutionslehre. Im Grunde stehen der Biologe und der Archäologe vor ganz ähnlichen Problemen: Wie können sich bestimmte Strukturen, seien es nun lebende Organismen oder komplexe Kulturen, neu bilden und stabilisieren? So zieht sich der Evolutionsgedanke wie ein roter Faden durch die Geschichte der Altamerikanistik, doch gerade die Koster-Grabung, so Struever selbst[7], hat den Weg freigemacht für etwas, das er „neue Archäologie" nennt: „Traditionelle Archäologen definieren Kultur als einen Bestand an Ideen, Werten und Glaubensvorstellungen, den eine Gemeinschaft von Menschen teilt ... Die neuen Archäologen definieren Kultur als ein nichtbiologisches System, das Menschen entwickeln, um mit den Anforderungen ihrer Umwelt zurechtzukommen. Kultur wird als eine Reihe miteinander verknüpfter Verhaltenssysteme und materieller Gegenstände angesehen. Alle Teile eines Kultursystems – seien sie ökonomischer, sozialer, politischer oder religiöser Natur – sind voneinander abhängig. Das Kultursystem als Ganzes dient als ein Puffer zwischen den Menschen, die es entwickeln, und ihrer Umwelt."

Einladung zur Zeitreise

Kehren wir zurück nach Georgia, zu den Etowah Mounds bei Cartersville, und folgen Sie mir auf den Hügel A, den größten. Er ist etwa 20 Meter hoch, nahezu die Höhe eines sechsstöckigen Gebäudes, und der Atem geht schwer, wenn man die Plattform an seiner Spitze erreicht. Doch der Ausblick über den Fluß, die anderen Hügel und das Gebäude bis zum Museum hinüber lohnt die Mühe. Wenn man sich in Erinnerung ruft, daß es noch sehr viel größere dieser künstlich geschaffenen Erdhügel gibt, wenn man bedenkt, daß ihre Erbauer keine Bulldozer und Schaufelbagger hatten, nur einfachste Grabwerkzeuge, Hände, Körbe und Fellsäcke, dann setzt ungläubiges Erstaunen ein. Man hat errechnet, daß beispielsweise für die Aufschüttung der Erdanlagen von Poverty Point 405 000 Kubikmeter Erde bewegt werden mußten, eine Leistung von insgesamt wohl über drei Millionen Arbeitsstunden! Wer aber nicht selbst diese Monumente besucht hat, scheint keineswegs so beeindruckt; die täuschend einfache Form mag daran schuld sein.

Ihnen geht es ähnlich, obwohl Sie jetzt mit mir auf diesem Mound stehen, noch ein wenig außer Atem vom Aufstieg? Dann schlage ich vor, daß wir uns setzen, dort an der Nordkante, mit Blick auf den etwas kleineren Hügel B und zum Etowah River hinüber. Hier oben geben uns die wenigen alten Bäume zwar kaum Schatten, und Mücken gibt es auch, aber im Schutz der Vegetation entlang des Ufers soll es von Schlangen wimmeln, so behaupten es zumindest die

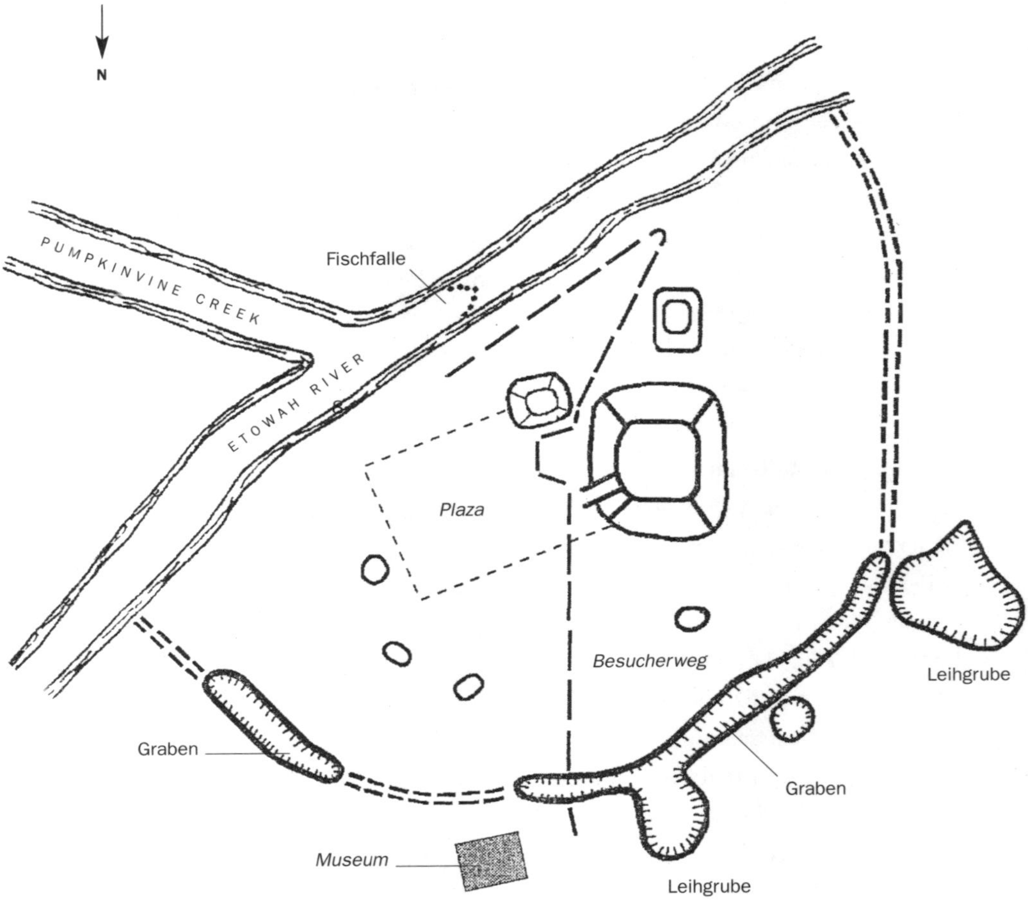

ABB. 4: Ein Rundgang durch Etowah soll eine Vorstellung vermitteln, wieviel Archäologie schon mit dem bloßen Auge betrieben werden kann.

Gegenüberliegende Seite: **a:** Etowah River, **b:** Der kleinere Mound, von der Plattform des größten Mound aus gesehen, **c:** Blick über die einstige Plaza hinweg auf die Erdhügel. **d:** Die bewachsene Seite des Mound.

Warnschilder und die Ranger. Außerdem ist dieser Platz bestens geeignet, um ein wenig Archäologie zu betreiben, im Sitzen, ganz ohne Spaten. Ich kann Ihr ungläubiges Erstaunen förmlich sehen, aber ich meine es ernst. Über die Menschen, die sich der Erforschung der Vergangenheit verschrieben haben, wissen wir nun schon einiges, jetzt wird es Zeit, daß wir selbst auf ihren Spuren zu den Ureinwohnern Nordamerikas vordringen. *Sie* selbst sind jetzt der Archäologe, und ich bin gespannt, welches Bild vom Indianer bei unserer Expedition zustande kommen wird!

Da wir zunächst keine anderen Hilfsmittel zur Verfügung haben als unsere fünf Sinne, liegt es nahe, diese einzusetzen. Was also sehen Sie (ABB.4)? Da ist der Fluß, der Etowah River. Er fließt ziemlich genau in Richtung Südwesten, und der kleinere Pumpkinvine Creek mündet dort drüben in ihn hinein. Am Wasser wuchert die Pflanzendecke, aber die Ebene nördlich ist von Vegetation nahezu befreit. So fällt es uns heute leicht, die Erdhügel zu erkennen, die früher

a

b

c

d

kaum zu entdecken waren. Die Mounds sind unterschiedlich groß, in der Form aber weitgehend ähnlich, vier Seiten, eine abgeflachte Plattform, wie eine abgeschnittene Pyramide. Jetzt beginnen Ihre Gedanken in Fluß zu kommen! Ein Mound hat eine bestimmte Gestalt, er ist keine zufällige Bildung der Naturkräfte. *Er ist geplant.* So etwas tut man nicht umsonst, es gab also soziale Mechanismen und Gründe, um ihn zu entwerfen und schließlich in mühevoller, organisierter Arbeit zu errichten.

Ein Mound bedeutet Arbeitsteilung. Jemand hat diesen Platz ausgewählt, durchaus mit Verstand, wir haben reichen Pflanzenwuchs, dazu Wasser, und würden wir uns am Fluß umsehen, wer weiß, vielleicht fänden wir Fischreusen oder etwas ähnliches. Aber nicht nur der Ort, auch der Zeitpunkt und der Umfang der Arbeiten mußte geplant werden. Es gab damals sicher Menschen, die diese Planungen vollzogen, Entscheidungen trafen, und Menschen, die die Arbeiten auszuführen hatten, es gab also – zumindest in einem bestimmten Umfang – verschiedene soziale Klassen, eine wie auch immer strukturierte Gesellschaft. Mehr wissen wir noch nicht, Vorsicht vor übereilten Schlußfolgerungen, bleiben wir einzig und allein bei den Fakten!

Sicher aber *weist ein Mound auf Vorausplanung hin.* Diejenigen, die führten, konnten nicht gleichzeitig Nahrung für sich selbst besorgen, sie waren gewiß mit der Organisation ausgelastet. Vermutlich also wurden sie und die Arbeiter aus Vorräten versorgt, die andere herbeischafften. Es gab also Logistik und eine intensive Vorratshaltung. Und noch etwas: Wenn man – wie wir jetzt – auf einem solchen Erdhügel sitzt, in 20 Meter Höhe, mühsam aufgeschüttet, Korb für Korb, dann ist eines klar. Diese Arbeit muß einem Zweck gedient haben. Verteidigung? Ein Burghügel? Sie schütteln den Kopf? Zu Recht. Ein Blick in die Runde genügt Ihnen. Es würde zwar sicher einige Menschenleben fordern, um die Plattform zu stürmen, aber es gab ja vielleicht Pfeile und Speere, sicher aber genügend Steine zum Werfen. Nein, Sie liegen schon richtig, es wäre ziemlich idiotisch, einen riesigen Erdhaufen zu errichten, den man praktisch nicht verteidigen kann.

Gut, es mag sein, daß wir später beispielsweise auf die Spuren einer Palisade stoßen werden, aber zunächst gehen wir besser davon aus, daß *ein Mound religiöse Vorstellungen belegt.* Also haben sich seine Erbauer Gedanken gemacht

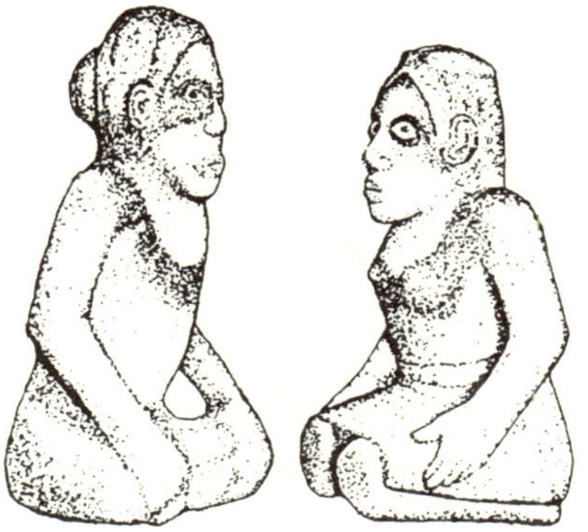

ABB. 5: Diese beiden etwa 60 cm großen, aus Marmor geschnitzten Figuren sind heute im Museum von Etowah zu sehen. Sie stellen wahrscheinlich Portraits des Paares dar, mit dem sie begraben wurden.

über die Welt um sie herum, über die Natur und die Grenzfälle des Lebens: Geburt, Krankheit, Tod. Daß sie den Mound gebaut haben, zeigt uns, daß sie auch Antworten gefunden haben. Wir kennen diese Antworten noch nicht, werden sie wohl nie in allen Details kennen. Aber allein die Existenz der Erdhügel beweist, daß es Rituale und Mythen gab, und zusammen mit dem, was wir schon erschlossen haben, können wir auch davon ausgehen, daß eine Art Priesterkaste existiert haben muß. Vermutlich waren es einzelne Persönlichkeiten, Frauen oder Männer, die besondere Fähigkeiten besaßen, aus denen letzten Endes dann diese Kaste entstand.

Sie sind unruhig geworden, denn inzwischen nehmen Ihre Augen wesentlich mehr wahr als zuvor. Sie gehen an der Kante der Plattform entlang, hin und her gerissen zwischen dem Wunsch, das, was Sie sehen, aus der Nähe zu untersuchen, und Ihrem Zögern, diesen Platz mit seiner hervorragenden Aussicht aufzugeben. Wir kamen vom Parkplatz, der im Norden liegt, und wir haben das Museum zunächst ignoriert. Aber jetzt machen Sie mich auf eine Absenkung im Gelände aufmerksam, nicht weit vom Museum, und dort, im Nordwesten, liegt eine weitere, sogar noch größere Mulde. Da die Pflanzendecke die Konturen des Geländes zum Teil verdeckt, haben wir es nicht sofort bemerkt. Jetzt aber kommt Ihnen ein Verdacht: Eben, wie der größte Teil der Umgebung nun einmal ist, muß ja das Material für die Erdhügel irgendwoher gekommen sein. Von den Ausmaßen her könnte es schon stimmen; der Archäologe spricht von *borrow pits,* Gruben, aus denen man sich die Erde „geliehen" hat.

Doch diese großen Mulden sind nicht die einzigen Absenkungen im Gelände. Ihre Augen folgen dem Verlauf eines Grabens, manchmal gut sichtbar, bisweilen auch fast völlig zugeschüttet. Dort, beim Museum, zu der Mulde hin, wird er langsam tiefer, ein Holzbrückchen führt heute darüber hinweg. Sie versuchen seine Tiefe abzuschätzen, während Sie seinem weiteren Verlauf nachspüren, nach Westen hin wird er weniger gut erkennbar. Jetzt haben Sie Ihre Bewegung vollendet, in etwa ein Halbkreis, begrenzt von Fluß. Vielleicht drei Meter tief könnte er gewesen sein, und er umschließt ein Gelände von zirka 20 Hektar. Natürlich, jetzt wird Ihnen die Logik klar. Jenseits des besiedelten Bereichs verlief ein Graben, *dort* fand eine Verteidigung statt, nicht am Mound selbst. Die Erde, die man zum Aufschütten des Hügels brauchte, wurde nicht planlos herbeigeschafft, sondern aus einem zugleich ausgehobenen Graben zum Schutz der Siedlung. Wenn es Palisaden gegeben hat, müßte man sie dort vermuten, nicht auf dem Mound. Tatsächlich, Sie bemerken einige in den Boden gerammte Holzpfähle, gut doppelte Mannshöhe, innen bis zur halben Höhe mit Erde aufgeschüttet. Es ist eine Rekonstruktion ausgegrabener Stämme, die einst das Dorf umgeben haben. Ein potentieller Angreifer dürfte es nicht einfach gehabt haben: Er müßte in den Graben hinab- und an der anderen Seite emporstürmen, um dann noch die mit Kriegern besetzte Palisade zu überwinden. Nur mit Speeren oder Keulen bewaffnet dürfte das ein ziemliches Selbstmordkommando gewesen sein. Im Norden hätte man zunächst den Fluß durchschwimmen müssen, um dann von den Verteidigern empfangen zu werden, während man noch mühsam durch das Wasser watete – auch kein angenehmer Gedanke. In der Tat muß die Siedlung ziemlich sicher gewesen sein, und wir wissen heute, daß sie zumindest 600 Jahre lang bewohnt war, mehr als ein halbes Jahrtausend. Dabei wurden Graben und Palisade sogar erst relativ spät errichtet.

Mit neu erwachtem Interesse mustern Sie jetzt das scheinbar nicht weiter gegliederte ebene Gelände, auf dem sich einst die Siedlung befunden haben muß. Ihre geschärften Augen bleiben an einigen Punkten hängen; nichts hält Sie jetzt noch. Sie eilen die Stufen hinab, die wir vorher so mühsam emporgeklettert sind, um einen anderen Blickwinkel zu bekommen. Es war keine Täuschung. Etwa parallel zum Fluß verläuft am Fuß der beiden größten Mounds ein völlig flacher Bereich, dessen jenseitiges Ende von einigen niedrigen Erhebungen markiert wird. Stück für Stück fügt sich das Bild von der Siedlung zusammen. Zwischen dem Fluß und der Palisade lagen, wahrscheinlich einigermaßen regellos, die Hütten der Indianer. Sie gruppierten sich um einen zentralen Platz, an dessen einem Ende sich die drei größten Mounds erhoben, Hügel A, der mächtigste, sowie B und C, die in etwa gleich groß waren. Mehr oder weniger im Dorfgebiet verstreut gab es weitere Erhebungen, vielleicht Fundamente für die Häuser von Würdenträgern. Die flachen Plattformen der großen Mounds legen den Verdacht nahe, daß auch auf ihnen Hütten standen, vermutlich für Zeremonialzwecke. Es ist erstaunlich, wieviel Archäologie man allein mit dem bloßen Auge betreiben kann, nicht wahr?

Spaziergang am Fluß

Allmählich habe ich ein wenig das Gefühl, daß in Ihnen die Erinnerung aufsteigt an die Lektüre der Detektivgeschichten von Conan Doyle und Edgar Allan Poe, und sicher auch an die Romane von Karl May. Die Protagonisten dieser Erzählungen waren stets in der Lage, aus kleinsten Hinweisen mittels Logik und genauer Beobachtung weitreichende Schlüsse zu ziehen. Und Sie haben jetzt Geschmack gefunden, wollen tiefer hineintauchen in die Vergangenheit? Natürlich, es sind noch einige Fragen offen, und wir wollen einmal sehen, ob wir sie mit unserer Archäologie beantworten können. Wie groß mag die Siedlung gewesen sein, wieviel Menschen könnten hier gelebt haben? Wovon ernährten sie sich? Wie mögen die Behausungen ausgesehen haben?

Sie werfen einen Blick auf den Boden, auf dem Sie stehen. Reicher, sattgrüner Graswuchs. Die Krume ist ziemlich fruchtbar, durchsetzt mit Sand. Berichte über die großen Überschwemmungen am Mississippi kommen Ihnen in den Sinn. Schwemmland, mehr oder weniger regelmäßig jedes Jahr vom Fluß überflutet. Sie sehen sich die Vegetation ein wenig genauer an. Da ist ein Baum, keine zehn Meter hoch, glänzende, unbehaarte, ganzrandige, ovale Blätter. Könnten wir die Früchte sehen, gäbe es keinen Zweifel an der Artzugehörigkeit: die Virginische Dattelpflaume oder Persimone *(Diospyros virginiana)*. Das Fleisch der bis zu fünf Zentimeter langen Früchte verliert ähnlich wie bei den orientalischen Arten dieser Gattung mit der Zeit seine Adstringenz und wird weich und geschmackvoll. Alkohol kannten die Indianer nicht, allerdings verstanden sie, aus diesen Früchten ein mildes Rauschmittel zu gewinnen.

Andere Bäume sind leichter zu identifizieren. Ihre unpaarig gefiederten Blätter ähneln dem Walnußbaum, die Pflanzen sind bis zu 30 Meter hoch. Es ist ein Hickory, ein Angehöriger der Gattung *Carya*, die im östlichen Nordamerika 15 Arten umfaßt. Die bedeutendste ist die Pecan-Nuß *(C. illinoensis)*, die auch heute noch intensiv genutzt wird; die Früchte zweier anderer häufiger Arten, *C. aquatica* und auch *C. cordiformis*, sind bitter und nicht eßbar. Auch die Walnuß selbst ist vertreten; im östlichen Nordamerika findet man sowohl den Schwarznußbaum *Juglans nigra* als auch *J. cinerea*, beide mit eßbaren Früchten.

Auch Birken gibt es, hier ist es vor allem die Flußbirke *(Betula nigra* engl. *River birch)*. Von allen Birkenarten der Neuen Welt dringt sie am weitesten nach Süden vor, und auch in tiefliegende Regionen. Da sie viel Feuchtigkeit verträgt, setzt man sie gern zur Erosionskontrolle ein. Aus der glatten Rinde der Papierbirke *(B. papyrifera)* stellten die Indianer ihre Kanus her. Es gibt noch eine Reihe weiterer interessanter Pflanzen: der Westliche Zürgelbaum (*Celtis occidentalis*), der Amerikanische Amberbaum *(Liquidambar styraciflua)*, den Papiermaulbeerbaum *(Broussonettia papyrifera)*, der Bastfasern liefert und die Amerikanische Platane *(Platanus occidentalis*, engl. *Sycamore)*.

Wir sind, von Pflanze zu Pflanze gehend, fast notgedrungen inzwischen zum Fluß vorgestoßen. Einige der Nutzpflanzen, die die Menschen hier eingesetzt haben, konnten wir finden, von anderen wissen wir durch Ausgrabungen. Dazu gehören Bohnen und Kürbis, vor allem aber der Mais, über den noch ausführlich zu reden sein wird (s. Kap. 4). Plötzlich, während wir am ruhig fließenden Etowah River entlangwandern, kommen uns die Warnungen vor den Giftschlangen wieder in den Sinn. Aber mancher andere scheint sie ebenfalls nicht so ernst zu nehmen, viele der Besucher flüchten von den schattenlosen Mounds ins grüne Halbdunkel – vermutlich mehr als genug, um jede halbwegs vernünftige Waldklapperschlange *(Crotalus horridus)* zu verjagen. Schlecht wäre es, der

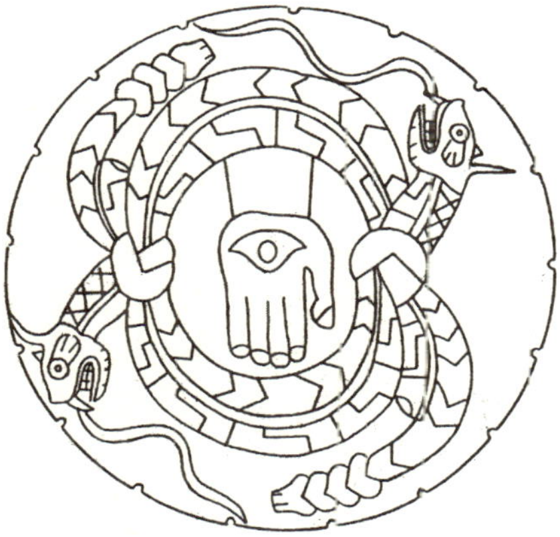

ABB. 6: Die „Rattlesnake Disk", die man bei Moundville in Alabama fand, zeigt zwei ineinander verschlungene Klapperschlangen und eine Hand mit Auge. Der Symbolismus ist weitgehend unklar, man vermutet, daß die Schlangen für Krieg stehen, die das Auge und die Hand des Schöpfers umgeben.

bis zu 1,5 Meter langen Wassermokassinschlange *(Agkistrodon piscivorus)* zu begegnen, die man hier *cottonmouth* nennt, da sie bei Störung nicht zur Flucht neigt, sondern sich stellt. Der Name kommt von der weißen Innenseite des bei Belästigung drohend aufgerissenen Rachens; der Biß kann tödlich sein, ist mit Sicherheit jedoch äußerst schmerzhaft. Viele tödliche Unfälle gehen auf den Kupferkopf *(A. contortrix)* zurück, der zwar nicht so groß wird (um 75 cm), aber trotz seiner schönen Zeichnung bestens getarnt ist. Selbst gewiefte Reptilienforscher haben sich schon mitten in ganze Nester dieser Tiere gesetzt, ohne sie zu bemerken.[8] Welche Bedeutung Schlangen für die Indianer gehabt haben, können wir nur ahnen. So gehäuft sie gerade auch in den Sümpfen des Südostens vorkommen, findet man sie doch nicht allzu oft als Motiv in der Kunst, vorwiegend als Ornament an Tongefäßen. Um so bemerkenswerter ist die Klapperschlangenscheibe von Moundville (ABB. 6), eine Steinplatte mit zwei ineinander verschlungenen Tieren, die eine Hand mit einem Auge umrahmen.[9] Gefiederte Schlangen dienten wohl als ein Symbol des Krieges.

Nicht weit entfernt sitzt ein Angler, ein vertrautes Bild in den Südstaaten. Als wir uns nähern, bemerken wir, daß er nicht allzu erfolgreich war. Ein Wels wäre schön, beispielsweise der Getüpfelte Gabelwels *(Ictalurus punctatus)*. Bei einer Gesamtlänge von 120 Zentimetern bringt er bis zu 25 Kilogramm auf die Waage. Auch ein *yellow bullhead* würde gern genommen, ein anderer Katzenwels *(I. natalis)*, der allerdings kaum halb so groß wird. Mit Pflanzenfasern und Zweigen haben die Indianer im Fluß Fischreusen aufgestellt, Welse haben auch sie gern gegessen. Wenn das Wasserkraftwerk bei Allatoona nicht arbeitet und der Fluß Niedrigwasser führt, taucht an dieser Stelle sogar eine rekonstruierte Fischfalle aus dem Etowah auf. Als ausgesprochen scharfes, aber wohlschmeckendes Gericht fand der Wels als *blackened catfish* Eingang in die Küche der Cajuns, jener frankokanadischen Vertriebenen, die heute im Süden der USA leben und oft als eine Art „neue Indianer" angesehen werden. Auch den riesigen Alligatorfisch *(Lepisosteus tristoechus,* syn. *L. spatula)* haben die Indianer – ganz im Gegensatz zu unserem weißen Angler – nicht verschmäht. Dieser „Hai des Süßwassers" ist mit bisweilen mehr als drei Metern Körperlänge (und bis zu 137 kg Gewicht) nicht allzu beliebt, da er Fangnetze zerreißt und Fischen nachstellt, die der Sportfischer lieber an seiner eigenen Angel sähe. Angriffe auf den Menschen soll es – unbestätigten Berichten zufolge – auch gegeben haben.

Bildnisse, Begräbnisse und Abfallhaufen

Der Ausflug am Ufer hat uns gezeigt, daß die Bewohner jener längst verschwundenen Stadt recht gut gelebt haben müssen; sie waren relativ sicher vor Angriffen, hatten mehr als genug Nahrung, vor allem auch Eiweißquellen, zur Verfügung und lebten in einer fruchtbaren Umgebung. Sie jagten Rotwild und den Truthahn, sammelten aber auch Süßwassermuscheln. Auf jeden Fall hatten sie es offensichtlich nicht nötig, Tiere zu halten. Das muß sich auf die Bevölkerungszahl in der Siedlung ausgewirkt haben. Schätzungen sind stets unsicher, aber mehrere tausend Menschen könnten hier gelebt haben. Wir wissen jetzt viel über diese Indianer, Informationen, die man allein schon mit einem wachen Auge sammeln kann. Folgen wir jetzt den Archäologen und beginnen wir zu graben, vorsichtig selbstverständlich, unter sorgfältiger Dokumentation aller Funde, und mehr mit dem Pinsel als mit dem Spaten.

Es ist ein nahezu alltägliches Problem der Wissenschaftler, daß viele Ausgrabungen Rettungsgrabungen unter einem erheblichen Zeitdruck sind. Die Sichtung und Auswertung der Daten erfolgt daher oft erst in den Museen. Hier beginnt dann auch ein Vorgang, dessen Selbstverständlichkeit oft über seine Einschränkungen hinwegsehen läßt: die Gliederung in Epochen und Kulturräume. Die Kapitel dieses Buches orientieren sich zum Teil an dieser Klassifikation, doch sollte man nie vergessen, daß es sich um eine künstlich geschaffene Einteilung handelt, gewissermaßen eine „Wunschvorstellung der Anthropologen". Dennoch: Angenommen, wir wollten aufgrund aller Funde in den Museen „das Rad neu erfinden" und die amerikanische Vorgeschichte gliedern, kämen wir vermutlich zu einer sehr ähnlichen Einteilung in *zwölf Kulturräume:* Arktis, Subarktis, südkanadische Region, Nordwestküste, Plateau-Region, Kalifornien, Großes Becken (Great Basin), Südwesten, Nordostmexiko, Große Ebenen (Great Plains), Prärieregion und die östlichen Waldländer (ABB.7). Diese Kulturräume variieren stark, was ihre Größe angeht, sie liegen auch zum Teil außerhalb des Gebiets der heutigen Vereinigten Staaten.

Unsere Reise nach Etowah hat uns ins Herz einer wichtigen Epoche in den östlichen Waldländern gebracht. Würden wir nämlich zu graben beginnen, beispielsweise in den Mounds selbst, könnten wir eine ganze Reihe von Aufschlüssen erhalten. Zunächst kann man drei Arten von Mounds unterscheiden. Da gibt es die Begräbnishügel *(burial mounds)*, die bisweilen nur einen Leichnam, oft aber sehr viele Bestattungen bergen. Dann kennen wir die Bildnishügel *(effigy mounds)*, die meist Tiere darstellen und vermutlich zu kultischen Zwecken errichtet wurden (ABB.8), und schließlich noch Abfallhügel, die beispielsweise aus unzähligen Muschelschalen bestehen können und – ungeachtet ihrer Bauweise – durchaus auch zu anderen Zwecken genutzt wurden. Besonders interessant wären zunächst sicherlich die Grabhügel, denn wir würden auf zahlreiche, teilweise prächtige Grabbeigaben stoßen, die den Verstorbenen wohl ein angemessenes zukünftiges Leben im Jenseits ermöglichen sollten. Als Archäologen dürften wir den sicher nicht allzu spekulativen Schluß ziehen, daß sie ein einigermaßen treffendes Bild der damaligen Gesellschaft liefern.

Die Arbeit des Ordnens und Sichtens, der Vergleich der gefundenen Gegenstände, seien es nun Schmuckgegenstände oder Dinge des Alltagslebens, Pfeilspitzen oder Keramikscherben, führt über kurz oder lang zu einer Einteilung in Perioden. Da ist zunächst die Zeit der *Paläo-Indianer,* reine Nomadenstämme, die vor 10 000 Jahren noch Großtiere jagten und zu deren Aussterben zumindest beitragen konnten[10] (siehe auch Kapitel 3). Die Beute dieser Menschen erscheint uns heute ungewöhnlich; das Mammut zählte dazu, Kamel, Pferd und Mastodon. Unweit von Port Charlotte im Südwesten Floridas fand man einen

ABB. 7: Die Karte zeigt schematisch die Gliederung Nordamerikas in verschiedene Kulturareale. Soweit sich diese Einteilung auch bewährt hat, darf man doch nicht vergessen, daß es sich um eine künstliche Gliederung handelt. Die Übergänge zwischen dem östlichen Waldland und den Prärien und Plains beispielsweise sind ausgesprochen fließend.

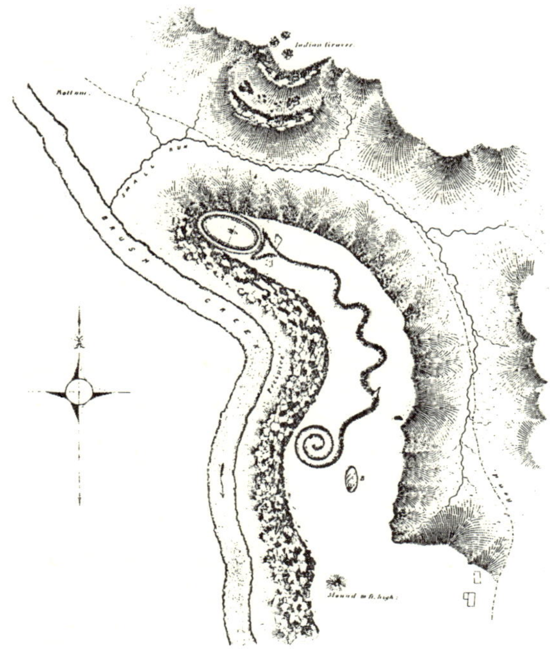

ABB. 8: Der Große Schlangenhügel („Serpent Mound") in Ohio zeigt eine Schlange, die mit weit aufgerissenem Maul ein Ei verschlingt. Die Gesamtlänge des auf einem Bergvorsprung liegenden Bauwerks beträgt fast 400 m. Die Zuordnung dieses Bildnishügels zur Adena- oder Hopewell-Tradition ist unsicher.

tragischen Beleg für eine solche Jagd. Little Salt Spring ist einer jener Teiche, deren Ränder relativ flach sind, zur Mitte hin jedoch abfallen und durch einen Durchbruch im Kalkstein weit in die Tiefe führen, etwa 70 Meter in diesem Fall. Hier fanden Unterwasserarchäologen einen Felssims, der gegen Ende der letzten Eiszeit trocken gelegen hatte; sowohl der Meeres- wie auch der Grundwasserspiegel lagen damals sehr viel tiefer. Auf der Leiste entdeckten sie den Panzer einer ausgestorbenen Riesenschildkröte, getötet von einem Holzspeer, der noch in den Überresten steckte und dessen Alter mit der ^{14}C-Datierung auf 12 030 Jahre bestimmt werden konnte. Es scheint aber, als hätte der Jäger seine Beute nicht allzu lange überlebt. Aus menschlichen Knochen in der Nähe schlossen die Archäologen, daß beide über den Abhang gestürzt sein mußten. Es erwies sich für den Jäger als unmöglich, wieder emporzuklettern, und er verhungerte. Mit dem Abschmelzen der Gletscher stieg der Wasserspiegel, so daß man heute nur noch mit der Tauchausrüstung an den Ort des Dramas gelangen kann. Aus den wenigen Gräbern jener lang zurückliegenden Zeit wissen wir, daß man sich schon mit dem Tode und einer späteren Weiterexistenz auseinandergesetzt hat; zerbrochene Speere als Grabbeigaben und das Bestäuben der Toten mit Ocker legen diesen Schluß nahe.

Das Ende der Eiszeit markierte einen tiefen Einschnitt, sowohl in das Leben der Menschen als auch in der Entwicklung des amerikanischen Kontinents. Die Gletscher schmolzen ab; das Klima wurde trockener. Sümpfe wurden zu Steppen, Grasländer zu Wüsten. Flüsse änderten ihren Lauf. Der Mensch mußte sich an diese Umwälzungen anpassen; aus dem Großwildjäger wurde ein Sammler. Die Indianer dieses *Archaikums*, das von 8000 bis etwa 1000 vor Christus dauerte, trugen Nüsse, Wurzeln und Samen zusammen und nutzten zunehmend Fische und Muscheln. Fischspeere und Angelhaken, aber auch zum Teil riesige schützende Wälle aus Muschelschalen um die Siedlungen belegen diesen Wandel. In dieser langen Zeit des Übergangs zur Seßhaftigkeit scheint nicht viel Nennenswertes vorgefallen zu sein, sieht man davon ab, daß man mit einem noch rudimentären Ackerbau begann. Beachtlich sind allerdings die Zeugnisse, die man noch aus dieser Zeit hat, wie beispielsweise die Anlage von Poverty Point beweist.

Menschen am Fluß

Der Beginn des Ackerbaus fällt meist zusammen mit der Kultivierung bestimmter Pflanzen (hier ist vor allem auch der Tabak zu erwähnen) und dem Übergang zur Seßhaftigkeit. Dafür boten sich vor allem die fruchtbaren Flußtäler an, und so häufen sich die archäologischen Funde am Mississippi und im Gebiet des Ohio. Nicht weit von Miamisburg, in der Nähe von Chillicothe, liegt Adena, der Landsitz eines früheren Gouverneurs. Er gab einer ganzen Tradition den Namen, die von etwa 500 vor Christus bis um die Zeitwende existierte. Die Menschen müssen ein ganz besonderes Verhältnis zum Tod gehabt haben, denn ihre Bestattungsrituale wurden immer aufwendiger – im Prinzip ein Glücksfall für den heutigen Archäologen, der auf prachtvolle Grabbeigaben stoßen kann. Manchmal verbrannten sie ihre Verstorbenen, manchmal ließen sie sie auf Gestellen verwesen oder begruben sie. Oft kamen mehrere solcher Begräbnisse in Schichten übereinander, so daß man mit einem Schnitt durch einen solchen Grabhügel ein lückenloses Bild über viele Jahrhunderte hinweg gewinnen kann.

Man schätzt die Zahl der Begräbnishügel im Adena-Kernland auf 300 bis 500. Wie wir bereits gesehen haben, muß man hier zumindest von einem Frühstadium der Gliederung in soziale Klassen ausgehen; Luxusgüter wie beispielsweise Schmuck aus kaltgehämmertem Kupfer dienten als Rangabzeichen. Eine anatomische Eigenart waren die abgeflachten Hinterköpfe der Adena-Menschen, Resultat der Sitte, Kleinkinder mit festgebundenem Kopf in einem Holzgestell auf dem Rücken zu tragen.

Der allmähliche Wandel der Adena-Kultur im letzten vorchristlichen Jahrhundert bleibt ein Geheimnis. Sicher ist, daß etwa 100 vor Christus eine andere Tradition sich auszubreiten begann, die jedoch schwer abzutrennen ist. Die sogenannten Hopewell-Indianer übernahmen nahezu alle Grundzüge der Adena-Tradition, führten sie jedoch, was Größe und Prachtentfaltung anbelangt, zu neuen Höhen. (Die Hopewell-Farm im Ross-County in Ohio gab dieser Stufe den Namen.) Die Grabhügel wurden noch imposanter, die Grabbeigaben noch erlesener. Die Hopewell-Menschen unterhielten ein ganz beachtliches Handelsnetz, das wesentlich weiter reichte als der eigentliche Umkreis ihrer Kultur. Muscheln von der Golfküste entdeckte man ebenso in ihren Gräbern wie Kupfer von den Great Lakes und Glimmer aus den Appalachen. Sie errichteten riesige Zeremonialkomplexe wie jene bei Mound City oder Newark in Ohio. Aus einfachsten Prototypen schufen die Handwerker wunderschöne Steinwerkzeuge, zum Teil wohl nur als Zierrat gedacht und nicht für den täglichen Gebrauch. Bei der Keramik stößt man zunehmend auf sehr fein gearbeitete Bildnisse, die sich deutlich von jenen unterscheiden, wie sie aus Mittel- und Südamerika bekannt wurden, und die es dem Archäologen erlauben, Idealtypen der Kleidung und der Frisuren zu rekonstruieren. Bemerkenswert sind auch die Plattformpfeifen, die aus einem gebogenen Rauchrohr mit einem Mundstück bestehen, auf dem der (meist in Gestalt eines Tieres gearbeitete) Pfeifenkopf aufsitzt.

Um 400 nach Christus begann die Hopewell-Kultur zu verfallen; die Gründe für diesen Niedergang sind nach wie vor umstritten. Denkbar sind mehrere Ursachen, beispielsweise eine allmählich eintretende klimatische Veränderung, die zu Trockenheit und damit zu schlechterer Nahrungsproduktion führte. Das Handelsnetz zerbrach, obwohl es in manchen Gebieten noch bis 600 bestand, möglicherweise auch aufgrund zunehmender Rivalitäten um die fruchtbaren, aber dichtbesiedelten Flußauen. Vielleicht wurden auch neue Züchtungen domestizierter Pflanzen aus Mexiko eingeführt, und das spezielle Anbau-Ökosystem der Hopewell-Menschen geriet durch anpassungsfähigere Systeme unter Druck. Sicher ist jedenfalls, daß in den Jahren bis etwa 800 viele lokale Kulturtraditionen existierten, aber keine übergreifende kulturelle Entwicklung stattfand.

Um das Jahr 800 jedenfalls setzte eine neue prägende Entwicklung ein, die bis in die historische Zeit fortreicht und sich deutlich von den früheren Traditionen abhebt. Sie wird als Mississippi-Tradition bezeichnet und ist besonders durch den Bau von Tempelhügeln charakterisiert. Es entstanden ausgedehnte Gemeinwesen mit einer relativ straffen Organisation, vermutlich gab es Anführer und eine in mehrere Stände gegliederte Hierarchie. Vor allem in Cahokia (Illinois) und Moundville (Alabama), zwei gut erforschten Zentren dieser Kultur, scheint das Häuptlingstum einen so hohen Stand erreicht zu haben, daß manche Wissenschaftler von zwei oder mehr Ebenen subalterner Funktionsträger ausgehen.

Man nimmt heute an, daß vor allem die Einfuhr von Maissorten, die während relativ kurzer Wachstumsperioden von 120 frostfreien Tagen im Jahr gedeihen konnten, zum Teil auch winterhart waren, für den raschen Aufstieg dieser Kulturstufe verantwortlich ist. Auch die Bohne kam um 1000 als eine wichtige ergänzende Proteinquelle hinzu. Fleisch blieb zwar ein wichtiger Nahrungsbestandteil, aber zusammen mit dem Kürbis war damit das Trio der „drei Pflanzenschwestern“ komplett, die als die wichtigsten Anbauarten der ausgehenden Prähistorie gelten. Erst die Kombination dieser Pflanzen stellte eine ausgewogene Versorgung mit allen essentiellen Aminosäuren sicher. Die Art, beispielsweise den Mais zu nutzen, wird uns bei den Indianern der Prärien (siehe Kapitel 4) wieder begegnen.

Ein Kennzeichen der Mississippi-Tradition war auch der „Southern Cult“, der erst nach 1000 zu voller Entfaltung kam und bis zur Ankunft de Sotos existierte. Die häufig anzutreffenden Dekormotive der Keramik, auf Muschelschalen oder auf Schmuck sind der Sonnenaufgang, ein kunstvoll gestaltetes Kreuz, ein menschliches Auge in der geöffneten Handfläche und andere, oft auch abstrakte Muster. Häufig stellen die Kunstwerke Themen dar, die mit dem Tod assoziiert sind, beispielsweise die Köpfe enthaupteter Krieger. Bei aller Vorsicht, die man bei solchen Deutungen walten lassen muß, scheint sich dieser Kult doch sehr intensiv mit dem Jenseits beschäftigt zu haben. Mancher Archäologe äußert heute zwar Zweifel daran, daß es sich wirklich um einen echten Totenkult gehandelt haben muß, doch werden häufig Menschenopfer dargestellt, die vermutlich auch praktiziert wurden.

Mit der Ankunft der Spanier wurde ein Schlußstrich unter diese Hochkulturen gezogen. Zeremonialzentren wie etwa der Emerald Mound unweit von Vicksburg, Mississippi, waren damals noch bewohnt. Heute liegt dieser Erdhügel in einem stillen Waldgebiet des Natchez Trace Parkway, einem alten Indianerpfad, den später auch die Flußschiffer des Ol' Man River nutzten, um in ihre Heimatstädte bei Nashville zurückzuwandern, da sie oft ihre Ware samt den Schiffen verkauften. An einem heißen Herbstnachmittag wandere ich über die Plattform dieses Mounds, dessen Basis über 250 m lang und fast 150 m breit ist. Er ist – nach dem Monks Mound in Cahokia – der zweitgrößte Erdhügel in den Vereinigten Staaten, so groß, daß auf seiner Plattform noch einige kleinere Plattformhügel erbaut wurden. Heute kann man seine wahre Größe nur auf Luftaufnahmen abschätzen, vom Boden aus können höchstens verschiede Ansichten eine vage Vorstellung vermitteln.

Es ist still um mich herum, die Plattform ist leer, nur Insekten summen in der sonnendurchglühten Ruhe. Wie kam das Ende zu den Menschen, die hier lebten und arbeiteten? Die marodierenden Haufen der Spanier hätten wenig gefunden, was sie gereizt hätte. Wahrscheinlich haben Krankheiten die Siedlungen ausgelöscht. Während ich über die Wipfel der Bäume hinwegsehe, die den kahlen Erdhügel umsäumen, kommt es mir in den Sinn, daß sich in den Wäldern um den Emerald Mound noch viele weitere, allerdings nicht für das Publikum erschlossene archäologische Fundstellen befinden. Wir haben noch viele Fragen, die uns diese Stätten vielleicht beantworten können.

Das Rätsel von Watson Brake

Was mir zu diesem Zeitpunkt nicht bewußt ist: Zunächst sollen noch mehr Rätsel gestellt als gelöst werden. In der Nähe von Monroe im Norden des Bundesstaates Louisiana, vielleicht 150 km Luftlinie vom Emerald Mound entfernt, liegt Watson Brake, eine schon in den 70er Jahren entdeckte, eher unscheinbare Fundstelle. Elf niedrige Hügel sind es, meist zwischen einem Meter und gut vier Metern, der höchste, zum Südufer des Flusses hin gelegene 7,5 Meter hoch. Diese Mounds, verbunden mit niedrigen Erdwällen, umschließen ein Oval von 280 Metern Duchmesser. Als sich die Konturen der Anlage nach einem Holzeinschlag aus der dichten Vegetation herausschälten, rechnete man sie zunächst der Zeit von Poverty Point zu, mit einem Alter von etwa 2700 bis 3700 Jahren.

Der Archäologe Joe Saunders von der Northeast Louisiana University in Monroe jedoch blieb skeptisch, zuviele Details paßten nicht ins Bild.[11] Die Menschen von Poverty Point haben charakteristische Steinwerkzeuge hinterlassen, außerdem im Feuer gehärtete Lehmklumpen, die man dann ins Wasser warf, um es zu erhitzen. Beides fehlte hier. Und wo waren die typischen Hinterlassenschaften späterer Bewohner? 1993 begann er mit Probebohrungen im höchsten Hügel, um Bodenprofile zu erhalten und datieren zu können. In etwa einem Meter Tiefe stießen die Wissenschaftler auf eine rötliche, mit Lehm angereicherte Bodenschicht: ein „Bodenhorizont", wie er sich nur im Verlauf vieler tausend Jahre bildet, indem aus darüberliegenden Erdschichten Eisen und Lehm herausgewaschen und in tieferen Lagen angereichert werden. War Watson Brake etwa ungleich älter als bis dahin angenommen?

Mit den verschiedensten Datierungsmethoden versuchte Saunders dieses Ergebnis zu bestätigen oder zu revidieren: Radiokarbondatierung, optisch angeregte Lumineszenz, Bestimmung der Menge an noch oxidierbarem Kohlenstoff in alten organischen Sedimenten. Und stets fielen die Messungen gleich aus, demnach hatte die Anlage ein Alter von 5400 Jahren und war über einen Zeitraum von etwa vier Jahrhunderten erstellt worden. Sie war damit um 1900 Jahre älter als alle bis dahin bekannten Mounds in Nordamerika! Dazu kam die Suche nach Artefakten. Saunders und seine Mitarbeiter fanden nicht die für die Poverty-Point-Periode typischen Epps- oder Motley-Pfeilspitzen, sondern einfachere Evans-Projektile, außerdem Steinwerkzeuge, wie sie von Jäger-Sammler-Gruppen des mittleren Archaikums hergestellt worden waren.

Warum ist diese Tatsache so überraschend? Bisher hatte man einhellig die Meinung vertrten, daß die aufwendige Errichtung von Mound-Anlagen – immerhin wurden in Watson Brake einige hundert Tonnen Material mit einfachsten Körben oder Felltaschen bewegt – an eine Gesellschaftsform gekoppelt war, in der ein intensiver Ackerbau gepflegt wurde. Die so erzielten Agrarüberschüsse sind im allgemeinen von einer seßhaften Lebensweise, der Entstehung größerer Ansiedlungen und der Etablierung überregionaler Handelsnetze begleitet.

In Watson Brake aber haben wir die Hinterlassenschaften von Jägern und Sammlern vor uns, die meist in kleinen Gruppen umherziehen und keine besonders komplex gegliederten Gesellschaften aufweisen. Kristin Gremillion von der Ohio State University in Columbus fand keine Anzeichen für domestizierte Pflanzen, wohl aber für deren Vorgänger. Anhand der verkohlten Überreste identifizierte sie beispielsweise Samen von *Chenopodium berlandieri*, einem Gänsefußgewächs, das auch heute noch in Mexiko genutzt wird. Die jungen Pflanzen werden als Gemüse verzehrt, die halbreifen Blütenstände in Mehl ausgebacken. Auch bei den Azteken fand diese Pflanze bei religiösen Festen Verwendung. Sie könnte die Stammform von *Chenopodium quinoa* gewesen sein, der bis zu anderthalb Meter hohen Reismelde, die heute in ganz Südamerika als Mehl-liefernde Nutzpflanze angebaut wird und in den Anden bis in Höhenlagen von 3600 Metern gedeiht. Die Reismelde war eine Kulturpflanze der Inkas, in Argentinien hat man ihre Früchte sogar in prähistorischen Gräbern nachgewiesen.

Wozu diente also Watson Brake? Es gibt kaum Spuren von Abfall oder gar Artefakte, keine Überreste von Holzkonstruktionen für Häuser. Über Jahrhunderte hinweg wurde zu bestimmten Jahreszeiten dort gebaut, aber niemand führte Zeremonien aus oder ließ sich gar dauerhaft nieder. Irgendjemand faßte den Plan, an dieser Stelle zu bauen, und an diesen Plan hielt man sich über viele Generationen hinweg, bis die Anlage vollendet war. Dann verließ man sie. Saunders kann dieses Rätsel bislang auch nicht lösen: „Ich weiß, es klingt sehr nach Zen, aber vielleicht liegt die Antwort darin, daß der Vorgang des Bauens selbst der Zweck war. “

* * *

Zur Einführung empfohlen:

Anthony, P.: Tatham Mound. München 1994. – *Umfangreicher historischer Roman um die Ureinwohner Floridas vor dem Hintergrund der de-Soto-Expedition. Der Fantasy- und Science-Fiction-Autor hat dazu akribisch recherchiert. Nette Urlaubslektüre.*

Kennedy, R.G.: Die vergessenen Vorfahren. Die Wiederentdeckung der indianischen Hochkulturen Nordamerikas. München 1996. – *Auf die Archäologie des Ostens beschränktes Werk, für den interessierten Laien geschrieben.*

Kniffen, F.B., Gregory, H.F. , Stokes, G.A. : The Historic Indian Tribes of Louisiana. From 1542 to the Present. Baton Rouge 1987. – *Behandelt zwar nur Louisiana, entwirft aber ein umfassendes Bild, von der Ökologie über die Vor- und Frühgeschichte bis hin zur Gegenwart, beschreibt dabei alle Aspekte indianischen Lebens und ist daher außergewöhnlich interessant.*

Time Life, Reihe Untergegangene Kulturen: Geheimnisvolle Indianerkulturen. Amsterdam 1993. – *Die beiden ersten Kapitel behandeln die Kulturen der östlichen Waldländer. Sehr schön bebildert.*

Zitierte Literatur:

[1]*Ceram, C.W.:* Der erste Amerikaner. München 1991, S. 232. — [2]*Squier, E.G., Davis, E.H.:* Ancient Monuments of the Mississippi Valley. Comprising the Results of Extensive Original Surveys and Explorations. New York 1973 (Nachdruck). — [3]*Thomas, C.:* Report on the Mound Explorations of the Bureau of Ethnology. Washington 1894 (häufig nachgedruckt). — [4]Siehe dazu beispielsweise *Ceram* (1991), *Fagan* (1991), Kapitel 2 und 3, besonders auch *Haberland* (1991), Kapitel 2, als Klassiker gilt *Willey, G.R., Sabloff, J.A.:* A History of American Archaeology. San Francisco 1980. — [5]*Wurster, W.W., Stoll, G.:* Spektrum der Wissenschaft, März 1996, S. 106. — [6]*Struever, S., Holton, F.A. :* Koster and the New Archaeology. Encyclopaedia Britannica Yearbook of Science and the Future. S. 230. Chicago 1980. — [7]l.c., S. 235. — [8]Grzimeks Tierleben, Band 6, S. 490–492. — [9]*Walthall, J.A.:* Moundville. An Introduction to the Archaeology of a Mississippi Chiefdom. Alabama Museum of Natural History Special Publication Nr. 1., 2. Aufl. 1994. — [10]*Stoll, G.:* Abenteuer Natur, März/April 1996, S. 40. — [11]*Saunders, J.W. u. Mitarb.:* Science 277, 1796 (1997), sowie Science 277, 1761 (1997).

Reisetips	Staat	Nahegelegene Orte und Zugangsstraßen	Bemerkungen
Moundville Archaeological Park	Alabama	Tuscaloosa *Auf der Alabama 69 ca. 13 Meilen nach S*	Auf dem 150 ha großen Gelände rund 20 Mounds, z.T. im Urzustand. Sehr gutes Museum, Rekonstruktionen
Crystal River State Archaeological Site	Florida	Crystal River *Auf der US 19 nur unweit Richtung NW*	Auf dem gut erschlossenen Gelände findet man alle drei Arten von Mounds: Abfall-, Begräbnis- und ein Zeremonialhügel. Stelen deuten auf Beziehungen nach Mexiko
Etowah Mounds State Historic Site	Georgia	Cartersville *Von der US 41 bei Cartersville 1 Meile nach W auf der Georgia 61, 2 Meilen den Schildern folgen*	Neben einem Gang über das weitläufige Gelände unbedingt genug Zeit für das Museum mit den schönen Grabungsfunden einplanen
Cahokia Mounds	Illinois	St. Louis, MO *Auf der Interstate 55-70 5 Meilen ostwärts bis Ausfahrt Illinois 111, nach S bis Collinsville Road, links 1,5 Meilen bis Parkeingang*	
Kampsville Archaeological Center (u.a. „Koster Site")	Illinois	Kampsville *75 Meilen NO von St.Louis (MO), auf der Illinois 100*	Archäologischer Komplex (viele Grabungsstellen) mit vielfältigen Aktivitäten, über die ein Kursprogramm unterrichtet. Ausgrabungen im Gang können besucht werden. U.a. Kurse zur Bioarchäologie
Emerald Mound	Mississippi	Natchez bzw. Washington *Natchez Trace Parkway, von Natchez aus ca.10 Meilen nach N*	Zweitgrößter Zeremonialhügel der USA, Beginn der Arbeiten um 1250, Ende um 1600. Zahlreiche weitere Mounds in der Umgebung, meist jedoch nicht für Publikumsverkehr erschlossen
Poverty Point	Louisiana	Epps *Von der I 20 bei Dehli auf der Louisiana 17 nach N bis Epps, dann nach NO auf der Louisiana 577*	Ab ca. 1500 v. Chr. für rund ein Jahrtausend bewohnt, in vielerlei Hinsicht äußerst bemerkenswerte Fundstätte
Newark Earthworks	Ohio	Newark (die moderne Stadt hat durch Expansion viel zerstört) *3 Fundstätten im Bereich der Stadt: Moundbuilders State Memorial (21st Street und Cooper), Octagon Mound State Memorial (N23rd. St und Parkview), Wright Earthworks (James und Waldo St.)*	Riesige Fundstelle, vor allem der Hopewell-Kultur zugeordnet, wenn auch mit fortgeschrittener Sorgfalt und Größe als sonst. Intensiver Totenkult. Anzeichen für Klassenstruktur der Gesellschaft

3 Die ersten Amerikaner: wann und wie besiedelten Menschen die Neue Welt?

Daß Amerika und die Indianer eine weit in die Vergangenheit zurückreichende Geschichte haben mußten, hatten schon die europäischen Entdecker geahnt. Woher aber kamen die Ureinwohner des Doppelkontinents? Wann und wie hatten sie ihn besiedelt? Wie entwickelte sich ihre Kultur? Und welche Veränderungen prägten sie und ihr Land? Auch wenn einige Aspekte noch ungeklärt oder umstritten sind, schälen sich aus den vielen Mosaiksteinchen, die die Wissenschaftler mittlerweile zusammengetragen haben, bereits die Konturen eines faszinierenden Bildes zur Beantwortung dieser Fragen heraus.

Ihre Silhouetten sind nur verschwommen zu erkennen, ein schattenhaftes Volk, das auf Zehenspitzen und bei gedämpftem Licht die Bühne betrat.
THOMAS CANBY (1979)

Der rätselhafte Sprung

Thomas Jefferson (1743–1826) war nicht nur (der dritte) Präsident der USA und der Verfasser der Unabhängigkeitserklärung. Er hat 1782 mit seinem Buch „Notes on Virginia“ über seine für die damalige Zeit sehr sorgfältig durchgeführten Ausgrabungen an einem Grabhügel nahe seines Landsitzes Monticello auch die archäologische Diskussion über den Zeitpunkt und den Weg der Besiedelung des amerikanischen Doppelkontinents eröffnet – eine Kontroverse, die an Brisanz und Aktualität bis heute nichts verloren hat.[1]

Ihre Wurzeln reichen aber noch weiter zurück. Am 12. Oktober 1492 betrat Christoph Kolumbus (1451–1506), Admiral unter spanischer Flagge, die Insel San Salvador, die heute zu den Bahamas gehört.[2] Er und seine Nachfolger fanden eine große Zahl verschiedener Kulturen vor. Zunächst hielt man die sogenannten Indios für Bewohner Ostasiens. Aber schon 1513 zog Vasco Nuñez de Balboa durch Mittelamerika und erblickte den Pazifischen Ozean. Rasch setzte sich die Erkenntnis durch, daß die „indischen Länder“ in Wirklichkeit eine neue Welt waren, ein eigener Kontinent. Damit aber tauchte die Frage auf, wie die Urbevölkerung diesen Kontinent besiedelt hatte, und ab wann das geschehen war.

Bis ins 20. Jahrhundert kursierten die wildesten Spekulationen über den Ursprung der amerikanischen Urbevölkerung. Spanische Mönche waren die ersten Indianer-Kenner. Wie andere auch vertraten sie die Meinung, daß die Indianer von alttestamentarischen Kulturen abstammten, etwa den Tataren, Skythen, Phöniziern oder biblischen Hebräern, vielleicht sogar späte Aussiedler aus dem paradiesischen Garten Eden waren, Nachfahren Noahs oder gar der vielbeschworenen Einwohner Atlantis. Auch die Polynesier, Ägypter und sogar Griechen und Römer wurden bemüht, um die kulturellen Leistungen der Indianer zu erklären, als wären diese von selbst dazu nicht imstande gewesen – eine diskriminierende Einstellung. Der italienische Forscher Florentino Amaghino dachte sogar, die Ureinwohner seien auf eine gesonderte Schöpfung unabhängig von den Menschen der Alten Welt zurückzuführen. Es gab jedoch auch Überlegungen, daß die amerikanischen Ureinwohner zusammen mit der teilweise exotischen Fauna einst über Asien eingewandert waren. Erst spät setzte sich aufgrund der Werkzeugfunde von *Folsom* (1926) und *Clovis* (1932) in New Mexico die

Auffassung durch, daß die Neue Welt bereits vor vielen Jahrtausenden betreten worden sein mußte, lange bevor es die abend- und morgenländischen Hochkulturen gab. Und mit der Entwicklung der Radiocarbon-Methode (ab 1949) stand dann ab den sechziger Jahren eine, wenn auch nicht immer zuverlässige, physikalische Altersbestimmung zur Verfügung.

In den sechziger Jahren vertrat Louis Leakey, der berühmte Ausgräber afrikanischer Vormenschen, die Hypothese, die amerikanischen Ureinwohner seien Neandertaler gewesen, die den Doppelkontinent vor 40 000 bis 200 000 Jahren erreicht hatten. Heute herrscht dagegen Einigkeit, daß sie Vertreter des modernen *Homo sapiens sapiens* gewesen sind und irgendwann während der letzten Eiszeit die Neue Welt besiedelt hatten.

Ozeanfahrer?

Wie aber kamen diese Menschen nach Amerika? Sind sie wie Kolumbus übers Meer gefahren? Seine Route ist nach wie vor der relativ einfachste Weg, obwohl vor ihm, etwa 1000 n.Chr., bereits die Wikinger unter Leif Erikson viel weiter nördlich die große Überfahrt geschafft hatten. Dies geht aus ihren Überlieferungen hervor. Sie schlugen in dem von ihnen genannten Vinland („Weinland") nicht nur Holz für ihre Niederlassungen in Grönland, sondern errichteten auch eine Siedlung, *Leifbudir,* die sie aufgrund von Überfällen der Skraelinger, wie sie die Indianer bezeichneten, jedoch nicht halten konnten. (Anne und Helge Instad haben 1960 im Norden Neufundlands bei *L'Anse aux Meadow* tatsächlich Reste von Torfwänden mehrer Häuser und Spuren einer Schmiede aufgespürt sowie eine Bronzenadel, wie sie auch von Norwegen bekannt ist.) Vielleicht fuhren sie sogar weit ins Landesinnere. Freilich gehörten die Wikinger zu den versiertesten Seeleuten überhaupt. Es gibt keine Hinweise darauf, daß vor ihnen ein ähnlich befähigtes Seefahrervolk existierte.

Allerdings hat Barry Fell (Harvard University) behauptet, daß es schon vor 3500 Jahren einem Schiff aus Norwegen gelungen sei, über den Atlantik zu fahren und auf dem St.-Lorenz-Strom bis in die Gegend östlich des heutigen Toronto vorzustoßen. Es gibt dort (im *Peterborough* Petroglyphs Provincial Park) nämlich rätselhafte Symbole, die in den Felsen eingeritzt sind. Sie werden den Algonkin zugeschrieben, ihr Alter schätzt man auf 500 bis 1000 Jahre. Fell hält einige jedoch für viel älter und deutet sie als Schriftzeichen, deren Pendants auch in Skandinavien zu finden seien, und die unter anderem von Handelsbeziehungen mit den Algonkin-Indianern berichten; kühn spekulierte er weiter, daß nach Europa womöglich ein regelrechter Kupfertransport stattgefunden habe.[3] Auch Verbindungen der Mittelmeerkulturen mit Amerika sollten ihm zufolge bestanden haben. Bislang konnte Fell die Fachwelt jedoch nicht überzeugen. Allerdings behaupteten 1997 Stephen Jett (University of California in Davis) und Carl Johannessen (University of Oregon), Reste von Coca-Blättern in ägyptischen Mumien und Abbildungen von Mais in indischen Tempelreliefs aus dem 11. Jahrhundert würden belegen, daß die amerikanischen Ureinwohner ihre Anbauprodukte schon lange vor Kolumbus weltweit verbreitet hatten und auch den Pazifik bereisten.

Eine pazifische Überfahrt erscheint noch unwahrscheinlicher als eine Überquerung des Atlantiks. Selbst die kürzeste Strecke von Japan zu den äußeren Aleuten und erst recht die Tausende von km längeren tropischen Routen bedeuteten stürmische Gewässer, unvorhersehbare Windrichtungen, lange Flauten und Wochen ohne Land in Sicht. Deshalb erfolgte auch die Besiedlung Polynesiens erst mit der Entwicklung des Auslegerboots vor 3500 Jahren. Zudem sind keine Spuren etwaiger Pazifiküberquerer auf den als Zwischenstationen denkbaren Inseln bekannt.

Australien wurde ebenfalls von modernen Menschen besiedelt, und zwar schon vor mindestens 60 000 Jahren.[4] Damals lag der Meeresspiegel tiefer. Trotzdem waren für die noch immer verbliebene Strecke seetüchtige Boote erforderlich (die kürzeste Route ging über sieben bis zu 30 km voneinander entfernten Inseln, und dann waren es nochmals mindestens 90 km zu dem Kontinent). Derartige Kenntnisse sind von den australischen Ureinwohnern nicht überliefert, aber vielleicht gerieten sie bald wieder in Vergessenheit. Ob die Besiedlung Australiens zufällig erfolgte (durch Küstenwinde oder unvorhergesehene Strömungen) oder nach Plan (vielleicht wirkte die Rauchsäule eines natürlichen Buschfeuers als Ziel), weiß niemand. Vor 20 000 Jahren jedenfalls waren nur die Küsten und Wüstenränder besiedelt, 10 000 Jahre später aber beinahe der ganze australische Kontinent.

Beringstraße und Beringia

Die heute fast einhellig vertretene Meinung ist, daß die amerikanische Urbevölkerung über die Beringstraße den neuen Kontinent erreicht hatte. Der Jesuitenmissionar José de Acosta hatte sie schon 1589 als Einwanderungsroute erörtert. Archäologische Funde und genetische, immunologische, zahnmorphologische sowie auf Schädel- und Knochenvermessungen basierende Vergleiche der amerikanischen Urbevölkerung mit den Nordostasiaten haben mittlerweile eindeutig gezeigt, daß die ersten Indianer aus Sibirien kamen. Wann und wie die Besiedlung erfolgt ist, wird aber nach wie vor und in den letzten Jahren wieder besonders kontrovers diskutiert.

1728 befuhr der in russischen Diensten stehende Däne Vitus Bering (1680–1741) diese heute 40 m tiefe Meerenge zwischen Sibirien und Alaska. Vier Jahre später gelangten russische Seefahrer an die Küste Alaskas, noch ohne sich dessen bewußt zu sein. Dies blieb 1741 einer neuen Expedition Berings mit Georg Wilhelm Steller (1709–1746) vorbehalten. Die acht Monate im Jahr bis zum 60. Breitengrad zugefrorene Meerenge wurde wohl schon in prähistorischer Zeit von Eskimos mit Booten aus Tierhäuten befahren. Denn bis heute haben verwandte sprachliche und kulturelle Traditionen auf beiden Seiten der Beringstraße überlebt. Vor Jahrtausenden sah es dort aber völlig anders aus als heute.

Ähnlich wie Eurasien waren auch große Teile Nordamerikas während des Pleistozäns von Gletschern bedeckt. Die letzte große Eiszeit, die amerikanische Wisconsin- oder europäische Würm-Eiszeit, begann vor etwa 100 000 Jahren. Innerhalb dieser Epoche lassen sich mehrere Kalt- und Warmzeiten unterscheiden, in denen der Meeresspiegel dramatisch schwankte. So war die Beringstraße über zwei lange Zeiträume hinweg, vor 75 000 bis 45 000 und vor 25 000 bis etwa 11 000 Jahren Festland, weil die Meere damals weniger Wasser hatten. Diese ständig wechselnde Landschaft, die einst Sibirien mit Alaska verband, hat in der Geologie den Namen *Beringia* erhalten (ABB. 9).

Es sind nun verschiedene Hypothesen denkbar:

Wenn Menschen im äußersten Nordosten Asiens schon vor 35 000 Jahren gelebt haben sollten, hätten sie offenes Meer erblickt. Es ist durchaus möglich, daß sie absichtlich oder durch Zufall mit Gefährten aus Tierhäuten – die Umge-

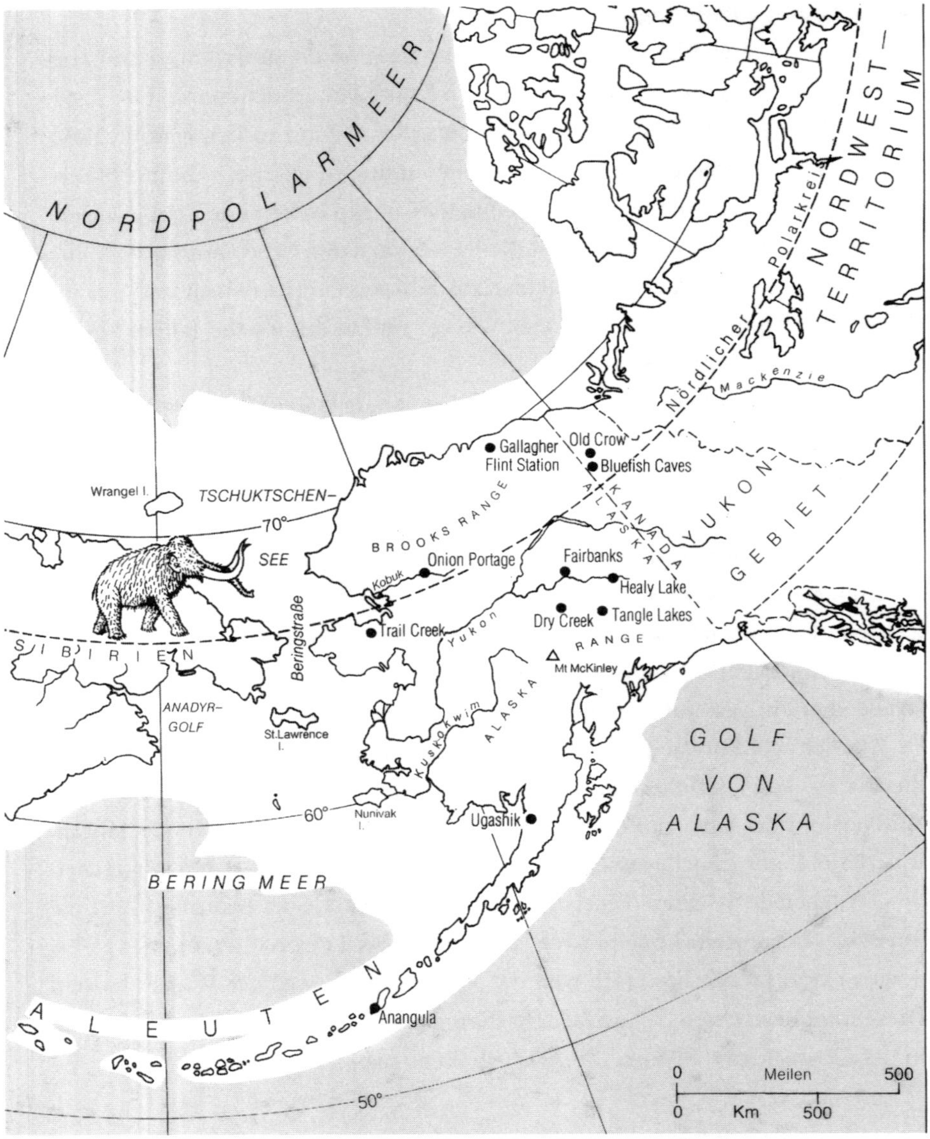

ABB. 9: Beringia, die Landbrücke zwischen Sibirien und Alaska vor rund 20 000 Jahren während der maximalen Ausdehnung (nicht getönter Bereich). Eingezeichnet sind heutige Städte und einige wichtige archäologische Fundorte.

bung war weitgehend baumlos – die Meerenge überquert hatten. Das hätte eine Fahrt von mindestens 80 km bedeutet. Die Situation ist insofern ähnlich wie bei der Besiedlung Australiens, nur daß die Bedingungen im hohen Norden ungleich härter waren. Es existiert allerdings noch kein entsprechendes Fundmaterial, und theoretische Überlegungen machen diese Hypothese eher unwahrscheinlich. Aber ausschließen läßt sie sich nicht.

Vorstellbar ist auch eine Bootsfahrt entlang der Küste der festen Landbrücke über kleinere eisfreie Gebiete. Da die betreffenden Regionen heute unter Wasser liegen und deshalb Grabungen kaum möglich sind, bleibt diese Alternative ebenfalls unbewiesen. Daß eine Besiedlung über die Aleuten im Prinzip möglich ist, hat der Allgäuer Meeresgeologe Gernot Spielvogel (Technische Universität München) aber vorgeführt – ganz allein mit dem Kajak.[5]

Der wahrscheinlichste Weg von Ostasien nach Alaska ist der „trockenen Fußes“ über die Landbrücke selbst. Wahrscheinlich sind die Menschen damals lediglich ihrer Jagdbeute gefolgt. Sicherlich wurde es ihnen nicht bewußt, daß sie einen neuen Kontinent betraten. Wer aber waren sie? Und wann geschah dieses in der Menschheitsgeschichte einmalige Ereignis?

Die Mammutjäger der russischen Steppe

Vor etwa 35 000 Jahren besiedelte der *Homo sapiens sapiens* in großer Zahl Osteuropa. Im heutigen Tschechien und in der Slowakei sind Lager von Mammutjägern entdeckt worden. Ihr Alter beträgt rund 25 000 Jahre. Kunstvolle Behausungen aus Mammutknochen, vielleicht 14 000 bis 18 000 Jahre alt, sind im *Dnjepr-Tal* gefunden worden. Dort wie am *Baikalsee* stieß man auf Elfenbeinschnitzereien, die weibliche Figuren sowie zum Beispiel Vögel darstellen. Auch noch weiter nordöstlich sind menschliche Spuren aus prähistorischer Zeit bekannt, etwa Reste von Mammuts und Moschusochsen, in denen noch steinerne Speerspitzen steckten.

Weit verstreut lebende Großwildjäger waren auch die Menschen der *Djuktai-Kultur* (benannt nach den Djuktai-Höhlen am Aldan, einem Nebenfluß der Lena östlich von Jakutsk). Früher hielt man sie für die unmittelbaren Vorfahren der ersten Indianer. Zur Zeit geht man jedoch davon aus, daß sie 14 000, höchstens 18 000 Jahre alt ist.

Berelech am 71. Grad nördlicher Breite nahe der Mündung des Indigirka ist die nordöstlichste bekannte Fundstätte. Sie liegt stromaufwärts an einem Mammutfriedhof, wo mindestens 140 Tiere bei den Frühjahrsüberschwemmungen starben. Die Gegend war unwirtlich und noch am ehesten mit der heutigen Tundra und Taiga zu vergleichen. Noch weiter östlich, auf dem 57 Breitengrad inmitten der Halbinsel Kamtschatka, liegt *Ushki.* Die dort gefundenen Steinwerkzeuge sind rund 14 000 Jahre alt. Dem mutmaßlichen Alter anderer Stätten in Sibirien (*Warwarina Gora*, 34 000 Jahre, *Makarowo* 4, 45 000 Jahre) muß man noch skeptisch gegenüberstehen.

Für Irritationen sorgte die Entdeckung zahlreicher Steinspitzen in Nordostsibirien.[6] Die *Uptar*-Fundstätte, 40 km nördlich der Stadt Magadan bei dem Fluß Uptar gelegen, enthält nämlich lanzenförmige Spitzen mit einer zentralen Kannelierung, die wahrscheinlich dazu diente, die Steinklinge leichter auf einem Schaft (beispielsweise einem Speer) zu befestigen. Solche kannelierten Spitzen sind in Sibirien, aber auch in Alaska und Kanada bislang nicht gefunden worden. Sie galten als eine Erfindung der Clovis-Kultur. Da das Alter der Uptar-Funde noch unbekannt ist, muß vorläufig offen bleiben, ob sie zu der Djuktai-Tradition gehören, oder ob es eine kulturelle „Diffusion" von Amerika zurück nach Asien gegeben hat.

Welche asiatische Gruppe als erstes nach Amerika einwanderte, wird sich wohl kaum noch feststellen lassen. Daß es Asiaten waren, wird heute aber kaum mehr bezweifelt. Unter anderem haben inzwischen auch Funde von Teilen menschlicher Skelette aus Sibirien und Nordamerika die enge Verwandtschaft belegen können.

Das Leben auf der Landbrücke

Da das Nahrungsangebot im hohen Norden wahrscheinlich sehr spärlich war, breiteten sich die Menschen wohl relativ rasch aus. Sie zogen den Großtierherden nach, denn ausreichend Beute zu machen war lebensnotwendig. Bis vor 14 000 Jahren, als sich die Gletscher allmählich zurückzogen, könnte das Werchojansker Gebirgsmassiv allerdings eine größere Ausbreitung nach Osten verhindert haben. Es liegt östlich des Lena-Flußtals, das bereits mehrere tausend Jahre zuvor besiedelt war, und markiert die Westgrenze Beringias. Als Ostgrenze wird der kanadische Fluß Mackenzie angegeben. Vielleicht haben auch klimatische Änderungen eine Rolle gespielt, die die Lebensbedingungen der sibirischen Megafauna verschlechterten und zu Abwanderungen nach Westen führten, so daß die Menschen notgedrungen folgen mußten.

Die Ökologie Beringias ist noch unzureichend bekannt.[7] Daß die Vegetation der bis zu 1500 km breiten Landbrücke baumlos war, hat man schon in den dreißiger Jahren erkannt, denn die Wälder Sibiriens und Alaskas sind so verschieden, daß sie im Pleistozän nicht verbunden gewesen sein konnten. Fauna und Flora Beringias scheinen sich im Osten und Westen aber lange Zeit geähnelt zu haben. Man hat die Reste von zahlreichen Tieren gefunden: Körper von Dung- und Laufkäfern, Knochen von Erdhörnchen, Lemmingen, Wühlmäusen, Polarfüchsen, Saiga-Antilopen- und Rentier-Herden, aber auch von Hasen, Schneehühnern und verschiedenen Fischen. An Großwild gab es Steppenwisents, Moschusochsen, Wollnashörner und Mammuts. Auch wenn ungewiß ist, ob all diese Tiere zur gleichen Zeit gelebt haben, gilt als gesichert, daß späteiszeitliche Säugetiere Beringia überquert hatten. Die Frage ist allerdings, wie lange sie sich auf der Landbrücke selbst aufhielten. Die Antwort darauf hängt hauptsächlich davon ab, ob Beringia eine Kältesteppe oder aber eine Tundra gewesen ist.

Für die Steppen-Hypothese hat man insbesondere mit Ergebnissen von Pollenanalysen argumentiert. In Sedimenten in Alaska wurden viele Spuren des Beifuß gefunden. Er kommt in keiner modernen Tundra vor, ist aber in Steppen beheimatet, etwa in Nordzentralasien. Eine Steppenflora wäre für die Großsäuger relativ günstig gewesen und hätte ein längeres Verweilen möglich gemacht. Doch eine neue Studie hat die Steppen-Hypothese widerlegt.[8] Während früher lediglich Material aus den umliegenden Regionen, das heißt aus dem heutigen Alaska und Sibirien, greifbar war, weil Beringia seit Jahrtausenden überflutet ist, sind kürzlich erstmals Bodenproben von der ehemaligen Landbrücke selbst untersucht worden. Sie stammen aus zwanzig Tiefbohrkernen vom Grund der Tschuktschensee und des Beringmeers, nördlich und südlich der heutigen Beringstraße gelegen. Sie enthalten Pollen zahlreicher Blütenpflanzen sowie fossile Relikte von abgestorbenen Pflanzenteilen und Reste von mehr als zwanzig Insektenarten, insbesondere Lauf-, Schwimm- und Wasserkäfer.

Unter den Pollen finden sich nur wenige des Beifuß (der vielleicht in höher gelegenen Regionen vorkam), dagegen viele von Gräsern und von Riedgräsern, insbesondere von Seggen. Hinzu kommen Pollen von Heidekrautgewächsen, Weiden und Birken sowie von Torfmoosen. In den Bohrkernen sind auch 11 000 bis 20 000 Jahre alte Makrofossilien von Pflanzen erhalten, beispielsweise von Seggen, Krähenbeere, Tannenwedel, Rosmarinheide, Tausendblatt, Laichkraut, Fingerkraut und verschiedenen Hahnenfuß-Gewächsen. Diese Funde beweisen, daß die Flora Beringias der heutigen Tundra ähnelte. Es gab Gras- und Seggendecken, zahlreiche Frühlingsblumen, einige wenige Strauch- und Baumarten, insbesondere niedrige Weiden und Zwergbirken, deren Anzahl im Lauf der Zeit etwas zunahm, später kamen auch Espen und vielleicht einige Erlen und Fichten hinzu. Im Süden Beringias existierten möglicherweise Sümpfe und große Flüsse. Die Überreste der Insekten, denen eine Steppenlandschaft ebenfalls keinen Lebensraum geboten hätte, lassen auf ein trockenes Klima schließen, so daß Beringia größtenteils eisfrei gewesen sein dürfte. Die Sommermonate hatten moderate Durchschnittstemperaturen (11,5 – 13°C), im Winter war es dagegen bitterkalt (–28,5 bis –23,5°C). Verglichen mit den umliegenden Gebieten heute waren die Sommer sogar etwas wärmer als in der Gegenwart, die Wintermonate allerdings durchschnittlich zehn Grad kälter.

Für Großsäuger wie Mammuts, Pferde, Bisons und andere Huftiere dürfte Beringia nicht attraktiv gewesen sein. Sie verweilten wohl nicht lange auf der Landbrücke. Für Menschen waren die Lebensbedingungen etwas besser. Früher haben Archäologen geschätzt, daß das Nahrungspotential für etwa 15 bis 25 Personen pro 1 000 km² ausreichte und die Bevölkerungsdichte weniger durch die Anzahl der großen Säugetiere als durch die geringen Holzvorkommen beschränkt gewesen sei. Doch wenn sich die Großsäuger nur kurz in Beringia aufhielten, auf der Suche nach besseren Lebensbedingungen im Osten, müssen ihnen die Menschen rascher gefolgt sein, als bislang angenommen.

Die frühesten sicheren Fundstätten Westberingias sind maximal 20 000 Jahre alt. Spätestens vor 11 000 Jahren mußten die nomadischen Jäger die Neue Welt erreicht haben. Dann ereigneten sich nämlich, wie man aus Pollendiagrammen ablesen kann, große Veränderungen der Vegetation und des Meeresspiegels. Früher wurde angenommen, daß eine Migration schon vor 14 000 Jahren nicht mehr möglich war, doch haben dies neue Datierungen der Meeresspiegelschwankungen mit Hilfe karibischer Korallen korrigiert. Die Radiocarbon-Datierungen der kürzlich in den Bohrkernen gefundenen Pollen und Pflanzenreste belegen ebenfalls, daß Beringia erst vor etwa 11 000 Jahren überflutet worden ist.

Die ersten Indianer

Leider gibt es bislang nur wenige Funde in Alaska und im Yukon-Gebiet Kanadas (in Sibirien sieht es noch schlechter aus). Keiner ist definitiv älter als 15 000 Jahre. Als gesichert kann zur Zeit nur gelten, daß vor mindestens 11 000 Jahren Menschen im Norden Amerikas eingetroffen waren. Die ältesten Fundorte (beispielsweise die Jägerlager von *Dry Creek, Walker Road, Moose Creek, Owl Ridge, Broken Mammoth)* weisen Feuerstellen, bearbeitete Tierknochen sowie Schaber, Messer und Speerspitzen aus Stein auf. Die Datierung der als *Nenana-Komplex* zusammengefaßten Relikte ergab ein Alter von maximal 12 000 Jahren, mindestens 1000 Jahre jünger sind die des *Denali-Komplexes*. Diese Steinwerkzeuge scheinen der sibirischen Djuktai-Tradition nahezustehen. Dies gilt auch für die Relikte der *Bluefish-Caves* die zusammen mit Großwild-Überresten in der Keele Range im kanadischen Yukon-Territorium gefunden worden sind. Die Datierung (rund 13 000 Jahre) ist aber unsicher. Weitere Funde wurden kürzlich am Nordhang der Brooks Range in Alaska ausgegraben, wo eiszeitliche Jäger wahrscheinlich ein Plateau erklommen haben, um Mammuts und Wisents noch in großen Entfernungen auszumachen. Die Asche in mehreren Feuerstellen ist zwischen 9700 und 11 000 Jahre alt.[9] Die dort gefundenen Speerspitzen ähneln denen, die vor 10 000 Jahren im östlichen Wyoming hinterlassen worden sind, was eine gemeinsame Tradition nahelegt. Die Klassifikationen sind allerdings problematisch, da noch viel zu wenig Relikte vorliegen. Bei kleinen Gruppen von vielleicht nur 30 bis 50 Personen ist dies freilich auch nicht anders zu erwarten. Ob man aus den Unterschieden auf verschiedene Kulturen beziehungsweise Gruppierungen schließen darf, die möglicherweise kurz aufeinander eingewandert sind, ist umstritten.[10] Vielleicht beruhen die Differenzen auch auf lokal unterschiedlichen Weiterentwicklungen einer einst homogenen Gruppe von Einwanderern. Erschwert wird die Interpretationslage noch dadurch, daß es kaum Vergleichsmöglichkeiten mit Speerspitzen aus Sibirien gibt.

So läßt sich bislang nur sagen, daß der Osten Beringias (Alaska, Yukon) vor ungefähr 12 000 Jahren besiedelt worden ist, stellenweise vielleicht schon vor 14 000 Jahren.[11] Möglicherweise waren die nun häufiger vorkommenden Bäume und somit Brennstoffvorräte eine notwendige Bedingung dafür. Dann mußten sich die Menschen alsbald mehr und mehr ausgebreitet haben. Relikte von Siedlungen, knapp 12 000 Jahre alt, wurden auf den Queen-Charlotte-Inseln vor British Columbia entdeckt sowie in den heutigen Staaten Washington, Oregon und Idaho.

Der Weg nach Süden war auf dem Höhepunkt der Eisvorstöße vor 30 000 Jahren bis etwa 12 000 Jahren versperrt. Die mächtigen Gletschermassen der westlichen Gebirge (das Kordilleren-Eis) hatten sich mit denen des Ostens über der heutigen Hudson Bay (Laurentisches Eis) vereinigt. Bereits in den fünfziger Jahren entstand aber die Vorstellung, daß in den Zwischeneiszeiten ein *eisfreier Korridor* zwischen den beiden Eisschilden an der heutigen Grenze von British Columbia und Alberta entstanden sein könnte (**ABB.10**). Sicherlich war es keine „prähistorische Superschnellstraße, die die Paläo-Indianer aus Beringia in wärmere Klimazonen führte", wie Brian M. Fagan (University of California, Santa Barbara) diese in den sechziger Jahren sehr enthusiastisch vertretene These spöttisch überspitzte, auch wenn sie dann später eher mit einem Reißverschluß verglichen wurde, dessen Zug mit abnehmender Vereisung von Süden nach Norden wanderte. Wahrscheinlich waren die Lebensbedingungen in Beringia lange Zeit günstiger als weiter südlich. Und so existierten kaum Anreize, diese eiskalte und karge Route zu wagen und womöglich längere Strecken über Gletscherflächen hinweg zu wandern oder Schmelzwasserseen zu umgehen.

Spätestens mit den klimatischen Veränderungen der jüngeren Dryas-Episode (vor 13 000 bis 11 600 Jahren), sollte der Weg durch den größer werdenden Korridor nach Süden aber eingeschlagen worden sein. Das ist schon deshalb unbestritten, weil die Funde der Clovis-Kultur, die dem Nenana-Komplex ziemlich ähnlich sehen und vielleicht direkt davon ableitbar sind, ein Alter von mindestens 10 900 bis 11 200 Jahre haben. Möglicherweise war in dieser Zeit bereits eine zweite Einwanderungswelle über Beringia erfolgt. Denn nun tauchte eine neue technische Errungenschaft auf: sogenannte Mikroklingen. Sie lassen sich auf bis zu 10 700 Jahre datieren und kommen nur in den nördlichen Gebieten Nordamerikas vor, weiter südlich nicht mehr.

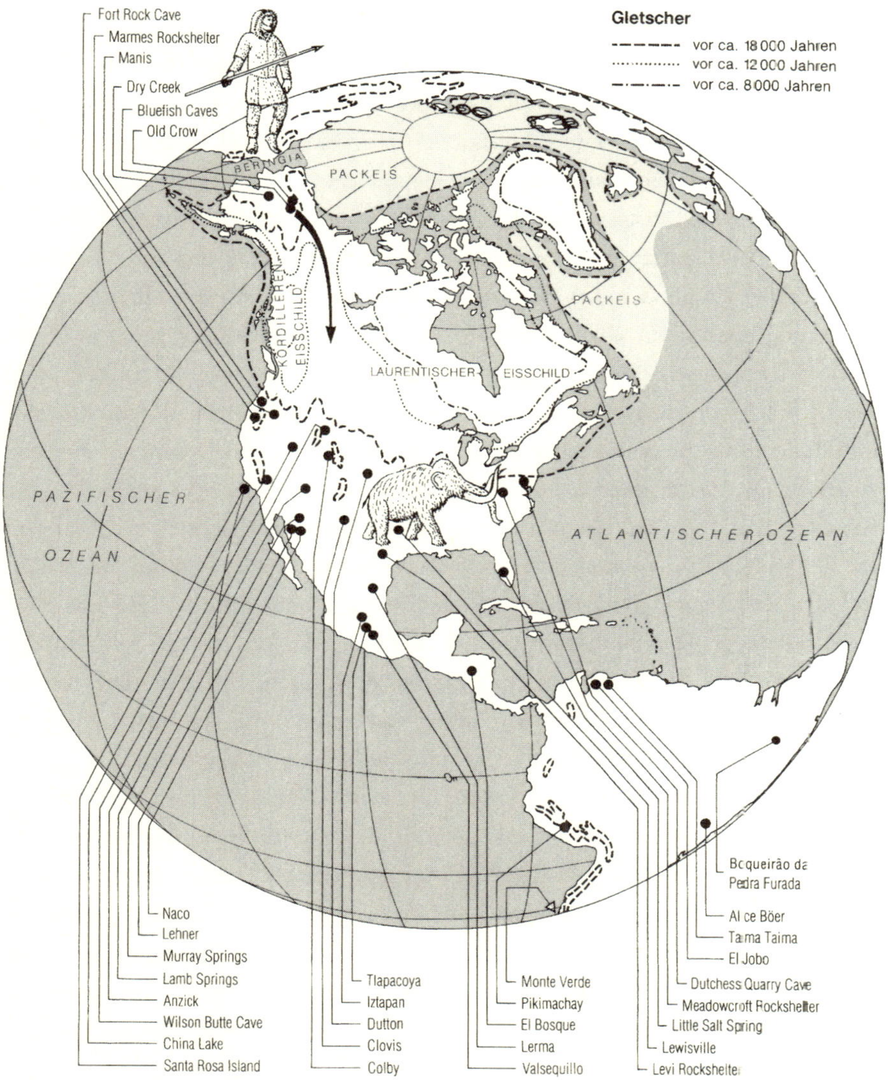

ABB. 10: Amerika im Endstadium der letzten Eiszeit. Möglicherweise gelangten Menschen zunächst durch einen eisfreien Korridor nach Süden, vielleicht aber auch erst, als die großen Eisschilde sich zurückzogen. Wichtige archäologische Fundstätten sind eingezeichnet.

Zähne, Gene und Sprachen

Glücklicherweise brauchen sich die Archäologen nicht ausschließlich auf Funde von Knochen, Steinwerkzeugen und andere Siedlungsspuren zu stützen. In jüngerer Zeit sorgten drei weitere Methoden für großes Aufsehen, die unabhängig voneinander ähnliche Schlußfolgerungen nahelegen.[12] Die Ergebnisse von zwei Ansätzen, den genetischen und den sprachwissenschaftlichen Studien, werden im Kapitel 6 erläutert. Sie konnten überzeugend belegen, daß die Vorfahren der Indianer tatsächlich aus Ostasien stammen, auch wenn Einzelheiten in der Datierung noch nicht völlig geklärt sind. Zum selben Resultat führt auch die dritte Methode, die Dental-Anthropologie. Zähne bieten eine einfache und ziemlich kostengünstige Möglichkeit, Informationen über die Verwandtschaft und daher auch Ausbreitung gegenwärtiger wie längst verstorbener Menschen zu gewinnen. Zahnmorphologische Merkmale wie die Dicke des Schmelzes, die Schaufelform, die Zahl der Wurzeln oder Höcker verändern sich als Reaktion auf Umwelteinflüsse kaum und sind von mehreren Genen bedingt, also nicht so leicht zufälligen Schwankungen in den Populationen unterworfen wie etwa die Augenfarbe. Darüberhinaus sind sie in großer Zahl zu finden. Aus den Unterschieden und Ähnlichkeiten der zahnmorphologischen Merkmale zwischen verschiedenen Gruppen lassen sich daher – wenn auch nur statistisch – wie bei einem Familienstammbaum die Verwandtschaftsverhältnisse ableiten.

Insbesondere von Christy G. Turner II (Arizona State University, Tempe) ist hier seit den sechziger Jahren eine gewaltige Datenfülle zusammengetragen und analysiert worden.[13] Turner unterschied anhand von 29 verschiedenen Merkmalen zwei zahnmorphologische Hauptgruppen im pazifischen Raum: die *Sundadonten* (mit meist zwei Wurzeln des ersten Backenzahns und meist vier Höckern des unteren zweiten Backenzahns) und die *Sinodonten* (mit überwiegend drei Wurzeln, fünf Höckern und schaufelförmigen oberen Schneidezähnen durch zusätzliche Grate). Die Sundadontie ist mindestens 20 000 bis 30 000 Jahre alt und hat ihren Ursprung im Sunda-Schelf, einem Plateau, das einst die Inseln Südostasiens mit dem Festland verband. Zu den Sundadonten gehören die Ureinwohner Südostasiens (etwa Thai, Malayen und Burmesen), die Japan und Polynesien besiedelt haben. Die Grenze zur Sinodontie verläuft im Westen durch den Baikalsee und im Süden durch Nordchina. Dieser Merkmalskomplex ist also wohl in Nordostasien entstanden, vor mindestens 20 000 Jahren. Und sämtliche amerikanische Ureinwohner sind – im Gegensatz zu allen anderen Menschen – ebenfalls sinodont. Turner zufolge kann man aufgrund der bekannten durchschnittlichen statistischen Abweichungen der Aleuten-Population, die von jeder Verbindung mit Asien abgeschnitten worden waren, als am Ende der Eiszeit der Meeresspiegel anstieg, anhand der mikroevolutiven Veränderungsrate auf eine Erstüberquerung der Beringlandbrücke vor mindestens 12 000 Jahren schließen. Das steht im Einklang mit den archäologischen Indizien. Den Paläo-Indianern sollten außerdem zwei weitere Immigrationswellen von Sibirien aus gefolgt sein.

Als ein weiteres Indiz für die Besiedlung stellten sich kürzlich verschiedene Formen des JC-Virus heraus, das normalerweise harmlos ist und in den Nieren fast aller Menschen vorkommt. Gensequenz-Analysen haben ergeben, daß die JC-Viren der Navajos fast identisch mit denen der Japaner in Tokyo sind, sich aber von Afrikanern und Europäern stark unterscheiden – ein weiterer Beweis für die ostasiatische Abstammung der Indianer.[14]

Die Clovis-Kultur

Vor mehr als 11 000 Jahren begann eine neue Periode der amerikanischen Vorgeschichte. Die Zahl der archäologischen Stätten dieses Alters nimmt von Alaska bis nach Panama und von der Kalifornischen Wüste bis zum östlichen Waldland fast explosionsartig zu (ABB. 11). In den Great Plains und im Südwesten Nordamerikas tauchte damals die Clovis-Kultur auf, benannt nach einem Fundort in New Mexico. Ihre typischen, meist um die 10 cm langen Geschoßspitzen findet man sogar östlich des Mississippi, etwa in den rund 11 000 Jahre alten Fundstätten *Eppley Rockshelter*, Ohio, und *Bostrom Site* im südwestlichen Illinois.[15] Sie sind wohl ausschließlich als Spitzen von Speerschleudern und Lanzen verwendet worden. Damit wurde hauptsächlich Großwild gejagt: Mammuts, Tapire, Kamele, Bären, Mastodonten und Pferde, denen man beispielsweise an Wasserlöchern auflauerte. Das schließt freilich nicht aus, daß auch Kleintiere und pflanzliche Kost den Speiseplan bereicherten. Andere Geräte wie prismatische und flache Messer, Schaber, Kratzer, Klingen und Hammersteine sind ebenfalls gefunden worden. Wissenschaftler haben probeweise selbst

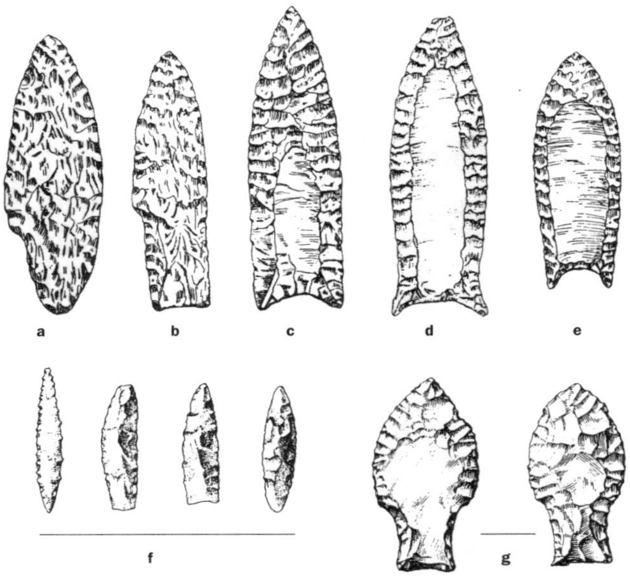

ABB. 11: Steinerne Projektilspitzen der Paläo-Indianer. Aus Nordamerika stammen die Sandia- (a, b), Clovis- (c), Cumberland- (d) und Folsom-Spitzen (e). Die letzten drei haben in der Mitte eine Rille, die wohl dazu diente, sie leichter an einem hölzernen Schaft anzubringen. Die Folsom-Spitzen sind feiner bearbeitet, haben eine breitere und längere Kannelierung und eine tiefer eingedellte Basis als die Clovis-Spitzen. Aus Südamerika stammen die Spitzen von El Jobo (f) und die Fischschwanzspitzen aus Basalt, die in Fell's Cave, Chile, gefunden wurden (g).

welche hergestellt und mit ihnen einen toten Zirkuselefanten zerlegt, um ihre Verwendbarkeit zu testen. Häufiges Nachschärfen vorausgesetzt, gelang das leidlich. Im Feldversuch konnte demonstriert werden, daß es mit Clovis-Projektilspitzen tatsächlich möglich war, Großsäuger zu erlegen.

Woher die Clovis-Kultur stammt, ist nicht völlig geklärt, weil die Fundorte im Südwesten noch immer die ältesten sind. Möglicherweise handelt es sich um direkte Nachfahren der arktischen Bewohner, denn die Steinwerkzeuge sind relativ einheitlich geformt. Diskutiert wird aber auch, ob die Clovis-Leute Nachkömmlinge von Menschen waren, die schon in den Plains lebten, oder vielleicht sogar mehrere separat entwickelte, aber noch sehr ähnliche Kulturen.

Indizien für frühere Besiedlung

Wenn die Clovis-Leute als erste Menschen den nordamerikanischen Kontinent besiedelt hatten, muß die weitere Ausbreitung der Paläo-Indianer rasend schnell erfolgt sein. Vor 11 000 Jahren hatten sie nämlich schon die Südspitze Südamerikas erreicht, wie Knochen-, Zahn- und Werkzeugfunde auf *Tierra del Fuego*

(Feuerland) eindeutig belegen.[16] Doch selbst wenn man zugesteht, daß die ersten Menschen Beringia vor 13 000 Jahren verlassen haben, erscheint eine so rasche Wanderbewegung – über eine Strecke von rund 16 000 km! – unrealistisch. Es gab keine Wege. Landschaft und Klima änderten sich südwärts immer wieder. Die Unterschiede zwischen der Steppen-Tundra Beringias und dem tropischen Regenwald Südamerikas könnten kaum größer sein. Im Norden waren viele Regionen noch karg von den Gletschern, unter denen sie begraben lagen; die Flüsse schwollen von den tauenden Eismassen an und behinderten ein Weiterkommen. In jeder neuen Klimazone hatten sich die Menschen auf eine andere Flora und Fauna einzustellen. Immer wieder mußten Lager eingerichtet werden; kleine Kinder erlauben keine großen Märsche; außerdem galt es den Kontakt mit benachbarten und verwandten Sippen aufrecht zu erhalten. Und wenn es nicht gerade zu einem massiven Bevölkerungsdruck, zu Seuchen, Nahrungsmangel oder einer Naturkatastrophe kam, dürften die Paläo-Indianer schwerlich das Unbekannte einer vertrauten Umgebung vorgezogen haben.

Diese Überlegungen machen eine frühere Besiedlung Amerikas – vor 20 000 oder sogar 30 000 Jahren – wahrscheinlich. Tatsächlich wurden seit den siebziger Jahren mehrere Fundorte bekannt und mittlerweile genauer untersucht, die in diesen Zeitrahmen passen. Sie sind, gerade aufgrund ihres Alters, aber oft noch umstritten.[17] In der letzten Zeit haben sich die verschiedenen Hypothesen mitunter zu regelrechten „Glaubensbekenntnissen“ verhärtet, die immer heftiger miteinander kollidieren. Skeptiker halten die Clovis-Kultur nach wie vor für die älteste Besiedlungsstufe und bezweifeln, daß die angeblich älteren Artefakte tatsächlich älter sind.

Altersbestimmungen, etwa von Knochen, weisen mitunter große Unsicherheiten auf. Und schon früher wurden mehrmals uralte Funde propagiert, die sich später nicht mehr halten ließen. Beispielsweise war von den 50 Fundstellen, die 1964 zeitlich vor Clovis angesiedelt worden sind, 25 Jahre später keine einzige mehr in der Diskussion. Dies gibt Anlaß zur Skepsis, kann aber nicht verallgemeinert werden. Schon der nächste Kandidat könnte wirklich älter sein. Archäologen haben ein lang zurückreichendes Gedächtnis, das gehört zu ihrem Beruf, trotzdem lassen sich aus schlechten Erfahrungen noch keine unverrückbaren Prinzipien ableiten.

Richard MacNeish (Andover Foundation for Archeological Research, Boston) stieß in der *Orogrande Cave,* einer Kalksteinhöhle in New Mexico, auf Steinsplitter, Holzkohle und Knochen von Pferden und Kamelen, die ein Alter von 28 000 Jahren haben könnten, ferner auf etwas, das er als Handabdruck in einem feuergehärteten Lehmstück interpretierte.[18] Ob es sich wirklich um Artefakte handelt, ist aber umstritten. Stammt die Holzkohle von menschlichen Lagerfeuern oder doch nur von natürlich entstandenen Bränden? Haben Menschen hier ihre Mahlzeit zerlegt oder ist die Jagdbeute bloß von Raubtieren verschleppt worden? Das Gestein, von dem die vielleicht sogar über 30 000 Jahre alten Steinsplitter in der Höhle stammen, scheint jedenfalls nicht von der näheren Umgebung zu kommen, müßte also herbeitransportiert worden sein. Auch in der *Pendejo Cave*, New Mexico, wurde MacNeish kürzlich fündig. Werkzeuge sowie von Menschen bearbeitete Tierknochen scheinen 32 000 bis 51 000 Jahre alt zu sein.

Auch die Feuerstellen und Obsidianabschläge von *Tlapacoya* in Mexiko könnten über 20 000 Jahre alt sein. Und die Projektilspitzen von *Sandia* in New Mexico sind möglicherweise ebenfalls älter als die feiner bearbeiteten Relikte von Clovis. Dasselbe gilt wohl für die Steinwerkzeuge von *Cactus Hill*, am Nottoway River 70 Kilometer südöstlich von Richmond gelegen. Die von Michael F. Johnson (Fairfax County, Virginia) ausgegrabenen Artefakte sind auf 18 000 Jahre datiert worden – Hinweise auf Menschen, die über den Atlantik kamen?

Als die am besten etablierte Fundstelle in Nordamerika gilt *Meadowcroft Rockshelter* in Pennsylvania, 75 km westlich von Pittsburgh (*Rockshelter* bedeutet Felsüberhang, Felsschutzdach oder Abri). James M. Adovasio (Universität Pittsburgh) hat mit seinem Team hier Steinwerkzeuge, Tierknochen und Holzasche freigelegt, die mindestens 15 000 Jahre alt sind, vielleicht sogar 19 000.[19] Daraus folgerte er, daß die Ahnen dieser Menschen Beringia wohl mindestens zwei- bis dreitausend Jahre früher überquert haben. Auch später war Meadowcroft noch lange bewohnt: Zwischen 8500 v. Chr., als sich die letzten Eismassen zurückzogen, und 1000 v. Chr. lebten Jäger und Sammler dort, wie Geschoßspitzen, Knochen- und Holzwerkzeuge, Knochen von Hirsch, Elch, Truthahn sowie Nußschalen und Samen des Zürgel- und Zwergzürgelbaums beweisen. Über diesen Relikten der archaischen Stufe ließen sich noch Spuren von Menschen der sogenannten Woodland-Kultur nachweisen, die den Abri knapp 2500 Jahre lang seit etwa 1100 v. Chr. bewohnten. Neben Tonscherben von ihnen stieß man auf Kürbissamen – ein Hinweis auf Gartenbau; später kam der Anbau von Mais hinzu.

Uralte Relikte in Südamerika?

Auch in Südamerika gibt es Hinweise auf Kulturen älter als Clovis. An über einem Dutzend Orten über den ganzen Kontinent verstreut und in verschiedenen Klima- und Vegetationszonen gelegen hat man Artefakte gefunden, die 12 000 Jahre oder älter zu sein scheinen (ABB.11).[20]

12800 Jahre alt soll das Mastodon-Skelett von *Taima-Taima* im nördlichen Venezuela sein, in dem eine sogenannte *El-Jobo*-Spitze steckte, die noch primitiver ist als jene von Clovis. Anderswo sind ähnliche Spitzen sowie Schaber, messerartige Geräte und Hammersteine, gefunden worden. In der Höhle von *Pikimachay* in Peru stieß man auf Steinwerkzeuge bei Knochen von Bodenfaultieren, Steppenpferden und Großguanakos. Eine – umstrittene – Radiocarbon-Datierung ergab ein Alter von 14 000 Jahren. Auch andere Fundstätten im westlichen Peru *(Guitarrero, Telarmachay, Quirihuac)* sollen über 12 000 Jahre alt sein. Waffen mit rhombischen Steinspitzen wurden hier für die Jagd auf Andenhirsche, Kameliden, Kleinsäuger und Vögel verwendet. Offenbar ernährten sich schon damals nicht alle Menschen primär von Großwild. Etwas jünger sind Funde von Chiapas in Mexiko bis Ecuador. Projektilköpfe mit zentraler Ritze und dem Umriß eines Fisches könnte man als Weiterentwicklung der Clovis-Spitzen ansehen. Sie könnten aber auch unabhängig entstanden sein.

Aufsehenerregende Ergebnisse ergab auch eine Ausgrabung von Caverna da Pedra Pintada, einer Höhle bei den Sandsteinhügeln von *Monte Alegre* in Brasilien, nur wenige Kilometer vom Amazonas entfernt.[21] Dort wurden zwei Dutzend Steinartefakte und über 30 000 Abschläge gefunden, außerdem Zweige und Holzsplitter von tropischen Bäumen, viele tausend Überreste von verkohlten Früchten und Nüssen, ferner zahlreiche Weichtierschalen, Fischgräten sowie Knochen, Klauen und Zähne von Amphibien, Reptilien, Vögeln und Säugetieren. Radiocarbon-Messungen ergaben ein Alter der organischen Reste von 11 200 bis knapp 10 000 Jahren im Einklang mit Lumineszenz-Datierungen der Sedimente und Steinwerkzeuge. Auch zahlreiche mit rotem Eisenoxid geschaffene Felsmalereien, die geometrische Motive, anthropomorphe Figuren, Tiere und Handabdrücke zeigen, dürften aus jener Zeit stammen, da Pigmentreste in den ältesten Schichten ebenfalls nachzuweisen sind. Die Funde belegen, daß Menschen im tropischen Regenwald Südamerikas zeitgleich mit den Clovis-Leuten (oder nur wenige hundert Jahre später) lebten, und daß die Großwildjagd nicht die einzige paläoindianische Lebensform darstellte. Wahrscheinlich stammen die Monte-Alegre-Leute nicht von der Clovis-Kultur 5 000 km weiter nördlich ab. Vielleicht waren sie die Nachfahren einer früheren Einwanderungswelle.

Im Süden Chiles, nur 60 km östlich des Pazifiks, liegt *Monte Verde,* einstmals eine offene Ansiedlung am Ufer eines kleinen Flüßchens namens Chinchihuapi.[22] Als dieses einen neuen Weg nahm und ein Torfmoor entstand, konnten sich die Relikte der Siedlung auf der Sandbank dank des Sauerstoffabschlusses ausgezeichnet erhalten. Dort hat Tom D. Dillehay (University of Kentucky) mit seinem Team 700 primitive Steinwerkzeuge (Faustkeile, Messer) und Bruchstücke gefunden, das Quarzit stammt vom 60 km entfernten Küstengebirge, muß also herbeigeschafft worden sein. Auch mehrere Feuerstellen, Geräte aus Knochen und Holz und sogar versteinerte Exkremente wurden ausgegraben. Außerdem stieß man auf die Reste von zwölf rechteckigen Hütten – die ältesten bekannten „Häuser" Amerikas. Sie waren wohl mit Fellen oder Häuten bedeckt und gaben 20 bis 30 Menschen höchstens ein Jahr lang eine Wohnstatt. Neun der Unterkünfte standen wie Reihenhäuser nebeneinander. Manche Pfosten waren sogar noch mit aus Gräsern geflochtenen Stricken zusammengebunden. Dillehay berichtete ferner von Wurzeln, wilden Kartoffeln, Samen, Beeren, Früchten und Nüssen; über ein Drittel der 70 identifizierten Arten waren Importe, die aus den Anden oder Steppen stammten, teilweise mehr als 300 km entfernt. Sogar drei Typen von marinen Algen ließen sich nachweisen. 42 der Pflanzenarten werden von den ansässigen Mapuche-Indianern noch immer als Nahrung oder Medizin verwendet, die Boldo-Blätter beispielsweise gegen Magenschmerzen und Verstopfung. Radiocarbon-Datierungen ergaben ein Alter von Monte Verde zwischen 11 800 und 13 600 Jahren, selbst beim Anlegen besonders kritischer Maßstäbe ist Monte Verde über 12 200 Jahre alt und somit früher als die Funde von Clovis anzusiedeln – und fast 10 000 km weiter südlich gelegen. Dieses Ergebnis fand zunächst nicht die Resonanz, die Dillehay sich gewünscht hatte. Nachdem die Funde nun aber vollständig ausgewertet und publiziert sind und 1997 zahlreiche Archäologen, auch hartgesottene Skeptiker, Monte Verde selbst in Augenschein genommen haben, konnte er die meisten Spezialisten überzeugen.[23] Damit scheint der prinzipielle Widerstand gegen Prä-Clovis-Kulturen größtenteils gebrochen, woraus natürlich nicht folgt, daß andere Fundstätten automatisch akzeptiert würden; jede einzelne muß weiterhin mit allen verfügbaren Methoden der Archäologie sorgfältig und kritisch geprüft werden. Doch schon der Fall Monte Verde hat weitreichende Konsequenzen. Wenn sich Indianer bereits vor etwa 12 500 Jahren so weit südlich aufgehalten haben, mußten die Menschen Alaska schon vor der letzten großen Vereisung verlassen haben. Also hat die Besiedlung Amerikas viel früher begonnen, als viele bislang zu akzeptieren bereit waren, wahrscheinlich vor mehr als 20 000 Jahren. Vielleicht wird Monte Verde in Zukunft sogar noch einmal für eine Überraschung in der Datierung sorgen. Einige Steinfragmente und Kohleansammlungen scheinen nämlich über 33 000 Jahre alt zu sein. Es läßt sich jedoch nicht definitiv sagen, ob sie Artefakte darstellen, auch Dillehay will sich nicht festlegen, sondern hält weitere Ausgrabungen für notwendig.

Ebenfalls für Aufsehen hat *Toca do Boqueirão da Pedra Furada* in der Piauí-Region Nordost-Brasiliens bei São Raimundo Nonato gesorgt.[24] Dieser Felsenüberhang aus Sandstein ist 70 m breit und mit zahlreichen Malereien verziert, die Jagdszenen, sexuelle Motive und Gewaltdarstellungen in einem eigenartigen geometrischen Stil zeigen. Man hat sie auch an rund 350 anderen Orten in der weiteren Umgebung gefunden, die aber noch kaum untersucht worden sind. Pedra Furada wird seit 1978 von Niède Guidon (École des Hautes Etudes en Sciences Sociales in Paris) und ihrem Team erforscht. Rund 600 primitive Steinwerkzeuge und Herdsteine aus Quarzit wollen die Archäologen entdeckt haben. Thermolumineszenz-Analysen zufolge sind die Herdsteine auf mindestens 200 bis 250 °C erhitzt worden. Außerdem wurden mehrere Anreicherungen von Holzasche gefunden, die Feuerstellen markieren sollen. Radiocarbon-Datierungen zufolge sind sie zum Teil mehr als 30 000 Jahre alt, in zwei Fällen sogar rund 48 000 Jahre. Damit wäre Pedra Furada der mit Abstand älteste bekannte Aufenthaltsort von Menschen in der Neuen Welt. Und ein abgesplitterter bemalter Felsen in einer etwa 17 000 Jahre alten Schicht wird als Zeugnis für das früheste bekannte Kunstwerk Amerikas angeführt.

Auch andere brasilianische Stätten wie *Toca de Esperança, Alice Boër, Lapa Vermaleha* und *Sitio de Meio* soll nach Ansicht von Guidon die Präsenz von Menschen in Amerika zwischen 40000 und 20000 Jahren untermauern. Viel besser fundiert, doch auch nur etwa 11000 Jahre alt, sind die ostbrasilianischen Funde aus dem Trockenflußbett des *Touro Passo*. Dort stieß man auf die Gebeine ausgestorbener Großsäuger (Riesengürteltiere, Panzertiere, Bodenfaultiere, Mastodons und Nashornartige) mitsamt Artefakten und Überresten von Lagerfeuern.

Pedra Furada ist unter den Kritikern allerdings am stärksten unter Beschuß geraten; auch Anhänger der These von einer Besiedlung früher als Clovis sind skeptisch.[25] Bezweifelt wird, daß die uralten Artefakte wirklich Artefakte sind. Die diffuse Verteilung der Asche macht es fraglich, ob sie anthropogenen Ursprungs ist. In jüngeren Schichten ist sie stärker konzentriert; eine Besiedlung zwischen 8400 und 4000 v. Chr. wird daher kaum bestritten. Die ältere Asche könnte jedoch von natürlichen Feuern stammen und entweder von außen herangeweht worden oder durch Brände an dem Felsüberhang selbst entstanden sein. Auch die angeblichen Steinwerkzeuge aus Quarzit stehen im Kreuzfeuer der Kritik. Sie enthalten nur wenige Abschlagstellen, die durchaus natürlich entstanden sein könnten. Die Quarzit-Brocken stammen nämlich alle vom Gestein über dem Kliff. Dort ist der Boden um 10° geneigt, so daß immer wieder Steine an den Rand der Felswand kullern und die 100 m hinabstürzen. Auch die Umgebung des Abri ist daher von solchen Steinen übersät, und viele davon besitzen Abschläge, die auch Guidon und ihre Mitarbeiter als natürlich einstufen. Sind die Artefakte also in Wirklichkeit Geofakte? Stellen sie bloß das eine Ende eines Kontinuums natürlicher Zertrümmerung dar, vor allem dann, wenn später abgestürzte Steine frühere getroffen und damit zusätzlich beschädigt haben? Guidons Mitarbeiter Fabio Parenti hat in seiner vierbändigen, 7 kg schweren Dissertation strenge Kriterien entwickelt, um natürliches von künstlichem Bruchgestein zu unterscheiden. Danach sollten noch immer mindestens 50 der untersuchten Artefakte echt sein. Rätselhaft bleibt trotzdem, daß die Herstellung der primitiven Werkzeuge in der mehr als 30000 Jahre übergreifenden Zeitspanne keine Fortschritte gemacht hat. Denn das Bruchgestein in den jüngsten Schichten gleicht dem in den ältesten stark. Auch wurden bislang keine mikroskopischen Gebrauchsspuren an den „Klingen" nachgewiesen, die bei der Bearbeitung von Holz oder Knochen rasch entstehen, wie Versuche zeigen. Schließlich haben stichprobenartige Ausgrabungen bei anderen Felsschutzdächern mit Wandzeichnungen in der Umgebung keine steinernen Artefakte zutage gefördert – und über den Kliffs dort gibt es auch kein Quarzit.

Allerlei Spekulation

Was aber wäre, wenn sich Pedra Furada wirklich als uraltes indianisches Domizil erweisen ließe? Dann hätten Menschen viel früher die Neue Welt betreten. Aber wie?

Manche Forscher, darunter auch Niède Guidon, erwägen bereits wieder Seefahrer-Hypothesen. Schon der aus Norwegen stammende Zoologe und Völkerkundler Thor Heyerdahl hat die Seewege als „Transportbänder der Kulturen" bezeichnet. Er vermutete eine Atlantiküberquerung von Afrika aus nach Mexiko, um die mittel- und südamerikanischen Hochkulturen zu erklären (und eine Besiedlung der Osterinseln von Peru aus). Um diese These zu stützen, überquerte er 1970 mit seiner RaII, einem mit Hilfe indianischer Bootsbauer vom Titicacasee aus Schilf vom Nil errichteten, 12 m langen Schiff, in 57 Tagen von Marokko aus den Atlantik – eine Strecke von rund 6100 km.[26] Eine Expedition im Vorjahr war buchstäblich in die Binsen gegangen (das Papyrusboot hatte sich unter der Wucht der Wogen regelrecht aufgelöst). Aber eine so frühe Besiedlung, wie sie Pedra Furada (oder selbst Clovis) erfordert, hat sogar Heyerdahl nicht erwogen oder für möglich erachtet. Robson Bonnichsen (Oregon State University, Corvallis) hält es jedoch für denkbar, daß Menschen von Australien nach Südamerika entweder über die Antarktis oder über Inseln im Pazifik gelangten. Guidon will auch Afrika als Ursprung nicht ausschließen. David J. Meltzer (Southern Methodist University) fragt, ob diese frühen Besiedler vielleicht nach einiger Zeit wieder ausgestorben seien, und deshalb keine genetischen und sprachlichen Spuren in den heute noch lebenden Indianern hinterlassen haben.

Doch vielleicht kamen die ersten Indianer durchaus von Ostasien nach Amerika, nur viel früher. Hatten sie einmal die Eisbarrieren des Nordens überwunden, stand einer raschen Ausbreitung nach Süden nichts mehr im Wege – von den großen Umstellungen an ein anderes Klima und andere Vegetation freilich abgesehen. Nahrungsmangel jedenfalls dürfte nicht bestanden haben.

Da der eisfreie Korridor sich vor etwa 30 000 Jahren geschlossen hat (bis vor etwa 12 000 Jahren), hätte die Einwanderung früher erfolgen müssen – für viele Archäologen beinahe eine Zumutung.

Möglicherweise sind die Indianer auch gar nicht durch Amerika marschiert, sondern mit Booten entlang der Westküste südwärts gefahren, wo es vor 12 000 bis 14 000 Jahren für kleinere Gruppen ausreichend Nahrung gegeben haben dürfte.[27] Für eine solche Besiedlung hat Knut R. Fladmark (University of Vancouver) schon seit längerem argumentiert.[28] Auf den *Queen-Charlotte-Inseln* British Columbias ist er auf Funde gestoßen, die er freilich auf höchstens 12 000 Jahre datierte. Auch auf *San Miguel Island* im Santa Barbara Channel bei Kalifornien sind 10 500 Jahre alte Holzkohle, Steinabschläge und Weichtierschalen gefunden worden. Die heutige Vielfalt der Indianersprachen an der Westküste, die größte in ganz Nordamerika, könnte ebenfalls auf eine schon früh erfolgte Differenzierung zurückgehen. Ein Beweis läßt sich freilich kaum führen, da die damalige Küstenlinie heute größtenteils unter Wasser steht. Es ist jedoch gut vorstellbar, daß es an der Westküste Nordamerikas einst eisfreie Inseln und Meeresufer gegeben hat.

Dafür spricht auch die Entdeckung von bis zu 12 300 Jahre alten Skeletten von Grizzly- und Schwarzbären auf *Prince Wales Island* an der Südwestküste Alaskas sowie der Fund 9300 Jahre alter menschlicher Überreste in einer Höhle dort, die noch Hinweise auf eine überwiegend marine Ernährung enthalten. Einen Vorstoß ins Inland dürften allerdings Eisbarrieren versperrt haben. Daß die Yahgan seit 6500 v. Chr. unter ähnlich unwirtlichen Bedingungen in Feuerland leben und seit langem Bootsfahrt betreiben, legt zumindest nahe, daß Menschen schon früh in der Lage gewesen sein könnten, sich an der Westküste entlang zu bewegen. Aber dies alles beweist noch nicht, daß die ersten Einwanderer schon vor 50 000 Jahren diese Route eingeschlagen haben.

C. Loring Brace und A. Russell Nelson (Museum of Anthropology, University of Michigan) argumentieren ebenfalls für eine Küstenfahrt. Ihre Untersuchungen von Schädelmerkmalen haben große Ähnlichkeiten aufgezeigt zwischen bestimmten Ostasiaten aus Japan und China einerseits und manchen Indianervölkern andererseits (Haida, Athapasken, Blackfoot, Irokesen, auch südamerikanischen Indianern von Patagonien). Brace und Nelson vermuten, hier die

Spuren einer zweiten Einwanderungswelle zu sehen. Ob die erste Welle allerdings auch mit Booten entlang der Pazifikküste südwärts fuhr, läßt sich aus den Schädelmerkmalen nicht schließen.

Für großes Aufsehen sorgten 1998 zwei Gruppen US-amerikanischer und peruanischer Archäologen, die unabhängig voneinander auf über 12 000 Jahre alte Siedlungsspuren im Süden Perus gestoßen waren. Sie befinden sich nur wenige Kilometer vom Meeresufer entfernt. Die Küsten sind dort so steil, daß seit dem nacheiszeitlichen Meeresspiegelanstieg nur wenig Land überflutet wurde. Die Funde gehören zu den ältesten bekannten menschlichen Zeugnissen, die jemals in Südamerika gefunden wurden und stammen von einer Kultur, die ganz auf marine Nahrungsbeschaffung eingestellt war.[29] Bei der Ausgrabungsstätte *Quebrada Tacahuay* wurde eine Feuerstelle entdeckt, zahlreiche zum Teil verkohlte Knochen hauptsächlich von Meeresvögeln (insbesondere Kormoranen, aber auch von einem Pelikan) sowie von Sardellen – und einige Weichtierschalen, außerdem Reste von Steinwerkzeugen. Einige der Knochen tragen Bearbeitungsspuren, wie sie entstehen, wenn das Fleisch abgeschnitten und abgeschabt wird. An der Ausgrabungsstätte *Quebrada Jaguay 280* stieß man auf zahlreiche Schalen von Meerestieren (insbesondere Muscheln) sowie Fischknochen und Reste verknoteter Schnüre, die von Fischernetzen übriggeblieben sein dürften. Die Fische gehören fast ausschließlich zu den nur wenige Zentimeter großen Umberfischen (*Sciaenae*). Außerdem wurden Werkzeugreste aus Obsidian entdeckt. Dieses Gestein stammt aus den Hochländern, wie eine physikalische Untersuchung (mit Neutronen-Aktivierungsanalyse) ergab. Es wurde von einem rund 130 km östlich gelegenen Ort herbeigeschafft – entweder durch ausgedehnte Wanderungen oder über Handelsbeziehungen. Sowohl das hohe Alter der peruanischen Funde als auch die Spezialisierung auf ein marines Nahrungsangebot machen es unwahrscheinlich, daß die Bewohner von *Quebrada Jaguay 280* und *Quebrada Tacahuay* von den Großwildjägern der Clovis-Kultur abstammen. Die Funde sind ein weiteres Argument für eine Besiedlung des amerikanischen Doppelkontinents vor den etwa 12 000 bis 13 000 Jahren, die die konservativsten Schätzungen (basierend auf den Funden in Alaska und von Clovis) angenommen haben. Sie belegen auch, daß die frühesten amerikanischen Ureinwohner offenbar keineswegs nur auf die Großwildjagd spezialisiert waren. Allerdings beweisen die Funde von Peru nicht, daß die ersten Indianer Amerika ausschließlich mit dem Boot in Besitz genommen haben, denn Küstenfahrt und Fußmärsche schließen sich nicht gegenseitig aus. Eine Fortbewegung mit Hilfe von Booten kann aber rascher erfolgen und erlaubt es, besonders unwirtliche Gebiete einfach zu umfahren. Peru ist dafür prädestiniert, denn das Küstenland gehörte damals wie heute zu den trockensten Gebieten auf der Erde. Fladmarks Hypothese hat somit beträchtlich an Gewicht gewonnen.

Daß mit einer Küstenfahrt ein rascher Vorstoß nach Süden möglich gewesen ist, folgern manche Archäologen auch mit Hilfe eines Analogieschlusses. Denn die Thule-Kultur (die Vorfahren der Inuit) ist innerhalb von 150 Jahren zwischen 900 und 1500 n. Chr. von Alaska bis nach Labrador und Grönland vorgestoßen – 2000 bis 3000 Kilometer, was der Distanz zwischen Alberta und Mexiko entspricht. Die Thule-Kultur basierte wie die Clovis-Kultur auf Großwildjagd, nämlich Walfang, und nahm die Stelle der Dorset-Leute ein, die dort über 1500 Jahre lang gelebt hatten (ob sie von der Thule-Kultur verdrängt wurden oder aufgrund ökologischer Veränderungen schon vorher ausstarben, ist unklar).

Auch die Atlantikküste scheint neuen Befunden zufolge über 3000 Jahre früher besiedelt worden zu sein, als bislang angenommen. Robert Carr (Dade County) entdeckte Knochen und Werkzeuge in einer Kalksteinhöhle bei *Cutler Ridge* an der Biscayne Bay. Mit rund 9670 Jahren, so zeigen Radiocarbon-Datierungen, sind diese Funde die ältesten bekannten an der Ostküste Amerikas. Weitere Gruben haben James Dunbar (Florida Bureau of Archaeological Research in Tallahassee) und seine Mitarbeiter dort entdeckt, wo die Küstenlinie vor 10 000 Jahren verlaufen sein soll. Heute liegen sie 20 bis 40 m unter dem Meeresspiegel. Einige davon will man in den nächsten Jahren genauer untersuchen.

Eine große Schwierigkeit ist, daß Sibirien erst vor höchstens 20 000 bis 30 000 Jahren besiedelt worden ist. Das legen zumindest die bisherigen Funde dort nahe. Allerdings glauben Yuri A. Mochanov und Svetlana Fedoseeva (Russische Akademie der Wissenschaften) in der Nähe der Lena in Nordostsibirien Steinartefakte gefunden zu haben, die nach der Thermolumineszenz-Methode 500 000 Jahre alt sein sollen. Aber die Datierung wie auch der Artefakt-Charakter selbst sind umstritten. Damals jedenfalls lebten noch Frühmenschen von der Gattung *Homo erectus* auf der Erde (vor 1,7 Millionen bis 200 000 Jahren). Doch ihre nächstgelegenen Fossilien stammen aus China, 2500 km weiter südlich. Waren Menschen schon vor 500 000 Jahren in der Lage, in den eisigen Zonen Sibiriens zu überleben? Und könnten ihre Nachfahren dann nicht viel früher nach Amerika eingewandert sein, als bislang gedacht?

Das sind freilich bloß Spekulationen. Fest steht eine Besiedlung von Beringia vor mindestens 12 000 Jahren. Ältere Einwanderungen sind aus theoretischen Gründen wahrscheinlich, und einige südamerikanische Funde sind gute Indizien für diese Auffassung. Doch die Überzeugungskraft der Hinweise darauf, daß Menschen Mittel- und Südamerika bereits vor 30 000 oder gar 50 000 Jahren bewohnten, ist wenigstens zur Zeit noch nicht ausreichend.

Aber vielleicht zeichnet sich eine Wende bereits ab. Denn erst vor kurzem sind neue Funde im Süden Sibiriens an der Lena entdeckt worden, darunter auch Schaber und Klingen, die den Clovis-Artefakten ähneln. Sie dürften Radiocarbon-Datierungen zufolge mindestens 35 000 bis 39 000 Jahre alt sein. Somit wären sie noch vor den frühesten Relikten des modernen Menschen in Europa anzusiedeln. Die Fundorte liegen rund 4000 km von der Beringstraße entfernt und befinden sich wohl an der nördlichen Grenze der damaligen subarktischen Zone. Damit ist der zeitliche Spielraum für eine Kälteanpassung des modernen Menschen weiter geworden, und die Hypothese einer früheren Besiedlung Amerikas bekommt nun auch von der alten Welt her gesehen weiteren Auftrieb.

Rätselhaftes Artensterben

Die Clovis-Leute lebten ein paar hundert Jahre in den Great Plains. Vor etwa 10 900 Jahren verschwanden sie dann plötzlich. Praktisch zeitgleich starb auch die eiszeitliche Megafauna aus: über 30 Gattungen nordamerikanischer Pflanzenfresser gingen unter, hauptsächlich Großwild, das ausgewachsen über 50 kg schwer wurde: Mammut, Mastodon, Pferd, Riesenfaultier und verschiedene Kamelarten.[30] Die Katastrophe verschonte hingegen die meisten anderen Gattungen. Die Ursachen dafür sind rätselhaft. Zwar kommt es am Ende von Eiszeiten in der Regel zum Aussterben vieler Tierarten. Doch davon sind nicht nur Großsäuger betroffen. Und inwiefern sich weiter südlich plötzliche Klimaveränderungen ereigneten, ist umstritten. Außerdem starben gleichzeitig ökologisch völlig unterschiedlich angepaßte Tiere wie die Harrington-Schneeziege vom Grand Canyon und das Shasta-Riesenfaultier aus. War also ein Klimawechsel nicht die einzige Ursache?

Steht möglicherweise das Massensterben mit der Ausbreitung der Großwildjäger in engem Zusammenhang? Als sich die Eismassen zurückzogen, fanden die Menschen bessere Jagdgründe und günstigere Lebensbedingungen. Dies könnte zu einer Bevölkerungsexplosion geführt haben, wie Paul Martin (University of Arizona) vermutete. Die Folge wäre dann eine gesteigerte Dezimierung der Megafauna gewesen, die sich aufgrund ihrer langsamen Reproduktionsrate nicht oder kaum mehr erholen konnte. Durch die zunehmende Verknappung des Nahrungsangebotes zogen die Menschen weiter nach Süden. Dadurch wäre es vielleicht erklärbar, daß die Besiedlung der Neuen Welt so rasch verlief, falls die ersten Indianer tatsächlich erst vor 12 000 bis 14 000 Jahren Beringia überquert hatten.

Martins Modellrechnungen zeigten, daß bei einer Bevölkerungsdichte von 0,4 Personen pro km^2 und einer Bevölkerungsverdopplung alle 20 Jahre 17 Generationen einer Jagdschar von 100 Mitgliedern 340 Jahre gebraucht hätten, um den ganzen Kontinent zu besiedeln. Bei einem realistischeren Wert von 50 Jahren für eine Verdopplung wäre nach 800 Jahren die Sättigung erreicht gewesen. Die Wanderungsgeschwindigkeit betrug durchschnittlich wohl nur wenige km im Jahr. An der Siedlungsfront hätten vielleicht 40 Menschen pro 100 km^2 leben können, die exzessive Großwildjagden betrieben, während hinter den Linien sich wohl noch vier Personen pro 100 km^2 mit dem begnügen konnten, was übrig war. Auf diese Weise könnten die frühen Indianer-Kulturen das ganze eiszeitliche Großwild zunehmend nach Süden getrieben und ausgerottet haben (im Verbund mit kleineren klimatischen Änderungen), und dies in vielleicht weniger als 1000 Jahren oder 40 Generationen. Eine 30prozentige Dezimierung hätte von der natürlichen Reproduktion jedenfalls schon nicht mehr ausgeglichen werden können.

Steven Mithen (McDonald-Institut für Archäologische Forschung in Cambridge) hat Martins Hypothese mit genaueren Modellrechnungen geprüft. Sein Ergebnis: Die Zahl der Mammuts hängt ganz empfindlich von der Jagdrate ab. Mithen nahm Herdengrößen und Vermehrungsraten an, wie man sie bei den heutigen Elefanten antrifft. Dann ließ er seinen Computer verschiedene Szenarien durchrechnen, ausgehend von einer Urbevölkerung von zunächst 100 Menschen, die sich mit unterschiedlicher Schnelligkeit vermehrten, und einer Mammutpopulation von 25, 50 und 100 Millionen Tieren. Die Jagdraten variierte er von 0,01 bis 10 Mammuts pro Person und Jahr. Die Rechnungen ließ er jedesmal bis zum Aussterben der Tiere laufen. Maximal 5500 Jahre betrug dieser Zeitraum. Wichtiger aber ist folgendes Resultat: Die Zahl der Mammuts nahm erst bei einer Bevölkerung von zwölf Millionen Menschen merklich ab und brach dann innerhalb weniger Jahre zusammen. Möglicherweise lebten die Großelefanten noch Jahrtausende mit dem Menschen zusammen, bis dieser plötzlich so überhand nahm, daß er die Mammuts innerhalb weniger Generationen ausrottete. Mithen zeigte auch, daß die Vermehrungsrate des Menschen im Vergleich zu der des Mammuts so groß ist, daß selbst das Doppelte oder Vierfache der anfänglichen Mammutpopulation nicht ausgereicht hätte, um sie vor der Ausrottung zu bewahren. Bereits eine Zunahme der Jagd um drei bis vier Prozent pro Jahr hätte ihr Schicksal besiegelt. Klimatische Änderungen hält Mithen für unwesentlich, weil die Mammuts solche Schwankungen Tausende von Jahren überstanden haben und auf der menschenleeren Insel Wrangel im arktischen Ozean nördlich von Sibirien noch mindestens bis 2000 v. Chr. lebten. Tatsächlich weiß man inzwischen, daß das Klima in der letzten Million Jahre um die zwanzigmal beträchtlichen Schwankungen ausgesetzt war, ohne daß es zu Massensterben in Flora und Fauna gekommen wäre, allenfalls zu regionalen Verschiebungen und Wanderungen.

Aber nicht nur Modellrechnungen, sondern auch Fossilienfunde selbst weisen darauf hin, daß Menschen am Aussterben der Mammuts und Mastodons beteiligt gewesen sind. Das ergaben Studien von Daniel C. Fisher (University of Michigan in Ann Arbor). Er untersuchte Fossilien von den Stoßzähnen dieser Tiere. An deren jährlichen Wachstumsringen läßt sich ablesen, wie lange es dauerte, bis die Großsäuger geschlechtsreif wurden (als Vergleichsbasis dienten die Wachstumsringe in den Stoßzähnen heute lebender Elefanten). Die Zeit der Geschlechtsreife wiederum gibt Aufschluß über die Streßfaktoren, denen die Tiere ausgesetzt waren. Unter harter klimatischen Bedingungen und Nahrungsknappheit werden die meisten heute lebenden Säugetiere später geschlechtsreif. Dagegen verfrüht sich die Geschlechtsreife, wenn die Zahl der Räuber wächst. Fisher fand nun bei der Untersuchung von acht Mammuts und Mastodons aus dem Gebiet der heutigen östlichen Großen Seen, daß die Geschlechtsreife dieser Großsäuger vor 12000 bis 10000 Jahren tatsächlich zunehmend rascher einsetzte. Das spricht gegen die Hypothese vom Klimawandel und für die Vermutung, daß die Clovis-Leute diese Tiere immer stärker bejagt hatten – zumindest in dieser Region. Weitere Untersuchungen werden zeigen, ob der Befund auch für andere Gebiete Nordamerikas zutrifft.

Ob die Clovis-Leute nun maßlose Plünderer waren oder nicht, fest steht, daß sie und die amerikanische Megafauna vor knapp 11 000 Jahren verschwunden sind. Ob die anderen Teile der Megafauna ebenfalls durch übermäßige Jagd ausgerottet wurden, müßte im einzelnen gezeigt werden. Und für das Aussterben von Kleinsäugern, etwa Fledermäusen und Zwergkaninchen, kann man Überjagung sicherlich nicht verantwortlich machen. Und wenn die Clovis-Leute nicht die ersten Amerikaner waren, stellt sich die Frage, warum die Mammuts nicht schon vorher ausgerottet worden sind. Trotzdem ist es denkbar, daß einzelne Tierarten vom Menschen durchaus signifikant geschwächt worden sind, so daß ihnen dies den Todesstoß versetzte, der das Faß gleichsam überlaufen ließ. Wenn Mithens Computermodell zutrifft, ist die massive Dezimierung zumindest von einzelnen Tierarten durch Menschenhand nicht erst in den letzten hundert Jahren erfolgt. Und die Ursachen sind ähnlich: ein starkes Bevölkerungswachstum, verbunden mit der Einschränkung des Lebensraumes, besiegelt das Schicksal vieler Tiere. Auch die Verwandten der Mammuts in Afrika und Asien sind nun bedroht: sie werden vielleicht schon im 21. Jahrhundert ausgestorben sein.

Die große Völkervielfalt

Vom Großwild überlebte allein der Bison. Er war Nahrungsgrundlage der Folsom-Leute, benannt nach dem gleichnamigen Fundort in New Mexico. Ihre Geschoßspitzen sind flacher, kürzer und feiner gearbeitet als die der Clovis-Leute. Gefunden wurden außerdem Hohlschaber, Bohrer, Ritz-, Hack- und Schneidegeräte sowie Perlen aus Stein oder Hämatit und ornamentierte Knochenscheiben. Die Folsom-Leute, die hauptsächlich im westlichen Plainsgebiet vorkamen, aber auch in den kanadischen Prärien, in Texas und fast bis zum Mississippi Spuren hinterließen, waren die ersten großen Büffeljäger. Dabei wurden sie durchaus zu Plünderern der Natur, weil sie ihre reiche Beute oft nur unvollständig verwerten konnten. Denn sie jagten die Tiere nicht nur einzeln, sondern trieben kleinere Herden in Fangnetze oder steil endende Bacheinschnitte, aus denen es kein Entrin-

Grobgliederung der amerikanischen Kulturepochen

TAB. 1: Grobgliederung der amerikanischen Kulturepochen. Die Zeitangaben bezeichnen das erste Auftreten beziehungsweise den vorherrschenden Zeitraum dieser Stufen; sie enden in den verschiedenen Arealen nicht gleichzeitig. Zum Zeitpunkt der europäischen Entdeckung gab es keine Angehörigen der lithischen Stufe mehr, und nur noch wenige Gruppierungen der archaischen Stufe (Feuerland, tropischer Regenwald, Subarktis). Die meisten Kulturen zählen zur formativen Stufe, die Hochkulturen in Mittel- und Südamerika und im nordamerikanischen Südwesten sind zur klassischen und nachklassischen Stufe zu rechnen. Diese (eigentlich nur für Nordamerika konzipierte, aber erweiterbare) grobe Klassifikation von Gordon R. Willey und Philip Philips[31] ist für eine erste Orientierung besonders praktisch und übersichtlich; freilich will sie die Notwendigkeit von regionalen Differenzierungen und feineren Untergliederungen nicht leugnen.

Zeit	Kulturelle Epoche	Bemerkungen
Vor 15 000 (oder mehr) bis 6 000 Jahren	**Lithisch**	Paläo-Indianer (im Jäger und Sammler-Stadium)
Bis 10 000	1. Llano	Benannt nach dem Llano Estacado, bestehend aus zwei Komplexen:
Vor 11 300 bis 10 800 Jahren	*Clovis*	Meist 7–12 cm lange Geschoßspitzen (Lanzen, Speere, Speer schleudern). Spezialisierte Großwildjäger (Mammut, Mastodon, Riesenfaultier, Bison, Tapir, Kamele).
Vor 10 000 bis 8 000 Jahren	*Folsom*	Kleinere, feiner bearbeitete Geschoßspitzen mit Schaftkerben. Spezialisierte Bisonjäger.
Vor 8 000 bis 6 000 Jahren	2. Plano	Spezialisierte Bisonjäger mit einer Vielzahl meist schmaler und langer Geschoßspitzen. Man unterscheidet den gedrungenen Plainview-Typ (wichtige Fundorte sind Plainview, Lime Creek, Allen, Midland, Meserve) und den längeren, meist geschulterten Parallelabschlag-Typ (Scottsbluff, Eden, Cody, Agate Basin).
Vor 6 000 bis 2 000 Jahren	**Archaisch**	Halb-Seßhaftigkeit, zunehmende Bedeutung pflanzlicher Nahrung, erste Anzeichen oder Versuche von Ackerbau.
Vor 2 000 bis 1 000 Jahren	**Formativ**	Garten-, dann auch Ackerbau oder intensiver Fischfang, seßhafte Lebensweise in einfachen Dörfern, zunehmende Entwicklung des sozialen Systems und der Religionen; Verwendung religiöser Räume (Kivas).
1 000 bis 1 300 n.Chr.	**Klassisch**	Entstehen großer Kulturzentren im Südwesten mit politischer, religiöser, militärischer, wissenschaftlicher und sozialer Differenzierung/ Hierarchisierung. Intensiver Ackerbau, teilweise mit Bewässerung; Nahrungsspeicher, religiöse Kultstätten, Himmelsobservatorien.
ab 1 300 n.Chr	**Nachklassisch**	Kultureller Niedergang durch Umweltveränderungen bis 16. Jh. und Kriege. Mit der Ankunft der Spanier zunehmende Konflikte, Unterdrückung, zum Teil ausgelöscht durch Kriege und Krankheiten.

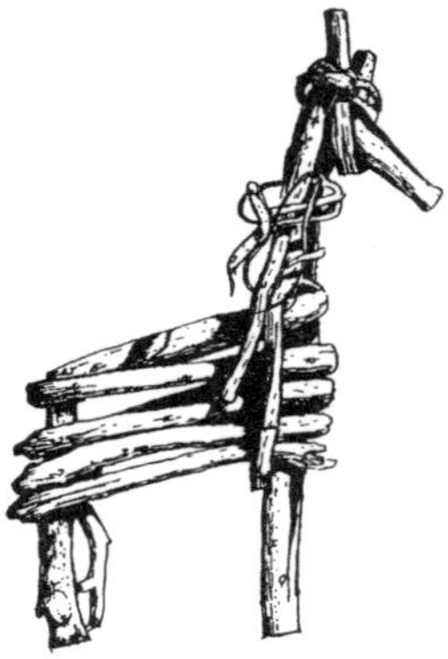

ABB. 12: Bis zu 4000 Jahre alt sind die sogenannten *split twig figurines*, die von Nomaden der archaischen Kulturstufe, den Gypsum-Leuten, aus aufgesplitterten Zweigen der Weide und Wildrose gemacht wurden. Dargestellt sind Tiere, zum Beispiel Bighorn-Schafe oder Rehe. Die Figuren wurden oft in kleinen Höhlen versteckt und sind von der kalifornischen Wüste bis zum Grand Canyon verbreitet. Unklar ist, ob sie als rituelle Gegenstände zu Zwecken des Jagdzaubers oder als Kinderspielzeug gedient haben.

Die älteste Mumie Nordamerikas

Als der schwarzhaarige, knapp 1,60 m große Mann im Alter von etwa 45 Jahren starb, zogen ihm seine Stammesangehörigen einen Fellmantel über und umwickelten ihn mit gewebten Matten aus Tule, einer Schilfpflanze. Dann legten sie ihn in eine heute als *Spirit Cave* bekannte Höhle 60 km östlich von Carson City im Westen Nevadas, wo er 1940 entdeckt wurde und bald in den Magazinen des Nevada State Museums verschwand. Aufgrund der hochwertigen Textilien, die er trug, insbesondere zweier Gepäcktaschen, die aus einem faserigen Sumpfkraut kunstvoll angefertigt worden waren, hatte man sein Alter auf höchstens 3000 Jahre geschätzt. Doch 1996 ist der Körper, der infolge der extremen Trockenheit in Spirit Cave teilweise mumifiziert war, mit Hilfe der Radiocarbon-Methode datiert worden – auf über 9400 Jahre. Eine Untersuchung des Leichnams ergab, daß der Mann noch Fischgräten in den verschrumpelten Eingeweiden trug und in seinen letzten Lebensjahren ziemlich gelitten haben mußte: Zahnabszesse wucherten in seinem Mund, die Bandscheiben waren abgenutzt und eine schwere Schädelfraktur war nur zum Teil verheilt. In den kleinen Säcken, mit denen man ihn bestattet hatte, befindet sich übrigens die Asche von zwei verbrannten Menschen. Offenbar sollte der Mann nicht allein in die ewigen Jagdgründe eingehen.

Der Schädel des Verstorbenen gibt Anthropologen noch Rätsel auf.[32] Seine Wölbung ist höher, das Gesicht niedriger, die Wangenknochen kleiner als bei heutigen Indianern und Ostasiaten. Diese Merkmale passen noch am ehesten zu den Ainu von Japan. Doch diese zeigen keine besonders enge Verwandtschaft zu den amerikanischen Ureinwohnern. Falls die Ahnen der Ainu also einst die Beringstraße überquerten, hätten sie keine genetischen Spuren hinterlassen. *Wizard Beach Man*, ein anderes Skelett, das mit 9200

Jahren fast ebenso alt ist wie die Mumie von Spirit Cave, zeigt dagegen indianische Schädelmerkmale. Doch auch der 1996 am Ufer des Columbia River im US-Bundesstaat Washington gefundene *Kennewick Man* tanzt aus der Reihe. Der Schädel des 9300 Jahre alten Skeletts hat kaukasische Gesichtszüge (obwohl andere Untersuchungen eher eine Verwandtschaft mit den japanischen Ainu nahelegen). Waren unter den ersten Indianern also womöglich Europäer? Diese Vermutung wird durch die Entdeckung eines genetischen Merkmals (in den Mitochondrien) vieler Indianer gestützt, das X genannt wird und vereinzelt auch in Europa vorkommt, nicht aber in Asien. Es kann nicht allein auf postkolumbische Genvermischungen zurückgeführt werden, weil sonst auch andere für Europäer typische Merkmale in den Indianer-Mitochondrien nachweisbar sein müßten, die jedoch fehlen, und weil X auch im Zahn eines präkolumbischen Menschen aus Illinois nachweisbar war. Stammt X von Einwanderern, die vor vielleicht 30 000 Jahren aus Europa kamen und Asien so rasch durchquerten, daß sie dort keine genetischen Spuren hinterließen? Doch Sequenzierungen des männlichen Y-Chromosoms haben ergeben, daß die Indianer nur mit Asiaten eng verwandt sind, nicht aber mit Kaukasiern. Die jüngsten Entdeckungen werfen also wieder einmal mehr Fragen auf, als sie beantworten können.

nen mehr gab, oder sie ließen viele Dutzend oder sogar Hundert Bisons Steilhänge hinabstürzen. Dazu waren detailliertes Planen und die Koordination einer größeren Gruppe von Menschen notwendig, ferner auch gute Kenntnisse über die Verhaltensweise der Beute. Die Folsom-Leute lebten bis vor etwa 8500 Jahren v.Chr. Seither haben sich die amerikanischen Kulturen zunehmend aufgesplittert und differenziert. Ihre Klassifikation ist schwierig, da zeitliche, regionale und soziologische (entwicklungsgeschichtliche) Gliederungen oft nicht übereinstimmen.

Als die Europäer den amerikanischen Doppelkontinent entdeckten – der Ethnologe Claude Lévi-Strauss spricht deutlicher von Überfall –, lebten dort schätzungsweise über 2000 verschiedene kulturelle Großgruppen – 50 bis 75 Millionen Menschen mit mindestens 1500 verschiedenen Sprachen.[33] Im Verlauf nur weniger Generationen sind sie durch eingeschleppte Krankheitserreger wie Pocken und Masern sowie durch Mißhandlung, Versklavung und Unterdrükkung drastisch dezimiert und vielfach sogar völlig ausgelöscht worden. Um 1950 waren es nur noch 250 000.

Zur Einführung empfohlen:

Fagan, B.M.: Die ersten Indianer. München 1990 [1987].

Schulze-Thulin, A.: Indianer der Urzeit. München 1995.

Zum Einstieg in die archäologischen Details und Diskussionen sowie die Speziallliteratur eignen sich beispielsweise:

Bonnichsen, R., Steele, D.G. (Hrsg.): Method and Theory for Investigating the Peopling of the Americans. Corvallis 1994.

Dixon, E.J.: Quest for the Origins of the First Americans. New York 1993.

Fitzhugh, W., Cromwell, A. (Hrsg.): Crossroads of Continents: Cultures of Siberia and Alaska. Washington 1998.

Dillehay, T.D.: The settlement of the Americas. New York 2000.

Meltzer, D.J.: Search for the First Americans. Washington 1993.

Informationen über die Archäologie Alaskas, Beringia und die Besiedlungsgeschichte Amerikas im Internet:

http://www.nps.gov/akso/akarc/

http://www.peak.org/csfa/

Über viele Aspekte der nordamerikanischen Ureinwohner informiert das Smithsonian Institution National Museum of the American Indian in Washington, D.C.:

http://www.si.edu/nmai

Zitierte Literatur:

[1]Vgl. hierzu im Überblick z.B. *Marshall, E:* Science 249, 738 (1990); *Horgan, J.:* Sci. Am.266, Nr. 2, S. 8 (1992); *Lewin, R.:* New Scientist *160*, Nr. 2156, S.24 (1998); *Müller, W.* Geol. Rdsch. 44, 344 (1992); *Stoll, G.:* Naturwiss. Rdsch. *45*, 327 (1992); *Vaas, R.:* Universitas 47, 467 (1992) und für aktuellere Einzelheiten die nachfolgend zitierte Literatur. Über neue Ergebnisse wird jährlich berichtet in: Current Research in the Pleistocene, hrsg. v. Center for the Study of the First Americans, Corvallis/Oregon, und in Mammoth Trumpet (vgl. insbes. Bd. 13, Nr. 3 (1998), http://www.peak.org /csfa/mt13-3.html — [2] Dazu z.B. *Bitterli, U.:* Die Entdeckung Amerikas. München 1992, 3. Aufl.; *Michels-Schwartz, E., Schwarz, U.* (Hrsg.): Die Ankunft der weißen Götter. Stuttgart, Wien, Bern 1992. — [3]*Fell, B.:* Bronze Age America. Boston, Toronto 1982. — [4]*Roberts, R.:* Nature *345*, 153 (1990) u. Quat. Sci. Rev. *13*, 575 (1994); vgl. auch *Allen, J.:* Antiquity *68*, 339 (1994). — [5] *Spielvogel, G.:* Anangula, Abenteuer Aleuten. München 1996. — [6] *King, M.L., Slobodin, S.B.:* Science 273, 634 (1996). — [7] Siehe hierzu z.B. *Guthrie, R.D.:* Frozen Fauna of the Mammoth Steppe. Chicago 1990; *Hopkins, D.M. u. a. (Hrsg.)*: The Paleoecology of Beringia. New York 1982 u. *West, F.H.:* The Archaeology of Beringia. New York 1981. — [8] *Elias, S.A. u.a.:* Nature *382*, 60 (1996); *Vaas, R.:* Naturw. Rdsch. *51*, 237 (1998). — [9] *Kunz, M.L., Reanier, R.E:* Science *236*, 660 (1994); vgl. auch *Fagan, B.:* Archaeology 46, Nr.7/8, S. 42 (1993). — [10]*Busch, L:* Science 264, 347 (1994). — [11]*Hoffecker, J.F., Powers, W.R., Goebel, T.:* Science 259, 46 (1993). — [12]*Greenberg, J.H., Turner II, C.G., Zegura, S.L.:* Curr. Anthropology 27, 477 (1986). — [13]*Turner II, C.G.:* Spektrum d. Wiss. Nr. 4, S. 120 (1989) u. in *Bonnichsen, Steele* (Hrsg.): a.a.O., S. 131– 140; vgl auch *Scott, G.R:, Turner II, C.G.:* Annu. Rev. Anthropol. *17*, 99 (1988). — [14]*Brown. D.:* Washington Post, 9. August 1999, S.A07. — [15]*Brush, N.:* Curr. Res. Pleistocene 10, 5 (1993); *Tankersley, K.B., Koldehelf, B., Hajic, E.R.,:* North Am. Archaeologist *14*, 43 (1993); einen Überblick über die Clovis-Kultur allgemein und ihre Entdeckung geben *Boldurian, A., Cotter, J.:* Clovis Revisited. Philadelphia 1999. Prominente Vertreter der Hypothese, daß die ältesten Indianer zur Clovis-Kultur gehören, sind *Haynes, C.V.:* Sci. Am. *214*, 104 (1966) u. The Kiva *52*, 83 (1987); *Martin, P.S.:* Science, *179*, 969 (1973); *Willey, G.R.:* An introduction to American archaeology 1: North and Middle America. New York 1966. — [16]Eine archäologische Bestandsaufnahme vom

Süden Südamerikas gibt *Orquera, L. A.:* J. World Prehistory *1*, 333 (1987). — [17]*Dincauze, D. F.:* Adv. World Archaeol.*3*, 275 (1984); *Lynch, T. F.:* Am. Antiq. 55, 12 (1990), *Haynes, C. V.:* Rev. Archaeol, *12* ,8 (1991); *Meltzer, D. J.:* Annu. Rev. Anthropol. 24, 21 (1995). — [18]*Appenzeller, T.:* Science 255, 920 (1992). — [19]*Adovasio, J. M., Carlisle, R.C.:* Spektrum d. Wiss. Nr. 7, S. 106 (1984); *Adovasio, J. M. u. Mitarb.:* Am. Antiq. 43, 632 (1978) u. *55*, 348 (1990) u. *57*, 327 (1992). — [20]*Dillehay, T. D. u. Mitarb.:* J. World Prehistory 6, 145 (1992). *Kipnis, R.:* Antiquity 72, 581, (1998). — [21]*Roosevelt, A.C. u. a.:* Science 272, 373 u. 274, 1823 (1996) u. *275*, 1948 (1997); *Vaas, R.:* Naturw.Rdsch. 50, 117 (1997). — [22]*Dillehay, T. D.:* Sci. Am *251*, Nr 4, S.100 (1984) u. Monte Verde. Washington 1989 u. 1997, 2 Bände. — [23]*Adovasio, J.M., Pedler, D.R.:* Antiquity *71*, 573 (1997); *Gibbons, A.:* Science *275*, 1256 (1997); *Meltzer, D.J.:* Science *276*, 755 (1997); *Vaas, R.:* Naturw. Rdsch. *51*, 120 (1998). — [24]*Guidon, N., Delibrias, G.:* Nature *321*, 769, (1986); *Parenti, F., Mercier, N., Valladas, H.:* Curr. Res. Pleistocene 7, 36 (1990*); Bahn, P.:* New Scientist *133*, Nr. 1778, S.26 (1991) u. Nature *362*, 114 (1993). — [25]*Meltzer, D.J., Adovasio, J.M., Dillehay, T.D.:* Antiquity *68*, 695 (1994); dagegen *Guidon, N. u.a.:* Antiquity 70, 408 (1998). — [26]*Heyerdahl, T.:* Expedition Ra. Gütersloh, Wien 1970.— [27]Siehe für das Folgende z.B. *Busch, L.:* Science *263*, 1088 (1994); *Morell, V.:* Science 263, 611 (1994) u. 268,1279 (1995) u. *275*, 1258 (1997). — [28]*Fladmark, K. R.:* Am. Antiquity 44, 55 (1979) u. Natural History 95, Nr. 11, S. 8 (1986); siehe auch *Carlson, R. L., Dala Bona, L. (Hrsg):* Early Human Occupation in British Columbia. Vancouver 1995; *Gruhn, R.* in *Bonnichsen, Steele (Hrsg.)*, a.a.O. u. Man 23, 77 (1988); *Heaton, T.H., Talbot, S.L., Shields, G.F.:* Quat.Res. 46, Nr.2, S.186 (1996); *Moss, M. C., Erlandson, J. M.:* J.World Prehistory 9, 1 (1995). — [29]*Keefer, D.K. u.a.:* Science *281*, 1833 (1998); *Sandweiss, D.H. u.a.:* Science *281*, 1830 (1998); *Pringle, H.:* Science *281*, 1775 (1998); *Vaas, R.:* Naturw. Rdsch. *52*, 247 (1999). — [30]Vgl. hierzu und für das Folgende z.B. *Vaas, R.:* Bild d.Wiss. Nr.8, S.107 (1992); *Ward, P.:* The Call of Distant Mammoths. New York 1997. — [31]*Willey, G. R., Philips, P.:* Methodology and Theory in American Archaeology. Chicago 1958. — [32]*Morell, V.:* Science *280*, 190 (1998). — [33]Gute Übersichten über die Vielfalt der kulturellen Erscheinungsformen und Besonderheiten der verschiedenen Indianervölker sowie die archäologischen Forschungen geben die zahlreichen Bände des bei der Smithsonian Institution, Washington, erscheinenden Handbook of North American Indians und z.B. *Beck Kehoe, A.:* The Land of Prehistory. London, New York 1998; *Champagne, D.:* Native America. Portrait of the Peoples. Detroit, London, Washington 1994; *Coe, M. D.* (Hrsg.): Amerika vor Kolumbus. München 1986; *Debo, A.:* A History of the Indians of the United States. Norman and London 1970; *Fagan, B. M.:* Ancient North America. London 1991; *Haberland, W.:* Amerikanische Archäologie. Darmstadt 1991; *Joshephy, A. M.* (Hrsg.): Amerika 1492. Die Indianervölker vor der Entdeckung. Frankfurt am Main 1992 [1991]; *Köhler, U.* (Hrsg.): Altamerikanistik. Eine Einführung in die Hochkulturen Mittel- und Südamerikas. Berlin 1990; *Lindig, W., Münzel, M.:* Die Indianer. Kulturen und Geschichte. München 1992, 5. Aufl.; *Müller, W.:* Die Indianer Amazoniens. München 1995; *Nabokov, P. (Hrsg.):* Native American Testimony. New York 1991 [1978]; *Pörtner, R., Davies, N.* (Hrsg.): Alte Kulturen der Neuen Welt. Düsseldorf 1980; *Sheridan, T. E., Parezo, N. J.* (Hrsg.): Paths of Life. American Indians of the Southwest and Northern Mexico. Tucson 1996; *Thomas, D.H.:* Exploring Ancient Native America. London, NewYork 1999 [1994]; *Trigger, B.G., Washburn, W.E.* (Hrsg.): The Cambridge History of the native Peoples of the Americans.Vol 1, part 1 u. 2 (Northamerica), Vol.2 (Mesoamerica), Vol.3 (Southamerica). Cambridge 1996; *Wurster, W. W.:* Die Schatzgräber. Archäologische Expeditionen durch die Hochkulturen Südamerikas. Hamburg 1991 u. Universitas 49, 1200 (1994); Die Welt der Indianer Nord- und Mittelamerikas von den Anfängen bis zur Gegenwart. München 1994.

4 Von Mais und Bison: die Welt der Prärieindianer

Kaum ein Phänomen hat unser Bild von Indianern schlechthin so geprägt wie der Bisonjäger der Prärien und Plains. So kurz und räumlich begrenzt diese Tradition auch gewesen sein mag, bietet sie doch eine Anzahl eindrucksvoller Beispiele für das enge Wechselspiel zwischen Natur und menschlicher Kultur. Ohne das von den spanischen Konquistadoren eingeführte Pferd jedoch wäre sie kaum zu solcher Blüte gelangt.

Nach vielen harten, anstrengenden Reisetagen schließlich ließen unsere Komantschen-Führer uns wissen, daß wir ihrem Dorf nahe seien; und nachdem sie uns auf die Spitze einer sanft ansteigenden Erhebung in der Prärie geführt hatten, deuteten sie auf ihre Ansiedlung, die einige Meilen entfernt lag, inmitten eines der bezauberndsten Täler, das je ein menschliches Auge erblickt hat. ... Wir sahen sie umherrennen und ihre Pferde einfangen; und schließlich preschten einige hundert ihrer Tapferen und Krieger in vollem Galopp auf uns zu, um uns willkommen zu heißen; da wir wieder aufgestiegen waren, bildeten sie eine Formation vor uns, ein prächtiger und wohlgefälliger Anblick. Indem sie ihre Pferde herumrissen, stellten sie sich in kürzester Zeit in einer Linie auf, grad wie eine höchst disziplinierte Kavallerie.

GEORGE CATLIN, „North American Indians“ (1844)

Im „New York Commercial Advertiser“ konnte man am 23. September 1837 lesen, daß sich Erstaunliches tun würde: „Catlin's Indian Gallery“ würde eröffnen, mit mehreren hundert Porträts und prächtigen Kostümen, gesammelt vom Meister selbst, unter den wildesten Stämmen Amerikas, im Verlauf von sieben langen Jahren. Selbstverständlich würde der Reisende anwesend sein, um Vorlesungen zu halten und Fragen zu beantworten. „Each admission 50 cents“. Damit begann das, was Marjorie Halpin in einem Vorwort von 1965 zu einem Nachdruck von Catlins klassischem Werk als die zweite Phase seiner bemerkenswerten Karriere charakterisiert hat. Zunächst hatte er auf seinem Weg durch den noch unerschlossenen Westen Material gesammelt, nicht nur Bilder und Skizzen eigener Anfertigung, sondern auch unzählige Gegenstände wie Waffen, Pfeifen, Malereien und Gewänder. Manches von dem, was George Catlin (1796–1872) gezeichnet hat, gelangte durch den Prinzen Maximillian zu Wied später nach Deutschland und kann heute in den Völkerkundemuseen von Berlin und Stuttgart betrachtet werden, beispielsweise die Bisonrobe des Mandan-Häuptlings Mató- Tópe.

Catlins Ausstellungsreisen, die sich nun anschlossen und ihn nach Washington, Philadelphia, Boston, aber auch in die Metropolen Europas wie Paris und London führten, waren ein voller Erfolg. Die Kassen klingelten, die Menschen standen Schlange. Doch schließlich begannen die Transport- und anderen Nebenkosten unverhältnismäßig zu wachsen, so daß er, tief verschuldet, 1852 an einen reichen Amerikaner, Mr. Joseph Harrison, verkaufen mußte. Es schien nun bergab zu gehen, die Gesundheit ließ nach, seine Frau und sein Sohn starben an Lungenentzündung, und die Familie seiner Frau nahm ihm seine drei Töchter, um den Kindern ein sicheres Leben zu ermöglichen. Jeder andere hätte aufgegeben, nicht aber Catlin. Er zeichnete wieder, diesmal aus dem Gedächtnis, und es gelang ihm, die neugegründete Smithsonian Institution dafür zu interessieren. Als er 1872, im Alter von 76 Jahren, starb, sollen seine letzten Worte gewesen sein: „What will happen to my Gallery?“

Darüber hätte er sich keine Sorgen machen müssen, denn schließlich gelangte alles in den Besitz der Smithsonian Institution, wo es aufbewahrt, restauriert und wissenschaftlich ausgewertet wurde. Zusammen mit seinem berühmten Reisewerk zählt diese Sammlung zu den wenigen und somit unschätzbar wertvollen Quellen über jene Stämme, die er besuchte und die zum Teil schon kurz danach ausgelöscht waren. Am schnellsten ging es wohl bei den Mandan; hier berichtet Catlin bereits in einem Anhang zu seinem Werk:"...es scheint, daß im Sommer jenes Jahres [1838] von Pelzhändlern unbeabsichtigt die Pocken zu den Mandan eingeschleppt wurden; und daß im Verlauf von zwei Monaten alle starben, bis auf 30 oder 40, die von den Riccaree als Sklaven verschleppt wurden ... die endgültige Vernichtung dieses interessanten und einst so zahlreichen Stammes."

Catlin begründet einen Mythos

Der Erfolg, den Catlin verzeichnen konnte, scheint den Beginn einer Idee, besser vielleicht eines Bildes zu kennzeichnen, das bis heute in den Köpfen der Menschen herumspukt und meist mit „dem Indianer" schlechthin gleichgesetzt wird. Man findet eine Art Archetypus dieses Bilds auch in seinem Werk selbst: den wilden Indianer-Krieger mit Federhaube, auf dem Pferd die Waffen schwingend (ABB.13). Nun wurden die Prärien und Plains, im amerikanischen Sprachgebrauch meist zu „Great Plains" zusammengefaßt, erst in der Mitte des 18. Jahrhunderts zu einer eigenständigen Kulturprovinz. Die im Osten an die Waldländer sich anschließenden Prärien waren von den entsprechenden Stämmen bewohnt (siehe Kapitel 2), die eigentlichen Plains bis auf die Randgebiete im Süden jedoch fast menschenleer. Erst die Ankunft des Pferdes sollte diese Situation grundlegend umgestalten.

Es ist eine Ironie der Stammesgeschichte, daß ausgerechnet das Pferd in Nordamerika eine so drastische Neuerung darstellte, schließlich verlief ein wichtiger Teil der Phylogenese der Pferdeartigen auf diesem Kontinent. Schon im letzten Jahrhundert stellte der Paläontologe Othniel Charles Marsh (1831–1899) eine fast lückenlos erscheinende „natürliche Stammeslinie der Pferde" zusammen, die von nur fuchsgroßen Mehrzehern zu den rezenten Einhufern führte. Wenn sich auch die Auffassungen seit damals stark verändert haben, so blieb doch diese Tiergruppe ein Paradebeispiel der Evolutionsbiologie.[1] Mehrmals haben sich die Pferdeartigen fast weltweit verbreitet. Aus dem frühen Tertiär kennt man Vertreter der ältesten Pferde, der Urpferde (Gattung *Hyracotherium* in Europa und *Eohippus* in Nordamerika), die eher an kleine Duckerantilopen erinnerten. Die wohl wichtigsten der reich verzweigten Entwicklungslinien verliefen dann in der Neuen Welt, von wo aus mehrmals Stammformen über die trockengefallene Beringstraße wieder auf den eurasischen Kontinent gelangten; dort waren mehrere Linien ausgestorben. Auch Südamerika wurde besiedelt; allerdings starben die Vorläufer der Pferde dort später ebenso aus wie auf dem Rest des Kontinents. Im Oligozän finden wir in Nordamerika die Gattung *Mesohippus* mit immerhin schon 60 cm Schulterhöhe und einer verstärkten Kaufähigkeit; ein wesentlicher Zug der Pferdeentwicklung ist die Ausbildung starker Molaren und die Veränderung des Gesichtsschädels. Zeitweilig gab es in Nordamerika 13 verschiedene Gattungen grasender Pferde, und im Eiszeitalter (Pleistozän) begann dort auch die Entwicklung der noch heute vertretenen Gattung *Equus*. Einige fossile Einhufer wie *E. semiplicatus* und *E. litoralis* glichen stark den asiatischen Wildeseln.

Die Ausrottung des Pferdes wird von vielen zu einem nicht geringen Teil dem eindringenden Menschen angelastet; das Aussterben der Großfauna wurde in diesem Zusammenhang (siehe Kapitel 3) ja schon angesprochen. Die Vorfahren der Indianer dürften die Tiere ihres Fleisches wegen gejagt haben; immerhin kam dann das Ende dieser Säugerlinie so schnell und vollständig, daß die Erinne-

ABB.13: Ein Pferdekrieger der Crow, wie George Catlin ihn 1839 darstellte. Dieses Bild könnte als ein Stellvertreter für jenes stehen, das sich als Archetypus des Indianers bis heute überall kolportiert findet, bis in die neuesten Hollywood-Leinwandepen. Dabei kamen erst um 1630 die ersten Pferde in indianischen Besitz, und die Reiterkrieger der Ebenen waren nur eine vorübergehende historische Erscheinung.

rung an das Pferd nicht einmal mehr Eingang in die Mythologie der Indianer fand. Als schließlich Coronado um 1540 auf der vergeblichen Suche nach Gold bis weit nach Kansas eindrang, da löste seine Kavallerie tiefes Entsetzen bei den amerikanischen Ureinwohnern aus – sie hielten Pferd und Reiter in schimmernder Rüstung für monströse Fabelwesen.

Dennoch erfolgte die Verbreitung des Pferdes[2] dann sehr schnell. Die Spanier hatten in Texas und New Mexico Gestüte eingerichtet, und schon um 1630 gelangten die ersten Tiere in indianischen Besitz. Zunächst als Hirten ausgebildet, lernten sie den Umgang und stahlen die wertvollen Pferde, teilweise wurden sie auch gegen Kinder eingetauscht. Gut hundertfünfzig Jahre später hatte diese Spezies sich ihren ursprünglichen Lebensraum, die Prärien und Plains, wieder zurückerobert, und ihr symbiontischer Partner hatte sich zu einem gewieften Pferdedieb entwickelt, besonders die Ute und Komantschen sollen sich hier hervorgetan haben. Letztere galten bei anderen Stämmen, aber auch bei Cowboys und Kavalleristen der US-Armee aufgrund ihres Geschicks im Umgang mit diesen Tieren als „Lords of the Plains". Der Besitz des Pferdes war unabdingbare Voraussetzung für die Besiedlung der Ebenen und für die Herausbildung einer neuen Kulturform: der berittene Bisonjäger der Plains. Was aber – nicht zuletzt durch Catlins Geschick für Show und Öffentlichkeitsarbeit – zu einem Stereotypus werden sollte, existierte nicht allzu lange, von 1775 vielleicht bis 1890. Diese 115 Jahre haben unser Bild vom Indianer aber stärker geprägt als die Jahrtausende, möglicherweise mehrere Jahrzehntausende seiner restlichen Geschichte, ein wahres „Präriefeuer" also, heftig und schnell erloschen.

Ein Lebensraum in Gefahr

„Das Land ist wie eine Schale. Wenn man sich niederläßt, ist man im Umkreis eines Flintenschusses nur von Horizont umgeben." So berichtet der Chronist der Coronado-Expedition, und wenn man moderne Stimmen dagegenstellt, scheint sich nicht viel geändert zu haben: „Die Landschaft hatte etwas Gestrecktes, als wären ihr alle andern Dimensionen als die Länge entzogen"[3]. Auf den ersten Blick ist dieses Urteil verständlich, aber wer genauer hinsieht, bemerkt schnell, daß die Great Plains einer der interessantesten und bedrohtesten Lebensräume zugleich sind.[4] Es handelt sich um das ausgedehnteste Biom Nordamerikas, das sich von Zentralalberta in Kanada über rund 4000 km bis fast nach Mexico City erstreckt, und von Indiana im Westen bis zu den Rocky Mountains, auch immerhin eine Strecke von etwa 1600 km.

So gigantisch dieses Biom ist, so sehr hat es auch gelitten. (Als Biom bezeichnet man eine „Grundeinheit der großen ökologischen Systeme", „Lebensräume, die einer konkreten einheitlichen Landschaft entsprechen".[5]) Klimatische und Bodenverhältnisse sorgen für eine eher schachbrettartige Anordnung von Vegetationszonen. Die Plains sind übrigens auch nicht unbedingt eben: Erodierte Flußtäler, hügelige Abschnitte oder gebirgige Präriezonen, die von den Gletschern der Eiszeit modelliert wurden, gestalten die Landschaft. Dicke Moränenablagerungen bieten Rohmaterial für Steinwerkzeuge.

Folgt man von Ost nach West dem Gradienten der zunehmenden Trockenheit, so folgen die sehr artenreiche Langgrasprärie, die mosaikartig ausgeprägte gemischte und schließlich die Kurzgrasprärie aufeinander. In jeder einzelnen Zone kann man ein floristisches Gefälle von Norden nach Süden beobachten. Kennzeichnend sind vor allem Gräser der Gattung *Andropogon,* in der Kurzgrasprärie sind es *Bouteloua* und *Buchloe.* Wenn man den Einfluß des Menschen näher untersucht, kann man die Nutzung durch den Indianer wirklich einmal in krassen Gegensatz stellen zu den groben Eingriffen durch den späteren Siedler. Der Weiße Mann zerbrach den Grasboden, setzte ihn der Erosion aus und vernichtete achtlos die Fauna, sei es Wolf, Kojote, Bison oder Gabelantilope. Diese Probleme sind heute so akut wie eh und je: Was als sogenanntes „federal land", als öffentliches oder Bundesland bezeichnet wird, unterliegt einer gnadenlosen, nahezu steuerfreien Ausbeutung: Minenbetriebe, Rancher, Touristikkomplexe, in anderen Bereichen des Landes auch Holzfäller nutzen die natürlichen Ressourcen, während der Steuerzahler für ihren Erhalt sorgt und damit den Gewinn für andere möglich macht. Daß eine solche Konstellation für Konflikte sorgt, liegt auf der Hand.[6]

Die Nutzung durch den Indianer dagegen stand hier in engem Zusammenhang mit einem natürlichen Phänomen, dessen Ursache wir noch erkunden müssen: Warum wachsen in der Prärie eigentlich keine Bäume? Die Frage läßt sich experimentell beantworten, indem man Baumsämlinge einmal mit und ohne die Konkurrenz von Graswurzeln ausbringt. Dabei zeigt sich, daß Baumwuchs durchaus möglich ist, wenn man die Gräser ausschaltet. Verhindert man beispielsweise jeden Brand, wie er durch Blitzschlag im Mittel einmal pro Jahr auf 5000 ha Fläche entsteht, dann rückt der Wald mit der Gebüschzone als Vorhut in drei bis fünf Jahren um etwa einen Meter in die Prärie hinein vor. Ein anderer Faktor, der die typische Prärievegetation begünstigt hat, war die Beweidung durch die Bisonherden.

Vor allem jedoch sollte man den Beitrag nicht unterschätzen, den *anthropogene*, vom Menschen gelegte Brände zum Erhalt der Prärie geleistet haben. Mit dem Pferd konnte man Bisonherden auch auf große Entfernungen ausmachen, verfolgen und umzingeln oder durch Treibjagd aufbringen. Immer wieder aber legten die Stämme Grasfeuer, ein riskantes Unternehmen, da stets die Gefahr bestand, daß der Wind sich drehte und das eigene Lager bedroht wurde. Darüber hinaus vernichteten solche Brände auch anderes Wild; Catlin beschreibt solche Katastrophen und die hilflose Flucht der Tiere vor der Flammenwand, wo sie ein leichtes Opfer für Jäger wurden. Andererseits aber blieb so die Grassteppe erhalten, statt allmählich in Waldland überzugehen; der Indianer hatte eine hervorragende Übersicht, da sich das Wild kaum verstecken konnte. Das stets frisch aus der brandgedüngten Erde auskeimende Gras sorgte zudem für genügend Nachwuchs bei den Herden. Schon Lewis und Clark fiel auf, daß frisch abgebrannte Gebiete das Jagdwild geradezu magisch anzuziehen schienen, und Thomas Jefferson bemerkte im Jahre 1813 in einem Brief an John Adams, daß die Existenz der Grasländer des amerikanischen Westens zum großen Teil wohl auf die indianischen Praktiken der Feuerjagd zurückzuführen sei![7] So geschickt wie beim Legen eines Feuers waren die Stämme der Prärien auch beim Löschen; mit feuchten Decken wurden Brände ausgeschlagen, Bisonfelle im Notfall als Feuerschutz verwendet, aber auch die gezielte Anlage von kleinen Bränden, um feuerfreie Schneisen zum Eingrenzen von Großbränden zu bilden, war ihnen keineswegs fremd.

Bisonjäger und Maispflanzer

Zwar wurde schon angedeutet, daß man eine Lang- und Kurzgrasprärie (letztere auch als Plains bezeichnet) unterscheiden kann, doch muß betont werden, daß diese grobe pflanzensoziologische Differenzierung noch sehr viel weitergehende Konsequenzen hatte. In den westlichen Plains waren kaum Voraussetzungen für einen Ackerbau gegeben, allenfalls auf den Alluvialböden der Flußauen. Die Trockenheit des übrigen Geländes mit weniger als 500 mm Niederschlag pro Jahr zwang die Pflanzen dazu, extrem dichte und tiefreichende Wurzelgeflechte auszubilden, außerdem liegt die Zahl der frostfreien Tage unter 100 bis 120 – schlechte Bedingungen für eine Bestellung des Bodens.

In der (Langgras-)Prärie dagegen überwiegen Schwarzerdeböden, die Niederschläge waren reichlicher (bis über 800 mm). Hier war ein Feldbau möglich, der jenem der östlichen Waldländer glich. Mit der Steinaxt wurde die Anbaufläche gerodet, mit der Hacke die Krume gelockert. Jetzt konnte man mit dem Grabstock kleine Löcher für die Samenkörner formen. Die beiden zuletzt genannten Werkzeuge wurden meist aus dem Schulterblatt eines Wapitis oder Bisons hergestellt, dazu kam noch ein primitiver Rechen aus Holz oder Geweih. Mit dieser einfachen Ausrüstung wurde Mais angebaut, meist auf kleinen Parzellen, die selten größer waren als 100 Ar. Solange der Boden nicht erschöpft war, bemühte man sich, die Felder in der Nähe der befestigten Dörfer anzulegen. Flußniederungen, die zusätzlich Schutz boten vor Wind und Frost, waren bevorzugt.

Das wichtigste Wild für den Plainsjäger war der Bison (*Bison bison*), das größte Landsäugetier der Neuen Welt. Ausgestorbene Formen erreichten beträchtliche Ausmaße, mit Abständen von 2 m zwischen den Hornspitzen. Die rezente Art ist wahrscheinlich eine Kreuzung aus dem eiszeitlichen *B. antiquus* und dem kleineren, nach der Vereisung in die Ebenen eingewanderten *B. occidentalis*. Die Männchen können ein Gewicht von bis zu 1000 kg erreichen, die Weibchen sind um bis zu einem Drittel kleiner. Die breiten Wechsel der früher gewaltigen Herden bildeten auffällige Merkmale der Landschaft und wurden später von den menschlichen Wanderern auf ihren Zügen durch den Kontinent benützt. (Man schätzt, daß um 1700 in Nordamerika rund 60 Millionen Bisons gelebt haben.) Obwohl die Tiere vornehmlich Bewohner des Graslandes waren, drangen sie auch in die Wälder des Ostens ein und wurden schon früh von den englischen Siedlern an der Atlantikküste entdeckt.

Es gibt eine heilige Legende der Cheyenne, deren Wiedergabe zunächst mit einem geflüsterten Gebet entschuldigt werden mußte. Während einer Hungersnot wurden zwei junge Männer des Stammes ausgeschickt, um Nahrung zu suchen. In einer Notsituation half ihnen ein Kojotenmann, der übernatürliche Kräfte besaß. Er führte sie in seinen Berg, wo er ihnen seine Tochter Gelbhaar-Frau als Schwester und Gattin anbot. Einer der Krieger willigte ein, sie zur Frau zu nehmen, und sie nahm eine Vielzahl wertvoller Geschenke zu den Menschen mit, darunter den Mais und den Bison. Der Kojotenmann warnte seine Tochter davor, jemals Mitgefühl mit einem leidenden Tier zu zeigen. Die Menschen genossen die reichlichen Fleischvorräte, aber als einige Jungen ein Bisonkalb quälten, entfuhr ihr doch ein Ausruf des Mitleids. Nach diesem Verstoß gegen das Tabu verschwanden noch am gleichen Tag alle Herden, und Gelbhaar-Frau kehrte mit den beiden Kriegern zu ihren Eltern zurück. Während die drei nie wieder gesehen wurden, brachten später andere mythische Gestalten den Bison erneut zurück und sicherten so wieder den Wohlstand des Stammes.

In der Tat nimmt der Bison im Leben der Indianer eine ungewöhnlich wichtige Rolle ein. Jeder Teil des Tieres, der nicht gegessen wurde, fand anderweitig Verwendung. Der Mist diente als Brennmaterial. Die Hörner lieferten beispielsweise Besteck wie Löffel oder Becher und nahmen das Pulver auf. Der Schwanz wurde zur Fliegenklatsche, das Schulterblatt zur Hacke. Das Fett lieferte Seife, der Magen Kochtöpfe. Rippen wurden zu Schlittenkufen, Hufe und Haut zu Leim, Knochen zu Pfeilspitzen. Am wertvollsten jedoch war die Haut, deren Dicke je nach Alter und Geschlecht des Tieres variierte. So lieferte ein alter Bulle Material für Schilde und die Sohlen für Wintermokassins, ein ungeborenes Kalb dagegen Beutel für Beeren. Die Kuhhaut mit ihrer mittleren Dicke war vielfältig einsetzbar, für Flöße ebenso wie als Überzug für Bälle. Besonders begehrt waren die dicken, warmen Winterpelze. Die als Rohhautleder bezeichnete ungegerbte Haut war sehr hart und steif, konnte jedoch so weich und geschmeidig gemacht werden, daß sich alle Arten von Kleidungsstücken, Sattelzeug, Gurte oder Decken daraus herstellen ließen. Jener Teil einer Tipibespannung, der durch den Rauch und das Fett zahlloser Kochfeuer wasserundurchlässig geworden war, wurde später quasi als imprägniertes Leder zu Kleidungsstücken vernäht. Manche der zum Teil prächtigen Bisonroben sind uns erhalten geblieben (ABB.14).

Was an Fleisch nicht unmittelbar verwertet werden konnte, wurde in lange, schmale Streifen geschnitten, getrocknet, gestampft und mit Knochenmark, Talg

Der Mais und die Zivilisation

Der stärkespeichernde Mais (*Zea mays, Poaceae*) ist eine einhäusige Pflanze, an deren Spitze sich die männlichen Blüten in Form einer Rispe (Fahne) entwickeln; die weiblichen entstehen an Blattansätzen. Die Griffel (Seide) an ihrer Spitze treten aus den umhüllenden Blättern (Lieschen) hervor. Moderner Mais erzeugt große Kolben, die in dichten Längsreihen die Körner (Samen) tragen. Überließe man diese Pflanze sich selbst, so fielen die reifen Körner (vorausgesetzt, sie lösen sich überhaupt ab) dicht um die alte Pflanze zu Boden, und die in dichten Büscheln aufwachsenden Keimlinge würden in der Konkurrenz um Nährstoffe und Wasser zugrunde gehen. Wenn der Mensch nicht für die Erhaltung sorgen würde, müßte dieser Mais schon nach wenigen Generationen aussterben. Mais betreibt eine besondere Form der Photosynthese. Das Kohlendioxid (CO_2) wird zunächst in Form von organischen Säuren mit vier Kohlenstoffatomen gebunden (daher der Name „C-4-Weg" im Gegensatz zu den „C-3-Pflanzen"), was eine höhere Effizienz der C-Fixierung ermöglicht. Dieses Getreide mit seinem enormen Ertragspotential braucht viel Sonne und Wärme; die optimalen Durchschnittstemperaturen liegen bei 20 bis 24°C, nachts sollten sie nie unter 14°C sinken. Trockenperioden während der Blütenbildung und Befruchtung können zu Mißernten führen. Die Vegetationszeit für die ertragsreichen Sorten liegt bei über 140 Tagen. Heute kommen fast 50% der Welternte aus den USA.

Der Ursprung des Mais ist ein kontrovers diskutierter Gegenstand der Forschung. Für Weizen, Gerste und Reis war die Frage nach der Herkunft relativ einfach zu klären, da die Wildgräser, von denen die modernen Zuchtformen abstammen, noch heute in denselben Gegenden wachsen. Anders beim Mais. Unbestritten ist, daß er aus Südamerika stammt und von den dortigen Indianern zunächst unbewußt und später ganz gezielt zu ertragreichen Sorten gezüchtet wurde. Die von den meisten Forschern, beispielsweise George W. Beadle, favorisierte Hypothese besagt, daß das heute noch in Zentralamerika vorkommende Wildgras Teosinte (früher *Euchlaena mexicana*, heute zu *Zea* gestellt, trotz des stark unterschiedlichen Aussehens) eine wildwachsende Maisart ist. (Es handelt sich dabei übrigens um jenen amerikanischen Genetiker, der mit Edward L. Tatum und Joshua Lederberg 1958 den Nobelpreis für Medizin erhielt, für seine Arbeiten an dem Pilz *Neurospora crassa*, die zur Ein-Gen-Ein-Enzym-Theorie führten. Er starb 1989 im Alter von 85 Jahren.) Die Gegenposition, die im wesentlichen von Paul C. Mangelsdorf (heute emeritierter Professor für Naturgeschichte in

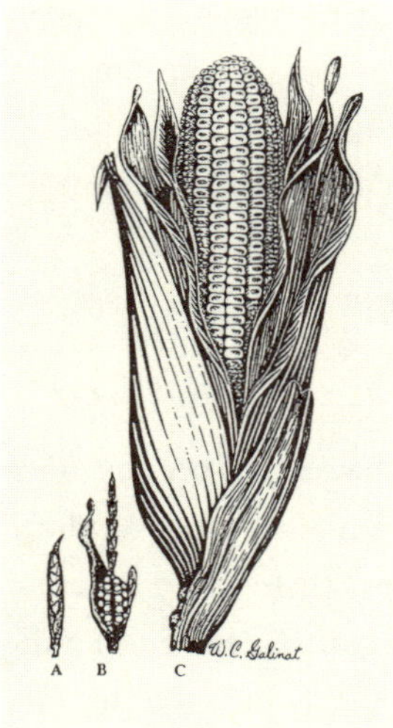

Harvard) eingenommen wird, geht davon aus, daß der ursprüngliche Wildmais von den Zuchtsorten verdrängt wurde und nicht mehr existiert. Mais und Teosinte hätten demzufolge einen gemeinsamen Urahn, der zu den Andropogoneae gehörte, einer Gattungsgruppe, die auch Hirse und Zuckerrohr umfaßt. Heute neigt sich die Waage zugunsten der ersten Hypothese, wie es Walter C.Galinat vor kurzem umrissen hat.

Das ist vor allem auf die Arbeiten von John Doebley und Mitarbeiter von der University of Minnesota in St. Paul zurückzuführen, die mit molekularbiologischen Methoden die Gene untersuchen, die sich im Verlauf der Domestikation des Mais verändert haben. Während Kulturpflanzen im allgemeinen genetisch weitaus einfacher aufgebaut sind als die Wildformen, hat sich der Mais eine erstaunliche genetische Vielfalt bewahrt, vielleicht ein Hinweis darauf, daß viele Gene der Teosinte im heutigen Mais noch vorzufinden sind. Nur fünf Genorte sind für die recht vielfältigen Unterschiede im Aussehen der beiden Pflanzenarten verantwortlich, darunter ein Gen mit der Bezeichnung *teosinte branched 1 (tb 1)*. Vergleicht man *tb 1* von heutigem Mais (*Zea mays mays*), mit der vermutlichen Vorläuferart der Teosinte (*Zea mays parviglumis*) und einer weiteren Teosinte-Art (*Zea mays mexicana*), zeigen sich im kodierenden Bereich große Unterschiede, die steuernde Promotorregion dagegen stimmt weitgehend überein. Das Genprodukt von *tb 1* sorgt u.a. für eine Unterdrückung der Seitenverzweigung; je mehr es akkumuliert, desto kürzer die Seitentriebe, um so Mais-ähnlicher das Aussehen. Offenbar setzte vor allem an diesem Gen die Selektion der neolithischen Indianer an, und wir müssen heute davon ausgehen, daß die Domestikation sehr schnell verlief, vielleicht nur wenige hundert Jahre dauerte[8].

Die ältesten Maisformen, die Archäologen bisher gefunden haben (B), sind rund 5500 Jahre alt und ähneln sehr der Teosinte (A). Heutige Sorten sind ungleich größer und ertragreicher (C). Die in Nordamerika von Plainsindianern angepflanzten Rassen lagen irgendwo dazwischen. Im Norden erbrachten die Pflanzen Kolben von nur 10 cm Länge, dafür waren sie frostresistenter und benötigten nur eine Wachstumszeit von 60 bis 70 Tagen bis zur Vollreife. Unter den besseren Wachstumsbedingungen in den südlichen Prärien wurden die Kolben bis zu 25 cm lang. Schon im August wurden die ersten, noch grünen Maiskolben geerntet, die Haupternte fand Mitte September statt. Aus den getrockneten Kolben drosch man die Körner aus, um sie dann in Vorratsgruben aufzubewahren. Die besten Samen wurden als Saatgut oder zum Tauschhandel eingesetzt. Maismehl konnte mit Fleisch und Gemüse zu einer Suppe gekocht werden.

und gleichfalls getrockneten Beeren zu Pemmikan verarbeitet und für den Winter haltbar gemacht. Diese Vorratsform war offenbar kein allzu großer kulinarischer Genuß, sondern muß „wohl selbst für den anspruchslosesten Indianer nur eine Notlösung" gewesen sein.[9] Auch in der kalten Jahreszeit wurden die Tiere daher gejagt; die Männer bedienten sich dazu der Schneeschuhe und versuchten, ihre Beute in tiefe Schneewehen zu treiben.

„... laßt sie töten ..."

Diese intensive und sicherlich auch äußerst einfallsreiche Nutzung einer Tierart hat wesentlich dazu beigetragen, dem amerikanischen Ureinwohner das Image eines „Ökoheiligen" zu verleihen. Nun ist es natürlich richtig, daß eine Gruppe von Menschen umso genauer auf ihre Ressourcen achten muß, je weniger kulturelle Puffersysteme zwischen ihr und der Umwelt bestehen (siehe Kapitel 2); negative Rückwirkungen von dieser Umwelt werden einfach sehr viel schneller spürbar. Von daher verwundert es nicht, wenn die meisten Indianerstämme sehr umsichtig mit knappen Ressourcen wie beispielsweise Wasser oder Jagdwild umgingen. Herrschte jedoch ein Überschuß, konnten sie auch fürchterliche Gemetzel anrichten. Einen der heute berühmtesten Orte einer solchen Schlächterei fanden Sigurd Olson und Gerald Chubbock 1957 unweit der Ortschaft Kit Carson in Colorado. Die Archäologen haben dort einen *river of bones*, einen Knochenfluß als Zeugnis der massenhaft getöteten Tiere ausgegraben. Hier war eine Herde Bisons in ein trockenes, blind endendes Tal gejagt worden, wo die Tiere sich in dem hilflosen Bemühen um Flucht ineinander verkeilten. Zehn der Bisons steckten förmlich mit dem Kopf im ausgedörrten Boden des blind endenden Arroyos fest, die meisten Tiere wurden totgetrampelt.

ABB. 14: Bisonrobe des Mandan-Häuptlings Mató-Tópe. Die Rückseite wurde nicht enthaart. Die hier dargestellten Kriegstaten des Häuptlings wurden von ihm selbst gezeichnet; er hatte viele Feinde getötet, darunter fünf Anführer. Dazu gehörte auch ein Cheyenne, dem er trotz einer schweren Schnittverletzung an der Hand das Messer entwand und ihn damit erstach (unten links).

Die Wissenschaftler gehen heute davon aus, daß nach der Olson-Chubbock-Jagd, die vor etwa 8500 Jahren stattgefunden haben mag, immerhin noch rund 75 Prozent der Kadaver verwertet worden sind. Bei den sogenannten Bisonstürzen, etwa der Head-Smashed-In-Klippe im westlichen Alberta, die mehr als 7000 Jahre der Bisonjagd diente (und inzwischen von der UNESCO als *World Heritage Site*, also ein bedeutendes Natur- und Kulturdenkmal geführt wird)[10], war das Verhältnis schon wesentlich schlechter; viele der Tiere starben völlig umsonst. Die Herden wurden entlang langer Reihen aufgeschichteter Steinhaufen auf hohe Felsklippen zu und darüber hinweg gejagt (*bison jump*; Bisonsturz). Unterhalb der Abstürze entstanden so schließlich mächtige Knochendepots, die sogar einen industriellen Abbau lohnten. Eine einzige Stelle lieferte beispielsweise 6000 Tonnen Knochenmehl, das zu Filtermaterial, Viehfutterzusatz oder Dünger weiterverarbeitet wurde!

Das bisweilen massenhafte Abschlachten der Bisons fand bis in historische Zeiten hinein statt. Der Händler Peter Fiedler, der als einer der ersten Weißen 1797 ins Gebiet der Piegan-Indianer kam, wurde am Stimson Creek Zeuge einer Treibjagd. „Gewöhnlich erschießt er [der Häuptling] sein Tier mit dem Gewehr. Die jungen Männer töten die übrigen mit Pfeilen, mit Bajonetten, die an einem Lanzenschaft befestigt sind, etc. Häufig werden auch Tomahawks benutzt, und es ist grausig zu sehen, wie die armen Tiere derart eingepfercht sind, ohne die leiseste Möglichkeit zur Flucht ... Manche schlitzen mit einem Axthieb fast die ganze Flanke eines Büffels auf, und dann rennt das arme Tier manchmal noch geraume Zeit in der Hürde herum, wobei all seine Eingeweide auf dem Boden schleifen und von den anderen herausgetrampelt werden.“ Fiedler beschreibt sehr detailliert, wie erfolgreich die Indianer waren. In sechs Wochen schlachteten sie mehr als 250 Tiere ab, und sie hätten wohl noch mehr zur Strecke bringen können, doch „wenn der Wind zufällig drehte, trug er einen unerträglichen Gestank von den vielen ... Kadavern ... zu den Zelten herüber, weswegen wir [den Ort] verließen.“

Solche Exzesse waren den Indianern keineswegs fremd, wie uns George Catlin berichtet. Im Mai 1832 reiste er zum Fort einer Pelzhandelsgesellschaft am Oberlauf des Missouri, nicht weit von der Einmündung des Teton River. Dort angekommen erfuhr er, daß erst am Tag zuvor vielleicht fünf- oder sechshundert Sioux jenseits des Flusses 1400 Bisons abgeschlachtet hatten, um ihnen lediglich die Zungen herauszuschneiden und sie gegen ein paar Gallonen Whiskey einzutauschen, genug für ein kurzes Gelage und einen schweren Kopf am nächsten Tag. „Diese liederliche Verschwendung des Lebens dieser edlen und nützlichen Tiere, die, soweit ich erfahren konnte, weder um ihrer Pelze willen noch wegen auch nur eines Pfundes ihres Fleisches (von den Zungen abgesehen) getötet worden waren, bestärkt mich in der scheinbar übertriebenen Voraussage, die ich bereits über ihre Ausrottung gemacht habe, daß diese nämlich kurz bevorsteht.“ Daß die Tiere zu einer Zeit getötet wurden, da ihre Häute nicht verwendet werden konnten und mehr als genug Vorräte vorhanden waren, um bequem davon leben zu können, brachte Catlin nur noch mehr auf.[11]

Gegen solche Berichte können zwei Einwände vorgebracht werden, einer davon nicht sonderlich sinnig, der andere dagegen schon eher ernstzunehmen. Vielleicht war ja der Berichterstatter ein Indianerfeind, der gezielt solche Vorkommnisse herauspickte, um ein Zerrbild zu zeichnen? Dies kann man getrost verneinen; es gab nur wenige, die sich mit solchem Interesse und Engagement wie Catlin mit den Ureinwohnern Nordamerikas beschäftigten. Zudem war er der erste, der schon 1832 die Notwendigkeit von Nationalparks zur Bewahrung der Natur und von Schutzgebieten für die Indianer betonte.

Andere haben jedoch solche Dokumente aus der Zeit des Pelzhandels (und Catlins Erzählung ist da nur eine von vielen!) als Beleg für die beginnenden Dekadenzerscheinungen bei den Indianern angesehen. Aber kann man jede Art von Grausamkeit oder Brutalität allein dem Vorbild der Weißen oder dem Einfluß des Alkohols zuschreiben, den gewissenlose Händler in Form billigsten Fusels nur allzu bereitwillig und in großen Mengen in die Stammesgebiete lieferten? Der Ethnologe Peter Bolz vertritt die Ansicht, daß man es sich zu einfach macht, wenn man dem Indianer von dem Augenblick an, da er mit dem weißen Mann in Kontakt kam, jede eigene Entscheidungsfähigkeit und Verantwortlichkeit abspricht. Damit gäbe man nachträglich denjenigen recht, die die Indianer im 19. Jahrhundert zu „Mündeln" der amerikanischen Regierung erklärten, die nicht selbständig denken und handeln könnten und daher auf die Vormundschaft des „Großen Weißen Vaters" in Washington angewiesen seien.[12]

Um Mißverständnissen vorzubeugen: Die Vernichtung des Bisons liegt letzten Endes eindeutig in der Verantwortung des Weißen Mannes. Stellvertretend für viele andere sei hier der berühmt-berüchtigte William F. „Buffalo Bill" Cody (1846–1917) genannt, der nach eigenen Erzählungen in einem Zeitraum von nur acht Monaten nicht weniger als 4280 Tiere erlegte. Nur in den seltensten Fällen diente das Fleisch wenigstens noch den Arbeitern der Eisenbahngesellschaften als Nahrung; meist verdarben die Kadaver auf der Prärie in riesigen stinkenden Haufen, von denen später bestenfalls noch die Knochen als Viehfutterzusatz oder Düngemittel dienten.

Diese systematische Ausrottung, die in den achtziger Jahren des letzten Jahrhunderts zu einem natürlichen Ende kam, sollte den Indianer seiner Lebensgrundlage berauben. Als die Abgeordneten von Texas auf die Idee kamen, die

Der weiße Bison

Für die Lakota-Sioux Beatrice Looking Horse, die mit ihrem anderhalb Jahre alten Sohn Ko'ta Tay Silk kam, war es eine Sensation: die Geburt eines weißen Bisonkalbs. Am 20. August 1994 kam es auf einer Farm bei Janesville im US-Bundesstaat New York zur Welt, und es avancierte unverzüglich zum Medienstar. Das später „Miracle" getaufte Tier ist für die amerikanischen Ureinwohner ein Symbol für eine bessere Zukunft, für den Aufbruch in eine neue Welt. 1959 starb der letzte bekannte weiße Bison im stolzen Alter von 36 Jahren. Schon Ende des 19. Jahrhunderts glaubten viele Indianer, mit der Rückkehr der Bisons werde auch der Einbruch der Amerikaner in ihr Land rückgängig gemacht werden können. Der Anthropologe und Lakota Arthur Amiotte hat darauf hingewiesen, daß eine Legende seines Volkes davon berichtet, wie eine mythische Frau einst in einen weißen Büffel verwandelt wurde, nachdem sie seinem Stamm in einer Hungersnot geholfen hatte. Sie würde dereinst zurückkehren, als ein Zeichen gewaltiger bevorstehender Umwälzungen. Noch immer hütet ein Weiser des Stammes ihr Geschenk, eine Zeremonialpfeife.[13]

letzten Bisons in ihrem Staat unter Schutz zu stellen, bezog General Philip Sheridan vehement dagegen Stellung: „Die Büffeljäger haben in den letzten zwei Jahren mehr getan und werden im nächsten Jahr noch mehr tun, um die vertrackte Indianerfrage zu lösen, als die ganze reguläre Armee. Sie vernichten den Proviantmeister der Indianer ... im Interesse eines dauerhaften Friedens, laßt sie töten, häuten und verkaufen, bis die Büffel ausgerottet sind. Dann können sich die Prärien mit Fleckvieh und Cowboys bedecken, die den Jägern folgen als zweite Vorhut einer höheren Kultur."

Kam also der weiße Mann dem Indianer zuvor? Wäre der Bison vielleicht ohnehin ausgerottet worden, ein Opfer des Menschen – ganz ungeachtet der Hautfarbe? In diesem Fall ist die Beantwortung der Frage müßig, für andere Spezies der verschwundenen amerikanischen Großfauna ist sie schon angesprochen worden (siehe Kapitel 3). Der Bison allerdings gewann Symbolcharakter nicht nur aufgrund seiner Bedeutung für den Roten Mann, sondern auch durch die zynische Umsetzung dieser Erkenntnis durch den Weißen. Immerhin scheint heute seine Existenz auf einem (für die Größe der zur Verfügung stehenden Schutzgebiete) befriedigenden Populationsniveau gesichert.[14]

Männerbünde und Geheimgesellschaften

Wie weitreichend die natürliche Umwelt und die Ausbildung besonderer Kulturformen ineinandergreifen, läßt sich an der gesellschaftlichen Organisation der Plains- und Präriestämme sehr nachdrücklich belegen. Hatten wir bereits nach Maispflanzern und Bisonjägern differenziert, so müssen wir nun noch folgerichtig zwischen Seßhaften und Nomaden unterscheiden (mit aller Vorsicht und vielen Zwischenstufen!). Bei den Bewohnern der Plains begünstigte das Ökosystem das Zusammenleben in kleinen Lokalgruppen, die einer starken Fluktuation unterworfen waren. Bei den Präriestämmen, die feste Wohnsitze hatten, finden wir eine Organisation in Klans, bei denen teils die mütterliche, teils die väterliche Abstammung die Zugehörigkeit regelte. Die Klans selbst wiederum konnten zu größeren Gruppen (Moiety oder Phratrie) zusammengefaßt werden.

Bei fast allen Stämmen gab es jedoch auch soziale Gruppierungen, die nicht auf der Blutsverwandtschaft beruhten, die Männer- und Geheimbünde.[15] Die Männerbünde zeigten eine deutliche Altersstaffelung und hatten oft einen ausgesprochen kriegerischen Charakter. Zwar mußte man meist ein bestimmtes Alter erreicht haben, um in einen besonderen Grad aufzurücken, doch konnte die Aufnahme auch an gewisse Zahlungen in Form von Pferden, Decken und Gewehren oder an gewisse Initiationsriten gekoppelt sein. Die Zugehörigkeit zu einer Kaste wiederum brachte auch den Angehörigen Ehre ein; Grund genug, dem Anwärter ein wenig „finanzielle Schützenhilfe“ zu leisten. Sofern Mutproben verlangt wurden, bildeten diese meist einen gehörigen Konfliktstoff für bewaffnete Auseinandersetzungen mit Nachbargruppen. Allerdings erfüllten die Männerbünde auch wichtige Gemeinschaftsaufgaben, da sie die Jugendlichen im Rahmen der gesellschaftlichen Formen erzogen oder auch die „Polizeiaufsicht“ bei der Bisonjagd oder bei wichtigen Zeremonien wie dem Sonnentanz ausübten.

Dieser Sun Dance war ein für die Plainsstämme typisches Ritual, das im Sommer stattfand und acht Tage dauerte. Die erste Hälfte dieser Zeit war geheimen Riten gewidmet, dem Fasten, dem Schwitzen, aber auch der Klausur. Jeder Stamm hatte hier einen ganz eigenen Zyklus, dessen Ziel die Selbstkasteiung und Selbstfolter war, als eine Art körperlicher und geistiger Reinigung. Bei manchen Stämmen schnitten sich die Tänzer Schlaufen in die Brustmuskeln, durch die lange Schnüre gezogen wurden, deren Enden zur Spitze eines hohen Pfahls führten. Jetzt begann der Tanz, der so lange dauerte, bis der Tänzer in Trance verfiel und eine Vision hatte. Hunger, pausenlose körperliche Anstrengung, Schmerzen und der Rhythmus der Trommeln führten diese Trugbilder unweigerlich herbei. Bei manchen Stämmen wurde getanzt, bis die Muskelstreifen rissen und die Pflöcke freigaben, an denen die Schnüre befestigt waren, andere lehnten diese Selbstverstümmelung ab.

Solche Visionen waren eine Voraussetzung für die Aufnahme in einen der Geheimbünde, die sich fast ausschließlich bei den Präriestämmen finden. Außer durch Fasten, Selbstkasteiungen oder Einnahme von halluzinogenen Drogen konnte man auch ganz prosaisch durch Kauf in den Besitz einer solchen Vision kommen, auch die Vererbung auf ein männliches Mitglied der Familie, Sohn oder Schwiegersohn, war möglich. Analysiert man heute die Inhalte dieser Traumbilder, zeigt sich eine oft überraschende Gleichförmigkeit (stereotypische Visionen), Beleg dafür, daß die im Stamm verbreiteten Vorstellungen darin reflektiert wurden. Die Geheimbünde trugen meist den Name ihrer Schutzgeister, also beispielsweise Bison-, Bären- oder Klapperschlangenbund.

Entsprechend der beiden Ökosysteme gab es auch in der politischen Gliederung starke Unterschiede. Die Stämme der Prärien lebten in festen Winterdörfern zusammen, um dann im Sommer gemeinsam zur Jagd auszuziehen. Bei den Stämmen der Plains finden wir nur während der Jagdsaison nennenswerte große Verbände. Während bei letzteren konsequenterweise oft ganze Familien ihr Glück auf eigene Faust suchten, entstand bei den ersteren ein stabiles, bisweilen sogar erbliches Häuptlingstum. Im Gegensatz zum Sachem der Waldlandindianer mit institutionalisierten Befugnissen (siehe Kapitel 1) war der Häuptling keineswegs ein autokratischer Herrscher, konnte aber kraft seiner Persönlichkeit zu hohem Ansehen aufsteigen. Die eigentliche Macht aber lag im Stammesrat, der aus bewährten Männern bestand, die in Krieg und Frieden hohes Ansehen gewonnen hatten. Diese Gewaltenteilung wurde später vom Weißen Mann ausgenützt, indem der Stammesrat abgeschafft und sogenannte „progressive" Häuptlinge protegiert wurden. Die Wiederaufnahme kollektiver Zeremonien wie des Sonnentanzes hat zu einer Neubelebung des alten Brauchtums geführt; es bleibt abzuwarten, wie weit dies zum Erhalt alter Strukturen beitragen kann.

Zur Einführung empfohlen:

Bamforth, D.: Ecology and Human Organization on the Great Plains. New York 1988. – *Eine innovative Studie, die die Wechselwirkungen zwischen Kulturformen und dem besonderen Lebensraum der Prärien betont.*

Catlin, G.: Letters and Notes on the Manners, Customs, and Conditions of North American Indians. 2 Bände. London 1844. – *Ein Klassiker der Reiseliteratur, ein völkerkundlich unersetzbares Werk – und zudem ein durch unzählige Anekdoten vergnüglich zu lesendes Buch.*

Crum, S.: People of the Red Earth. American Indians of Colorado. Santa Fè, NM, 1996. *Die Autorin schildert prägnant die Geschichte des Bundesstaates, von der Steinzeit bis heute, kenntnisreich und von allgemeinem Interesse.*

Ewers, J.C.: Plains Indian History and Culture. Essay on Continuity and Change. Norman, OK, 1997. – *Aufsätze eines Kenners, die alle Aspekte des Lebens der Plainsindianer behandeln, vom Zusammentreffen mit den Weißen über Epidemien bis zum Fluch des Alkohols.*

Schlesinger, K.H. (Hrsg.): Plains Indians, A.D. 500 – 1500: The Archaeological Past of Historic Groups. Norman, 1994. – *Essay-Sammlung von zuweilen kontroversen Aufsätzen verschiedener Autoren, in der versucht wird, einen ethnologischen Kontext herzustellen zwischen historischen und prähistorischen Epochen.*

Schulze-Thulin, A.: Indianer der Prärien und Plains. Stuttgart 1987, 2.Aufl. Ders.: Linden-Museum Stuttgart – Amerika Abteilung. Stuttgart 1989. – *Vor allem durch die Gegenstände des Prinzen zu Wied wichtige Sammlung mit Schwerpunkt auf den Prärie-Stämmen.* Ders. Indianer des Westens Nordamerikas (1870–1900). Die Schreyvogel-Sammlung im Linden-Museum Stuttgart. München 1992. – *Charles Schreyvogel dokumentierte jene Zeit, die wesentlich zum Mythos des Indianers beigetragen hat.*

Zitierte Literatur:

[1] Siehe dazu die Lehrbücher der Evolutionsbiologie und zoologischen Systematik, schon E. Haeckel sprach vom „Paradepferd der Paläontologie". — [2] Siehe etwa *Lindig, W., M. Münzel:* Die Indianer Band 1. S. 141 ff. — [3] Eine sehr lesenswerte Entdeckungsreise durch die USA aus indianischer Sicht bietet *Last Heat Moon, W.:* Blue Highways. Frankfurt 1995. — [4] Eine populäre Einführung in den Lebensraum und die Bedrohung gibt *Chadwick, D.H., J. Brandenburg:* National Geographic *184*, Nr. 4, S. 90 (1993). Für eine ausführliche Beschreibung siehe beispielsweise *Walter, H., S.-W. Breckle:* Ökologie der Erde. Band 4. Stuttgart 1991. — [5] *Walter, H.:* Vegetation und Klimazonen. Stuttgart 1979. — [6] *Coniff, C., J. Sartore:* National Geographic *185*, Nr. 2, S. 2 (1994). — [7] *de Colia, J.:* Fire – A Force of Nature. 2. Aufl. Las Vegas 1993. Zur Feuerökologie siehe auch *Goldammer, J.G.:* Spektrum der Wissenschaft, Juli 1994, S. 86. — [8] Zum Ursprung des Maises siehe *Beadle, G. W.:* Spektrum der Wissenschaft, Oktober 1986, S. 112; *Galinat, W.C.:* Economic Botany 49, 3 (1995). Zu den Arbeiten von Doebley s. *Wang, R.-L., et.al.:* Nature *398*, 236 (1999) u. dort Kommentar auf S. 194. Siehe auch *Reinbothe, H., C. Wasternack:* Mensch und Pflanze. Kulturgeschichte und Wechselbeziehung. Heidelberg, Wiesbaden 1986. — [9] *Lindig, W., M. Münzel:* Die Indianer. Band 1. S. 150. — [10] *Reeves, B. O. K.:* Spektrum der Wissenschaft, Dezember 1983, S. 120. — [11] *Catlin, G.:* London 1844, Brief Nr. 31. — [12] *Bolz, P.:* in *Lindig, W.* (Hrsg.): Indianische Realität. S. 47. München 1994. — [13] *Anon.:* National Geographic *187*, Nr. 2, Geographica (1995). — [15] Siehe *Lindig, W.:* Geheimbünde und Männerbünde der Prärie- und der Waldlandindianer Nordamerikas. Wiesbaden 1970; *Lindig, W., M. Münzel:* Die Indianer. Band 1. S. 158 ff. — [14] *Hodgson, B., S. Leen:* Buffalo: Back Home on the Range. National Geographic *186*, Nr. 5, S. 64 (1994).

Reisetips	**Staat**	**Nahegelegene Orte und Zugangsstraßen**	**Bemerkungen**
Denver Museum of National History	Colorado	Denver *City Park. Colorado Blvd.*	Neben berühmten Funden aus dem Südwesten (u.a. die Folsom-Pfeilspitzen) sind hier die Artefakte der Dent-Site unweit Denver ausgestellt, die eine Koexistenz von Mensch und Mammut belegen.
Pawnee Indian Village Museum	Kansas	Belleville *Von Salina auf dem Highway 81 nach N nach Belleville, auf US 36 für 15 Meilen nach W auf Kansas 266 für 7 Meilen nach N*	Sorgfältig ausgegrabenes Dorf der Pawnee; die Reste eines großen Gebäudes wurden in ein Museum einbezogen. Wie viele andere Plainsstämme lebten die Pawnee während der Büffeljagd in Tipis, sonst in solchen festen Siedlungen.
Madison Buffalo Jump State Park	Montana	Bozeman *Von der Interstate 90 Richtung W am Logan Exit 6 Meilen nach S*	Einer der ersten und am besten für die Öffentlichkeit eingerichteten Bisonstürze (Trails, Besucherzentrum). Tipiringe in der Nähe belegen die längere Anwesenheit der Indianer zur Büffeljagd.
Pictograph Cave State Park	Montana	Billings *7 Meilen SO von Billings, Zufahrt von Interstate 90, Lockwood Exit 452*	Museum, Trail. Die 1937 entdeckte Höhle zeigt drei Phasen der Besiedlung, beginnend vor 10 000 Jahren. Interessante Felsmalereien.
Museum of the Fur Trade	Nebraska	Chadron *Von Scottsbluff oder Bridgeport nach N in Richtung Chadron, dort 3 Meilen auf US 20 nach O*	C. E. Hanson jr., ehemals Mitarbeiter des Landwirtschaftsministeriums, sammelte gezielt Samen von Pflanzen, die von Indianern kultiviert worden waren, um sie in einem Garten zu ziehen. Dadurch wurden viele Sorten vor der endgültigen Verdrängung durch moderne Varietäten gerettet. Integriert in das Museum zum Pelzhandel.
Knife River Indian Villages National Historic Site	North Dakota	Stanton *Von Bismarck auf Highway 83 nach N, von Washburn nach W nach Stanton. Auf Highway 37 den Schildern in Richtung N folgen.*	Umfaßt mit Big bzw. Lower Hidatsa und Sakakawea drei wichtige Fundstätten. Besucherzentrum. Besiedelt von 6000 v. bis 1000 n. Chr., damals lebten sogar mehr Menschen dort als heute.

Reisetips	Staat	Nahegelegene Orte und Zugangsstraßen	Bemerkungen
On-A-Slant Indian Village	North Dakota	Mandan *Von Mandan auf der 1806 North Dakota 4 Meilen nach S zum Lincoln State Park*	Ungewöhnlich gelegenes, teilweise restauriertes Mandan-Dorf. Fort Lincoln war übrigens auch das Hauptquartier von George A. Custer.
Museum of the Great Plains	Oklahoma	Lawton *Von Oklahoma City auf dem Interstate Highway 44 nach Lawton. Von der US 62 nach W zum Elmer Thomas Park*	Gut gemachtes Museum mit Betonung auf den frühen Perioden. Interessante Artefakte aus der Zeit der Mammutjäger.
Badlands National Park	South Dakota	Rapid City *Von Rapid City 43 Meilen nach SO auf der South Dakota 44 bis Scenic. Zum White River Visitor Center 21 Meilen nach S auf der South Dakota 27*	Zwei Besucherzentren, die sowohl die Vorgeschichte wie auch die historische Zeit vor allem der Lakota abdecken. Auch dem Massaker von Wounded Knee, für das sich die US-Armee erst 1991 entschuldigt hat, sind Ausstellungen gewidmet.
Crow Creek Indian Village Site	South Dakota	Fort Thompson *Vom Interstate Highway 90 auf der South Dakota 47 nach N bis Ft. Thompson, dann auf der 34 nach S*	Große Fundstelle eines Dorfes, dessen Bewohner von anderen Stämmen ermordet wurden, vermutlich eine durch Hungersnot ausgelöste Verzweiflungstat. Die Knochen der dort Begrabenen zeigen deutliche Spuren von Mangelernährung. Die Artefakte wurden teilweise wieder bestattet, da die Lakota der Stätte den Status eines Friedhofs zuweisen.
Lubbock Lake Landmark Historical Park	Texas	Lubbock *Am Stadtrand im NW, nahe der Kreuzung von Loop 289 und dem Clovis Highway (US 84)*	Seit 12 000 Jahren von Plainsbewohnern besuchte Stelle, an der noch heute ausgegraben wird. Im Sommer können Besucher die Arbeiten beobachten.
Hot Springs State Park	Wyoming	Thermopolis *Von Casper auf dem US-Highway 20 nach Thermopolis*	Geführte Touren zur Legend Rock State Petroglyph Site. Bademöglichkeit in Big Spring, von den Schoschonen Bah Guewana genannt. Büffelherde!
Yellowstone National Park	Wyoming	Cody *Mehrere Eingänge, nur der Nordeingang ist ganzjährig offen*	Besonders interessant in diesem Zusammenhang sind das Mammoth Visitor Center (prähistorische Indianer im Parkgebiet) und Obsidian Cliff (tatsächlich ein Berg aus Glas), Obsidianartefakte.

5 Die großen Häuser im Südwesten: auf den Spuren der Alten

Lange bevor die spanischen Conquistadores in den nordamerikanischen Südwesten eindrangen, waren dort Hochkulturen untergegangen, deren Relikte erst vor 100 bis 150 Jahren entdeckt worden sind. Insbesondere die Felsenpaläste von Mesa Verde und die riesigen Pueblos im Chaco Canyon gehören zu den eindrucksvollsten Leistungen der präkolumbischen Ureinwohner. Die Bewohner des Südwestens hatten einen hohen Grad von sozialer Komplexität erreicht, der sich auch in ihrer Architektur widerspiegelt. Sie hielten Handelsbeziehungen über Hunderte von Kilometern aufrecht. Sie hinterließen geheimnisvolle Felsgraphiken. Und sie betrieben so effizient Landwirtschaft, daß man auch heute noch darüber staunen muß. Wie entwickelten sich diese Kulturen? Und wie kam es zu ihrem rätselhaften Exodus?

Keiner der Toten kann wieder auferstehen und unsere Fragen beantworten. Aber von allem, was sie zurückgelassen haben, ... können wir vielleicht ihre Stimmen hören, die, mit Linnés Worten, „im Augenblick nur zu flüstern vermögen, wenn alles andere still geworden ist".
BJÖRN KURTEN (1984)

Eine folgenreiche Entdeckung

Am 18. Dezember 1888, einem kalten Wintertag, ritten zwei Cowboys über die verschneite Mesa südwestlich von Mancos, einem kleinen Ort weit im Süden des amerikanischen Bundesstaates Colorado. Dort hatte sich 1881 Benjamin Wetherill niedergelassen und die Alamo Ranch aufgebaut. Einer seiner fünf Söhne war Richard Wetherill.[1] Und dieser kämpfte sich nun mit seinem Schwager Charlie Mason durch das Schneegestöber auf der Suche nach verstreuten Rindern. Plötzlich hörte der Pinien- und Wacholderwald auf, und die Männer standen vor einem steilen Canyon. Es war zwar typisch für diese Gegend, die man Mesa Verde nannte: das grüne Tafelgebirge. Aber was die beiden Cowboys in der gegenüberliegenden Felswand ausmachen konnten, verschlug ihnen den Atem. Zwar waren sie schon öfters auf kleine Ruinen gestoßen, die von Ureinwohnern aus ferner Vergangenheit stammen mußten, und die auch die jetzt hier ansässigen Ute-Indianer kannten, aber als heilige Orte nach Möglichkeit mieden. Doch dies hier war etwas anderes – eine ganze Stadt, unter einem langen Überhang an die Canyonwand gequetscht.

Später kehrten Wetherill und Mason zurück und fanden einen Abstieg. Dann sahen sie sich den Felsen- oder Klippenpalast (*cliff palace*), wie sie die aneinander gebauten steinernen Häuser und Türme nannten, aus der Nähe an. Er war nur teilweise zerfallen, und unter den Trümmern und in manchen Räumen entdeckten sie eindrucksvoll bemalte Töpferwaren. Bald stellte sich heraus, daß es in dieser Gegend von solchen *cliff dwellings*, Felsenwohnungen, nur so wimmelte. 1890 hatten die Wetherill-Brüder rund 180 Ruinen aufgespürt und vielen Namen gegeben, die oft bis heute in Gebrauch sind (**ABB.15**). Die Töpferwaren, die sie immer wieder ausgruben, erwiesen sich bald als eine lukrative Einnahmequelle. Im Lauf der Zeit fanden und verkauften die Wetherills Tausende davon (glücklicherweise häufig an Museen). Außerdem arbeiteten sie öfters als Fremdenführer für interessierte Touristen. Einer davon war der 23jährige Gustaf Nordenskiöld aus Schweden. Er hatte das warme, trockene Klima aufgesucht, um seine Tuberkulose zu kurieren. Er besaß einige wissenschaftliche Kenntnisse und war von Mesa Verde so begeistert, daß er mehrere Monate blieb und Aufzeichnungen, Photos und Ausgrabungen machte, die er zum Teil mit nach Schweden nahm. Dort schrieb er ein Buch über „Die Felsbewohner von Mesa

ABB. 15: John (links) und Richard Wetherill in der Ruine von Spruce Tree House.

Verde", das 1893 erschien. Bald war das Interesse an dieser vergangenen Kultur so groß, daß Theodore Roosevelt die Region 1906 als Mesa Verde Nationalpark unter Schutz stellte, um weitere Beschädigungen zu verhindern. Doch es dauerte bis 1909, als der erste Archäologe, Jesse Walter Fewkes (Smithsonian Institution, Washington), nach Mesa Verde kam und mit einer systematischen, wissenschaftlichen Erforschung begann.

Zu dieser Zeit hatten die Wetherills ihre Aktivitäten bereits in andere Regionen verlagert. 1893 erkundeten sie die Grand Gulch Area, 1895 entdeckten Richard und Al Wetherill sowie Charlie Mason *Keet Seel*; John Wetherill, der dort dann als Führer und Aufpasser arbeitete, fand mit Byron Cummings 1909 *Betatakin*. Richard Wetherill suchte 1895 den Chaco Canyon auf, wo er bis 1899 an wissenschaftlichen Ausgrabungen mitwirkte und bis zu seinem gewaltsamen Tod 1910 eine Trading Post betrieb.

Die Hochkulturen des Südwestens

Die Felsenhäuser von Mesa Verde gehören zweifellos zu den Höhepunkten der nordamerikanischen Indianerkulturen. Ihre Erbauer werden heute *Anasazi* genannt. Dieses Wort stammt von den Navajo und bedeutet so viel wie „die Alten", aber auch „die Feinde unserer Ahnen". Es wurde 1936 von Alfred Kidder in die Archäologie eingeführt und hat sich seither so fest eingebürgert, daß die „politisch korrekteren" Bezeichnungen *ancestral Pueblo* (alte Pueblo-Völker, Pueblo-Ahnen) beziehungsweise *Hisatsinom* (was in der Sprache der Hopi schlicht schlicht „Vorfahren" heißt) kaum noch gebräuchlich sind. (Der Name *Hisatsinom* kann auch für andere prähistorische Ackerbaukulturen des Südwestens gelten.) Wie sich die Menschen damals selbst nannten, ist unbekannt; wahrscheinlich haben gar nicht alle dieselbe Sprache verwendet. Fest steht, daß sie in ihrer sozialen Organisation keine Einheit darstellten. Auch kulturell gab es Unterschiede, zumindest was sich aus den Hinterlassenschaften schließen läßt. Archäologen halten sechs verschiedene Gruppen auseinander, die nach geographischen Gesichtspunkten als Chaco-, Little Colorado-, Rio Grande-, Mesa Verde- (oder San Juan-), Kayenta- und Virgin-Anasazi bezeichnet werden (ABB.16).

Aber die Anasazi waren nicht die einzigen Indianer im nordamerikanischen Südwesten, die feste Siedlungen hatten und daher relativ deutliche Spuren hinterließen. Nördlich von ihnen lebten die *Fremont*-Leute (benannt nach dem Fremont-River), die einen ähnlichen, wenn auch nicht so ausdifferenzierten Lebensstil entwickelt hatten, ebenfalls Gebäude aus Stein und Lehm errichteten, statt Sandalen aber Mokassins aus Leder trugen, mehr auf die Jagd angewiesen waren und zwischen 1100 und 1300 verschwanden; sie sind vielleicht nach Süden und Osten abgewandert. Südlich der Anasazi waren verschiedene Kulturen beheimatet. Die einflußreichste war die der *Hohokam* (ein Pima-Wort für „alles aufgebraucht, alles verlassen"). Sie wurde zwischen 500 und 300 v. Chr. im Süden von Arizona seßhaft und zeichnet sich insbesondere durch riesige Bewässerungssysteme und Ballspielplätze in mexikanischer Tradition aus. Sie verließ das Basin des Salt und Gila River erst im 14. und 15. Jahrhundert. Die Papago (Tohono O'Odham, „Leute der Wüste") und Pima (Akimel O'odham, „Leute vom Fluß") sind möglicherweise ihre Nachfahren. Östlich davon liegt das Land

Kleiner Steckbrief des amerikanischen Südwestens

Die Heimat der Anasazi war das *Colorado-Plateau*, eine 336 700 km^2 große Gegend im südöstlichen Utah, westlichen Colorado, nördlichen Arizona und nordwestlichen New Mexico sowie dem Südostzipfel Nevadas. Das Colorado-Plateau liegt größtenteils 1500 bis 2100 m über dem Meeresspiegel und ist berühmt für seine phantastischen Erosionsformen, die vor allem dem (aufgrund dieser Höhe) starken Gefälle der Flüsse und Bäche sowie den weichen Sandsteinen zu verdanken sind. Der Niederschlag der von Kiefern und Wacholder, im Süden von Gras geprägten Landschaft liegt im Durchschnitt zwischen 25 und 40 cm, die frostfreie Zeit beträgt 120 bis 160 Tage.

Das Colorado-Plateau macht etwa die Hälfte des in der Archäologie als *nordamerikanischer Südwesten* bezeichneten Gebiets aus, das die südwestliche USA und den Norden Mexikos umfaßt – von der Stadt Durango in Colorado bis Durango in Mexiko, von Las Vegas in Nevada bis Las Vegas in New Mexico. Im Westen grenzt das Colorado-Plateau an die Mohave-Wüste, im Osten an die südlichen Rocky Mountains. Südlich des Colorado-Plateaus und durch das *Mogollon Rim* von ihm getrennt, liegt die als *Southern Basin and Range* bezeichnete aride und semiaride Region mit der Sonora- und Chihuahua-Wüste, die von Büschen, Kakteen und einigen wenigen Baumarten (Mesquite, Paloverde, Ironwood) dominiert werden. Die Temperaturen überschreiten im Sommer 40 °C, der jährliche Niederschlag beträgt mitunter nur 12 cm. Regen fällt zweimal im Jahr: im Winter vom pazifischen Ozean kommend, im Sommer vom Golf von Mexiko und vom Golf von Kalifornien. Der Colorado River und seine Zuflüsse, insbesondere der Salt, Gila, Little Colorado und San Juan River, die nicht das ganze Jahr über Wasser führen, dominieren zwei Drittel des US-amerikanischen Südwestens, der Rio Grande (in Mexiko Rio Bravo genannt) mit seinen Zuflüssen (Chama, San Jose und Puerco River) das übrige Gebiet im Osten. Südlich der mexikanischen Grenze fließen der Rio Yaqui, Rio de Sonora und Rio Magdalena sowie der Rio Conchos, Rio Casas Grandes, Rio del Carmen und Rio Santa Maria.

Für das Leben der Ureinwohner im nordamerikanischen Südwesten spielten vier Umweltfaktoren eine entscheidende Rolle: die *ökologische Redundanz* weiter Landstriche mit ähnlicher Flora und Fauna, nur durch die Flüsse unterbrochen; die *Saisonalität der Niederschläge* (im Mai und Juni fällt fast kein Regen); die *Variabilität des Klimas* von Saison zu Saison und Jahr zu Jahr (mit Niederschlagsschwankungen von bis zu 150 Prozent!); die teilweise *schwierige Zugänglichkeit* vieler Regionen.

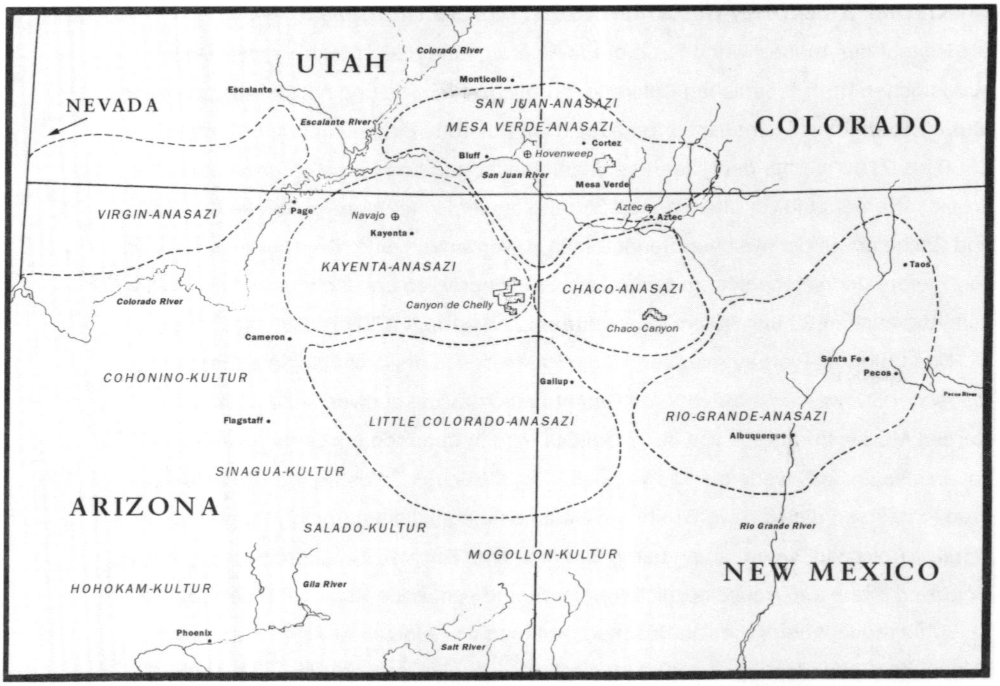

ABB. 16: Die Four Corners-Region des nordamerikanischen Südwestens. Eingezeichnet sind die ungefähren Verbreitungsgebiete der Anasazi-Kulturen und ihrer Nachbarvölker.

der *Mogollon*, die schon ab 100 v. Chr. in den Hochländern der Mogollon Mountains an der Grenze zu New Mexico Ackerbau betrieben und zwischen 1250 und 1450 in die Anasazi-Kultur aufgingen. Eine Untergruppe, die *Mimbres*-Indianer, wurde besonders durch Töpferwaren mit einzigartigen Darstellungen von Tieren und Menschen bekannt (die übrigens, von Rückschlüssen historischer Aufzeichnungen abgesehen, noch am ehesten einen Eindruck von den alten Pueblo-Tänzen und Ritualen vermitteln[2]). Die *Pataya*-Kultur (Yuma: „die Leute") war entlang des Colorado angesiedelt und betrieb erst ab 600 n. Chr. Ackerbau; ihre Nachfahren sind die Pai (Yavapai, Hualapai und Havasupai) und Yuma (Chemehuevi, Cocopah, Maricopa, Mohave, Quechan und andere). Kleinere, erst in jüngerer Zeit unterschiedene Gruppen waren die *Cohonina* südlich des Grand Canyon, die *Cerbat* und *Laquish* am Colorado und die

Prescott-Leute Zentralarizonas. Bedeutender sind die archäologischen Hinterlassenschaften der *Sinagua* („ohne Wasser", nach der spanischen Bezeichnung Sierra Sin Agua für die San Franzisco Peaks, „Berge ohne Wasser", wo die Indianer ab 700 siedelten). Sie lebten am oberen Verde River und beim heutigen Flagstaff, erreichten ihren kulturellen Höhepunkt um 1150 und betrieben einen regen Austausch mit den Hohokam und Kayenta-Anasazi. Eine andere Gruppe wird als *Salado* (von spanisch „salzig") bezeichnet (ABB. 17). Sie entstand am Little Colorado River, zog um 900 zum Salt River und hat ab 1300 sehr stark die Hohokam-Kultur beeinflußt und stellenweise ersetzt.

Diese kulturellen Unterteilungen der Hisatsinom basieren auf Differenzen in den Bauten, Töpferwaren und sonstigen Hinterlassenschaften. Sie sind zunächst nur als archäologische Klassifikationen anzusehen, die über sprachliche, ethnische und soziale Unterschiede nichts aussagen können und wollen! Bei aller Vielfalt sind die Lebensweise und die kulturelle Entwicklung dieser Menschen aber sehr ähnlich; an einigen Orten kam es im Lauf der Zeit sogar zu einer gewissen Angleichung in den Stilen von Architektur und Töpferei; insbesondere das Bevölkerungswachstum der Anasazi führte zur Eingliederung anderer Gruppen. Man kann die Hisatsinom-Völker daher als Ackerbauern oder –

ABB. 17 links Montezuma Castle; rechts Besh-Ba-Gowah, einst eine der größten Städte der Salado

Mexikanische Einflüsse und die Entwicklung der Ackerbaukulturen

Der Südwesten der USA wurde von den präkolumbischen Indianern Mexikos und später auch den Spaniern *Gran Chichimeca* genannt, das große Land der Nomaden. Dieser Name ist aber irreführend, denn die dort ansässige prähistorische Bevölkerung zeichnete sich insbesondere durch die Tatsache und Intensität der von ihr betriebenen Landwirtschaft aus.

Der Ursprung dieser Kulturen und des aus Mittelamerika importierten Ackerbaus ist noch nicht völlig geklärt.[3] Schon Paläo-Indianer lebten im Südwesten ab 9500 v. Chr. Später folgten die Folsom-Leute, die sich ebenfalls noch hauptsächlich von der Großwildjagd ernährten. Um 5500 v. Chr. hatten sich dann zwei unterschiedliche Traditionen der sogenannten archaischen Stufe entwickelt, die *Cochise* südlich der Mogollon Rim, die wohl als Vorfahren der Hohokam und Mogollon anzusehen sind, und die *Oshara*, die die Ahnen der Anasazi waren und das Colorado Plateau besiedelten. Dorthin verbreitete sich allmählich der Mais-Anbau. Die Wurzeln dieser bahnbrechenden Errungenschaft reichen in Mexiko vielleicht schon in die Zeit 5000 v. Chr. zurück (noch früher wurde wohl schon Kürbis angebaut, wie erst kürzlich eine massenspektrometrische Radiocarbon-Datierung von Kürbissamen aus der Guila Naquitz-Höhle in Oaxaca, Mexico, bewiesen hat[4]). Im Tehuacán-Tal beispielsweise wurden kleine Maiskolben gefunden, die sich von Teosinte, einem mexikanischen Wildgras, ableiten lassen, und die zunächst nur sporadisch das Nahrungsangebot ergänzten. Ab 3500 v. Chr. wurden sie wahrscheinlich immer systematischer angebaut und weitergezüchtet. Bald kamen auch verschiedene Kürbisarten, Bohnen, Chilli-Pfeffer, Agaven, Avocados und Amaranth hinzu. Spätestens um 1000 v. Chr. hat es „full time"-Farmer gegeben. Im Gegensatz zu China und dem Nahen Osten hat sich die Landwirtschaft in Amerika also erst allmählich durchgesetzt; die Indianer der archaischen Periode blieben Jäger, Fischer und Sammler noch lange Zeit nach ihren ersten landwirtschaftlichen Versuchen. Langsam diffundierten die Ackerbaumethoden nach Norden. Ob das im Rahmen größerer Bevökerungswanderungen geschah, oder ob durch Kontakte mit der einheimischen Bevölkerung lediglich Saatgut und Wissen weitergegeben wurde, ist aufgrund der wenigen Fundstätten noch umstritten. Fest steht, daß sich der Maisanbau zwischen 2000 v. Chr. und 500 n. Chr. über weite Teile des Südwestens der heutigen USA ausgebreitet hat (zunächst in der Sonora-Wüste Südarizonas und im Mogollon-Hochland); Bohnen folgten ab 500–350 v. Chr.

Was als sporadische Ergänzung des Speiseplanes begann, wurde allmählich Hauptnahrungsquelle. Bei den Mogollon beispielsweise fand dieser Übergang zwischen 650 und 800 n. Chr. relativ rasch statt, verbunden mit dem Anbau einer ertragreicheren Maissorte und einer Vervierfachung der Bevölkerungsdichte.[5]

Erst kürzlich wurde deutlich, daß in manchen Regionen Nordamerikas Landwirtschaft im großen Stil schon ein Jahrtausend früher betrieben wurde, als bislang angenommen. In der mexikanischen Provinz Chihuahua fanden Archäologen Relikte einer Siedlung, *Cerro Juanaqueña*, die bereits 3000 v. Chr. errichtet wurde. Sie gehört zu den als Cerros de trincheras bezeichneten Anlagen, die mit terrassierten Feldern umgeben sind. Solche Komplexe sind gewöhnlich 0,1 bis 10 ha groß und auf isolierten Hügeln und kleineren Bergen insbesondere im US-Bundesstaat Arizona und südlich davon im mexikanischen Sonora bekannt und stammen in der Regel aus einer Zeit um 1000 v. Chr. Die größte dieser Anlagen besaß 870 Terrassen, 50 ha Fläche und war ein politisches und religiöses Zentrum. Cerro Juanaqueña ist wesentlich älter. Die Anlage ist auf einem 140 m abfallenden Basalthang lokalisiert und besaß über 460 Terrassen (Trincheras) mit einer Gesamtlänge von über 8 km. Dadurch wurde eine Beflutungslandwirtschaft möglich. Das Wasser kam von dem weiter nördlich gelegenen Rio Casas Grandes. Kalibrierte Radiocarbonmessungen von ausgegrabenen Maiskörnern und der Fund von charakteristischen steinernen Speerspitzen deuten darauf hin, daß hier Indianer der späten archaischen Kulturstufe lebten. Angebaut wurden verschiedene Kürbissorten und Getreide, darunter auch Mais. Die gefundenen Knochen, mehr als tausend Stück, stammen vorwiegend von Hasen, Rehen und Antilopen. Eine größere Nutzung von Mais ist im Südwesten der USA erst 1000 Jahre später dokumentiert, und die Siedlungen waren auch dann noch wesentlich kleiner. Offenbar hat sich die Landwirtschaft anfangs nicht besonders rasch ausgebreitet.[6]

Im Südwesten entstanden nun eigenständige Kulturtraditionen im archäologischen Sinn, die wiederum verschiedene Entwicklungsstufen durchliefen. Dies geschah zuweilen rasant, anderswo eher graduell. Die Gründe dafür sieht man weniger im klimatischen als in sozialen Faktoren (Bevölkerungsdruck, größere Zusammenarbeit bei Jagd und Ackerbau, wachsende Arbeitsteilung, neue Technologien, Schutzgemeinschaften ...). Auch herrschte eine große Verschiedenheit in der Siedlungsdichte: einzelne Hausgemeinschaften und Dörfer gab es zu jeder Zeit; hinzu kamen aber allmählich auch imposante Städte mit über 1000 Einwohnern[7]. Für größere Siedlungen waren häufig zentrale Zonen charakteristisch, eine einheitlichere Bauweise, relativ homogene Keramikstile, reguläre Handels- und Austauschbeziehungen sowie Anzeichen sozialer Rangunterschiede (etwa bei Begräbnissen).

Bemerkenswert sind auch die regen Kommunikations- und Handelsbeziehungen im Südwesten, die für eine zusätzliche Homogenisierung sorgten. Keine der Gruppen war vollständig autonom. So herrschte seit Jahrtausenden ein ständiger Güteraustausch, teilweise über Entfernungen von mehr als 100 km. Die Hohokam lieferten zum Beispiel Baumwolle, die Chohonina Türkis und roten Ocker, die Prescott-Leute Pfeifen, kleine Figuren und Malachit für Schmuck, die Sinagua Körner, Nüsse und Obsidian und die Anasazi hauptsächlich Töpferwaren. Aus dem Verde Valley in Arizona kam Salz. Und Schalen von Meerestieren für Schmuck und Kultgegenstände stammten sogar vom Golf von Mexiko und von Südkalifornien.

Ungeachtet der beeindruckenden Leistungen und Errungenschaften im Südwesten blieben die mittelamerikanischen Einflüsse allerdings sehr stark.[8] Das beweisen die Importe von neuen Anbaumethoden, Baumwolle, den Ideen für Pfeil und Bogen und der Töpferei, aber auch architektonische Impulse, der Bau von Zeremonienhügel, Bewässerungssystemen und Ballspielplätzen sowie viele religiöse Rituale und Vorstellungen. Außerdem waren die Kulturen Mexikos wichtige Handelspartner, von denen die begehrten Kupferglöckchen und bunten Vögel (Aras) stammten, und denen im Gegenzug Türkis, Salz, Selenit, vielleicht auch Sklaven geliefert wurden. Über Casas Grandes in der mexikanischen Chihuahua-Wüste unterhielten die Anasazi sogar Beziehungen zu den Tolteken.

nach ihren Gebäuden – Pueblos bezeichnen und von den nomadischen Nachbarn (den Vorfahren der heutigen Paiute, Chemehuevi, Ute, Apachen und Navajo) gut unterscheiden. Im folgenden soll sich die Darstellung deshalb auf die Anasazi beschränken.

Die Korbmacher

1893 stieß Richard Wetherill in einer Höhle beim Butler Wash im Süden Utahs auf 90 von Sand bedeckte und in der heißen, trockenen Luft mumifizierte Indianer. Sie waren schwarzhaarig, stämmig gebaut, die Männer durchschnittlich 1,65 m groß (die Frauen 10 cm kleiner) und ähnelten den modernen indianischen Ackerbauern, etwa den Hopi. Wetherill vermutete bald, daß es sich hier um eine Vorstufe der Mesa Verde-Kultur handeln mußte und nannte sie *Korbmacher (Basketmaker)*. Körbe, oft kunstvoll verziert, schienen nämlich ihre wichtigsten Gefäße zur Aufbewahrung von Nahrungsvorräten und Geräten gewesen zu sein (hinzu kamen ferner gewobene und verzierte Taschen sowie Medizinbeutel aus Tierhäuten). Und damit sollte er recht behalten.

Die Korbmacher waren noch nicht völlig seßhaft. Sie lebten in Höhlen und im Schutz von Felswänden, aber auch in Lehm- und Holzkonstruktionen. Sie legten bis zu 1 m tiefe und 2,5 m weite Erdlöcher als Nahrungsmittelspeicher an, die sie zuweilen mit Mauern aus Lehm unterteilten. Viele Körbe hatten sie mit Teer ausgekleidet, um sie wasserdicht zu machen. Warme Mahlzeiten wurden zubereitet, indem man in die Körbe Steine gab, die zuvor im Feuer erhitzt worden waren. Für die Jagd verwendeten die Korbmacher Netze und Schlingen, die sie aus Haaren und Pflanzenfasern flochten. Ferner Speere und Speerschleudern, die nach einem aztekischen Wort als *Atlatl* bezeichnet werden. Als Beute bevorzugten sie Hasen, Präriehunde, Dachse, Nager, aber auch Bergschafe, Rehe und mitunter Bären, außerdem Reptilien wie den Chuckwalla und die Wüstenschildkröte. Hunde wurden domestiziert (in Arizona schon 200 v. Chr., anderswo übrigens seit mindestens 7000 Jahren, wie etwa die Koster Site in Illinois beweist) und dienten als Jagdgefährten, Wachhunde und Lieferanten von Haaren. Später wurden sie sogar auf Töpferwaren abgebildet und mitunter begraben, vielleicht nach rituellen Opferungen. Ihre eigenen Verstorbenen beerdigten die Korbmacher in fötaler Stellung. Beigelegt wurden ihnen Körbe, Werkzeuge und insbesondere Sandalen aus Yucca-Blättern, die in der felsigen und an Kakteen reichen Gegend das wichtigste Kleidungsstück waren. Diese Grabbeigaben können als Hinweis auf Vorstellungen von einer individuellen Zukunft nach dem Tod interpretiert werden.

Nachdem der Ackerbau zur Nahrungsversorgung immer wichtiger geworden war, begannen die Korbmacher um 500 n. Chr. permanente, halb ins Erdreich versenkte *Grubenhäuser (pithouses)* zu errichten. Damit wurden sie endgültig seßhaft. Um eine 0,5 bis 1 m tiefe Grube errichteten sie Mauern aus Lehm und Steinplatten. Baumstämme dienten als Träger für das Dach aus Holz und Lehm. Darin wurde eine Eingangsöffnung freigelassen, die auch als Kamin

TAB. 2: Pecos-Klassifikation der Anasazi-Kultur (aktualisiert).[9] Dieses Entwicklungsschema wurde auf der ersten großen Konferenz über die Archäologie des Südwestens aufgestellt, die 1927 in Pecos, New Mexico, stattgefunden hat, und ist mit Modifikationen in der Chronologie noch heute gebräuchlich. Die zeitlichen Zuordnungen schwanken von Fundstätte zu Fundstätte mitunter ziemlich. Die einst postulierte Stufe der Korbmacher I hat sich als unpraktische und zweifelhafte Klassifikation erwiesen.

Zeit (ungefähr)	Pecos-Klassifikation	andere Bezeichnung
2000 v. Chr. – 1 n. Chr.	(Korbmacher I)	Archaische Wüstenkultur
700 v. Chr./200 n. Chr. – 400/500 n. Chr.	Korbmacher II	Korbmacher
400/500 – 700/750	Korbmacher III	Veränderte Korbmacher
700 – 900/1000	Pueblo I	Frühe Pueblos
900/1000 – 1100/1150	Pueblo II	Entwickelte Pueblos
1100/1150 – 1200/1300	Pueblo III	Klassische/Große Pueblos
1200/1300 – 1600	Pueblo IV	Regressive Pueblos
1600 – heute	Pueblo V	Historische Pueblos

diente. Die Wärmedämmung war im Winter recht gut. Häufig hatte man die etwa 5 m großen Grubenhäuser zweigeteilt in einen Arbeits- und Schlafraum mit Feuerstelle sowie ein südliches Vorzimmer, das als Vorratsraum oder zeremonieller Ort gedient haben mochte. Dörfer mit bis zu hundert solcher Wohnstätten sind bekannt. Meist waren es aber weniger.

Als wichtige neue Nahrungsquelle kam der Anbau proteinreicher Bohnen hinzu. Ferner konnte mit der Erfindung von Pfeil und Bogen und damit von schnelleren Geschossen mit größerer Treffsicherheit und Reichweite der Jagderfolg verbessert werden. Außerdem wurden Truthähne gehalten, deren Fleisch den Speiseplan bereicherte. Ihre Knochen fanden für die Herstellung von Nadeln, ihre Federn für die Kleidung Verwendung, in die man außerdem Kaninchenfell einwebte. Spätestens jetzt wurde auch musiziert. Es sind Flöten gefunden worden, die sogar noch funktionieren, ferner auf Felsen dargestellte Flötenspieler. Die wichtigste neue Errungenschaft der nun als *Veränderte Korbmacher (Modified Basketmaker)* bezeichneten Kulturstufe war neben den Grubenhäusern die Töpferkunst. Sie wurde wohl überwiegend von Frauen betrieben (anderswo im Südwesten schon ab 200 n. Chr.) und erschloß neue Möglichkeiten der Nahrungszubereitung und -aufbewahrung.

Die Pueblobauer

Nach 700 n. Chr. wandelten sich die Anasazi-Siedlungen abermals. Die Grubenhäuser wurden zusehends abgelöst von sogenannten Einheitshäusern *(unit type)*, zu denen ein meistens südlich gelegener Vorplatz (Plaza) und ein Abfallhaufen gehörte, wo man zerbrochene Gefäße, abgenutzte Werkzeuge, Nahrungsreste und so weiter deponierte (aber auch Bestattungen vornahm). In den Einheitshäusern lebte meist eine Großfamilie. Diese C- oder quaderförmigen, überirdischen Gebäude errichtete man zunächst aus Lehm *(Adobe)* beziehungsweise Zweigen, die mit Schnüren verbunden und mit Lehm bedeckt wurden (sogenannte *Jacal*-Konstruktionen), später vermehrt aus Stein sowie Holz für die Decken (ABB. 18). Das Mauerwerk wurde mit der Zeit immer sorgfältiger angelegt; man kann sogar verschiedene Baustile unterscheiden. Es lag allerdings nicht frei, wie die Relikte heute suggerieren, sondern war mit Lehm verputzt und teilweise auch bemalt. Ab etwa 1000 n. Chr. waren die Wände so breit, daß auch mehrstöckige Häuser angelegt werden konnten (wobei die unteren Geschosse in der Regel als Lagerräume und manchmal Ställe, die oberen als Schlafstätten dienten). Um Material zu sparen, baute man die Gebäude direkt aneinander.

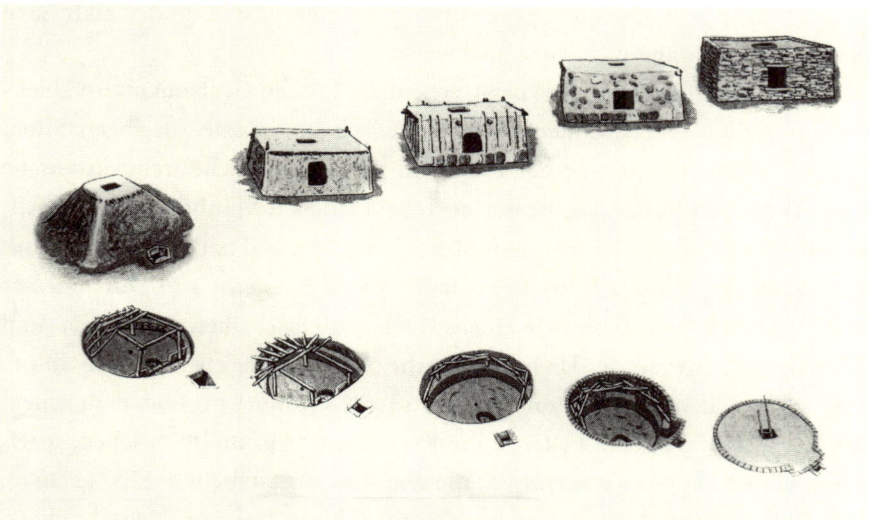

ABB. 18: Entwicklung der Pueblo-Einheitshäuser und Kivas aus den Grubenhäusern

So entstanden L-, U- und E-förmige und dann auch quadratisch geschlossene Siedlungen, die oft viele Dutzend Räume besaßen und *Pueblos* genannt werden. Mit diesem spanischen Wort bezeichnet man sowohl die Dörfer als auch die Menschen, die darin wohnen, und die Kulturen mit solchen zusammengesetzten Häusern insgesamt.

Zunehmende Arbeitsteilung und Kooperation machten den Alltag effizienter und ermöglichten es, mehr Menschen zu ernähren. Ein Großteil des Lebens spielte sich im Freien ab, auf den Plätzen und Terrassen. Ferner sind Tanzplätze gebaut worden. Arbeits- und Familienräume lassen sich anhand von Kochstellen, Vorratsgefäßen und Mühlsteinen identifizieren. Innen gelegene Räume dienten häufig Lagerungszwecken. Außerdem wurden vermehrt runde *Türme* errichtet, die bis zu 5 m hoch waren. Allein in Mesa Verde gab es mindestens 57 davon in oder bei den Siedlungen. Auch Hovenweep ist berühmt für seine Hochbauten. Ihre Funktion ist umstritten. Vielleicht hielt man von ihnen nach Feinden oder Wild Ausschau und bewachte die Felder. Möglicherweise dienten sie auch zur Sonnenbeobachtung oder für den Austausch von Signalen über größere Entfernungen hinweg (tagsüber mit Rauchzeichen oder spiegelndem Glimmer oder Pyrit, nachts mit Feuern). Oder sie hatten eine religiöse Bedeutung. Es ließen sich aber auch ganz normale Arbeits-, Wohn- und Schlafräume sowie Vorratskammern in ihnen nachweisen.

Neu, wenn freilich wie die Pueblos ebenfalls aus den Grubenhäusern ableitbar, entstanden nun besondere religiöse Versammlungsorte, die sogenannten *Kivas* (das Wort stammt von den Hopi). Sie sind eine typische architektonische Eigenart der Anasazi und sonst nur noch bei manchen Mimbres-Ruinen nachweisbar. Eine typische Kiva ist unterirdisch angelegt und hat einen kreisförmigen (mitunter auch quadratischen) Umriß von meist etwa 4 m Durchmesser (ABB.19). Bedeckt wurde sie von einem Dach aus Holzbalken mit Steinen und Lehm darauf, das mit der Umgebung mehr oder weniger ebenerdig abschloß. Von außen war nur eine schmale quadratische Öffnung im Boden zu sehen, durch die man über eine Leiter in die Kiva hinabstieg. Breite Nischen, regelmäßig in den Wänden eingelassen, dienten dort als Sitzbänke. Eine größere, nach Süden ausgerichtete Aussparung war der Altar. Dahinter befand sich ein Ventilationsschacht, durch den Luft von außen hereinströmte und von einem

Deflektorstein abgelenkt und so im Raum verteilt wurde, daß sie das Feuer in der Mitte nicht ausblies. Ein kleines in den Boden gegrabenes Loch, *Sipapu* genannt, symbolisierte den heiligen Ort der Emergenz. Aus ihm sollen die Vorfahren den Legenden zufolge aus der Unterwelt auf die Erde gekommen sein (**ABB.20**). Größere Kivas hatten manchmal einen verborgenen Zugang unter dem Boden, der dem Darsteller der Riten einen spektakulären Auftritt ermöglicht haben könnte. Außerdem gab es steinerne Becken, deren Zweck rätselhaft ist. Vielleicht haben sie als Altäre für Opferhandlungen oder zum Auskeimen der Saat gedient, oder sie wurden mit Hölzern überdeckt und als Fußtrommeln verwendet. Da manche Anasazi-Gruppen möglicherweise starke matriarchalische Züge aufwiesen, war die Kivas nicht nur der Ort von Zeremonien für Regenzauber und Jagdglück, sondern vermutlich auch Aufenthaltsraum für eine Art Männerclub. Anderswo dürften Frauen aber Zutritt gehabt haben. Ent-

ABB. 19: Die rekonstruierte Großkiva von Aztec. Das Dach wog ursprünglich über 90 t und wurde von vier Säulen getragen. Sie ruhten auf 170 kg schweren Kalksteinscheiben (vorne und hinten links im Bild), die aus mindestens 60 km Entfernung herbeigeschleppt worden waren. In der Mitte der Kiva befindet sich der Altar. Der Zweck der rechteckigen Becken ist unbekannt, vielleicht wurden in ihnen Samen ausgekeimt, oder sie dienten, mit Häuten überspannt, als Trommeln bei den Zeremonien.

ABB. 20: Blick in eine typische, unterirdisch angelegte Kiva (Balcony House, Mesa Verde). Links in der Wand befindet sich die Öffnung eines Ventilationsschachts, daneben der Deflektorstein, rechts von diesem die Feuerstelle. Das kleine Loch am unteren Bildrand, Sipapu genannt, symbolisiert den Ort der Emergenz. Die Säulen an den Wänden trugen die Stützbalken für die Deckenkonstruktion. Hier war sie flach angelegt, in manchen Kivas dagegen kuppelartig.

scheidungen, die die Gemeinschaft als Ganzes betrafen, wurden wahrscheinlich größtenteils mit kollektiver Zustimmung gefällt, auf der Basis eines Konsens nach ausführlichen Diskussionen. Dies funktioniert, wie transkulturelle Studien ergeben haben, freilich nur bei Gruppen, die maximal 1000 bis 2000 Leute umfassen – eine Zahl, die die meisten präkolumbischen Pueblos und Siedlungen aber nicht erreicht haben. Eine überregionale politische Organisation gab es bestenfalls in Ansätzen.

Architektonisch bedeutsam ist auch die zunehmende *Wasserkontrolle* über Terrassen, Drainagen und sogar Wasserauffangbecken und -reservoirs mit zuleitenden Kanälen. Mummy Lake bei Far View, Mesa Verde, war ein solches von einer Mauer umgebenes, 3,5 m tiefes und 27,5 m großes Becken. Es mußte in einer kollektiven Arbeitsleistung errichtet worden sein. Im Gegensatz zu den Hohokam wurde mangels geeigneter Flüsse jedoch kein Bewässerungsfeldbau betrieben. Die Anasazi waren also auf Regen und Schneeschmelze angewiesen. Mit Dämmen und Verteileranlagen wurden aber die Regenfälle so gut wie möglich genutzt, das heißt aufgefangen und auf die Felder geleitet. Der Ackerbau war nämlich längst zum wichtigsten Nahrungslieferanten geworden. Man hat ausgerechnet, daß pro Person und Jahr eine Anbaufläche von 16 000 bis 24 000 m^2 notwendig gewesen sein muß. Jagen und Sammeln bereicherten jedoch nach wie vor das Nahrungsangebot, wie Untersuchungen der gefundenen Knochen (insbesondere von Hasen, Rehen, Nagern) sowie Pollenanalysen ergeben haben. Wahrscheinlich sind Früchte, Blätter, Samen oder Wurzeln von über 200 Pflanzen gegessen oder verarbeitet worden. Als neuer Rohstoff wurde nun auch Baumwolle genutzt, später webten insbesondere die Männer kunstvoll verzierte Textilien.[10]

Die Töpferkunst hatte man zunehmend verfeinert. Neue Techniken kamen zum Einsatz, und differenziertere Formgebungen und kunstvolle Dekorationen entstanden. Elegante geometrische Muster wurden meist mit schwarzer Farbe von Hand oder mit Pinseln aus Yucca-Fasern auf die zuvor polierten Flächen gemalt (ABB.21). Später wurden noch weitere Farben verwendet.

Auch die Menschen hatten ihr Aussehen verändert. Ihre Schädel sind breiter und runder geworden. Dies kam durch die Entwicklung von hölzernen Tragegestellen zustande, mit denen die Kleinkinder vielleicht besser und sicherer zur Feldarbeit mitgeführt werden konnten. Dadurch wurden die fest angeschnallten Kinder wohl äußerlich systematisch verändert, da die Schädel anfangs noch weich und formbar sind. Sicherlich waren diese Kopfverformungen gewünscht – eine Modeerscheinung oder der Ausdruck von größerer Macht oder Spiritualität?

Insgesamt erfolgt ein starkes Bevölkerungswachstum, was mit einer räumlichen Ausbreitung und komplexeren gesellschaftlichen Organisation einherging. Die Lebenserwartung betrug freilich im Durchschnitt allenfalls 35 Jahre. Die hohe Sterblichkeitsrate der Pueblo-Völker war aber nicht größer als bei anderen präkolumbischen Indianern. Wohl 30 bis 50 Prozent der Kinder überlebten das vierte Lebensjahr nicht. Auch die Erwachsenen hatten häufig unter Krankheiten zu leiden.[11] Untersuchungen der gefundenen Skelette geben Hinweise auf Beschwerden wie Arthritis, Osteoporose und Knochenkrebs. Nachgewiesen wurden ferner Spuren von Vitaminmangel, Unterernährung, teilweise auch von gewaltsamen Auseinandersetzungen. Besonders das Gebiß war oft-

ABB. 21: Töpfereien, verziert im typischen Mesa Verde-Stil (Phase Pueblo III).

mals in schlechtem Zustand. Dies liegt wohl daran, daß beim Mahlen des Korns mit einem Handstein *(Mano)* auf einem größeren Grundstein *(Metate)* viele Sandsteinkörner mit in die Nahrung gerieten. Generell hat sich der Gesundheitszustand der Menschen beim Übergang vom Stadium der Jäger und Sammler zur Landwirtschaft entgegen weit verbreiteter Ansicht überall auf der Welt zunächst bedeutend verschlechtert.[12]

Alle Wege führen nach Chaco

Heute gehört der Chaco Canyon zu den abgelegensten Gegenden New Mexicos. Er befindet sich fast im Zentrum des San Juan-Beckens, das den östlichen Teil des Colorado-Plateaus ausmacht. Er ist 35 km lang, bis zu 45 m tief und durchschnittlich 600 m breit. Mit 230 mm Regen im Jahr zählt er zu den trockensten Gebieten des Südwestens. Der Chaco River selbst führt die meiste Zeit des Jahres kein Wasser. Das war vor rund tausend Jahren nicht anders. Doch damals war Chaco Canyon der Mittelpunkt der ganzen Anasazi-Kultur, wie eindrucksvolle Ruinen noch immer bezeugen.[13] Im Kerngebiet, über eine Strecke von etwa 15 km, stehen die Relikte von nicht weniger als 13 Großhäusern (neun davon im Canyon selbst, vier auf den Hochebenen). Sie wurden zwischen 850 und 1130 errichtet und hatten bis zu fünf Stockwerke und 650 Räume (so Pueblo Bonito, mit seinen 12 000 m^2 Fläche und 154 m Basislänge eines der größten Bauwerke Nordamerikas bis in die historische Zeit). Manche sind über mehrere Etappen immer wieder erweitert worden, andere entstanden innerhalb nur weniger Jahre. Und das ist nicht alles, denn auf 88 km^2 hat man über 3000 weitere kleinere, ebenerdige Wohnstätten mit bis zu 20 Räumen gezählt.

Chaco war außerdem der Knotenpunkt eines ausgedehnten Straßennetzes, das sich über zusammengerechnet mindestens 600 km, vielleicht sogar 3000 km erstreckte. Die Straßen waren um die 9 m breit (zuführende ca. 4 m), mitunter von Steinwällen eingefaßt und führten schnurgerade über die Mesas, Täler und Klippen hinweg. Wo nötig, hatte man größere Steine beiseite geschafft, Stufen in die Klippen gehauen und Holzkonstruktionen für den Aufstieg angebracht. Die Straßen verbanden viele der ca. 150 Außenposten *(Chaco Outliers)* miteinander. Diese liegen bis zu 200 km von Chaco entfernt (**ABB.22**). Ihre Baustile sind der Chaco-Architektur nachempfunden. Die größten Außenposten waren

Waren manche Anasazi Kannibalen?

Allein schon diese Frage grenzt bei manchen Archäologen an Blasphemie. Wie könnte denn eine solche These zu der Hochkultur passen, die nach allem, was man weiß, doch ziemlich friedfertig war? Trotzdem wurde die Frage aufgeworfen, als Christy Turner (Arizona State University, Tucson) 1967 bei der Untersuchung menschlicher Skelette aus der verschütteten Ruine eines Pueblos im Polacca Wash, einem Canyon in Arizona, Spuren von Bearbeitung entdeckte, die typisch für eine Nahrungszubereitung sind: Schnittspuren von scharfkantigen Werkzeugen, die beim Ablösen von Muskeln und Sehnen entstehen, feine Risse vom Abziehen des Fleisches, aufgebrochene und geröstete Knochen oder eine Entsorgung zusammen mit den abgenagten Überresten von Schlachttieren. Außerdem fehlten Spuren von Verwitterung oder Tierfraß, was Turner als Beleg sofortiger Bearbeitung interpretiert hat. In den darauffolgenden 30 Jahren hatte er 15000 weitere Knochen untersucht; bei Knochen von insgesamt 300 Menschen von 40 verschiedenen Orten auf den Colorado-Plateau fand er Indizien für eine menschliche Bearbeitung. Die Knochen wurden unter Felsüberhängen, in Abfallhügeln und Kivaböden geborgen und stammen aus der Zeit wischen 900 und 1700 n. Chr. Die meisten dürften auf 900 bis 1200 zu datieren sein und liegen im Einflußbereich von Chaco, einige wurden sogar im Chaco Canyon selbst gefunden, insbesondere bei dem Pueblo Peñasco Blanco. Besonders gut erhalten sind auch menschliche Relikte südlich von Mesa Verde im Mancos Canyon, Colorado, aus dem 12. Jahrhundert, die Tim D. White (University of California, Berkeley) 1992 entdeckt hat. Sie zeigen teilweise sogar Hitzespuren – sie sind wohl gekocht worden. Für White und Turner steht fest: Im nordamerikanischen Südwesten wurde Menschenfleisch verzehrt, und dieser Kannibalismus war kein einmaliges oder seltenes Ereignis.

Diese schaurige Hypothese stieß allerdings sogleich auf energischen Widerspruch. Auch wenn die Beschreibung der Funde korrekt wäre, so wurde entgegnet, hieße das nicht, daß man die derart bearbeiteten Knochen auch verzehrt hätte. Vielmehr könnte es sich, wie bei manchen australischen Aborigines praktiziert und mit komplexen metaphysischen Vorstellungen verknüpft, um bestimmte Bestattungsrituale gehandelt haben. Auch gibt es keine ethnologischen Kannibalismus-Darstellungen über Pueblo-Indianer – ganz im Gegensatz zu Legenden über viele südamerikanische Völker, die freilich längst als Schauermärchen und Propaganda entlarvt worden sind. Allenfalls einen Verzehr von Menschenfleisch aus höchster Not während einer schweren Hungersnot wollen die Gegner der Kannibalismus-Hypothese noch einräumen. Dagegen spricht aber, daß die Funde räumlich wie zeitlich weit gestreut sind. Ein definitiver Beweis wird freilich schwer zu erbringen sein. Wie so oft in der Archäologie ist bei dieser Fragestellung nicht nur Nüchternheit, sondern auch Geduld gefordert, bis noch bessere Daten vorliegen.[14]

Pueblo Pintado im Osten, Kin Bineola im Westen sowie Salmon und Aztec im Norden; alle anderen besaßen jeweils weniger als zehn Prozent der Fläche der großen Chaco-Pueblos. Die meisten der Außenposten gingen den anderen bekannten Anasazi-Städten um mindestens eine Generation voraus. Und die Blütezeit der Anasazi begann und endete im Chaco Canyon auch ungefähr ein Jahrhundert früher als anderswo. Die Größenangaben des gesamten Chaco-Einflußbereichs schwanken je nach den zugrunde gelegten Kriterien (Straßen, Architektur, Großkivas ...) zwischen 67 000 (350 x 200) km^2 und 100 000 (400 x 300) km^2.

Sicherlich symbolisierte Chaco den rituellen Mittelpunkt der Anasazi-Welt. Darauf weisen schon die vielen Dutzend Kivas hin, besonders auch die ungefähr zwanzig Großkivas mit Durchmessern zwischen 15 und 20 m. (Freilich lassen sich die religiösen Vorstellungen von den übrigen Aktivitäten der Pueblo-Indianer nur theoretisch abtrennen, in der Praxis waren alle Aspekte des Lebens wohl aufs engste miteinander verbunden; bis in die historische Zeit gab es nicht einmal einen eigenen Begriff für „Religion".) Für rituelle Aktivitäten spricht auch die Vielzahl von Tonscherben, die neben Unmengen von Tierknochen in einem Abfallhaufen bei Pueblo Alto gefunden wurden, und die von vielleicht 150 000 Keramikgefäßen stammen (viele davon waren aus der 70 km westlich gelegenen Chuska-Region importiert worden). Sie könnten bei kultischen Anlässen zerbrochen worden sein, wie man es noch in historischer Zeit bei Pueblo-Indianern beobachtet hat. Vielleicht sind auch die Straßen zu zeremoniellen Zwecken angelegt worden, auf denen ganze Prozessionen pilgerten. Die Großhäuser hätten dann als vorübergehende Unterkünfte und Orte von periodisch wiederkehrenden Ritualen und Festen gedient.

Tatsächlich sind die meisten Räume wohl gar nicht oder nur kurz bewohnt gewesen. Dafür spricht auch, daß man in den Großhäusern nur wenige Bestat-

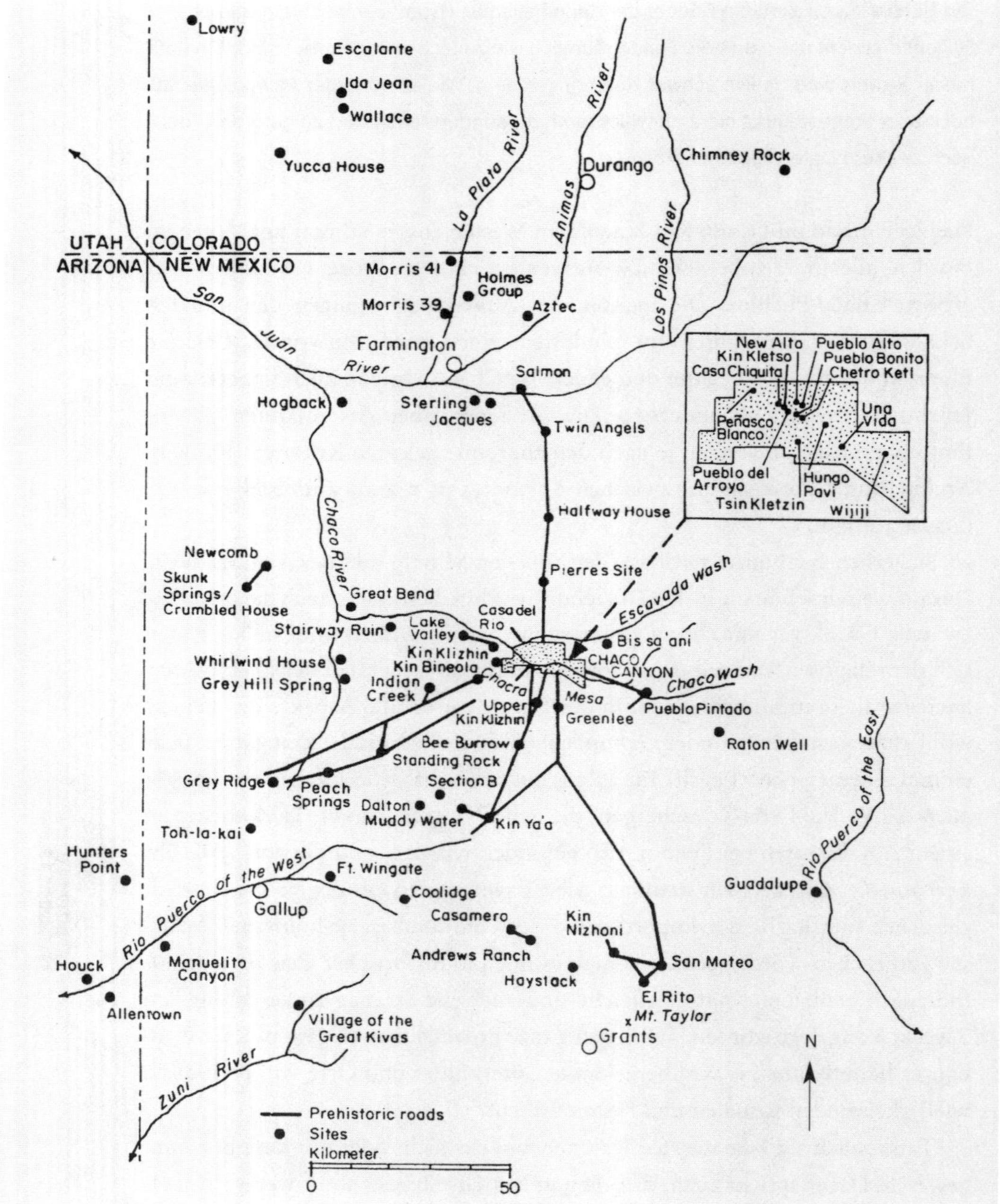

Lowry
Escalante
Ida Jean
Wallace
Yucca House
La Plata River
Animas River
Durango
Los Pinos River
Chimney Rock
UTAH
COLORADO
ARIZONA
NEW MEXICO
Morris 41
Holmes Group
Morris 39
Aztec
San Juan River
Farmington
Salmon
Hogback
Sterling
Jacques
Twin Angels
New Alto
Kin Kletso
Pueblo Alto
Pueblo Bonito
Casa Chiquita
Chetro Ketl
Peñasco Blanco
Una Vida
Pueblo del Arroyo
Hungo Pavi
Tsin Kletzin
Wijiji
Chaco River
Halfway House
Newcomb
Skunk Springs / Crumbled House
Pierre's Site
Escavada Wash
Great Bend
Casa del Rio
Stairway Ruin
Lake Valley
Bis sa'ani
Kin Klizhin
CHACO CANYON
Whirlwind House
Kin Bineola
Grey Hill Spring
Indian Creek
Chacra Mesa
Chaco Wash
Upper Kin Klizhin
Greenlee
Pueblo Pintado
Raton Well
Bee Burrow
Standing Rock
Grey Ridge
Section B
Peach Springs
Dalton
Muddy Water
Kin Ya'a
Toh-la-kai
Rio Puerco of the East
Hunters Point
Rio Puerco of the West
Ft. Wingate
Gallup
Coolidge
Guadalupe
Casamero
Kin Nizhoni
Andrews Ranch
San Mateo
Houck
Manuelito Canyon
Haystack
Allentown
El Rito
Mt. Taylor
Village of the Great Kivas
Grants
N
Zuni River
Prehistoric roads
Sites
Kilometer
0
50

tungen gefunden hat, in Pueblo Bonito beispielsweise nur 60 (zu rechnen wäre aber unter normalen Umständen mit rund 5000 innerhalb von 150 Jahren). Außerdem: Wären die meisten Räume der Großhäuser bewohnt worden, hätte die Nahrung für so viele Menschen gar nicht ausgereicht (es sei denn, es wären massive Versorgungslieferungen von den Außenposten erfolgt). Zwar ist es noch umstritten, wieviele Anasazi im Chaco Canyon lebten – es ist nicht einfach, die Anzahl aus den bekannten Feuerstellen, Räumen, Töpferwaren und dem bebaubaren Land zu extrapolieren. Die früheren Schätzungen von bis zu 15 000 sind aber sicherlich zu hoch gegriffen. Heute geht man von 1500 bis maximal 5000 Einwohnern aus.

Möglicherweise waren die Straßen auch Langstrecken-Kommunikationssysteme, auf denen Boten verkehrten; dies könnte durch Rauch- oder Spiegelzeichen und nachts durch Feuer ergänzt worden sein. Ob die Straßen außerdem als Handelswege fungierten, ist fraglich, da zumindest überzeugende Indizien fehlen. Auch waren Wagen oder Lasttiere im präkolumbischen Nordamerika unbekannt. Chaco Canyon selbst stellte jedoch sicherlich ein wichtiges Handels und Verteilungszentrum dar. Dies könnte ein weiterer Grund für die vielen Räume der Großhäuser sein. Dafür spricht auch der Fund von 500 000 Türkis-Steinchen, die hier wahrscheinlich zu Schmuck und rituellen Kunstgegenständen verarbeitet worden sind und meist von weit her stammen, beispielsweise aus der 160 km südöstlich gelegenen Gegend um Santa Fe. Ferner hat man erwogen, daß im Chaco Canyon Nahrungsmitteldepots angelegt wurden, um der latenten Gefahr von lokalen Mißernten und anderen Naturkatastrophen zu begegnen.

Welche Beziehung zwischen den Anasazi in den Großhäusern und denen in den umliegenden kleinen Pueblos herrschte, die zur gleichen Zeit bewohnt waren, läßt sich gegenwärtig nicht entscheiden. Gab es zwei verschiedene kulturelle Gruppen mit unterschiedlichen Lebensstilen? Oder hielt sich nur eine kleine Elitegruppe, etwa Priester, in den großen Häusern auf (wofür die stattlicheren Begräbnisse dort und eine überdurchschnittliche Körpergröße der Skelette

ABB. 22: Übersichtskarte von Chaco Canyon und seinem direkten Einflußgebiet (Straßen, Chaco-Außenposten). Wahrscheinlich war das Straßensystem noch nicht viel ausgedehnter, als hier dargestellt.

sprechen könnten)? Und war diese Elite für die Zeremonien und die Organisation von Güteraustausch und Bauprojekten verantwortlich, während die übrige Bevölkerung in der Nähe für Nahrung, Transporte und Weiterverarbeitung der Güter sorgte?

Unstrittig ist der riesige Aufwand für die Errichtung der Großhäuser (ABB.23). Um ihre Dächer und Böden zu bauen, waren mehr als 215 000 Balken nötig – also ein ganzer Wald. Diese Bäume mußten mit Steinäxten oder durch den gezielten Einsatz von Feuer mühsam gefällt werden. Häufig wurden die dicken Stämme der Douglas-Föhren und Ponderosa-Kiefern verwendet, die es heute im Canyon nicht gibt. Und auch damals sind sie dort nicht gewachsen, wie die Untersuchungen von Nestern bestimmter Ratten zeigen, in denen sich ihre Spuren sonst hätten erhalten müssen. Das Holz wurde von Hand, mitunter vielleicht auch über Flüsse, zur Baustelle transportiert – bis zu 100 km weit. Ein in Chetro Ketl gefundener Stützbalken besaß beispielsweise einen Durchmesser von 68 cm und war über 40 km weit geschleppt worden. Untersuchungen der Häufigkeit von Elementen wie Barium, Mangan und Magnesium in den Hölzern lassen Rückschlüsse zu, wo die Bäume wuchsen.[15] Die Elementgehalte schwanken nämlich je nach Bodentyp um einen Faktor zehn und mehr. So konnte festgestellt werden, daß sich die Erbauer um 900 zunächst wahllos aus der näheren Umgebung bedienten. Damit gingen die lokalen Ressourcen aber rasch zur Neige. Um 1000 n. Chr. und später geschlagene Bäume stammen wohl von ausgewählten Regionen in größerer Entfernung. Der Transport war offenbar gut organisiert gewesen. Auch mußten viele Tonnen von Steinen aus den Brüchen herbeigeschafft und zurechtgeschlagen werden. Überdies waren große Mengen Sand, Lehm und Wasser notwendig für den Mörtel und Verputz. Für sorgfältige Planungen spricht außerdem die oft kurze Bauzeit.

Detailliertes Planen verrät auch die Anlage der Pueblos und vieler Straßen. So wurde ihre Stellung oft so gewählt, daß die Häuser bestimmte geometrische Bedingungen erfüllten und direkten Sichtkontakt hatten. Hinzu kamen Orientierungen von Mauern oder Achsen nach den Himmelsrichtungen. Dies spiegelt wahrscheinlich religiöse Überlegungen wider. Vielleicht sollte die Ausrichtung der Bauten und Straßen die kosmische Karte eines idealen Universums darstellen. Aber funktionelle Vorteile wurden ebenfalls angestrebt. Beispielsweise ist der riesige D-förmige Komplex von Pueblo Bonito, dessen Höhe nach hinten ansteigt, so angeordnet, daß er im Winter, wo die Temperaturen mitunter auf –30 Grad abfallen, als Sonnenkollektor wirkte, um den ganzen Tag über maximale Wärme aufzunehmen, während es im Sommer bei bis zu 40 Grad zu jeder Tageszeit reichlich Schatten gab.

Auch die künstlerischen Erzeugnisse, die im Chaco Canyon gefunden wurden, sind beeindruckend (aber denen anderer Anasazi-Stätten nicht überlegen). Zum Beispiel gibt es Gemälde an den Canyonwänden, in Kivas und Räumen, prächtigen Schmuck und Skulpturen aus Stein, Holz und Lehm, verziert mit Muschel-Ornamenten und Türkis. Körbe, Textilien, Leder- und Töpferwaren

ABB. 23: Räume eines typischen Chaco-Großhauses im Querschnitt.

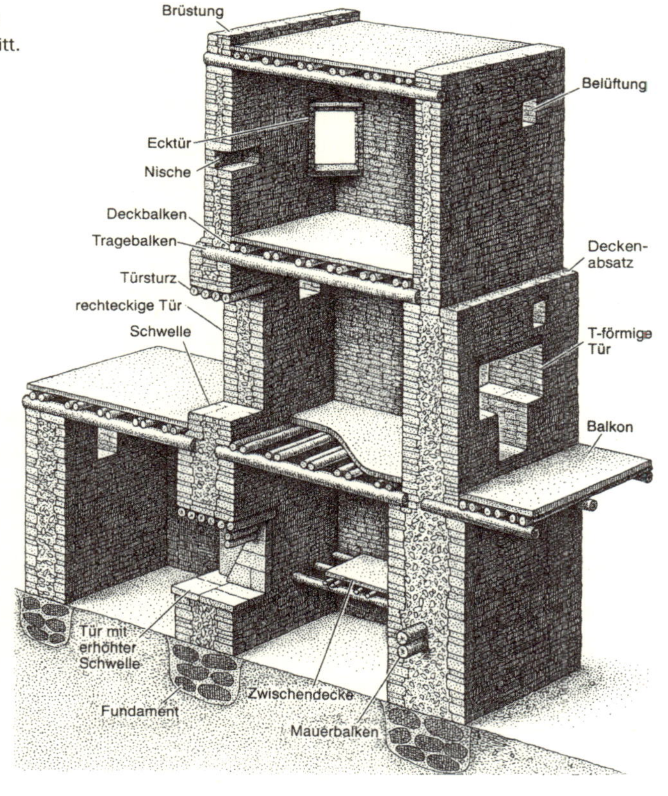

(die allerdings oft von den Außenposten stammten) waren ebenfalls kunstvoll verziert. Außerdem stieß man auf Flöten und puppenartige Nachbildungen von Vögeln und Menschen.

Zusammenfassend ist einzuräumen, daß das Chaco-Phänomen – gekennzeichnet durch Großhäuser und kleine Pueblos dicht beieinander, ein weitläufiges Handels- und Kommunikationsnetz sowie die Outlier und Straßen – noch viele Fragen offen läßt, insbesondere im Hinblick auf die soziale Organisation. Mittlerweile wurden im wesentlichen sechs Interpretationsmodelle für das Chaco-Phänomen erarbeitet. Sie müssen sich nicht notwendigerweise gegenseitig ausschließen, sondern können sich durchaus ergänzen, doch ist ihre Vollständigkeit, Überprüfbarkeit und Kohärenz – auch untereinander – noch nicht erwiesen.

Die Modelle interpretieren Chaco Canyon 1. als Waren- und Verteilungszentrum, 2. als Heimat großer politischer oder religiöser Autoritäten, 3. als rituelles Zentrum (Pilgerstätte) von ansonsten weit verstreuten und relativ autonomen Siedlungen, 4. als „multikulturelle" Stätte mit verschiedenen Gruppierungen (was sich in dem Nebeneinander kleiner Dörfer und Großhäuser niederschlägt), 5. als Hauptstadt eines expansiven Staates für tributpflichtige Kolonien und schließlich 6. als zentralen Teil einer „großen Idee", die alle Anasazi-Pueblovölker miteinander verband.

Chaco und Hohokam – die Entstehung sozialer Komplexität

Das Chaco-System war nicht das einzige kulturelle Zentrum im präkolumbischen Südwesten. Die Hohokam hatten ein ähnlich großes Gebiet unter ihren Einfluß gebracht, ohne daß es aber eine gemeinsame Grenze zwischen den Kulturen und, von sporadischem Gütertausch abgesehen, einen intensiveren Kontakt gegeben hätte.

Die Hohokam[16] sind wahrscheinlich die ältesten Farmer im Südwesten (beginnender Ackerbau vor 2000 Jahren). Ob sie aus der archaischen Wüstenkultur oder von eingewanderten Bewohnern Mittelamerikas abstammen, ist noch unklar. Seit 300 n. Chr. betrieben sie Töpferei (ab 400 Bemalung mit roter Farbe, später Verzierung mit Tier- und Menschendarstellungen). Seit 450 n. Chr. entwickelten sie ein ausgedehntes Bewässerungssystem mit Rückhaltemauern, Kanälen und Überschwemmungsschutz. Ab 700 entstanden durch Interaktionen mit den Nachbargebieten große Handelsnetzwerke. Die Bevölkerung nahm zu, und die Bewässerungssysteme erreichten gewaltige Ausmaße (bis zu 22 m breite Kanäle, die größten derartigen Errungenschaften nördlich von Peru!). Auf diese Weise wurden im Basin zwischen Gila River und Salt River, der Kernregion der Hohokam, große Gebiete fruchtbar gemacht (über 10 000 km^2 bewässerte Felder). Zwischen 900 und 1100 lebten dort vielleicht 15 000 bis 30 000 Menschen. Seit 750 wurden langgestreckte, bis zu 65 m große Ballspielplätze angelegt, wie sie auch in Mittelamerika Verwendung fanden.[17] Es gibt über 200 in Arizona. Die Idee stammt wohl von den Maya und Azteken, wo die Spiele schon vor 3400 Jahren aufgekommen sind. Als die Spanier 1520 Mexico City eroberten, wurden sie dort noch praktiziert. Das Ziel der Spiele bestand darin, einen mit Leder und Blättern umwickelten Stein mit gekrümmten Stöcken in Tore (Löcher in den Wänden) zu befördern, wobei auch Arme und Knie eingesetzt werden durften.

Die Olmeken und Maya waren sogar in der Lage, Vollgummibälle herzustellen, die vom Boden zurückprallten – eine technische Leistung, die in Europa erst Jahrhunderte später gelang. Dazu wurde kautschukhaltiger Milchsaft durch Anritzung der Rinde des mexikanischen Gummibaums *(Castilla elastica)* verwendet und mit einem Extrakt des Morning Glory-Weins *(Ipomoea alba)* versetzt, eine Weile umgerührt und dann zu einer etwa 10 cm großen Kugel geformt. Das Rezept konnte erst kürzlich von amerikanischen Materialwissenschaftlern nachvollzogen und chemisch analysiert werden: Es handelt sich um eine Reaktion zwischen dem Polymer cis-1,4-Polyisopren aus dem Latex mit Sulfonylchloriden und Sulfonsäuren.[18]

Das Ballspiel hatte zugleich einen rituellen Charakter. Außerdem waren solche Veranstaltungen sicherlich wichtige soziale Ereignisse, die zu Kontakten mit weiter entfernten Gemeinschaften führten, zu Handel, Heiraten, Versammlungen und zur Festigung der sozialen Kohärenz. Zwar kam es um 900 und nach 1080 durch Überflutungen zu Bevölkerungsverschiebungen und einer Dezentralisierung und Reorganisation. Der Zusammenhalt blieb aber bestehen, was durch eine vermehrte Anlage von Ballspielplätzen wohl aktiv gefördert wurde. Um 1100 war der Einbruch, der mit einer Verringerung der Siedlungsgebiete einherging, außerdem durch die Anlagen von sogenannten Plattform-Hügeln begleitet. Auf solchen aufgeschütteten Abfall- oder Sandhaufen entstanden dann Pueblos. Hier könnte eine verstärkte Bildung sozialer Hierarchien zum Ausdruck gekommen sein – vielleicht im Zusammenhang mit einem ausgedehnten Handel von Weichtierschalen und anderen Schmuckgegenständen, bei deren Verbreitung die Hohokam anscheinend eine Monopolstellung hatten. Auch wurden Mauern um bestimmte Dörfer angelegt. Casa Grande südlich von Phoenix ist das am besten erhalten gebliebene Zeugnis eines Großbaus der Hohokam. Die Ballspielplätze scheinen im 13. Jahrhundert nicht mehr benutzt worden zu sein. Eine gewaltige Überflutung führte 1358 wahrscheinlich zu verheerenden Zerstörungen der Felder und Bewässerungskanäle. Jedenfalls wurde im Lauf der folgenden Jahre die Region nach und nach verlassen.

Chaco und Hohokam sind zwei gute Beispiele für ein sogenanntes *prähistorisches Regionalsystem*.[19] Darunter versteht man eine Ansammlung von verschiedenen, geographisch getrennten, aber durch Handel und andere Beziehungen sowie Informationsflüsse verbundenen Siedlungen. Identifizieren kann man sie anhand von architektonischen Gemeinsamkeiten, Dörfern oder Städten mit einem Zentrum, Warenaustausch, Anzeichen weitreichender Planung und bestimmten anderen Merkmalen (im Fall von Chaco die Straßennetze, Töpfereien, Großkivas und Mauerstile, im Fall der Hohokam ebenfalls Keramik, ferner Muschelschalen-Artefakte, Ballspielplätze, Bewässerungskanäle und Plattformhügel).

Wie entstehen solche Regionalsysteme, wie entwickeln sie sich, wie erhalten sie ihre Grenzen und wieso wachsen sie nicht noch weiter?

Der Hauptgrund für die Evolution sozialer Komplexität ist wohl der Versuch, Leute oder Ressourcen zu kontrollieren. Dabei müssen die Machthaber längerfristig mit mindestens vier Problemen zurecht kommen: Segmentation (Untergebene dürfen nicht einfach wegziehen), Legitimation (Untergebene müssen die Autorität akzeptieren), Sukzession (Weitergabe der Macht an Nachfolger) und Wettbewerb mit rivalisierenden Führern. Da die Bevölkerungsdichte im nordamerikanischen Südwesten gering im Vergleich zu manchen Gebieten in Mittel- und Südamerika, zum Nahen Osten und zu asiatischen Kulturzentren war, scheinen im Südwesten die Ressourcen die wesentliche Rolle gespielt zu haben. Bei den Hohokam waren die Bewässerungssysteme entscheidend, im Chaco Canyon wahrscheinlich die Kontrolle der Handelswege im San Juan-Basin.

Über die Ursachen der Entstehung sozialer Komplexität im Südwesten lassen sich gegenwärtig nur Vermutungen anstellen, weil die archäologischen Indizien nicht eindeutig und ausreichend genug sind. Die Hohokam-Kultur begann in klimatisch günstiger Zeit aufzublühen, bedurfte zur Errichtung der Bewässerungskanäle aber der koordinierten Kooperation vieler Helfer, die dafür Produktionsüberschüsse und vielleicht Luxusgüter erhielten. Im Chaco Canyon machten sich die ersten Anzeichen einer größeren sozialen Organisation schon bei Korbmacherdörfern um 500 bis 600 n. Chr. bemerkbar, als hier, aber nirgendwo sonst, die frühesten Großkivas errichtet wurden. Ab 900 begann dann der Bau von mehrstöckigen Großhäusern (Peñasco Blanco, Pueblo Bonito, Una Vida). Da die klimatischen Bedingungen im San Juan-Basin damals eher ungünstig waren, spiegelt dies vielleicht den wachsenden Einfluß bestimmter Gruppen wider, die ertragreichere Felder besaßen und ihre Überschüsse im Austausch gegen Arbeitskraft an die Nachbarn abgaben (weil es im Chaco Canyon relativ viele verzweigte Bäche gab, waren solche lokalen Unterschiede überhaupt erst möglich; anderswo im San Juan-Basin dürften die Verhältnisse homogener gewesen sein). Die Vorrangstellung könnte im weiteren religiös legitimiert und institutionalisiert worden sein; darauf gibt die große Anzahl von Kivas einen Hinweis. Freilich stagnierten die Bautätigkeiten bald für rund hundert Jahre, möglicherweise haben die lokalen Machthaber das Problem der Sukzession nicht gelöst. Bei den nächsten Phasen der Nahrungsknappheit profitierten andere Gruppen und begannen ihre Großhäuser zu errichten (Hungo Pavi, Chetro Ketl). Zwischen 1020 und 1100 war das Klima dann relativ günstig. Streßsituationen konnten durch Vorratshaltung abgefangen werden. Nun erweiterte man die alten Großhäuser, neue entstanden, das Straßensystem wurde angelegt; diese Arbeiten wurden präziser geplant, organisiert und durchgeführt als zuvor. Die Aktivitäten entfalteten sich wohl in einer Wettbewerbssituation untereinander und mit der weiteren Umgebung; die Motivation der architektonischen Steigerungen dürfte in ihrem Wert als Statussymbol begründet gewesen sein. Die Machtverhältnisse scheinen sich gefestigt zu haben; eine Patron-Klientel-Organisation bildete sich heraus, die weniger auf Generösität der agrarisch Begünstigten als auf deren vorgeblichen religiösen Auserwähltheit und rituellem Geheimwissen basierte; dies wurde auf die Nachfolger übertragen. Solange die Lebensverhältnisse erträglich waren, gab es wenig Anlaß, an den Machthabern zu zweifeln. Aufgrund der zentralen Lage entwickelte sich im Chaco Canyon außerdem eine zunehmende Dominanz im Handelsnetz. Auch dabei dürften religiöse Hintergründe eine wichtige Rolle gespielt haben. Nach einem Einbruch ab 1090 herrschte dann zwischen 1100 und 1130 das beste Klima. Dies war eine Zeit der Reorganisation. Die Bautätigkeiten im Chaco Canyon nahmen ab; neu hinzukamen jedoch die Gebäude im McElmo-Stil. Ob den Veränderungen Tendenzen zur Expansion (Kolonienbildung) oder eher ein beginnender Machtverlust und die Verlagerung des kulturellen Schwerpunkts nach Norden zugrunde lagen, läßt sich bislang nicht entscheiden.

Die Gemeinsamkeiten der Chaco- und der Hohokam-Kultur bestanden darin, daß beide in Gebieten mit ungleicher Ressourcenverteilung ansässig waren, daß die ökologische Diversität durch die Ausweitung von Handelsketten aufgefangen werden konnte und daß es zum Austausch nichtmaterieller Güter kam (Informationen, Rituale, Zeremonien). Es gab aber auch wesentliche Unterschiede: Die Hohokam waren fast nur an Flüssen und ihren Kanälen angesiedelt, während die Chaco-Anasazi durch den Regenfeldbau keinen derartigen Beschränkungen unterlagen. Die Siedlungen waren anders gegliedert, die Hohokam-Kultur besaß wesentlich weniger zentralistische Prägungen. Bei den Anasazi im Chaco Canyon herrschte später eher ein Defizit an Ressourcen, das von der Peripherie ausgeglichen wurde, während im Zentrum der Hohokam-Kultur ein Überschuß bestand, der aber nur dadurch genutzt werden konnte, daß Arbeitskräfte importiert wurden, um die Bewässerungssysteme anzulegen und zu unterhalten. Somit sind die Hohokam-Kanäle primär funktionell bestimmt, während die „Adern" des Chaco-Systems, die Straßen, vorwiegend eine symbolische Bedeutung hatten. Sie stellten auch soziale Kohärenz über weite Gebiete her, was bei den Hohokam wohl die Aufgabe der Ballspiele war. Da diese Rituale öffentlich ausgeübt wurden, war die Religion überwiegend exoterisch geprägt. Die Chaco-Priester hielten die Zeremonien dagegen verborgen in den Kivas ab, was für eine esoterische Orientierung spricht. Hier besaßen die Rituale wohl hauptsächlich die Funktion, Menschen zu dirigieren, während sie bei den Hohokam eher zur Integration dienten.

Diese Unterschiede hatten einen wesentlichen Einfluß auf die weitere Entwicklung der Regionalsysteme, als es zu einschneidenden Veränderungen in der Umwelt kam. Bei der einsetzenden Dürre kollabierte das Chaco-System, wurde gewissermaßen enthauptet, während sich die Aktivitäten an die Ränder verlagerten. Das Zentrum der Hohokam-Kultur dagegen vermochte seine Komplexität nach zwei großen Überschwemmungen sogar noch zu steigern (obwohl sein räumlicher Einflußbereich abnahm) und florierte weitere zweihundert Jahre, weil genug Nahrung vorhanden war. Erst dann scheinen sich die Umweltbedingungen auch hier dramatisch verschlechtert zu haben. Nach den Einbrüchen sind also die landwirtschaftlich fruchtbarsten Gegenden am meisten bewohnt worden, unabhängig von ihrem vorherigen Status.

Die Anasazi vom Chaco Canyon erreichten ihre kulturelle Blüte zwischen 1050 und 1115. In dieser Zeit, die geprägt war von günstigeren klimatischen Verhältnissen, entstand die Mehrzahl der großen Pueblos. Andere wurden erweitert. Anfang des 12. Jahrhunderts setzte sich zudem ein neuer Architekturstil durch, der vermehrt Einflüsse aus dem Norden erkennen läßt: die McElmo-Phase mit ihren kompakten Gebäuden (**ABB. 24**) aus wuchtigeren Sandsteinquadern (zuvor bestand das Mauerwerk aus flacheren Steinen).

Dann ging es rapide bergab. Die letzte nachweisliche Bautätigkeit war 1132. Zwischen 1140 und 1150 wurde der Canyon zum größten Teil verlassen. Über die Gründe gibt es verschiedene Spekulationen. Unter anderem hat man vermutet, daß der etwa zur selben Zeit erfolgte Zusammenbruch des Tolteken-Reiches in Mittelamerika die Ursache gewesen sein könnte, falls die Chaco-Anasazi in einem Abhängigkeitsverhältnis von ihm standen. Doch waren die Handelsbeziehungen so eng nicht. Mittlerweile haben dendrochronologische Untersuchungen einen Rückgang der Niederschläge zwischen 1130 und 1180 nachgewiesen (Ver-

ABB. 24: Das Pueblo Kin Kletso im Chaco Canyon, errichtet in dem kompakten McElmo-Stil der späten Jahre.

gleiche der unterschiedlichen Jahrring-Breiten erlauben nicht nur eine Datierung, sondern ermöglichen wie der Nachweis einer Häufigkeitsveränderung bestimmter Pflanzen auch Aufschlüsse über die klimatischen Bedingungen); Pollenanalysen kamen zum selben Ergebnis. Die Dürre mußte zu Einbußen in den Ernten geführt haben, aber auch zu einer Abnahme der gesamten Biomasse einschließlich der Wildpflanzen und Tiere, von denen die Anasazi abhängig waren. Möglicherweise diskreditierten diese Einbrüche die Autorität der Chaco-Priester. Schließlich brachen die Ressourcenverteilung und die religiösen, politischen und sozioökonomischen Strukturen zusammen.

Zunächst scheint es zu einer Verlagerung nach Norden gekommen zu sein (Aztec, Salmon), wo die Verhältnisse aufgrund von Schmelzwasser aus den nahen Bergen besser waren. Ob sich die Kultur der Chaco-Anasazi dann endgültig auflöste beziehungsweise in die der Nachbargruppen einmündete, oder ob nur das Zentrum verlassen wurde, die Peripherien aber weiterbestanden, läßt sich bislang nicht eindeutig entscheiden und ist zum Teil auch bloß eine Defi-

ABB. 25: Cliff Palace, die größte Alcovenstadt in ganz Nordamerika. Die Höhle ist 99 m breit und 18 m hoch. Die oberen Canyonwände sind vom Rauch geschwärzt worden.

nitionsfrage. Unklar ist ferner, ob die Chaco-Bewohner ihren Canyon gemeinsam oder in kleineren Gruppen verließen, und wohin sie sich wandten. Ein Teil war vielleicht direkt zum Rio Grande aufgebrochen, ein anderer in die Gegend um Zuni oder nach Acoma (ein Pueblo, das um 1100 gegründet wurde und noch heute besteht). Doch die meisten Chaco-Anasazi zogen wohl zunächst nach Osten zur Chacra-Mesa, zum Rio Puerco und Mount Taylor. Zwischen 1240 und 1300 wurden manche der Pueblos noch einmal für kurze Zeit von Mesa Verde-Anasazi aufgesucht, zum Teil auch umgebaut. Dann wurde es still im Chaco Canyon, bis im frühen 18. Jahrhundert die ersten Navajos einwanderten. Aus den prächtigen Großhäusern waren Ruinen geworden. Mittlerweile wird im Rahmen von New-Age-Bewegungen im Chao Canyon und anderswo versucht, an die alten spirituellen Riten wieder anzuknüpfen.[20] Dabei werden nicht nur Fußabdrücke, sondern auch Votivgaben zurückgelassen, die die Parkranger dann einsammeln und respektvoll aufbewahren – eine Archäologie des 20. und 21. Jahrhunderts!

Die großen Jahre von Mesa Verde

Ab 1100 n. Chr. erreichten die weiter nördlich lebenden Anasazi ihren kulturellen Höhepunkt (nur die Virgin-Anasazi verließen bald ihr Land und wandten sich nach Osten). Zwar war die Zeit der größten geographischen Ausdehnung schon überschritten, doch die Besiedlungsdichte nahm zu. Die Dörfer wuchsen zu Städten mit oft mehreren hundert Einwohnern heran. In den fruchtbaren Gebieten im Montezuma-Basin entwickelten sich sogar Städte mit über 1000 Einwohnern (Sand Canyon, Goodman Point), die teilweise an die Chaco-Architektur anknüpften (etwa beim großen D-förmigen Sand Canyon-Pueblo). Weitere Zentren entstanden in dem wasserreichen Rio Grande-Tal, aber auch im Westen bei den wasserarmen Canyons in der Nähe der heutigen Stadt Kayenta. Generell herrschte die Tendenz, größere Pueblos zu bauen und dichter zusammenzuleben, während zugleich die besiedelten Flächen des Colorado-Plateaus insgesamt abnahmen: innerhalb von 100 Jahren zwischen 50 und 70 Prozent, zunächst im Westen, später auch im Norden und Süden.

In Mesa Verde lebten die Anasazi zunächst in einzelnen Dörfern sowie in größeren, kompakten Pueblos bei ihren Feldern auf den Mesas. Um 1200 jedoch zogen sie sich plötzlich in die Canyons zurück und errichteten in den natürlichen Alcoven 100 bis 200 m unter der Mesa ihre berühmt gewordenen Städte (wie Cliff Palace, Spruce Tree House, Square Tower House und Balcony House) mit oft mehr als hundert Räumen (ABB.25 UND 26).[21]

Da die Felder auf den Mesas nach wie vor bestellt wurden, und da die Jagdbeute sowie große Mengen an Holz und häufig auch Wasser mühsam zu den Pueblos hinab getragen werden mußten, oft über gefährliche Wege, die nur durch in die Felsen gehauene Stufen etwas gangbar gemacht wurden, ist der Grund für diesen Umzug zunächst nicht einsichtig.

Aspekte der Verteidigung sind naheliegend, weil die Klippenhäuser vor Angriffen phantastischen Schutz boten. Doch gibt es keine Hinweise auf das Vorhandensein äußerer Feinde, abgesehen vielleicht von einigen nomadischen Plünderern. Bekämpften sich die Anasazi untereinander, etwa weil das Nahrungsangebot zu knapp wurde oder aus machtpolitischen Gründen? Man hat nur vergleichsweise wenige Gräber gefunden, und die meisten Skelette zeigen

ABB.26: Square Tower House mit dem vierstöckigen, 26 m hohen Turm.

keine Spuren von Gewalteinwirkungen. Auch war die soziale Organisation der Anasazi wohl ziemlich demokratisch. Zumindest sind keine Standesunterschiede in Form exorbitanter Herrscherpaläste und -gräber bekannt. Aber vielleicht fürchteten die Pueblo-Indianer aufgrund singulärer Zwischenfälle feindliche Übergriffe mehr, als daß diese tatsächlich stattfanden.

Wichtiger und unbestritten ist, daß die Witterungsbedingungen in den Alcoven viel günstiger waren. Im Sommer liegen die Gebäude im Schatten der Felsen und bleiben angenehm kühl. Im Winter kann die tieferstehende Sonne in die Alcoven hineinscheinen und die Pueblos erwärmen, während die kalten Winde über die Canyons hinwegstreichen. Die Anasazi hatten diese klimatischen Vorteile sicherlich einkalkuliert, denn die meisten Klippenhäuser sind optimal nach Südsüdwesten ausgerichtet. Freilich waren auch so die Nächte und Wintermonate noch bitterkalt. Unmengen von Brennholz wurden verheizt, wie Rauchspuren an den Decken vielfach belegen.

Insgesamt dürfte die Anzahl der Bewohner von Mesa Verde 600 bis maximal 2500 betragen haben.

Felsengraphik – Rätsel auf Stein

Sie sind Relikte einer anderen Welt, häufig in tiefen Canyons, unter Felsüberhängen oder zwischen großen Steinbrocken verborgen, manchmal in steil aufragende Felswände graviert – geheimnisvoll, fremdartig und trotz ihres mitunter unbeholfen und grobschlächtig wirkenden Aussehens voller Faszination. Dabei weiß niemand, was die Botschaften aus der Vergangenheit bedeuten könnten. Es gibt sie überall auf der Welt, in den USA von Alaska bis Hawaii, von Kalifornien bis nach Texas, aber auf dem Colorado-Plateau sind sie besonders zahlreich und eindrucksvoll. Schon ihr Etikett, Felsenkunst *(Rock Art)*, verspricht gleichzeitig zu viel und zu wenig, denn es unterstellt eine Interpretation, die keineswegs zwingend ist. Erst recht problematisch sind Klassifikationen wie „abstrakt“ oder „repräsentierend“, die angewandt werden, um die Graphiken zu beschreiben. Die Deutungen bewegen sich nicht selten in einer Aura der Irrealität und des Mystizismus. Und die Spekulationen, die sich um die Felsgraphiken ranken, klingen häufig ziemlich abenteuerlich. Sogar die Darstellung längst ausgestorbener Tiere wie Mastodons oder Dinosaurier wurde in sie hineingelesen – von Zeugnissen einer Kontaktaufnahme mit Außerirdischen ganz zu schweigen.

Als wirklich gesichert freilich kann nur zweierlei gelten, und beides ist trivial – nämlich Gestalt (Umrisse, Farben) und Ort der Steinbildnisse. Was sie zeigen, darüber läßt sich endlos diskutieren. Und selbst scheinbar eindeutige Motive haben, da es sich um Symbole oder Metaphern handeln könnte, möglicherweise etwas ganz anderes bedeutet. Menschliche Figuren (überwiegend Männer) sind häufig; im Hinblick auf ihre Ausstattung könnte es sich bei manchen auch um übernatürliche Wesen handeln (**ABB.27**). Nicht selten sind ganze Szenen dargestellt: Jagd, Tanz, Zeremonien, Geschlechtsakte, aber (im Gegensatz zu anderen Völkern) kaum kriegerische Auseinandersetzungen. Ferner glaubt man viele große Tiere erkennen zu können, etwa Bisons, Hirsche, Bergschafe, Antilopen und Pumas, auch Füchse, Hunde, Kojoten, Wildkatzen und Fledermäuse. Vögel wie Gänse, Enten, Adler, Truthähne und Papageien sind verzeichnet worden, außerdem Eidechsen und Schlangen, Skorpione, Spinnen und Insekten. Fische und Pflanzen dagegen sind eine Seltenheit, ebenso Landschaften und Werkzeuge. Schließlich gibt es zahlreiche geometrische Darstellungen: Kreise, Spiralen, Räder, Quadrate, Trapezoide, Kreuze, Punktreihen, Zickzacklinien, Sterne und so weiter. Ein immer wiederkehrendes Motiv auf dem Colorado-Plateau ist ein Flötenspieler, der häufig einen Rucksack, mitunter auch Wanderstock und Federschmuck, trägt und eine Erektion hat[22]. Er wird wird nach einer Kachina der Hopi (einer spirituellen Figur, über die Priester mit ihren Göttern in Kontakt treten können) Kokopelli genannt – mit welcher Berechtigung, ist umstritten. Die Figur könnte schon auf Hohokam-Keramiken um 600 dargestellt worden sein, ist jedoch überwiegend im Land der Anasazi zu finden. Manche Archäologen vermuteten, Kokopelli sei ein wandernder Händler gewesen, andere erblickten sogar Ähnlichkeiten mit bestimmten Gottheiten der mittelamerikanischen Maya. Pueblo-Legenden schildern den Flötenspieler dagegen als betörenden Minnesänger, der in seinem Sack Lieder brachte, sowie als Verführer und Fruchtbarkeitssymbol. Zuni-Indianer interpretieren Kokopelli als Regenpriester, und tatsächlich verwenden die Hopi Flöten bis in die jüngste Zeit bei Wasserzeremonien und Regenzauber.

Man unterscheidet zwei Darstellungsweisen, Petroglyphen und Pictographen. *Petroglyphen* sind Graphiken, die in den Stein geschlagen, gemeißelt, gekratzt oder gebohrt wurden. In der Mehrzahl geschah dies an Stellen, wo der Fels (meist Navajo-, Wingate-, Entrada- oder Dakota-Sandstein) von dunklen Mangan- und Eisenkrusten überzogen ist, dem sogenannten *Desert Varnish*. Dadurch heben sich die Graphiken nicht nur räumlich, sondern auch infolge des Helligkeitskontrastes von der Umgebung ab; sie können Jahrhunderte überdauern. Desert Varnish entsteht über lange Zeiträume durch bislang nur unvollständig verstandene chemische Reaktionen unter Einfluß des trockenen Klimas sowie Sauerstoff- und Lichteinwirkungen. Inwiefern auch Bakterien oder Flechten bei der Bildung des schwarzbraunen Überzugs beteiligt sind, ist umstritten. Für die Herstellung von Petroglyphen ist ein großer Zeit- und Kraftaufwand erforderlich. *Pictographen*, Felsmalereien, lassen sich dagegen viel schneller kreieren. Mitunter muß zwar zuerst die Wand geglättet werden. Größere Schwierigkeiten bereitet aber lediglich die Beschaffung geeigneter Substanzen: Pigmente, aber auch Binder und Überträger. Es genügt nämlich nicht, Farbstoffe mit der Hand oder mit Pinseln aus Pflanzenfasern auf den Fels aufzutragen (mitunter wurden sie auch mit dem Munde versprüht, um beispielsweise vorgehaltene Hände als „Negativ" abzubilden). Die Pigmente müssen mit einem Binder versetzt werden, der sie zusammenklebt und an der Wand fixiert; dazu sind Blut, Eiweiß und Eigelb, Pflanzensäfte, Öle, Milch oder Honig verwendet worden. Zudem braucht man einen Überträger, um die Farben überhaupt aufmalen

ABB. 27: Fremont-Petroglyphen in Utah, vor vielen Jahrhunderten in die dunkle Verwitterungsschicht aus Mangan- und Eisenoxiden geritzt.

zu können: in der Regel Wasser, aber auch Pflanzensäfte, Öle oder Urin. Als Pigmente wurde vor allem Hämatit (für Rot- und Brauntöne), Kalk und Gips (Weiß), Graphit, Kohle, Mangan (Schwarz), aber auch Azurit, Malachit und andere kupferhaltige Mineralien (für Blau und Grün) verwendet. Pflanzliche Farbstoffe sind vielleicht ebenfalls benutzt worden, doch haben sie sich längst zersetzt; das könnte einige „kopflose" Figuren erklären. Pictographen sind empfindlicher gegenüber Erosion von Wind und Wetter als Petroglyphen und daher nur an besonders geschützten Stellen zu finden.

Wer die Bilder geschaffen hat, und wann das war, ist nicht genau bekannt. Teilweise stehen die Graphiken ganz isoliert, teilweise aber bilden sie ein wildes Gewirr auf einem einzelnen Stein oder einer ganzen Canyonwand. Viele befinden sich an entlegenen Stellen, fern von Siedlungen. Bei anderen hat man in der Nähe Behausungen oder Keramikreste entdeckt; aber das beweist noch keinen notwendigen kulturellen oder zeitlichen Zusammenhang. Trotzdem ist anzunehmen, daß die prähistorischen Bildnisse von den verschiedenen Anasazi-Gruppen und weiter nördlich von den Fremont-Leuten stammen. Absolute Datierungen sind beinahe unmöglich. Zwar gibt es Abschätzungen anhand der Bildung von Desert Varnish und des Einwachsens von Flechten. Doch sind diese Prozesse rapiden lokalen Schwankungen unterworfen und hängen zudem von langfristigen klimatischen Änderungen ab, deren Stärke und Auswirkungen man kaum berücksichtigen kann. So betragen die Unsicherheiten meist viele Jahrhunderte. Mit Hilfe der massenspektroskopischen Radiocarbon-Methode wird neuerdings versucht, organisches Material, das sich bei den Petroglyphen abgesetzt hat, zu datieren. Über das Alter der organischen Reste in den Bindemitteln der Pictographen weiß man dank derselben Methode mitunter schon genauer Bescheid. Ein überraschendes Ergebnis war, daß einige recht komplexe Gemälde viel älter sind, als man früher gedacht hat: Der sogenannte Pecos River-Stil im südlichen Texas stammt beispielsweise noch aus der archaischen Kulturstufe. Manchmal lassen sich grobe Zeitangaben aufgrund der Darstellungen selbst geben. Pfeil und Bogen wurde erst um 700 entwickelt, was allerdings nicht heißt, daß Graphiken von Menschen mit Speerschleudern (Atlatl) in jedem Fall älter sind; Papageien wurden wohl um 1100 aus Mittelamerika eingeführt, die Entstehungszeit der entsprechenden Bilder von ihnen kann also nicht weiter zurückliegen; Pferde und Kirchen kamen erst mit den Spaniern ab 1540 ins Land (die Indianer verfügten über Pferde aber wohl erst nach dem Pueblo-Aufstand 1680); und Gewehre, Autos und Flugzeuge sind noch jüngeren Datums.

Nicht besonders ergiebig waren bisher die Versuche, die Graphiken anhand ihrer stilistischen Merkmale zeitlich und kulturell einzuordnen. Schon von verschiedenen „Stilen“ zu sprechen, heißt viele Unterschiede zu nivellieren, aber auch durch angebliche Heterogenitäten eine recht willkürliche Ordnung in das Sammelsurium der Relikte hineinzulesen. Immerhin lassen sich wenigstens ein paar Entwicklungstendenzen konstatieren: Vor vielleicht 3000 Jahren oder noch früher wurden die ersten Versuche unternommen, Linien und Löcher in den Stein zu ritzen. Die Bilder waren grob – wie im Experimentierstadium. Jahrhunderte später bildeten sich gewisse Grundmuster heraus. Die „künstlerische Qualität“ ist nun höher zu veranschlagen. Wahrscheinlich durften nur noch bestimmte Personen die Darstellungen anfertigen. Schließlich ließ in den Anasazi-, nicht aber den Fremont-Gebieten um 1200 die Präzision und „Güte“ wieder nach; auch wurden kaum mehr Meißel-Werkzeuge verwendet. Vielleicht sind bestimmte Tabus aufgehoben worden, so daß nun weniger geschickte Leute zum Zuge kamen. Das könnte daran liegen, daß die Spezialisten (Schamanen?) in jener Zeit dazu übergingen, ihre Graphiken in Kivas anzufertigen. Trotz aller Unterschiede sind die Veränderungen insgesamt relativ spärlich; großartige Verbesserungen hinsichtlich der Darstellungsart und -methode lassen sich nicht ausmachen. Ein Sinn für Perspektivität und Räumlichkeit beispielsweise ist erst in historischer Zeit festzustellen, wohl unter dem Einfluß europäischer Vorbilder.

Wozu die Felsgraphiken geschaffen worden sind, ist ungewiß. Sicher stellt „künstlerische“ Betätigung im weiten Sinn ein wichtiges Charakteristikum des Menschen dar. Aber weder der Hinweis auf den Menschen als Maler („Homo pictor“) noch die Vermutung, Rock Art sei lediglich „L'art pour l'art“ gewesen, zur Zierde und zum Zeitvertreib erstellt, dürften als Erklärung ausreichen. Dazu waren die Lebensbedingungen zu hart und die Arbeit zu anstrengend. Ebenfalls unplausibel ist die Hypothese, die Felsbilder seien Ausdruck einer universellen Zeichensprache oder eines Geheimcodes. Genauso wenig überzeugend klingt die Vermutung, es könnte sich um Landkarten handeln (wertvolles Wissen wird man nicht einfach preisgegeben haben, und irgendwelche Korrelationen zur Umgebung sind nie nachgewiesen worden) oder um die ins Bild gesetzten Visionen der Medizinmänner (dazu sind die Graphiken zu einförmig und typisiert). Wahrscheinlicher ist, daß bestimmte Zeichen Clan-Symbole und Besitz- oder Grenzmarkierungen darstellten, Hinweise auf Wasserquellen oder Jagdgebiete waren, als Gedächtnisstütze (etwa für Mengenangaben) oder zur Illustration bei Erzählungen (Jagd- und Reiseberichte) und Unterweisungen dienten. Nahe liegt auch die Annahme einer zeremoniellen und religiösen Bedeutung vieler Darstellungen, sei es zur Verehrung von Tieren, Schamanen, Kachinas oder Gottheiten, sei es im Zusammenhang mit Heilungs- und Wetterriten oder Jagdzauber und Gebeten. Manche Bildnisse wurden als Geschlechtsakte und Geburten gedeutet, was auf einen Fruchtbarkeitskult hinweisen könnte. Schließlich gibt es Hinweise darauf, daß einige Petroglyphen und Pictographen mindestens zusätzlich auch eine astronomische Funktion hatten, weil sie zur Anzeige bestimmter Jahreszeiten oder Mondstellungen verwendet werden konnten oder sogar eigens dafür geschaffen worden sind (siehe **ABB. 41, 43 UND 52**).

Schließlich gibt es neuerdings gute Hinweise darauf, daß zumindest manche der Pictographen mit *bewußtseinsverändernden Drogen* in Zusammenhang stehen.[23] Darauf deuten jedenfalls die Überreste psychoaktiver Pflanzen in archäologischen Ablagerungen, mündliche Überlieferungen der Indianer, ethnologische Berichte sowie bestimmte Motive der Felsgemälde selbst hin. Beispielsweise befinden sich zahlreiche archaische Pictographen am Pecos River, an der Grenze zwischen Texas und Mexiko. Ihr Alter beträgt 3000 bis 4200 Jahre. Sie zeigen vorwiegend menschenähnliche Figuren, die hinsichtlich ihrer Größe (13 cm bis 8 m), Farbe und Gestalt stark variieren, ferner Tiere und Symbole unbekannter Bedeutung. Die Köpfe der Humanoiden fehlen oft, oder ihr Rumpf mündet in geometrische Formen oder den Kopf eines Tieres, etwa eines Vogels.

Eine Reihe von Indizien läßt darauf schließen, daß diese Pictographen nicht nur kultische Handlungen darstellen und für diese sogar die Kulisse abgegeben haben könnten, sondern daß sie selbst unter Drogeneinfluß entstanden sind und vielleicht die Visionen der Schamanen zum Ausdruck bringen sollten. Beispielsweise wurden am Pecos River verschiedene Arten des Stechapfels gefunden. Die Samen dieses Nachtschattengewächses enthalten unter anderem Atropin, Scopolamin und Hyoscyamin, die zu Pupillenerweiterung, Ruhelosigkeit, Delirium, Desorientierung, Störungen des Kurzzeitgedächtnisses, Halluzinationen und in höheren Konzentrationen sogar zu Lethargie, Koma und Tod führen können. Diese Samen sind bei Schamanen und den Initiationsritualen vieler Indianer des nordamerikanischen Südens und Mexikos noch in historischer Zeit gebräuchlich gewesen, um Ekstasen und Visionen hervorzurufen. Überraschenderweise hält etwa die Hälfte der auf den Pecos River-Pictographen abgebildeten Menschen Objekte in den Händen, die den stacheligen Kapselfrüchten des Stechapfels verblüffend ähnlich sehen. Wahrscheinlich haben die präkolumbischen Indianer am Pecos River auch Peyote verwendet, um ihr Bewußtsein zu verändern. Dieser in Texas und Nordmexiko verbreitete bläulich-grüne, stachellose Kaktus ist kugelförmig und höchstens 5 Zentimeter groß. Er enthält unter anderem Meskalin, das anregend, schmerzlindernd und als Appetitzügler wirkt, in höheren Dosen lebhafte visuelle Halluzinationen erzeugt (beispielsweise von geometrischen Mustern), Farbeindrücke verstärkt sowie die Körper- und Tiefenwahrnehmung verändert. Um an das Rauschmittel zu gelangen, schneidet man den Kaktus in Scheiben und trocknet diese, bis sie braun werden. Diese Scheiben werden dann verzehrt. Die rituelle Verwendung von Peyote ist schon 1560 von einem spanischen Mönch dokumentiert worden, und bis ins 19. Jahrhundert setzten die in Mexiko und in der südlichen USA beheimateten Indianer diese Praktiken fort; auch weiter nördlich lebende Völker besorgten sich das Rauschmittel. Daß Peyote schon unter den Ureinwohnern der archaischen Kulturstufe bekannt war, beweisen Funde von getrockneten Scheiben, unter anderem in der Pecos River-Region. Möglicherweise sind solche Scheiben sogar auf den Pictographen dargestellt worden. Häufig verzieren nämlich schwarze Flecken die abgebildeten Körper von Rehen und Hirschen. Den Huichol-Indianern, deren Ahnen vielleicht vom Pecos River stammen, galt Peyote als Geschenk ihrer Rotwild-Götter; noch im 19. Jahrhundert schossen die Schamanen Pfeile in die Kakteen, bevor sie sie aufschnitten, so als würden sie Rotwild jagen. Schließlich hat man bei den Pictographen am Pecos River noch Reste des Texanischen Berglorbeers gefunden, auch Meskal-Bohne genannt. Die Bohnen des zu den Hülsenfrüchten gehörenden immergrünen Busches enthalten Quinolizidin, das zu Wachheit, Übelkeit, Durchfall, Muskellähmung, Schmerzunempfindlichkeit, mitunter sogar zu Delirium, Koma und Tod führen kann. Es löst zwar keine Halluzinationen aus, könnte ihre Entstehung aber im Zusammenwirken mit anderen Substanzen begünstigen. Noch im 19. Jahrhundert betrieben manche Indianergruppen einen regelrechten Meskal-Bohnenkult, bei dem sie ähnlich bekleidet waren und ähnliche Kultgegenstände und Waffen trugen wie die Figuren auf den prähistorischen Felsmalereien.

Öffentliches Interesse wurde der Felsengraphik erst Anfang des 19. Jahrhunderts entgegengebracht. Dabei sind schon die Spanier bei ihren Expeditionen aufs Colorado-Plateau auf die prähistorischen Darstellungen gestoßen. Auf das Jahr 1605 ist die älteste bekannte europäische Inschrift datiert. Sie ist neben Hunderten anderer an der Wand des Inscription Rock in New Mexico zu finden, einer hochaufragenden Sandsteinformation, die von den Spaniern El Morro genannt worden ist. Später verewigten sich auch amerikanische Soldaten und Siedler in der Felswand, bis diese 1905 unter Denkmalschutz gestellt wurde. Heute ist Rock Art eine Touristenattraktion. Und nicht mehr Erosion, sondern Vandalismus wird sie auf absehbare Zeit am meisten gefährden: Schon das Anfassen kann sie zerstören; überall finden sich die – sehr dilettantischen – Kratzereien aus moderner Zeit; und profitgierig werden manchmal gleich ganze Stücke aus den Felsen geschlagen und zu verkaufen versucht. So schwinden die Chancen, trotz aller Rätsel und Ungereimtheiten der Felsgraphiken einen kleinen Einblick zu erhalten in die Vorstellungen von Menschen, die keine schriftlichen Zeugnisse hinterlassen haben, und deren Lebensweise man nur noch mühsam aus ihren Knochen und kulturellen Überresten erschließen kann.[24]

Niedergang und Exodus

In der Mitte des 13. Jahrhunderts setzte in Mesa Verde eine vermehrte Bautätigkeit von Kivas ein. An einem Canyonrand entstand zudem ein großer D-förmiger Komplex, der keine Unterkunftsfunktion hatte und heute als Sonnentempel bezeichnet wird. Offenbar gab es gesteigerte religiöse Aktivitäten. Der Sonnentempel blieb unvollendet. Die Arbeiten brachen 1276 ab. Nach dieser Zeit sind in Mesa Verde den bisherigen Kenntnissen gemäß überhaupt keine Bautätigkeiten mehr erfolgt. Auch anderswo im Montezuma Basin und wenig später bei den Kayenta-Anasazi stagnierte die Entwicklung. Immer mehr Anasazi verließen die Region, meist wohl in kleineren Gruppen. Was war geschehen?

Früher spekulierte man über Übergriffe und Plünderungen durch äußere Aggressoren. Doch dafür gibt es keine stichhaltigen Beweise, obwohl nomadische Indianer wohl ab dem 13. und 14. Jahrhundert in den Südwesten kamen. Die kaum nachgewiesenen Gewalteinwirkungen lassen im Gegenteil vermuten, daß das Leben vergleichsweise friedfertig war. Neuerdings wird allerdings wieder häufiger über interne Streitigkeiten diskutiert.[25] Die vermuteten Spuren von

Kannibalismus, die vermehrte soziale Differenzierung und der Festungscharakter vieler Pueblos werden als Indizien angeführt; erst mit der Entwicklung des Kachina-Kults nach 1300 könnten sich wieder versöhnlichere Umgangsformen ausgebildet haben. Es ist jedoch gut vorstellbar, daß die internen Auseinandersetzungen, wenn sie überhaupt eine wichtige Rolle spielten, selbst nur ein Sekundäreffekt waren, nämlich die Folge klimatischer Umbrüche.

Pollenanalysen und dendrochronologische Untersuchungen haben gezeigt, daß um 1276 eine bis 1299 anhaltende Dürreperiode herrschte. Und schon vorher waren die Niederschläge zurückgegangen. Auch die Temperaturen sind gefallen, was die Anbauzeit verkürzte. Dies führte, so läßt sich aus diesen Befunden schließen, zu immer schlechteren Ernten. Unterernährung und Krankheiten wurden zusehends häufiger. Die Lebensqualität nahm ab. Die sozialen Spannungen stiegen. Verteilungskonflikte und vielleicht auch wachsender Autoritätsverlust der Priester waren die Folge. In jüngster Zeit vermehrten sich außerdem die Vermutungen, daß die Anasazi ihren kulturellen Niedergang selbst mitverschuldet hatten.[26] Aufgrund der Überbevölkerung, wegen eines intensivierten Ackerbaus und besonders durch die massive Entwaldung zur Bau- und Brennholzgewinnung war es womöglich zu einem ökologischen Kollaps gekommen. Die Böden wurden ausgelaugt. In der Nähe vieler Siedlungen (in Mesa Verde in einem Umkreis von bis zu 75 km) wuchsen kaum mehr Bäume wie Lärchen, Douglasien, Fichten, Kiefern und Wacholder. Die noch fruchtbaren Bodenschichten erodierten weg, und die nur kurzen, aber bisweilen heftigen Regenschauer flossen ungenützt ab. Die veränderte Flora wirkte überdies auf das Kleinklima negativ zurück. Die Anasazi sahen sich gezwungen, den Ort zu verlassen, der ihnen für Jahrhunderte Leben und Überleben ermöglichte. Vielleicht wollten manche es auch, weil neue große Pueblos am Rio Grande und Little Colorado lockten.

Nicht nur in Mesa Verde, auch an anderen Orten kam es zum Exodus. Etwa zur gleichen Zeit stagnierte die Bautätigkeit der Kayenta-Anasazi in Arizona, etwa im Canyon de Chelly (**ABB.28**) und wenig später in Betatakin und Keet Seel. Wohin die Anasazi zogen, ist nur ungenau bekannt. Vielleicht wollten sie später zurückkehren, denn manche ihrer Räume hatten sie sorgfältig verschlossen, und in einigen waren Vorräte hinterlegt. Um 1300 war die gesamte Four Corners-Region, einst Heimat von vielleicht 30 000 Menschen, verlassen. Seither hatten sich keine Pueblo-Indianer mehr dort angesiedelt. Die meisten Anasazi wanderten wohl nach Süden und Südosten, wo die klimatischen Verhältnisse günstiger waren. Nur ihre Ruinen und ein paar bis in die Gegenwart überlieferten Legenden geben noch Zeugnis von dem einstigen Glanz ihrer Kultur. Aber beispielsweise in Acoma (ABB.29), Arroyo Hondo, Isleta, Jemez, Laguna, Picuris, Sandia, San Felipe, San Juan, Santa Clara, Santo Domingo, Taos, Zia, Zuni und in den Pueblos der Hopi – alles Orte, die bis heute bewohnt sind – sowie in anderen, mittlerweile aufgegebenen Pueblos wie Gran Quivira, Homolovi, Kuaua, Pecos und Salinas lebten sie weiter, bis die spanischen Conquistadores erschienen. Meist waren ihre Pueblos mit teilweise über 1500 Räumen sogar noch größer als die ihrer Ahnen. Interessanterweise liegt Casas Grandes, eine andere prähistorische „Großstadt" südlich der mexikanischen Grenze, auf demselben westlichen Längengrad (107° 57') wie Aztec und Chaco Canyon weiter im Norden – eine Ausrichtung mit der für damalige Verhältnisse enormen

ABB. 28: White House Ruin in einer Alcove im Canyon de Chelly. Auch am Fuß der Felswand wurden Wohnräume und Kivas errichtet. In der Bildmitte sind weiße Pictographen zu erkennen.

Genauigkeit von nur 1 km, die unmöglich Zufall sein kann.[27] Bedeutet dies, daß während der 600 Jahre, die zwischen dem Baubeginn der Chaco-Großhäuser und dem Ende der Bautätigkeit in Aztec (1275) und Casas Grandes (um 1500) verstrichen sind, dieselbe Eliteklasse oder zumindest eine unveränderte Idee diese Menschen beherrschte, und daß die drei Orte die geistigen Zentren dieser Zeit waren? Einer Legende der Acoma-Leute zufolge sind die Führer ihrer Ahnen jedenfalls zunächst nach Norden (von Chaco nach Aztec?) und daraufhin nach Süden gezogen (nach Casas Grandes?).

Zu den heute noch lebenden Nachfahren der Anasazi gehören die Nambe Tewa, Santa Clara Tewa, San Juan Tewa, San Ildefonso, Isleta, Taos, Jemez, Sia Keres, Sanda Ana Keres, Cochiti Keres, Santo Domingo Keres, Acoma, Hopi und Zuni.[28]

Zwar spricht längst keine einheitliche Stimme mehr aus der und über die Vergangenheit. Denn zu verschieden sind die modernen Pueblos in ihren Traditionen, Religionen, Sprachen (mindestens sechs haben schon die Spanier bemerkt)

ABB. 29: Acoma-Pueblo, wegen seiner exponierten Lage neuerdings auch Sky City genannt, ist möglicherweise die älteste bis heute kontinuierlich bewohnte Indianerstadt Nordamerikas.

und in ihrer Architektur. Aber das war schon in prähistorischer Zeit so. Bei allen Unterschieden und der Notwendigkeit einer differenzierten Betrachtung sollten die Gemeinsamkeiten der Pueblovölker jedoch nicht aus dem Blick geraten: ihre ähnliche Lebensform, die ihre Ernährungsweise, ökonomische und materielle Organisation, kulturellen Aktivitäten und geistigen Grundsätze immer noch prägt. Die Anasazi und viele andere vorkolumbische Indianer des Südwestens sind mit ihren Kulturen nicht einfach verschwunden. Sie verließen aufgrund klimatischer und vielleicht auch anderer Faktoren nur die Lebensräume, in denen sie sich teilweise mehr als ein Jahrtausend, zum Teil aber auch bloß einige Jahrzehnte lang aufgehalten haben. Sie sind also lediglich umgezogen.

Ein historischer Epilog

Von den Spaniern wurden die Pueblo-Völker als wohlhabend und fleißig beschrieben. Sie betrieben neben Ackerbau auch Jagd und lebten relativ aggressionsfrei. Sie hatten ihre Häuser aber defensiv angelegt und verteidigten sie tapfer (es wird sogar vom Vorhandensein von Kriegerkasten berichtet). Sie handelten mit ihren nomadischen Nachbarn, wurden von diesen zuweilen jedoch auch überfallen oder verbündeten sich mit ihnen gegen andere Pueblos.

Die ersten Kontakte mit den Spaniern verliefen häufig friedfertig. Doch als 1598 die eigentliche Kolonialisierung begann, herrschte bereits eine tiefe Feindschaft. Viele Pueblos am Rio Grande wurden zwischen 1540 und 1598 aufgegeben, vermutlich wegen Krankheiten, die die Europäer eingeschleppt hatten, vielleicht aber auch, um bewaffneten Konflikten auszuweichen. Um 1610 hatten sich die Spanier festgesetzt. Um 1640 trat die erste Pockenepidemie auf, und im Verlauf eines Jahrhunderts hatten diese und andere Seuchen die Pueblo-Indianer bis auf 10 000 dezimiert. Ursprünglich mochte ihre Zahl das zehnfache betragen haben (die Schätzungen der Spanier stehen hier mit den archäologischen Hochrechnungen im Einklang). Außerdem gingen die Kolonisten bei der Unterdrückung der einheimischen Religionen und der Zwangskatholisierung ziemlich rigoros vor. Dies führte 1680 zum Aufstand. Doch die Pueblo-Revolte konnte die Spanier nur bis 1692 aus dem Südwesten vertreiben. Wieder floß viel Blut. Dann führten die Europäer ihre Vorherrschaft gemäßigter aus. Als Mexiko 1821 unabhängig wurde, betrug der Anteil der Pueblo-Indianer innerhalb der Grenzen des früheren Anasazi-Territoriums noch immer 25 Prozent. Das änderte sich auch durch die US-amerikanische Annektierung im Gefolge des mexikanisch-amerikanischen Krieges ein Vierteljahrhundert später kaum. Erst mit der Ankunft der Eisenbahn um 1880 setzte ein massiver Zustrom neuer Siedler ein, der die Pueblo-Indianer nach und nach zu einer winzigen Minderheit degradierte (noch etwa 50 000 Personen mit sechs verschiedenen Sprachen). Doch in den ungefähr 20 Hopi-Stämmen im Nordosten Arizonas, im Zuni-Pueblo im Westen New Mexicos und in den 18 Pueblos am Rio Grande haben sich viele Elemente der Traditionen bis heute erhalten – über einen Zeitraum von mehr als 400 Jahre der Fremdherrschaft hinweg.

***

Weiterführende Literatur:

Ambler, J.R.: The Anasazi, Flagstaff 1987, 6. Aufl.

Barbes, F.A., Pendleton, M.: Prehistoric Indians. Salt Lake City 1979.

Breternitz, D.A., Rohn, A.H., Morris, E.A.: Prehistoric Ceramics of the Mesa Verde Region. Flagstaff 1974.

Brody, J.J.: The Anasazi. New York 1990. **Ders.:** Anasazi and Pueblo Painting. Albuquerque 1991.

Ders.: in **Fischer, E.P. (Hrsg.):** Neue Horizonte 93/94. München, Zürich 1994, S.199–267.

Bruggmann, M., Acatos, S.: Die Pueblos. Zürich 1989.

Cassells, E.S.: The Archaeology of Colorado. Boulder 1988 [1983].

Cordell, L.S.: Prehistory of the Southwest. San Diego 1984.**Ders.:** Ancient Pueblo Peoples. Montreal 1994. San Diego 1984.

Ferguson, W.H., Rohn, A.H.: Anasazi of the Southwest in Color. Albuquerque 1987.

Guerman, G. (Hrsg.): Themes in Southwest Prehistory. Santa Fe 1994.

Hibben, F.C.: Kiva Art of the Anasazi. Las Vegas 1975.

Lister, R.H. u. F.C.: Anasazi Pottery. Albuquerque 1978. **Dies.:** Those who came before. Tucson 1994, 2. Aufl.

Lyneis, M.M.: The Virgin Anasazi. In J. World Prehistory 9, 199 (1995).

Minnis, P.E., Redman, C.L. (Hrsg.): Perspectives of Southwestern Prehistory. Boulder, San Francisco, Oxford 1990.

Morgan, W.N.: Ancient Architecture of the Southj180west. Austin 1994.

Ortiz, A. (Hrsg.): Handbook of North American Indians, Bd. 9 u. 10: Southwest. Washington 1979 u. 1983.

Pike, D.B., Muench, D.: Anasazi: Ancient People of the Rock. New York 1974.

Reid. J., Whittlesey, S.: The Archaeology of Ancient Arizona. Tucson 1997.

Informationen im Internet:

Archäologie Nordamerikas allgemein:
http://www.serve.com/archaeology/namerica.html
Archäologie des Südwestens:
http://www.swanet.org/
http://archaeology.la.asu.edu
Anasazi:
http://www.co.blm.gov/ahc/hmepge.htm
Chaco Canyon:
http://www.chaco.com/park/
Felsenkunst (Rock Art):
http://www.geocities.com/Tokyo/2384/links2.html
http://www.rupestre.net/rockart

Anmerkungen:
[1]*McNitt, F.:* Richard Wetherill. Albuquerque 1991 [1957]. — [2]*Schaffer, B. S., Nicholson, H. A., Gardner, K. M.:* North Am. Archaeologist *16*, 17 (1995); zu den Pueblo-Ritualen z. B. auch *Plog, S., Solometo, J.:* Cambridge Archaeol. J. 7, 161 (1997). — [3]Siehe z. B. *Hurt, R. D.:* Indian Agriculture in America. Lawrence 1987; *Fish, S. K.* u. *P. R.:* Annu. Rev. Anthropol. 23, 83 (1994); *Fritz, G. J.:* Current Anthropol. *35*, 305 u. 639 (1994); *Wills, W. H.:* Early Prehistoric Agriculture in the American Southwest. Santa Fe 1988; *Matson, R. G.:* The Origins of Southwestern Agriculture. Tucson 1991; *Smith, B. D.:* The Emergence of Agriculture. New York 1995. — [4] *Smith, B. D.:* Science 276, 932 (1997). — [5] *Diehl, M. W.:* Am. Antiquity *61*, 102 (1996). — [6] *Robert, J., Hard, R. J., Roney, J. R.:* Science 279, 1661 (1998). — [7] Zur Entwicklung und regionalen Dynamik der Anasazi-Siedlungen und ihren Ursachen siehe z. B. *Adler, M. A., Van Pool, T., Leonard, R. D.:* J. World Prehistory *10*, 375 (1996). — [8]*Ericson, J. E., Baugh, T. G.* (Hrsg.): The American Southwest and Mesoamerica. New York, London 1993. — [9]*Kidder, A. V.:* Science *66*, 489 (1927), modifiziert von *Roberts, F. H. H.:* Am. Antiquity *37*, 1 (1937). — [10]Vgl. *Rodee, M.:* Weaving of the Southwest. Atglen 1987. — [11] *Verano, J., Ubelaker, D.* (Hrsg.): Disease and Demography in the Americas. Washington 1991; *Martin, D. L.* u. a. (Hrsg.): Black Mesa Anasazi Health. Southern Illinois University 1991. — [12]*Aufderheide, A. C., Rodriquez-Martin, C.:* The Cambridge Encyclopedia of Human Paleopathology. Cambridge 1998.; *Cockburn, T. A. u. E., Reyman, T. A. (Hrsg.):* Mummies, Disease and Ancient Cultures. Cambridge 1998; *Larsen, C. L.:* Annu. Rev. Anthropol. 24, 185 (1995); *Vaas, R.:* Naturw. Rdsch 49, 198 (1996). — [13]Zu den Pueblos von Chaco Canyon und zum Chaco-Phänomen siehe *Anderson, D.* u. *B.:* Chaco Canyon, Tucson 1991: *Frazier, K.:* People of Chaco. New York 1986; *Hayes, A. C.* u. Mitarb.: Archaeological Surveys of Chaco Canyon. Albuquerque 1987; *Lekson, S. H.:* Great Pueblo Architecture of Chaco Canyon. Albuquerque 1986 [1984]; *Lekson, S. H.* u. Mitarb.: Spektrum d. Wiss. Nr. 9, S. 94 (1988); *Noble, D. G.* (Hrsg.): New Light on Chaco Canyon. Santa Fe 1984; *Strutin, M., Huey, G. H. H.:* Chaco. A Cultural Legacy. Tucson 1994; *Vivian, R. G.:* The Chacoan Prehistory of the San Juan Basin. San Diego 1990. — [14]*White, T.:* Prehistoric Cannibalism. Princeton 1992; *Bahn, P.:* New Scientist *134*, Nr. 1816, S. 40 (1992); *Bullock, P.:* Man 29, 190 (1994); *Arens, W.:* The Man-Eating Myth: Anthropology and Anthropophagy. Oxford 1979; *Gibbons, A.:* Science 277, 635 (1997); *McKie, R.:* New Scientist *157*, Nr. 2125, S. 43 (1998); *Peter-Röcher, H.:* Mythos Menschenfresser. München 1998; *Turner II, C. G.:* Man Corn. Cannibalism and violence in the prehistoric american southeast. Salt Lake City 1999; *Vaas, R.:* Bild d. Wiss. Nr. *1*, S. 105 (1998). — [15]*Mestel, R.:* New Scientist *143*, Nr. 1937, S. 10 (1994). — [16]Hierzu z. B. *Doyel, D. E.:* Am. Scientist 67, 544 (1979); *Gumerman, G. J.* (Hrsg.): Exploring the Hohokam. Dragoon, Albuquerque 1991; *Houk, R.:* Casa Grande Ruins. Tucson 1987 u. *Noble, D. G.* (Hrsg.): The Hohokam. Santa Fe 1991. — [17]*Scarborough, V. L., Wilcox, D. R.* (Hrsg.): The Mesoamerican Ballgame. Tucson 1991; *Hill, W. D., Blake, M., Clark, J. E.:* Nature 392, 878 (1998). — [18]*Hosler, D., Burkett, S. L., Tarkanian, M. J.:* Science 284, 1988 (1999). — [19]Zur sozialen Komplexität im Südwesten siehe *Cordell, L. S., Gumerman, G. J.* (Hrsg.): Dynamics of the Southwestern Prehistory. Washington, London 1989; *Crown, P. L., Judge, W. J.* (Hrsg.): Chaco & Hohokam. Santa Fe 1991; *Gumerman, G., Gell-Mann, M.* (Hrsg.): Understanding Complexity in the Prehistoric Southwest. Boston 1994; *Sebastian, L.:* The Chaco Anasazi. Cambridge 1992; *Upham, S., Lightfoot, K., Jewett, R.* (Hrsg.): The Sociopolitical Structure of Prehistoric Southwestern Societies. Boulder 1989; vgl. auch *Plog, F.:* The Study of Prehistoric Culture Change. New York 1974. — [20]*Finn, C.:* Antiquity *71*, 169 (1997). — [21]Speziell zu Mesa Verde z. B.: *Mesa Verde*

Museum: Exhibit Guide. Cortez 1987, *Noble, D. G.* (Hrsg.): Understanding the Anasazi of Mesa Verde and Hovenweep. Santa Fe 1985; *Wenger, G. R.:* The Story of Mesa Verde National Park. Mesa Verde 1991, rev. ed. — [22]*Kobbe, B.:* Bild d. Wiss. Nr. 2, S. 24 (1997); *Slifer, D., Duffield, J.:* Kokopelli: Flute Player Images in Rock Art. Santa Fe 1994; *Young, J.V.:* Kokopelli. Palmer Lake 1990. — [23]*Boyd, C. E., Dering, J. P.:* Antiquity 70, 256 (1996); *Boyer, B.:* Science News *150*, 216 (1996). — [24]Weiterführende Informationen zu den prähistorischen Felsengrafiken im amerikanischen Südwesten mit vielen Zeichnungen und Photos z. B. bei *Barbier, J. P., Taçon, P. S. C. (Hrsg.):* A Guide to Pre Columbian Art. Cambridge, New York 1998; *Barnes, F. A.:* Prehistoric Rock Art. Salt Lake City 1989; *Chippindale, C. (Hrsg.):* The Archaeology of Rock-Art. Cambridge, New York 1998, *Cole, S. J.:* Legacy on Stone 1990; *Cunkle, J. R., Jacquemain, M. A.:* Stone Magic of the Ancients. Phoenix; *Hartley, R. J.:* Rock Art on the Northern Colorado Plateau. Aldershot u.a. 1992; *Moore, S.:* Petroglyphs. Santa Fe 1998; *Patterson, A.:* A Field Guide to Rock Art Symbols of the Greater Southwest. Boulder 1992; *Schaafsma, P.:* Indian Rock Art of the Southwest. Albuquerque 1980; *Stokes, W. M.* u. *W. L.:* Messages on Stone. Salt Lake City 1998; *Thybony, S., Hirschmann, F.:* Rock Art of the American Southwest. Portland 1994; *Turpin, S. (Hrsg.):* Shamanism and Rock Art in North America. San Antonio 1994; *Weaver, D. E.:* Images on Stone. Plateau Magazine of the Museum of Northern Arizona *55*, Nr. 2 Flagstaff 1984. — [25]*Roberts, D.:* Nat. Geographic *189*, Nr. 4, S. 86 (1996) u. In Search of the Old Ones. New York 1996; *Le Blanc, S. A.:* Prehistoric Warfare in the American Southwest. Salt Lake City 1999. — [26]*Vogt, H.-H.:* Naturw. Rdsch. 40, 190 (1987); *Van West, C. R.* in *Lipe, W. D.* (Hrsg.): The Sand Canyon Archaeological Project. Cortez 1992; zu den anderen insbesondere klimatischen Gründen des Exodus siehe z. B. *Gumerman, G. H.* (Hrsg.): The Anasazi in a Changing Environment. Cambridge 1988; *Judge, E. J.* (Hrsg.): The Anasazi: Why did they leave? Where did they go? Albuquerque 1991; *Haas, J., Creamer,* W.: Stress and Warfare among the Kayenta Anasazi of the Thirteenth Century A.D. Chicago 1993. — [27]*Cohen, P.:* New Scientist *152*, Nr. 2060, S. 17 (1996). — [28]Vgl. z. B. *Brown, K. A.:* Four Corners. History, Land, and People of the Desert Southwest. New York 1995; *Jorgensen, J. G.:* Western Indians: Comparative Environments, Languages, and Cultures of 172 Western American Indian Tribes. New York 1980; *Sheridan, T. E., Parezo, N. J. (Hrsg.):* Paths of Life. American Indians of the Southwest and Northern Mexico. Tucson 1996.

Tips für die Reise

Im folgenden aufgeführt sind die wichtigsten Ruinen und Fundstätten im Südwesten der USA, die besucht werden können, sowie Museen, Felsenkunst und moderne Pueblos. Zu ihrem Auffinden und allgemein fürs Reisen in der Four-Corners-Region ist die Karte *Guide to Indian Country* empfehlenswert, verlegt vom Automobile Club of Southern California, vertrieben von der South West Parks und Monuments Association, 221 North Court, Tucson, Arizona 85701, Tel. (602) 622-1999; erhältlich ist sie in den meisten National Parks und Monuments in Utah, Colorado, Arizona und New Mexico.

Als weiterführende Lektüre zur Reisevorbereitung und vor Ort seien empfohlen:

Folsom, F. u. M.E.: Ancient Treasures of the Southwest. Albuquerque 1994 bzw. America's Ancient Treasures. Albuquerque 1993, 4. Aufl.

Noble, D. G.: Ancient Ruins of the Southwest. Flagstaff 1991.

Oppelt, N.T.: Guide to Prehistoric Ruins of the Southwest. Boulder 1989, 2. Aufl.

Detaillierte Beschreibungen und Grundrisse vieler prähistorischer Ruinen (auch der zahlreichen hier nicht aufgeführten Orte) gibt

Morgan, W.N.: Ancient Architecture of the Southwest. Austin 1994.

Museen	Ort, Staat
Anasazi Heritage Center !	Dolores, CO
Arizona State Museum !	Tucson, AZ
Arizona State University Museum of Anthropology !	Tempe, AZ
Blackwater Draw Museum	zwischen Clovis und Portales an US 70, NM
Cortez CU (Colorado University) Center	Cortez, CO
Florence Hawley Ellis Museum	von Espanola 33 mi auf US 84 nordwestlich, NM
Folsom Museum	Folsom, NM
Geronimo Springs Museum	Truth or Consequences, NM
Heard Museum of Native Cultures and Art !	Phoenix, AZ
Indian Pueblo Cultural Center	Albuquerque, NM
Lost City Museum	Overton, NV
Maxwell Museum of Anthropology	Albuquerque, NM
Mesa Southwest Museum	Mesa, AZ
Museum of Northern Arizona !	Flagstaff, AZ
New Mexico State University Museum	Las Cruces, NM
San Juan Archaeological Research Center	Bloomfield, NM
Western New Mexico University Museum	Silver City, NM

Rock Art

Petroglyphen und Pictographen sind vorzugsweise an den Orten zu bewundern, die in der Tabelle Ruinen und Fundstätten mit **P** bezeichnet wurden, sowie an den folgenden Orten:

Staat	Name der Besichtigungsorte
Arizona	Cavez Pass, Palatki und Honanki, Picture Canyon, Saguaro (Signal Hill), Willow Springs
Nevada	Lehman Caves, Red Rock Canyon, Valley of Fire !!!
New Mexico	Petroglyph (bei Albuquerque), Three Rivers !!! (östlich des gleichnamigen Ortes)
Utah	Arches, Canyonlands !!! (bes. Barrier Canyon), Capitol Reef, Dinosaur !!!, Grand Gulch Primitive Area (Genehmigung von BLM-Rangern notwendig), Newspaper Rock !!!, Potash Road, Sand Island !!! (westl. von Bluff), San Rafael Swell, Zion

Moderne Pueblos (Auswahl)

Besucher sind willkommen, auch bei manchen Festen/Tänzen.

Bezeichnung	Staat	Adresse
Acoma Pueblo (Sky City)	New Mexico	Pueblo of Acoma, NM 87034, Tel. (505)252-1139
Hopi Reservation	Arizona	Hopi Tribal Council, P.O. Box 123, Kyakotsmovi, AZ 86039, Tel. (602) 734-2441
San Juan Pueblo	New Mexico	Española, NM 87532, Tel. (505) 852-4400
Santa Clara Pueblo	New Mexico	P.O. Box 580, Española, NM 87532, Tel. (505) 753-7326
Taos Pueblo	New Mexico	Taos, NM 87571, Tel. (505) 758-4604
Zuni Pueblo	New Mexico	Zuni Tribal Office, Zuni, NM 87327, Tel. (505) 782-2525

Ruinen und Fundstätten

Folgende Abkürzungen wurden gewählt: Besuch ohne Schwierigkeiten, oft rollstuhltauglich (+), mit einer kurzen Wanderung verbunden (++), nur mit Allrad-Fahrzeug oder Tageswanderung mit Rucksack und Zelt (+++); B = mit Besucherzentrum, M = Museum; P = Petroglyphen/Pictographen; die mit ! und !!! markierten Ruinen sind unter archäologischen Gesichtspunkten besonders zu empfehlen. Dem Steckbrief im Anhang können die wichtigsten Fakten über die Ruinen entnommen werden.

Reisetips	**Staat**	**Nahegelegene Orte und Zugangsstraßen**	**Bemerkungen**
Anasazi Heritage Center mit Dominquez und Escalante Ruins	Colorado	Cortez/Dolores, *CO 184*	+, M, !!!; hier auch Informationen zu Sand Canyon u. a. Ruinen im Montezuma Basin; Tel. (303) 882-4811
Anasazi Indian Village	Utah	Boulder, *UT 12, County Road*	+, B/M; Tel. (801) 335-7308
Aztec Ruins	New Mexico	Farmington/Aztec, *US 550*	+, B/M, !!!; Tel. (505) 334-6174
Bandelier	New Mexico	Santa Fe, *US 84/285, NM 502, NM 4*	+, ++, +++, B/M, P, !; Tel. (505) 672-3861
Besh-Ba-Gowah	Arizona	Globe	+, B/M, !!!; Tel. (602) 425-0320
Beef Basin Archaelogical Area	Utah	Moab/Monticello, *US 191, County Road*	+++
Butler Wash, Arch u. Mule Canyon Ruins	Utah	Blanding, *US 191, UT 95*	kleine Ruinen an markierten Highway-Ausfahrten zwischen den Kreuzungen von US 191 /UT 95 u. UT 95/261
Canyon de Chelly	Arizona	Gallup, *NM/AZ 264, US 191, Indian 7*	++ zu White House Ruin, zu anderen Ruinen nur mit autorisierter Begleitung; B/M, P, !; Tel. (602) 836-2223
Casa Grande	Arizona	Coolidge, *AZ 87*	+, B/M, !!!; Tel. (602) 723-3172
Casa Malpais	Arizona	Springerville, *US 60*	+; geführte Touren vom B/M in Springerville, 318 West Main Street, Tel. (602) 333-5375
Casamero Ruins	New Mexico	Grants, *Interstate 40, US 66, County Road*	+; Infos bei BLM Farmington, Tel. (505) 325-3581
Casas Grandes	Mexico	Casas Grandes, an *Mexico 2*	Informationen unter Tel. (169) 4-2220
Cave Canyon Towers	Utah	bei Blanding, *UT 95*	P; Infos bei BLM Monticello, Tel. (801) 587-2141
Chaco Canyon	New Mexico	Bloomfield, *NM 44 u. 57* Gallup, *Interstate 40, NM 371, Indian 9, NM 57*	+, ++, B/M, P, !!!; NM 57 ist nicht geteert und mit normalem Kfz nicht immer befahrbar, Tel. (505) 786-7014

Reisetips	Staat	Nahegelegene Orte und Zugangsstraßen	Bemerkungen
Chimney Rock	Colorado	Durango, *US 160, CO 151*	+, ++, !; am besten vorher Informationen zu Führungen einholen, Tel. (303) 264-2268
Coronado	New Mexico	Albuquerque/Bernalillo, *Interstate 25, NM 44*	+, B/M, !; Tel. (505) 867-5351
Edge of the Cedars	Utah	Blanding	+, M; Tel. (801) 678-2238
Elden Pueblo	Arizona	Flagstaff, *US 89*	+; Tel. (602) 556-7410
El Morro	New Mexico	Gallup, *Interstate 40, NM 53*	++, B/M, P, !; Tel. (505) 783-4226
Gatlin Site	Arizona	Gila Bend	+; Tel. (602) 683-2002
Gila Pueblo	Arizona	Globe	+; Tel. (602) 425-3151
Gila Cliff Dwellings	New Mexico	Silver City, *NM 15*	++, B/M, P; Tel. (505) 536-9461
Glen Canyon	Utah	Page (AZ)	+++, Zugang nur vom Boot aus, z. T. noch Wandern/Klettern; P; Tel. (602) 645-2471
Grand Canyon	Arizona	Flagstaff, *Interstate 40, US 180, AZ 64*	+, +++, B/M am Südrand an AZ 64; Tel. (602) 638-2305
Hardy Site	Arizona	Tucson, Fort Lowell Park, *2900 North Craycroft Road*	+, M; Tel. (602) 885-3832
Homolovi Ruins	Arizona	Winslow, *AZ 87*	+, B, P; Tel. (520) 289-4106
Hovenweep	Colorado/ Utah	Blanding, *US 191, UT 262 County Road*	+, z. T. +++, B, P !!!; Tel. (801) 529-4465
Hupobi Ruin	New Mexico	bei Taos	Anmeldung bei BLM Taos, Tel.(505) 758-8851
Jemez	New Mexico	Bernalillo, *NM 44 u. 4* nach Jemez Springs; Los Alamos, *NM 4*	+, B/M; Tel. (505) 829-3530
Kinishba Pueblo	Arizona	Holbrook, *AZ 77, AZ 73*	+, z. T. +++, M bei Fort Apache in General Crook's Quarters; Tel. (602) 338-4625
Lowry Ruins	Colorado	Cortez, *US 666, County Dirt Road* von Pleasant View	+; Tel. (303) 247-4082
Mesa Verde	Colorado	Cortez/Durango, *US 160*	+, z. T. ++ und nur mit Führungen, B, M, P, !!!; Tel. (303) 529-4461/4475
Montezuma Castle	Arizona	Flagstaff/Camp Verde, *Interstate 17*	+, B/M, !, Ruine nicht begehbar; Tel. (602) 567-3322

Reisetips	**Staat**	**Nahegelegene Orte und Zugangsstraßen**	**Bemerkungen**
Natural Bridges	Utah	Blanding, *US 191, UT 95*	+, +++, B/M, P
Navajo	Arizona	Kayenta/Tuba City, *US 160, AZ 564*	++ (nur geführt zu Betatakin), +++ (Keet Seel), B/M, P, !; Tel. (602) 672-2366
Pecos	New Mexico	Santa Fe, *Interstate 25, NM 63*	+, B/M; Tel. (505) 757-6414
Petrified Forest	Arizona	Holbrook/Gallup (NM), *Interstate 40*	+, B/M an Nord- und Südeingang, P; Tel. (602) 524-6228
Poshu Oinge	New Mexico	Abiquiu, *US 84*	+; Tel. (505) 988-6940
Pueblo Grande Ruins	Arizona	in Phoenix, *Ecke Washington/ 44th Street*	+, empfehlenswertes M, !; Tel. (602) 495-0900
Puyé Cliff Dwellings	New Mexico	Espanola, *NM 30*, Santa Clara Pueblo Indian Reservation	+; Tel. (505) 753-7326
Salinas Pueblo	New Mexico	Mountainair, *NM 55*	+, B/M; Tel. (505) 847-2770
Salmon Ruin	New Mexico	Farmington, *US 64*	+, umfangreiches B/M, !; Tel. (505) 632-3013; Gebäude, Zelte, Exponate moderner Indianer
San Juan River	Utah	Mexican Hat	Zugang nur vom Boot aus; BLM-Genehmigung
Sand Canyon Pueblo	Colorado	bei Cortez	+; Informationen und Genehmigung bei BLM Durango, Tel. (303) 247-4082
Three Kiva Pueblo	Utah	südlich von Monticelli, 25 km nördlich von Hatch; *County Rds.*	++, Straßen nicht immer befahrbar; Informationen: Tel. (801) 587-2141; P
Three Turkey Ruin	Arizona	Chinle, *AZ 7, County Road*	+, ++
Tonto	Arizona	Phoenix/Globe, *US 60, AZ 88*	++, B/M, Zugang zur Upper Ruin nur mit Ranger; Tel. (602) 467-2241
Tuzigoot	Arizona	Flagstaff/Cottonwood, *US 89A*	+, B/M, !; Tel. (602) 634-5564
Ute Mountain	Colorado	Cortez, *US 160*, Towaoc	++, M, !; nur geführte Touren, Tel. (303) 565-3751
Walnut Canyon	Arizona	Flagstaff, *Interstate 40*	+, B/M, !; Tel. (602) 526-0571/3367
Wupatki	Arizona	Flagstaff, *US 89*	*+, B/M, P, !!!; Tel. (602) 427-7040*
Yucca House	Colorado	Cortez	Besuch nach Anmeldung, Tel. (303) 529-4465
Zuni: Hawikuh u. Village of the Great Kivas	New Mexico	Gallup, *NM 602 u. 53*, Zuni	+, B, !; Genehmigung im Zuni Tribal Office, Tel. (505) 782-2525/4481

6 Die Sprachen der Ureinwohner: ihre Vielfalt, Verwandtschaft und philosophische Herausforderung

Die über 1200 Sprachen des amerikanischen Doppelkontinents enthalten einige der weltweit am stärksten differenzierten lautlichen und grammatischen Strukturen. Dies stellt nicht nur Linguisten vor große Herausforderungen, sondern wirft auch grundlegende Fragen über den Zusammenhang von Sprache, Denken, Wirklichkeit, Weltbild und Kultur auf. Die enorme Heterogenität der Indianersprachen spiegelt ihre über Jahrtausende erfolgte Auseinanderentwicklung wider. Mit Hilfe der Methode des Massenvergleichs gelang erst kürzlich eine Gliederung der sprachlichen Vielfalt in drei große Familien. Dies ist nicht nur ein wichtiger Beitrag für die gegenwärtigen Anstrengungen, einen Stammbaum aller Sprachen der Welt zu erstellen, um ihre Verwandtschaft aufzuklären und ihrem Ursprung auf die Spur zu kommen. Es läßt auch wichtige Rückschlüsse auf die Besiedlungsgeschichte Amerikas zu, die durch molekulargenetische Analysen der Bevölkerung bestätigt und ergänzt werden konnten. So vermag die Linguistik Verbund mit anderen Wissenschaften ganz wesentliche Beiträge zur Anthropologie zu leisten.

Als die Mücke zum ersten Mal den Löwen brüllen hörte, da sprach sie zur Henne: „Der summt aber komisch". „Summen ist gut", fand die Henne. „Sondern?" fragte die Mücke. „Er gackert", antwortete die Henne. „Aber das tut er allerdings komisch."

GÜNTHER ANDERS: *Der Löwe*

Die Sapir-Whorf-Hypothese

In der ersten Hälfte des 20. Jahrhunderts formulierten amerikanische Ethnolinguisten eine für den Alltagsverstand irritierende, wenn nicht sogar schockierende Behauptung. Ihre Tragweite und alarmierenden Konsequenzen kann man nur vor dem Hintergrund der Tatsache verstehen, daß bis weit ins 18. Jahrhundert im abendländischen Kulturraum die fast allgemeinverbindliche Auffassung herrschte, die Sprache stelle lediglich eine Art Spiegel des Denkens dar – ein bloßes Hilfsmittel des Verstandes, der die Wirklichkeit getreu zu erfassen vermag. Franz Boas (1858–1942), seinem Schüler Edward Sapir (1884–1939) und dessen Schüler Benjamin Lee Whorf (1897–1941) bedeutete Sprache jedoch viel mehr. Sie gelangten aufgrund ihrer Erfahrungen mit der für europäische Sprecher ganz fremdartigen Grammatik vieler Indianersprachen zu der Überzeugung, daß menschliches Denken von der Struktur der jeweiligen Sprache abhängt, daß die Einzelsprache (und nicht nur das Sprachvermögen allgemein) ein konstitutiver Faktor im Erkennungsprozeß ist, daß in jeder Sprache gleichsam eine besondere Weltsicht steckt und daß Sprecher verschiedener Sprachen sich in verschiedenen gedanklichen Welten bewegen.

„Menschen leben nicht nur in der objektiven Welt noch in der, die man gewöhnlich die Gesellschaft nennt, sondern stehen auch im Bann der besonderen Sprache, die zum Ausdrucksmittel ihrer Gesellschaft wurde“, schrieb Sapir 1929. „Es ist eine Illusion zu meinen, man passe sich der Wirklichkeit im wesentlichen ohne Hilfe der Sprache an, und diese Sprache sei lediglich ein zufälliges Mittel für die Lösung der spezifischen Probleme der Mitteilung und der Reflexion. Tatsächlich beruht ‚reale Welt‘ weitgehend unbewußt auf den Sprachgewohnheiten der Gruppe. Keine zwei Sprachen sind so hinreichend ähnlich, um anzunehmen, sie repräsentierten dieselbe Realität. Die Wirklichkeit, in der verschiedene Gesellschaften leben, besteht aus verschiedenen Welten, nicht bloß aus derselben Welt, an die verschiedene Etiketten angeheftet sind... Wir sehen und hören und machen überhaupt unsere Erfahrungen in Abhängigkeit von den Sprachgewohnheiten unserer Gemeinschaft, die uns gewisse Interpretationen vorweg nahelegen.“

Und Whorf formulierte einige Jahre später mit einem Seitenblick auf Einsteins Relativitätstheorie „ein neues Relativitätsprinzip, das besagt, daß nicht alle Beobachter durch die gleichen physikalischen Sachverhalte zu einem gleichen Bild des Universums geführt werden, es sei denn, ihr sprachlicher Hintergrund ist ähnlich oder kann in irgendeiner Weise auf einen gemeinsamen Nenner gebracht werden." Und weiter: „Aus der Tatsache der Strukturverschiedenheit der Sprachen folgt, was ich als ‚sprachliches Relativitätsprinzip' bezeichnet habe. Es besagt, grob gesprochen, folgendes: Menschen, die Sprachen mit sehr verschiedenen Grammatiken benützen, werden durch diese Grammatiken zu typisch verschiedenen Beobachtungen und verschiedenen Bewertungen äußerlich ähnlicher Beobachtungen geführt. Daher sind sie als Beobachter einander nicht äquivalent, sondern gelangen zu ziemlich verschiedenen Ansichten der Welt."

Dieses Prinzip, das fortan meist unter der Bezeichnung *Sapir-Whorf-Hypothese* diskutiert wurde[1], ist ohne große Übertreibung dramatisch zu nennen – wenn es zutrifft. Ganz neu war es freilich nicht, was Sapir und Whorf aber nicht wissen konnten. Denn schon bei Johann Georg Hamann (1730–1788) und Johann Gottfried Herder (1744–1803) finden sich Ansätze zu solchen Überlegungen, ebenso bei Etienne Bonnot de Condillac (1714–1780), Denis Diderot (1713–1784), John Locke (1632–1704) und Giovanni Battista Vico (1668-1744). Und Wilhelm von Humboldt (1767–1835), einer der ersten großen Kenner indianischer Sprachen in Europa, hat in seinem 1836 posthum publizierten Aufsatz „Über die Verschiedenheit des menschlichen Sprachbaues und ihren Einfluß auf die geistige Entwicklung des Menschengeschlechts" die „Untrennbarkeit des menschlichen Bewußtseins und der menschlichen Sprache" postuliert. Für ihn war Sprache „kein bloßes Verständigungsmittel, sondern der Ausdruck des Geistes und der Weltansicht des Redenden". Er schrieb sogar von der „Verwandlung der Welt in Sprache". Seine Überlegungen wirkten auch im 20. Jahrhundert noch nach, insbesondere bei dem idealistischen Philosophen Ernst Cassirer (1874–1945), der die Sprache als „das unerläßliche und vorzügliche Organ der Welt- und Selbsterschließung des Menschen" bezeichnete, und bei dem Bonner Sprachwissenschaftler Johannes Leo Weisgerber (1899–1985), der Humboldts These von der „sprachlichen Weltansicht" zu einer Lehre von den „sprachlichen Weltbildern" ausgebaut hat und sie sogar folgendermaßen pointierte: „tatsächlich denkt ... nach der Spracherlernung nicht mehr der Mensch, sondern die Muttersprache denkt für ihn."

Die Namen der Sprachen

Die heutigen Namen der Indianersprachen sind häufiger politischen als linguistischen Ursprungs. Dafür gibt es verschiedene Gründe. Einer besteht im Selbstverständnis der Sprecher. Creek und Seminole beispielsweise werden meist als verschiedene Sprachen angesehen, weil ihre Sprecher (sich) zu verschiedenen Kulturen zählen, obwohl diese Muskogee-Sprachen aus linguistischer Sicht kaum voneinander unterscheidbar sind. Häufig ist der Name einer Sprache auch das Wort, das die Sprecher für „Menschen" oder „Leute" und als ihre Stammesbezeichnung verwenden. Andere Namen gehen auf die weißen Eroberer zurück, etwa die englischen Bezeichnungen Dogrib und Yellowknife für Athapaskisch im Nordwesten Amerikas. Die Spanier benannten viele Küstensprachen Kaliforniens nach der nächstgelegenen spanischen Mission. Luiseño hieß beispielsweise die uto-aztekische Sprache, die bei der Mission San Luis Rey geläufig war, und der Name der Chumasch-Sprache Obispeno bezieht sich auf die Mission San Luis Obispo. Schließlich gehen manche Namen auf – häufig unvorteilhafte – Bezeichnungen zurück, die von anderen Indianern geprägt wurden. Zum Beispiel stammt Komantsche aus dem südlichen Paiute „kimantsi" für „Fremder".

Doch wie schlüssig sind diese Thesen? „Sind unsere Begriffe von ‚Zeit', ‚Raum', und ‚Materie'", so ist mit Whorf zu fragen, „wesentlich durch die Erfahrung bestimmt und daher für alle Menschen gleich, oder sind sie zum Teil durch die Struktur besonderer Sprachen bedingt? Gibt es faßbare Affinitäten zwischen (a) kulturellen Normen und Verhaltensregeln und (b) großen sprachlichen Strukturen?" Inwieweit können wir unsere Um- und Mitwelt nur durch die „Brille" unserer Muttersprache wahrnehmen? Zappeln wir wie Fliegen in ihrem Begriffsnetz, sind wir Marionetten ihrer Kategorien und ihrer Grammatik, werden unser Denken und Erkenntnisvermögen, unser Weltbild und unsere Kultur von unserem Sprachsystem zutiefst und ausweglos bedingt? Sind die Grenzen unserer Sprache also die Grenzen unserer Welt? Muß uns die Wirklichkeit jenseits der Sprache verschlossen bleiben? Ist es vielleicht gar nicht sinnvoll, außerhalb unseres Begriffsschemas noch von Realität zu reden? Und sind die Weltbilder anderer Kulturen mit anderen Sprachen so grundverschieden, daß eine Verständigung zur Farce wird?

Die These von Sprachdeterminismus und -relativismus kann sehr radikal verstanden werden. Interessant ist eine solche Auffassung besonders deswegen, weil sie gegenüber der im Alltagsdenken weit verbreiteten Ansicht, die Sprache liefere eine Art Abbild bestimmter Aspekte der Welt, betont, wie eng Sprechen, Wahrnehmen, Erkennen und Handeln miteinander verbunden sind und wenigstens teilweise überhaupt erst mit der und durch die Sprache möglich sein könnten. Außerdem versucht diese Auffassung deutlich zu machen, daß in dem, was wir lernen und wie wir es lernen, eine kulturelle Tradition steckt, und daß das Bild, das wir von der Welt haben, nicht einen passiven Reflex vorgegebener Strukturen darstellt, sondern ein aktives Produkt individueller, aber vor allem auch sozialer Leistungen ist, in der die Sprache eine ganz wesentliche Rolle spielt. Bevor in diesem weiten und stellenweise morastigen, aber auch fruchtbaren Feld der Sapir-Whorf-Hypothese ein wenig gegraben werden soll, empfiehlt es sich, ihren geistesgeschichtlichen Nährboden genauer zu betrachten – die Sprachen der Indianer.

Das Echo Babylons

Historiker schätzen die Zahl der Menschen, die Amerika zur Zeit der europäischen Eroberung bewohnten, auf 50 bis 75 Millionen. Erstaunlicherweise verfügte dieser dünn besiedelte Doppelkontinent über eine weitaus größere Anzahl von Sprachen als Europa und Kleinasien. Es scheint fast, als sei das Echo der babylonischen Sprachverwirrung jenseits des Atlantiks deutlicher zu vernehmen als anderswo. Man unterscheidet neun (nach einer feineren Differenzierung sogar 24) Eskimo-Sprachen, 360 Sprachen in Nordamerika (ABB. 30), knapp 100 in Mexiko und Mittelamerika sowie beinahe 800 in Südamerika. Zusammen sind das also rund 1250 – ein Fünftel der weltweit ungefähr 6 000 beschriebenen Sprachen. Zur Zeit von Kolumbus' Entdeckung dürfte es sogar um die 2 000 Sprachen gegeben haben. Allerdings ist die Abgrenzung zwischen Einzelsprache und Dialekt mitunter schwierig. Andere Zählungen gehen von weltweit über 6700 Sprachen aus, lokalisieren aber nur etwa 1000 Sprachen in Amerika zur Zeit von Kolumbus (davon 300 in Kanada und den USA, 70 in Mittelamerika und 500 in Südamerika), von denen drei Viertel heute noch geläufig sind. In Kanada und den USA sind es etwa 200. Die Gesamtzahl ihrer Sprecher dort wird

ABB. 30: Die wichtigsten Sprachen und Sprachgruppen in Nordamerika (die englische Schreibweise wurde beibehalten).

auf nur noch 300 000 geschätzt, obwohl 2,7 Millionen Menschen als Indianer, Eskimos und Aleuten aufgeführt werden. In Mittelamerika beherrschen wenigstens 5 Millionen Menschen noch mindestens eine Sprache der Ureinwohner, in Südamerika etwa 14 Millionen.

Besonders ausgeprägt ist die sprachliche Vielfalt im Westen Nordamerikas sowie im zentralen Südamerika, das zu den linguistisch am wenigsten erforschten Regionen der Erde gehört. Dort sprechen auch besonders viele Indianer zwei und mehr Sprachen. Dies ist nicht nur auf die zahlreichen normalen Sprachkontakte, sondern auch auf die Siedlungsprogramme der Inka (die ihre Hofsprache Quechua gegen die Vielzahl der benachbarten Dialekte durchzusetzen versuchten), die Verstreuung der Ureinwohner durch die einfallenden Spanier sowie auf die mehr oder weniger gewaltsame Evangelisation zurückzuführen. Als Missionssprachen haben die spanischen Eroberer Aztekisch und Quechua noch über ihren ursprünglichen Bereich hinaus verbreitet.

Der Turmbau der Indianer

Lange Zeit sprachen alle die gleiche Sprache, aber plötzlich begannen die Menschen mit verschiedenen Zungen zu sprechen. Kuhsu hingegen konnte alle Sprachen sprechen, und so rief er seine Völker zusammen und nannte ihnen die Namen der Tiere in ihrer eigenen Sprache, lehrte sie, sich Nahrung zu beschaffen und gab ihnen ihre Gesetze und Riten. Dann schickte er jeden Stamm an einen anderen Aufenthaltsort.

Schöpfungsmythos der Maidu-Indianer aus Kalifornien

Die frappierende Vielfalt der menschlichen Sprachen ist zahlreichen Völkern auf der Erde bewußt und zum Rätsel geworden.[2] Wie anderswo hatten auch viele Indianer sie mit Mythen zu erklären versucht. Eine Überlieferung der Choctaw im nordamerikanischen Südosten ähnelt sogar verblüffend dem biblischen Turmbau zu Babel: Die Choctaw hielten sich (wie viele Völker) für die ersten Menschen und glaubten auch, die älteste aller Sprachen zu haben. Als die Menschheit einst versucht hatte, einen Erdwall zum Himmel zu errichten, brachte ihn der Wind zum Einsturz und die Menschen verstanden einander nicht mehr. Nur bei den Ahnen der Choctaw blieb die Ursprache. Eine ähnliche Geschichte erzählten sich die Azteken, die damit zugleich die rätselhafte Cholula-Pyramide in ihrem Gebiet zu begreifen versuchten (welche von den Tolteken stammt). Sie soll nach der Sintflut von einem Riesen erbaut worden sein. Als ihre Spitze schon bis an die Wolken reichte, warfen die zornigen Götter Feuer oder einen Stein auf sie. Auch die Maidu in Kalifornien glaubten, daß einst alle Menschen dieselbe Sprache besaßen. Bei einer Trauerfeier begannen sie in verschiedenen Zungen zu reden. Der Weltschöpfer unterwies dann einen Weisen, der alle Sprachen verstand und die verschiedenen Gruppen in alle Himmelsrichtungen fortschickte. Den südlichen Paiute in Kalifornien galten Familienstreitigkeiten als Grund der Vielstimmigkeit. Sie glaubten, alle Indianer seien die Nachfahren einer Frau. Deren alte Mutter führte die Sprachenvielfalt herbei, weil sie nicht länger wollte, daß ihr Schwiegersohn alle Dinge mit Namen kannte. Zwist stand auch bei den Irokesen am Anfang der Sprachverwirrung. Die Pawnees dagegen gaben der Sintflut die Schuld, ebenso die Kaskas und Tahltans. Nach der langen Isolation voneinander hatten sich ihre Mythen zufolge die einzelnen überlebenden Stämme so stark auseinanderentwickelt, daß sie sich nicht mehr verstanden. Bei den Maya ist die Sprache göttlichen Ursprungs, geschaffen als Medium der Anbetung; da die verschiedenen Gruppen sich jedoch verschiedene Götter erkoren, zerfiel auch die einstige Ursprache. Die Wishram-Indianer sehen Wishram als ihre zweite Sprache an. Die erste sprechen Kleinkinder und Kojoten sowie Schamanen, die in Kontakt mit den Geistern stehen.

Die erste Erforschung indianischer Sprachen war selten aus kulturellem Interesse motiviert, sondern erfolgte ab dem 16. Jahrhundert hauptsächlich durch Missionare. Schriftlich fixiert wurden neben Wortlisten und Grammatiken (die erste stammte 1560 von Thomás und beschrieb Quechua) auch Katechismen und Bibelübersetzungen. Später und bis ins 20. Jahrhundert erwarben sich vor allem Amateure Verdienste im Studium der Indianersprachen. Darunter war auch Thomas Jefferson, der ausführliche Vokabularlisten zusammentrug. Mit dem *Bureau of American Ethnology* gab es dann 1879 eine institutionelle Basis für die Forschung.

Die nordamerikanischen Sprachen sind untereinander sehr verschieden, und zwar auf allen Ebenen.[3] Es gibt jedoch kein Merkmal, das für den Kontinent zugleich einzigartig und universell ist.

Sprachvermischungen

Die einzelnen Indianersprachen waren wohl kaum eine längere Zeit voneinander isoliert, sondern standen immer im Kontakt mit Nachbarsprachen. Dies führte zu zahlreichen Entlehnungen. Die Richtung dieser sprachlichen Diffusion ist meistens noch feststellbar: Orts-, Tier- und Pflanzennamen werden nämlich in der Regel von der bereits ansässigen Gruppe entlehnt. Auch kam es dazu, daß bestimmte Sprachen als Verständigungsmittel für den Tauschhandel weiträumige Verbreitung fanden, beispielsweise Chinook im Nordwesten und Mobilian im Südosten. Solche Verkehrssprachen sind von den eingewanderten Europäern dann ebenfalls verwendet und ihrerseits mit Lehnwörtern aus dem Französischen und Englischen angereichert worden. Manchmal entstanden sogar regelrechte Mischsprachen (ähnlich wie Kreolensprachen). Ein in North Dakota noch immer in Gebrauch stehendes Produkt eines solchen Kontaktes ist Michif, gebildet aus einem Cree-Dialekt und dem Französischen. Hier besitzen die Nominalphrasen (die syntaktische Kategorie mit Nomen, Eigennamen oder Pronomen, die im Satz entweder eine Subjekt- oder Objektfunktion hat) die Struktur des Französischen und werden auch so ausgesprochen; die Morphologie der Verben gehorcht in Grammatik und Phonologie dagegen den Regeln des indianischen Dialekts. Ähnliche sprachliche Amalgamierungen gibt es auch in Südamerika zwischen Quechua und dem Spanischen.

Von Rauchzeichen, Piktogrammen und Gebärdensprachen

Mischsprachen waren nicht die einzige Verständigungsmöglichkeit. Eine andere hatte sich im Gebiet der Great Plains unter den verschiedenen Stämmen entwickelt, die als nomadische Büffeljäger durch die Prärien streiften – die Plains-Zeichensprache (ABB.31)[4]. Sie ist präkolumbisch (wurde aber später noch erweitert) und mit der Gebärdensprache von Gehörlosen vergleichbar. Mit Hilfe von Gesten mit Händen und Armen sowie durch das Zeigen auf Körperteile und Objekte in der Nähe konnten die Indianer sich unterhalten, Verträge schließen und Handel treiben. Besonders bei der Jagd und auf Kriegszügen war diese lautlose Sprache von großem Vorteil. Mit über 400 Gebärden konnte dasselbe wie mit über 1000 Wörtern zum Ausdruck gebracht werden. Um sich beispielsweise als Freund erkennen zu geben, schloß man die rechte Hand, hob den Zeige- und

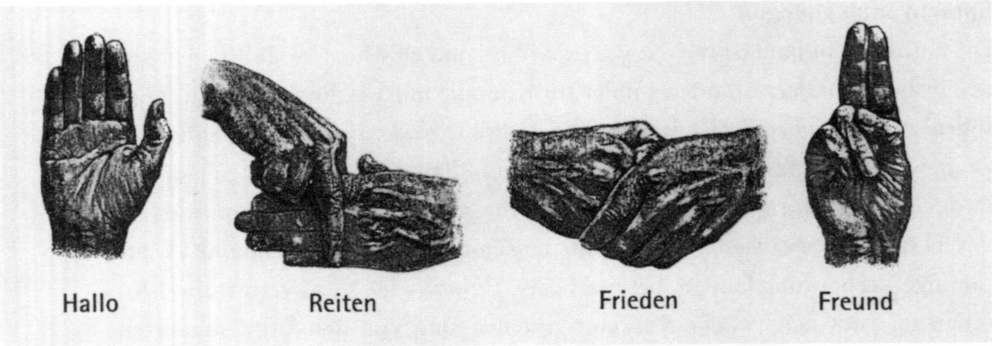

ABB. 31: Beispiele aus dem Repertoire der Plains-Zeichensprache.

Mittelfinger gegen den Himmel und bewegte die Hand langsam von der Gürtellinie bis auf Schulterhöhe. Fuhr man sich mit gespreizten Fingern durchs Haar als würde man sich kämmen, war das die Bezeichnung für „Frau". Und strich man sich in Andeutung einer Hutkrempe mit dem rechten Zeigefinger quer über die Stirn, handelte die Rede vom Weißen Mann. Viele Zeichen waren mehrdeutig und somit flexibel einsetzbar. Wurden beispielsweise die Arme vor der Brust gekreuzt, konnte dies „kalt", aber auch „Winter" und zusammen mit einem fragenden Ausdruck „Wie alt bist Du?" bedeuten.

Entstanden ist die Plains-Zeichensprache wahrscheinlich an der Südgrenze der Plains oder an der texanischen Golfküste. Meister waren die Kiowa, Komantschen, Cheyennen und Arapahos, insbesondere die Männer. Fast 3000 verschiedene Zeichen sind dokumentiert (zum Vergleich: Gehörlose setzen bei einer Gebärdensprache mindestens 750 Zeichen ein). Allmählich hat sich die Zeichensprache immer weiter verbreitet und auch in einzelne „Dialekte" aufgespalten. Im zwanzigsten Jahrhundert wurde sie sogar in British Columbia, Alberta, Saskatchewan und Manitoba praktiziert.

Außerdem existierte in Nordamerika auch ein Kommunikationsmittel über weite Entfernungen (bis zu 80 km): Rauchzeichen. Durch das Verbrennen von trockenem Gras oder noch grünen Zweigen erzeugte man die Rauchsäulen oder -schwaden. Dabei wurden die Flammen mit einer Decke beinahe erstickt,

Sprachen in Kontakt – Überleben als Lehnwörter

Nahezu alle Indianersprachen, sofern sie und ihre Sprecher nicht schon bald ausgestorben waren, haben Wörter aus europäischen Sprachen übernommen. Häufig wurden sie an die Eigenarten der heimischen Sprache angeglichen. Die spanische Bezeichnung für Pferd, „caballo", heißt beispielsweise in der uto-aztekischen Sprache Tubatulabal „kawaayu", weil sie keine Endbetonung und keine bilabialen Laute wie „v" oder „b" kennt. Durch die Lehnwörter haben die amerikanischen Ureinwohner viele Bereiche ihres Wortschatzes erweitert. Dies gilt insbesondere für Bezeichnungen von Gegenständen, die die Indianer erst von Europäern kennenlernten. Aber auch grammatische Elemente sind integriert worden, beispielsweise der Gebrauch von Präpositionen, Konjunktionen sowie Vor- und Nachsilben als Mittel der Wortbildung. In manchen Fällen hat sich sogar der Lautfaktor der Sprache geändert. Die Übernahmen waren seltener bei den Gruppierungen, die den Europäern lange feindselig gegenüberstanden. In Nordamerika sind Lehnwörter nicht nur aus dem Spanischen, Englischen und Französischen, sondern in Alaska und bis nach Kalifornien auch aus dem Russischen häufig, was noch die einstigen Handelsbeziehungen widerspiegelt.

Umgekehrt haben viele europäische Sprachen ebenfalls indianische Wörter übernommen, insbesondere das Spanische und Portugiesische Südamerikas. Auch im Deutschen konnten sich einige Begriffe etablieren. Aus Nordamerika stammen zum Beispiel „Manitu, Mokassin, Squaw, Tomahawk, Skunk, Squash" (aus den Algonkin-Sprachen). Auch Namen wie „Arizona" (Land der kleinen Flüsse), „Connecticut" (am Langen Gezeitenstrom), „Illinois" (Männer), „Kentucky" (Land von morgen), „Michigan" (großes Wasser), „Minnesota" (himmelfarbenes Wasser), „Mississippi" (breiter Fluß), „Ohio" (groß), „Oklahoma" (rote Leute), „Ontario" (glitzerndes Wasser), „Quebec" (Verengung des Wassers), „Saskatchewan" (schnell fließender Fluß), „Texas" (Freund), „Toronto" (Treffpunkt), „Winnipeg" (schlammiges Wasser) und „Yukon" (großes Wasser) gehen auf indianische Bezeichnungen zurück. „Orkan" hat seinen Ursprung im Karibischen oder Maya. „Kanu, Mais, Barbecue, Hängematte, Tabak und Zigarre" gehen auf die karibischen Taino zurück. „Kakao, Schokolade, Kojote, Ozelot, Tomate und Chili" stammen von den Azteken ab. Aus ihrer Sprache übernommen sind ferner „Guatemala" und „Acapulco", was soviel wie „Land zwischen den Wäldern" beziehungsweise „Ort des übergroßen Schilfrohrs" heißt. Aus dem Andenraum (Quechua, Aymará) stammen „Kondor, Koka, Lama, Pampa, Puma". Ebenfalls südamerikanischen Ursprungs sind „Kautschuk" und „Mahagoni". Selbst die Namen mancher Sprachen sind trotz einer geringen Anzahl von Sprechern noch sehr gut bekannt, sei es durch Westernromane und -filme (mit Apachen, Irokesen, Komantschen, Mohikanern, Schoschonen), sei es durch geographische Namen für Flüsse (Athabasca, Chattahoochee), Städte (Cheyenne, Omaha, Ottawa) oder Staaten (Alabama, Dakota, Massachusetts, Utah).

die man dann ruckartig wegzog. Ein allgemein verbindliches Zeichensystem gab es allerdings nicht. Bei den Apachen im Norden New Mexicos bedeutete eine Rauchsäule beispielsweise „Achtung" zur Ankündigung des Aufbruchs oder wenn Feinde entdeckt wurden, zwei Säulen hieß „alles in Ordnung" und drei oder mehr „Alarm". Vereinzelt sind über 20 verschiedene Signale beschrieben, etwa bei den Karankawa in Texas. Außerdem wurden auch Lichtsignale über Spiegel ausgetauscht. Scouts kommunizierten häufig über imitierte Tierstimmen.

Obwohl im präkolumbischen Nordamerika keine schriftliche Verständigung erfunden wurde (im Gegensatz zu den Maya-Hieroglyphen Mittelamerikas), gab es verschiedene Formen einer „gemalten Rede". Die Bilder und Symbole wurden auf Bison- oder Hirschleder oder auf Baumrinden gezeichnet (**ABB.32**). Manche Stämme des Südostens und die Irokesen haben die Piktogramme zu einer richtigen Kunstform entwickelt. Erst nach dem Kontakt mit Europäern entstanden auch einige Schriftsysteme. Bis zu Beginn des 20. Jahrhunderts besonders bedeutsam war die Silbenschrift der Cherokee. Erfunden hatte sie zwischen 1809 und 1821 Sequoyah (1760–1843), der aus lateinischen Buchstaben und selbstgeschaffenen Zeichen 85 verschiedene Silben kreierte. Ab 1828 publizierte er sogar eine überregionale Wochenzeitung („Cherokee Phoenix"), die in Englisch und Cherokee erschien.

Fremde Laute

Die Phonologie der Indianersprachen ist relativ gut erforscht. Vergleichsweise einfache Vokalsysteme herrschen vor, im Osten sind sie komplexer. Häufig sind zudem Tonänderungen sowie Akzente bedeutungstragend. Die Anzahl und Art der Konsonanten variieren stark. Im östlichen Nordamerika dominieren einfachere Systeme, etwa bei den Algonkin-Sprachen in Quebec. Sie haben nur zehn verschiedene Konsonanten. Im Westen dagegen verfügt Zentral-Pomo in Nordkalifornien über das Dreifache davon, und Heiltsuk, eine Wakash-Sprache British Columbias, sogar über das Vierfache (zum Vergleich: Im Deutschen gibt es 8 Vokale und 21 Konsonanten). Während manche in Europa sehr geläufigen Phoneme fehlen, bei Irokesen und Athapasken etwa labile Verschlußlaute („b, p") und bei den Wakash-Sprachen Nasale („m, n"), gibt es andere, die uns wie ein unartikuliertes Gurgeln, Räuspern oder Lispeln vorkommen mögen. Auch für europäische Zungen schier unaussprechliche Konsonantenhäufungen sind keine Seltenheit (beispielsweise heißt „Tier" in der Sprache der Bella Coola an der Nordwestküste „nmnmk"). So fielen frühe Erklärungsver-

ABB. 32: Diese Ojibwa-Piktogramme wurden im neunzehnten Jahrhundert von Henry Schoolcraft reproduziert, einem indianischen Agenten, der in den Stamm eingeheiratet hatte. Sie zeigen die Reihenfolge der Anrufungen, Opfergaben und Gesänge bei einem bestimmten Ritual. Die Ojibwa leben in Kanada und gehören zur Sprachgruppe der Algonkin.

suche dann auch ziemlich hilflos, grotesk und diskriminierend aus: Die gutturale Aussprache der Indianer an der Nordpazifikküste sei auf einen „chronischen Katarrh“ zurückführbar, hervorgerufen durch das feuchte Klima dort, und der weiche Singsang kalifornischer Stämme habe seine Entsprechung in der milden Witterung dieser Region.

Häufig ist auch Lautverdoppelung. Bei Substantiven werden solche Reduplikationen gerne verwendet, um eine besondere Art der Mehrzahl auszudrücken, nämlich die Verteilung eines Gegenstandes „hier und da“ im Raum. Bei den Washo im nordamerikanischen Great Basin bedeutet „gusu“ Büffel, „gususu“ jedoch Büffel hier und da. Die Lautverdoppelung bei Verben hat viele Funktionen. Oft werden damit verschiedene Aspekte ausgedrückt, in welcher Art und Weise eine Handlung aufzufassen ist. Ein besonders ausgeklügeltes System gibt es in der Wakash-Sprache Nootka; die gleichnamigen Indianer leben auf Vancouver Island. Mit einem einzigen Verbstamm, der „Sich umdrehen“ oder „einen Kreis beschreiben“ bedeutet, können sie durch Reduplikationen und das Anhängen von bestimmten Nachsilben folgendes ausdrücken: „sich umdrehen, kreisen; anfangen, sich umzudrehen; anfangen sich umzudrehen, um sich umzudrehen; sich immer wieder im Kreis drehen; anfangen, einen Kreis zu beschreiben; anfangen, eine Reihe von Kreisen zu beschreiben“.

Aber nicht nur bei den Lauten, sondern auch auf den Ebenen von Wort und Satz vermochten Indianersprachen die eingefahrenen Kategorisierungen der Linguisten stark zu strapazieren. Denn in Amerika gibt es zahlreiche faszinierende Besonderheiten, die für indoeuropäische Sprecher ungewöhnlich sind. Mittlerweile ist man glücklicherweise davon abgekommen, Sprachen im Vergleich zu bewerten und damit manche als primitiv geringzuschätzen. Denn jede Sprache der Welt hat so komplexe Strukturen, daß sie in ihrem Zweck, Ausdrucks- und Kommunikationsmittel zu sein, keiner anderen unterlegen ist; das beweist schon die Tatsache, daß es auch unter den Ureinwohnern der Neuen Welt Rhetoriker gab. Sie macht auch den jedwelche Einzelsprache übersteigenden Reichtum des menschlichen Sprachvermögens erst deutlich. Und sie ermöglicht es, die Charakteristika der eigenen Sprache im Kontrast mit anderen schärfer zu konturieren und scheinbar selbstverständliche Strukturen zu verstehen und zu relativieren.

Bandwurmwörter

Typisch für viele indianische Sprachen ist ein Merkmal, das schon Wilhelm von Humboldt betont hat, und das als *polysynthetisch* oder *inkorporierend* (einverleibend) bezeichnet wird. Damit ist gemeint, daß solche Sprachen die Tendenz haben, die syntaktischen Beziehungen im Satz durch das An- und Ineinanderfügen lexikalischer und grammatischer Elemente auszudrücken. Syntaktische Funktionen wie Subjekt, Objekt und Adverbiale, die einen Sachverhalt hinsichtlich Zeit, Aspekt, Stimmung, Person, Zahl, Geschlecht, Richtung, Ort, Bewegungstyp einer Handlung oder Ursächlichkeit bestimmen, werden einem Prädikat gewissermaßen einverleibt. Was in indoeuropäischen Sprachen mit einem Satz oder Teilsatz ausgedrückt werden muß (beispielsweise „der mit dem Wolf tanzt"), kann in polysynthetischen Sprachen deshalb häufig in einem einzigen, oft sehr langen Wort komprimiert werden. Ein solches Wort besteht daher aus vielen bedeutungstragenden Teilen (Morphemen). Es kommt durch das bei inkorporierenden Sprachen vorhandene Vermögen zustande, eine riesige Zahl von Morphemen an schon für sich selbständige Wörter anzuheften und so deren Bedeutung zu erweitern. Dies geschieht meist in Form von Affixen: in der Regel Suffixen (Nachsilben), in manchen Sprachen aber auch durch Präfixe (Vorsilben). Auf diese Weise ergeben sich regelrechte Wortungetüme, die unser Konzept von „Wort" beinahe zu sprengen drohen. So heißt „Diejenigen, die sitzen werden um mit einem Messer einen schwarzen Büffel aufzuschneiden" bei den Paiute-Indianern in Kalifornien „Wiitokuchumpunkurüganiyugwivantümü" (wörtlich „Messer-Schwarz-Büffel-Haustier-schneiden-auf-sitzen-*Plural-Futur-Partizip-belebt-Plural*"). „Ehkiwinamohtatiwach(i)" bedeutet im Fox, einer Algonkin-Sprache am Mississippi, frei übertragen „Dann hielten sie ihn gemeinsam hier und dort auf der Flucht vor ihnen". Und „Yuterihway stáhkhwa", ein Verb in der Irokesen-Sprache Mohawk, die in Ontario, Quebec und dem Staat New York verbreitet ist, läßt sich übersetzen mit „man verwendet es, um sich dazu zu bringen, Wörter zu lernen" (genauer: „Man-selbst-Wort-lernen-verursachen-verwenden-gewöhnlich") – gemeint ist schlicht „Schule". An diesen Beispielen wird auch eine praktische Schwierigkeit deutlich: Was eigentlich soll vom Vokabular (oder den Satzwörtern) polysynthetischer Sprachen auf welche Weise in einem Lexikon erfaßt werden?

Exotische Genauigkeit

Häufig entwickelt in Indianersprachen ist der Aspekt. Damit wird eine grammatische Kategorie des Verbs bezeichnet, durch die zum Ausdruck kommt, wie der Sprecher den in der Verbalform benannten Vorgang in bezug auf die Sprechsituation sieht, nämlich ob er einen Vorgang als noch andauernden Verlauf oder als ein schon abgeschlossenes Ereignis betrachtet. Auf allen Tempusstufen gibt es den Aspekt auch im Russischen, ansatzweise selbst im Englischen und Französischen.

Einige Indianersprachen machen zeitliche Unterscheidungen sogar bei Nomen. Deren Markierung bringt dann zum Ausdruck, ob jemand noch am Leben ist beziehungsweise ob etwas noch funktioniert oder nicht. Andererseits brauchen manche Sprachen nicht notwendig zwischen Vergangenheit und Gegenwart zu unterscheiden. Bei Bedarf sind sie freilich dazu in der Lage, indem sie Wörter wie „heute", „vor langer Zeit" und so weiter verwenden. Navajo-Verben, die sich auf Zustände oder Verfassungen beziehen, unterscheiden beispielsweise weder Zeit noch Aspekt. Sie spezifizieren das Verschwinden oder Fehlen von Bewegung, und ob das beschriebene Objekt an einem bestimmten Punkt in Zeit und Raum in einer gegebenen Position ist. So bedeutet Berg „ein runder, fester Gegenstand liegt in Ruhe", Bergkette „runde, feste Gegenstände liegen in einer Reihe" und Felsspitze „ein starrer Gegenstand hat Ausdehnung von einem festen Punkt". Andererseits werden Navajo-Verben, die sich auf Ereignisse beziehen, konkret in Begriffen der Bewegung materieller Körper (oder damit zusammenhängender Metaphern) aufgefaßt. Dabei wird sehr genau die Form und Gestalt der Objekte sowie ihre räumliche Verteilung berücksichtigt. Der Satz „er hebt etwas auf" muß auf zwölf verschiedene Weisen ins Navajo übersetzt werden, je nachdem, ob der Gegenstand rund, fest, lang, schmal, belebt, textil, klobig, wollig, seil- oder schlammähnlich ist oder ob er zu einer Gruppe gehört oder einen festen Behälter darstellt. Überdies wurden auch Substantive oft als Bewegung dargestellt. „Vollmond" heißt zum Beispiel wörtlich übersetzt: „reifenähnlicher Gegenstand ist hervorgerollt".

Welche Sachverhalte in einer Sprache obligatorisch, also notwendig auszudrücken sind, wenn man grammatisch korrekt redet, und welche nach Belieben thematisiert werden können oder nicht, ist keineswegs universell. Im

Deutschen haben Verben zum Beispiel Genus, Numerus und Tempus, in nordamerikanischen Sprachen kann eine dieser Kategorien fehlen. In ihnen braucht man also Geschlecht, Zahl oder Zeit nicht notwendig mitzuteilen, kann es aber, wenn man will. Doch dafür müssen dort andere Unterscheidungen getroffen werden.

So ist beispielsweise in manchen Sprachen der Gewißheitsgrad einer Aussage grammatisch zu markieren. In der nordkalifornischen Wintu-Sprache heißt der Satz „er hackt Holz" „pi k'upabe" – aber nur, wenn der Sprecher dies bezeugen kann, weil er es mit eigenen Augen oder Ohren wahrgenommen hat. Weiß er es dagegen bloß von Berichten anderer, sagt er „pi k'upanthe". Und nimmt er es lediglich an, weil derjenige, von dem die Rede ist, es immer um diese Zeit tut, lautet die korrekte Verbform „pi k'upa'el". (Solche Unterscheidungen wären für Pressemeldungen, Reportagen und Politikerreden wünschenswert und würden auch Gerüchte immer als solche kennzeichnen.)

Das als Obviativ oder Switch-Referenz bezeichnete Merkmal ist ein hilfreiches grammatisches Instrument, Mehrdeutigkeiten in einfachen Sätzen zu vermeiden: Der Satz „er weiß, daß er beleibt ist", besitzt eine Ambiguität in bezug auf das zweite „er". Der Satz bringt nämlich zum Ausdruck, daß entweder das Subjekt von sich selbst weiß, beleibt zu sein, oder daß derjenige, von dem die Rede ist, weiß, daß ein anderer beleibt ist. Im Deutschen muß der Bezug daher aus dem Kontext erschlossen oder explizit, beispielsweise mit Hilfe von Namen, ausgedrückt werden. Andere Sprachen dagegen, etwa Algonkin oder die Yuma-Sprache Mojave, lassen die Doppeldeutigkeit gar nicht erst aufkommen. Hier schreibt die Grammatik vor, ob das Subjekt des Satzes sich selber meint, wenn es heißt „er weiß, daß er beleibt ist" (Mojave: „isay-k suupaw-pc"), oder ob auf eine andere Person referiert wird („isay-m suupaw-pc"). Benjamin Lee Whorf hat sehr schön beschrieben, wie die Unterscheidung zwischen dieser dritten und vierten grammatischen Person (im folgenden durch Indizes markiert) eine große Hilfe bei der prägnanten Beschreibung komplizierter Situationen sein kann, für die wir in schwerfälligen Umschreibungen Zuflucht suchen müssen. Mit Hilfe des Obviativs ließe sich beispielsweise eine Episode von Wilhelm Tell folgendermaßen erzählen: „Wilhelm Tell rief $seinen_3$ Sohn und befahl ihm_4, ihm_3 $seinen_3$ Pfeil und Bogen zu bringen, die er_4 ihm_3 dann brachte. Er_3 befahl ihm$_4$, stille zu stehen und legte einen Apfel auf seinen$_4$ Kopf, nahm sodann seinen$_3$ Pfeil und Bogen und sagte ihm$_4$, er$_4$ brauche sich$_4$ nicht zu fürchten. Dann schoß er$_3$ den Apfel von seinem$_4$ Kopf , ohne$_4$, ihn$_4$ zu verletzen." Und Whorf kommentiert: „Ein derartiges Ausdrucksmittel würde uns bei der genauen Beschreibung komplizierter Rechtslagen sehr helfen. Wir würden endlich solche Wendungen wie ‚der Unterzeichnete zu 1' oder ‚der vorgenannte Hans Müller soll seinerseits' et cetera loswerden."

Andere Klassifikationen und Kategorien

Auch andere Feinheiten, über die unsere Sprache hinweggeht, werden in vielen Indianersprachen gekennzeichnet. Im nordkalifornischen Shasta beispielsweise ist markiert, ob jemand etwas allein oder mit anderen tut, oder ob sogar eine ganze Gruppe als Einheit handelt. Dagegen gibt es Sprachen, welche die für uns selbstverständliche Spezifikation in Singular oder Plural nicht grammatisch durchführen, sondern bei Bedarf lexikalisch. Woanders hingegen werden Personen beziehungsweise die dafür stehenden Personalpronomen nicht nur in bezug auf Sprecher („ich, wir"), Adressaten („du, ihr") und Dritte („er, sie es; sie") differenziert, sondern auch noch danach, ob der Sprecher mit den Adressaten in einen Sachverhalt eingeschlossen ist oder nicht (inklusive beziehungsweise exklusive erste Person). Das Fehlen einer solchen Entscheidung führt bei uns manchmal zu Mißverständnissen. Mitunter müssen Sprachen, etwa die der Algonkin, zudem noch auseinanderhalten, ob die dritte Person die einzige ist beziehungsweise im Mittelpunkt des Gesprächs steht oder nicht.

Eine weitere wichtige Klassifikation betrifft die Gegenstände der Rede. In den indoeuropäischen Sprachen sind drei grammatische Geschlechter vorherrschend (Maskulin, Feminin, Neutrum), in afrikanischen häufig nur zwei. Sie dürfen nicht mit dem „natürlichen" Geschlecht verwechselt werden, das sie mehr oder weniger genau abbilden. Sie werden durch Endungen des Substantivs (etwa im Russischen und Lateinischen), durch Artikel und/oder durch Pronomen („er, sie, es") ausgedrückt. Viele Indianersprachen machen diese Unterscheidung nicht, andere auf eine für uns ungewöhnliche Weise. Bei der Sioux-Sprache Mandan etwa werden auf Maskulina bezogene Verben markiert, wenn sie sich auf Männer, gemischte Gruppen, männliche Tiere und Tabak-Pflanzen,

Steine oder die Gottheit beziehen. Auch im Gebrauch der grammatischen Person unterscheiden sich manche Indianersprachen stark von indoeuropäischen Sprachen. Die Athapasken kennen eine vierte grammatische Person, mit dem ein Mensch im Vergleich zu einem anderen als wichtiger oder interessanter ausgezeichnet wird. Andere Sprachen verzichten auf eine Markierung der Verben in der dritten Person. So heißt „hita“ in Chickasaw (gesprochen in Oklahoma) sowohl „tanzen“ als auch „er tanzt“.

Viele Sprachen kategorisieren die Gegenstände in Personen und Sachen, und wieder andere, etwa die kanadische Algonkin-Sprache Ojibwa, in belebt und unbelebt. Im südlichen Tiwa (in Mexiko) gilt beispielsweise alles als belebt (und wird mit dem Suffix „-de“ markiert), was sich selbst bewegen kann – dazu gehören heute auch Kraftfahrzeuge. Die Yuchi in Oklahoma differenzieren Nomen mit nachgestalteten Artikeln. Dabei machen sie bei belebten Nomen durch eingefügte Silben noch weitere Unterschiede zwischen Yuchi-Stammesmitgliedern einerseits und sonstigen Lebewesen (Menschen anderer Stämme, Tiere, mythologische Gestalten und Mond) andererseits; dieselbe Klassifikation gilt für die Demonstrativa „dieser, diese, dies“.

Besonderheiten im Vergleich zu europäischen Sprachen zeichnet auch das Kasus-System vieler Indianersprachen aus. Häufig sind Affixe, die als Instrumentalis bezeichnet werden und beispielsweise ein Mittel („durch Hitze“) oder Medium („unter Beteiligung von Wasser / den Füßen“) angeben. Besitzverhältnisse werden in vielen europäischen Sprachen durch den Genitiv bezeichnet. Die meisten nordamerikanischen Indianersprachen markieren dagegen das Substantiv, das den Besitz darstellt. Oft wird außerdem noch unterschieden, ob dieser Besitz aufteilbar beziehungsweise übertragbar ist oder nicht. Letzteres trifft für Körperglieder, Verwandtschaftsbeziehungen, den Namen oder die Sprache einer Person zu. Dabei erfolgt diese Aufteilung in verschiedenen Sprachen nicht immer gleich. Mitunter kann die Kategorie sogar wechseln. In Maricopa, einer Yuma-Sprache Mexikos, ist dies beispielsweise bei „Mann“ der Fall. Er wird, grammatisch betrachtet, unveräußerbar, sobald er durch Heirat zum Gatten avanciert. In manchen Sprachen schließlich, etwa Lakota und der Irokesen-Sprache Seneca, sind Verwandtschaftsbezeichnungen eine dritte syntaktische Kategorie.

Sprachen ohne Subjekt, Hauptwörter oder Verben?

Eine grundlegende Klassifikation ist die nach der Wortordnung, also der Stellung von Subjekt, Objekt und Verb im Satz. Auf dem amerikanischen Doppelkontinent sind alle von anderen Sprachen bekannten Möglichkeiten vertreten. Häufig steht das Verb am Ende. Die Rigidität der Wortordnung variiert zwischen den Sprachen erheblich.

Doch nicht alle Sprachen identifizieren die wichtigsten Gegenstände der Rede als Subjekt und Objekt. Polysynthetische Sprachen, etwa Irokesisch, Pomo, Yuchi und Haida, unterscheiden stattdessen häufig die semantischen Rollen des Agenten und des Patienten. Ferner gibt es die Ergativ-Absolut-Unterscheidung, zum Beispiel bei Chinook und vielen Eskimo-Sprachen (aber auch außerhalb Amerikas etwa in kaukasischen und austronesischen Sprachen).

Der Ergativ ist ein nicht-nominativischer Kasus, der den Handlungsträger bei transitiven Verben bezeichnet. Transitive Verben benötigen einen Akkusativ-Objekt („ein Buch lesen") und sind vollständig passivfähig, während Sätze mit intransitiven Verben (wie „lächeln") kein oder nur ein unpersönliches Passiv bilden können („es wurde viel gelächelt"). In Sprachen mit ergativer Struktur wird das Subjekt des intransitiven Verbs mit der gleichen Kasusmarkierung versehen wie das direkte Objekt bei transitiven Verben, während das Subjekt des transitiven Verbs durch eine abweichende (ergativische) Kasusform bezeichnet wird. Bei transitiven Verben steht also das Wort, das in europäischen Sprachen das Subjekt wäre, nicht im Nominativ, sondern im Ergativ; im Nominativ steht dagegen das direkte Objekt (und das Subjekt bei intransitiven Verben). Zum Beispiel heißt es in ergativischen Sprachen nicht „ich (Nominativ) schreibe (Verb) drei Briefe (Akkusativ)" sondern, wenn man es im Deutschen nachzuahmen versucht, „drei Briefe (Nominativ) im Geschriebenwerden (Verb) ich (Ergativ)". In ergativischen Sprachen besteht folglich Kongruenz (also die formale Übereinstimmung syntaktisch zusammengehöriger Komplexe hinsichtlich ihrer grammatischen Kategorien wie Genus und Numerus durch morphologische Kennzeichen) nicht – wie in nominativischen Sprachen – zwischen Verb und Subjekt, sondern zwischen Verb und indirektem Objekt. (Daraus wurde sogar gelegentlich die Konsequenz gezogen, daß das Subjekt als Kategorie nicht universell sei.)

Bestimmte grammatische Kategorien, die uns unverzichtbar erscheinen, fehlen in den Sprachen der amerikanischen Ureinwohner mitunter. Inuktitut zum Beispiel, die Sprache der Inuit, Eskimos im Norden Kanadas, hat weder Hilfsverben noch Präpositionen und subordinierende Konjunktionen (wie „daß, falls, weil"). Und zahlreiche Sprachen, etwa die der Irokesen sowie Chinook, Süd-Paiute und Yurok kommen ohne oder fast ohne Adjektive aus.[5] An ihrer Stelle werden Nomen oder deskriptive Verben benutzt. Statt „der große Mann" heißt es dann „der Mann, der Große" oder „der Mann, er ist groß". Und separate Verben oder Affixe am Verb erfüllen die Funktion unserer Adverben. Beispielsweise sagt man statt „sie lief langsam" dann: „sie lief, sie war langsam".

Besonders bedeutsam, aber auch entsprechend kontrovers diskutiert ist die These, daß selbst Nomen und Verben keine universellen Kategorien der menschlichen Sprache seien. Denn in verschiedenen Sprachgruppen an der Pazifikküste der USA und Kanadas (Chimkua, Salish und Nootka) scheinen sich die Kategorien nicht unterscheiden zu lassen.[6] Und für Inuktitut wurde behauptet, daß die Kategorie des Verbs nicht erfüllt sei.[7] Cayuga, Oneida und andere Irokesen-Sprachen Ontarios sollen dagegen keine Nomen besitzen.[8] Bei ihnen seien die Ingredienzien des traditionellen Nomenbegriffs unabhängig voneinander auf mindestens fünf verschiedene Bereiche der Morphologie und Syntax verteilt. Was europäische Sprecher als Zustandsträger konzeptualisieren (zum Beispiel „Großvater") würde Cayuga als Zustand ausdrücken („Großvater sein"). Und statt „Bär" soll es im Oneida ungefähr *„es-(impersonal)*-bärt-ihn" heißen.

Falls sich die Hypothesen halten lassen, hätte das weitgehende Folgen für die Linguistik. Seit Platon und Aristoteles ist die Unterscheidung von „onoma" (Subjekt beziehungsweise Nomen) und „rhema" (Prädikat beziehungsweise Verb) grundlegend. Dionysios Thrax (ca. 170–90 v. Chr.) hat sie für das Altgriechische sowohl semantisch (für Körper und Sachverhalte beziehungsweise Aktivitäten oder Betroffensein) als auch morphologisch festgelegt (Nomen haben unter anderem Genus, Numerus, Kasus; Verben haben Tempus, Modus, Numerus, Person); später ist sie auf das Lateinische übertragen worden. Und seither wird sie meist als konstitutiv für die Beschreibung jeder Sprache angesehen. Insbesondere sind Nomen und Verb die zentralen Kategorien der generativen Transformationsgrammatik. Dieses maßgeblich von Noam Chomsky entwikkelte Konzept ist das zur Zeit vorherrschende Paradigma in der Linguistik und geht von einer angeborenen „Universalgrammatik“ aus.[9] Die grammatischen Strukturen der jeweiligen Einzelsprachen sind danach nur Ausformungen dieser generellen Tiefenstruktur, die der menschlichen Sprachfähigkeit zugrunde liegt. Sie sind gewissermaßen Parameter, die beim Spracherwerb fixiert werden. Sie dienen dann als (unbewußtes) Gerüst, mit dem die Sätze aus den jeweils gelernten Wörtern regelrecht gebildet werden. Wenn die universelle Nomen-Verb-Unterscheidung aber nicht zu halten wäre, weil diese Kategorien nicht oder nur unterhalb der Wortebene erfüllt sind, wird die Schnittstelle zwischen Wortschatz und Syntax problematisch. Dann müßte der Ansatz der Universalgrammatik entweder eingeschränkt oder aufgegeben werden. Somit wäre der universelle Anspruch dahin oder das ganze Projekt gescheitert. Als weitere Möglichkeit bliebe, die theoretischen Fundamente noch tiefer zu legen.

Indianersprachen sind für die Linguisten also nicht einfach bloß exotische Studienobjekte, sondern sehr wertvoll für die Theoriebildung. Sie zeigen auch, daß vermeintlich übergreifende Kategorien und grammatische Begriffssysteme mitunter nur einzelsprachliche Generalisierungen darstellen, die man nicht ohne Bedenken verallgemeinern und anderen Sprachen überstülpen darf. Der Zugang zu fremden Sprachstrukturen ist das letztlich nur über Offenheit und die Anerkennung ihrer möglichen Andersartigkeit erfolgversprechend.

Sprache – Denken – Wirklichkeit

Ursprünglich war die Sapir-Whorf-Hypothese, und das ist für ihre Diskussion nicht unwichtig, zunächst einmal gegen einen grammatischen Dogmatismus gerichtet, der alles in das Prokrustesbett der europäischen Sprachstrukturen zu pressen versuchte – getreu dem Motto: Wenn mein einziges Werkzeug ein Hammer ist, dann muß jedes Problem ein Nagel sein. Boas und Sapir argumentierten also gegen eine isolierte Betrachtung von Sprache, Denken und Kultur und das heißt gegen die Trennung von Linguistik, Kognitionspsychologie und Anthropologie. Whorf hat das sprachliche Relativitätsprinzip dann radikalisiert. Aus seinen Schriften geht allerdings nicht eindeutig hervor, wie stark es zu lesen ist. Als *Prinzip* im strengsten Sinn wäre es höchstens illustrierbar, aber nicht hintergehbar und schon gar nicht wissenschaftlich zu überprüfen – und dann womöglich eine leere Tautologie. Eher scheint die These aber eine *Grundannahme der Forschung* zu sein und somit eine regulative Idee. Oft ist sie jedoch als *wissenschaftliche Hypothese* gelesen worden. Dies mag ein Mißverständnis sein, dann aber ein fruchtbares, weil es zu vielen spannenden Untersuchungen angeregt hat.

Zu unterscheiden sind ferner die Interpretationen der Sapir-Whorf-Hypothese 1. als *kognitive Abhängigkeitsthese,* nach der das mit einer bestimmten Sprache übernommene Begriffsschema Erfahrung und Denken des einzelnen Menschen prägt, 2. als *Sprachabhängigkeitsthese,* die das Begriffsschema als notwendig sprachlich erweist, und 3. als *Relativitätsthese,* die besagt, daß die verglichenen Sprachen unterschiedliche Begriffsschemata enthalten, denen jeweils eine verschiedene Weise des Denkens und des Erfahrens entspricht. Bei genauer Betrachtung stecken also mindestens zwei Behauptungen in der Sapir-Whorf-Hypothese, nämlich eine *deterministische* (Denken und Weltsicht eines Individuums sind durch die Sprache bestimmt) und eine *relativistische* (die Einzelsprache bedingt durch ihre Struktur die Weltsicht eines Individuums beziehungsweise einer Gesellschaft, und unterschiedliche Sprachstrukturen implizieren unterschiedliche Weltbilder). Beide Behauptungen können *in einem schwachen und in einem starken Sinn* gelesen werden – im Sinn einer mehr oder weniger großen Beeinflussung, aber auch im Sinn einer notwendigen (kausalen), womöglich unhintergehbaren Bedingung. Sapir und Whorf wollten ihre Hypothese sicherlich auf Gewohnheiten, alltägliche Handlungen sowie auf den üblichen Gebrauch der Sprache und auf das „normale" Denken beschränkt wissen und zielten nicht auf das in höchster Selbstreflexion schwelgende Räsonieren. Ihren Relativismus verstanden sie wahrscheinlich nicht im absoluten Sinn, da sie nicht bezweifelten, daß gewisse Erfahrungen sprachunabhängig und von jedem gleich gemacht würden. (Dies ist von einer erkenntnistheoretischen Perspektive aus gesehen freilich nicht unproblematisch; philosophisch am interessantesten und dem „gesunden Menschenverstand" am meisten widerstrebend ist deshalb die starke Version des sprachlichen Determinismus und Relativismus.) Mit Weltbildern war zunächst die alltägliche Welterfahrung gemeint, erst in zweiter Linie eine wissenschaftliche Weltsicht und religiöse oder politische Ideologien. Boas hat jedoch behauptet, daß polysynthetische Sprachen die Entwicklung von abstraktem Denken verhindern könnten. Denn Zustände werden durch Substantive ausgedrückt. Bei vielen Indianern dominieren aber Verben und Konkreta, was sich eher für ein mythologisches Denken eigne. Auch wurde vermutet, daß die pathozentrischen Sprachen, die Handlungen aufs Individuum beziehen, nicht umgekehrt, eine passive Anpassung dieses Individuums an eine übernatürliche Welt aufweisen. Doch zeugen solche Überlegungen wohl eher von indoeuropäischer Überheblichkeit als von linguistischem Scharfsinn.

Whorf und der Relativismus

Der Grund dafür, daß Whorfs Thesen nicht nur unter Linguisten, sondern auch Philosophen für Aufsehen gesorgt haben, besteht darin, daß er die Schwierigkeit, das Verhältnis von Sprache und Denken zu klären, mit der Brisanz der *Relativismus*-Problematik verknüpft hat. Dies bereitet besonders demjenigen Unbehagen, der einen *Objektivismus* vertritt, also Denken rein logisch, abstrakt, mechanisch und unkörperlich versteht sowie Sprache als direkte, eindeutige Repräsentation einer objektiven Wirklichkeit ansieht. Freilich ist die Gretchenfrage zwischen Objektivismus beziehungsweise Realismus einerseits oder Relativismus andererseits in dieser Zuspitzung gar nicht notwendig. Denn es gibt auf beiden Seiten viele Spielarten.

Relativistische Positionen können total oder radikal sein (es gibt keine oder nur wenige Gemeinsamkeiten zwischen zwei Begriffsschemata), sie können sich aber auch auf kleine oder nur irgendwelche Unterschiede (sogar bloß einen) beschränken. Wichtig ist vor allem, wie tiefgreifend diese Unterschiede sind. So erscheinen verschieden differenziert ausgeprägte Vokabulare (etwa für „Schnee" und so weiter) als ziemlich harmlos, da sie nur relativ isolierte Domänen des Denkens tangieren, die andere Bereiche kaum beeinflussen. Fundamentale Konzepte wie die von Raum, Zeit, Ereignis, Kausalität und Handlung dagegen betreffen weite Teile des Begriffssystems. Sie sind häufig auch in eine bestimmte grammatische Form gekleidet und somit der freien Verfügbarkeit entzogen. Nicht unterschlagen sollte man ferner, daß sich viele Konzepte gar nicht auf eine objektive Realität beziehen (falls davon zu sprechen überhaupt sinnvoll ist), sondern auf „imaginäre" mentale Vorstellungen wie Metaphern und Übertragungen (Metonymien) sowie auf spezifische, sozial konstruierte Konzepte, die erst durch Handlungen wirklich gemacht werden.

Auch ab wann konzeptuelle Systeme verschieden (unvereinbar, inkompatibel, inkommensurabel) sind, so daß überhaupt von Relativismus gesprochen werden kann, ist umstritten. Als Kriterium wurde unter anderem vorgeschlagen: ein Begriffssystem ist *inkommensurabel* zu einem anderen, wenn es nicht übersetzt, verstanden, gelernt oder ähnlich gebraucht oder organisiert werden kann. Doch diese Kriterien für Inkommensurabilität sind gewissermaßen selbst inkommensurabel. Und sogar alle zusammen sind wenig brauchbar, weil viel zu stark.

Für die Praxis entscheidend sind also nicht die philosophischen Schreckgespenster von unüberbrückbaren Abgründen. Wenn zwischen zwei Begriffsschematas nicht direkt und eindeutig übersetzt werden kann, ist deshalb ein *Verständnis* des anderen Schematas noch nicht ausgeschlossen. Und wenn auch das nicht möglich wäre, sollte das andere Konzept bei ähnlichen Erfahrungen und aufgrund gemeinsamer kognitiver Kapazitäten der Menschen doch zumindest erlernt werden können. Unterschiedliche Begriffsschemata müssen entgegen Whorfs Auffassung folglich nicht als unveränderliche, monolithische Blöcke betrachtet werden, innerhalb derer man unwiderruflich gefangen ist. Sie sind also nicht unhintergehbar. Aber ihre Unterschiede können doch so weitreichend und einflußreich sein, daß diese sich im Denken und Handeln niederschlagen. Wesentlich dabei und für ihre Ausprägung charakteristisch ist daher nicht Inkommensurabilität der Konzepte, etwa die räumlicher Bezugnahme, sondern die Tatsache, daß diese Konzepte in manchen Sprachgemeinschaften *automatisch, ohne Anstrengungen, unbewußt, konventionell, ohne Ausnahme und fast jederzeit* (im Sprechen, Hören und sogar Träumen) verwendet werden und auch *grammatisch fixiert* sind, in anderen Sprachgemeinschaften jedoch nicht.

Whorf vertrat sicherlich keinen totalen Relativismus, war aber von radikalen Differenzen zwischen den indoeuropäischen und den Indianersprachen überzeugt, die sich in Denken, Handeln und Weltbild niederschlagen. (Sein Interesse war übrigens geweckt worden, als er, ein strenggläubiger Christ und am Massachusetts Insitut of Technology ausgebildeter Chemieingenieur, Widersprüche zwischen Bibel und Wissenschaften erkannte. Diese, so glaubte er, seien auf eine inadäquate Übersetzung der Bibel in die indoeuropäischen Sprachen zurückzuführen.) Obwohl er die Auffassung vertrat, daß derart verschiedene Sprachen mit inkommensurablen Begriffssystemen hinsichtlich so fundamentaler Konzepte wie Raum, Zeit, Verursachung, Ereignisstruktur und Klassifikationen einhergehen, glaubte er zugleich an eine objektive Realität, auf die die Sprachen mehr oder weniger gut passen. Daß er dem Hopi eine Überlegenheit gegenüber den indoeuropäischen Sprachen zubilligte, und daß er nahelegte, daß die Europäer von den Indianern lernen sollten, nicht umgekehrt, war in jener an massiven Vorurteilen und Diskriminierungen so reichen Zeit eine Zumutung – beinahe undenkbar. Diese humanistische Pionierleistung sollte neben seinen fruchtbaren linguistischen Anstößen nicht vergessen werden.

Whorf versuchte seine These vor allem auf den Ebenen des Wortschatzes und der Grammatik zu illustrieren und zu belegen. Nachfolgende Untersuchungen haben freilich gezeigt, daß das sprachliche Relativitätsprinzip selbst zu relativieren ist.

Die Welt im Spiegel der Worte

Für Sapir war der Wortschatz „ein komplexes Inventar aller Vorstellungen, Interessen und Tätigkeiten, die im Blickpunkt einer Gesellschaft stehen". Auch Whorf war davon überzeugt, daß der Wortschatz für die Konzeptualisierung der Wirklichkeit eine viel wichtigere Rolle spielt, als man gewöhnlich denkt. Das betrifft sowohl die *Differenzierung* als auch die *Kategorisierung*. Sprache ist Whorf zufolge deshalb kein Abziehbild der Wirklichkeit, sondern für ihre Erfahrung konstitutiv: „Wir gliedern die Natur entlang von Linien, die uns durch unsere Muttersprachen vorgegeben sind. Die Kategorien und Typen, die wir aus der phänomenalen Welt herausheben, finden wir nicht einfach in ihr – etwa weil sie jedem Beobachter in die Augen springen; ganz im Gegenteil präsentiert sich die Welt in einem kaleidoskopartigen Strom von Eindrücken, der durch unseren Geist organisiert werden muß – das aber heißt weitgehend: von dem sprachlichen System in unserem Geist."

Ein berühmtes Beispiel stammt von Boas. Ihm zufolge besitzen Eskimos vier Wörter für „Schnee" (Schnee auf dem Boden, Schneewächte, fallender und treibender Schnee). Diese Wortfülle mag deutschen Muttersprachlern im Hinblick auf ihr eignes Vokabular („Harsch, Firn, Papp- und Pulverschnee" und so weiter) nicht sonderlich dramatisch erscheinen, auch wenn sich bei großzügiger Zählung sogar ein Dutzend Schnee-Wörter ausmachen lassen. In manchen Sprachen Mittelamerikas oder Afrikas gibt es jedoch bloß ein Wort für das ganze

Bedeutungsfeld „Schnee, Eis, Frost". (Im Lauf der Zeit hat sich Boas Beispiel übrigens verselbständigt – die Zahlen wurden immer größer, so daß schließlich in einer Wettervorhersage Clevelands behauptet wurde, die Eskimos hätten 100 Wörter für „Schnee"; überdies sind solche Zählungen bei genauer Betrachtung nicht unproblematisch, da die Wörter „Eskimos", „Wörter" und „für Schnee" selbst mehrere Bedeutungen haben![10]) Analoge Beispiele betreffen die Vielzahl der Benennung von „Reis" im Japanischen, „Korb" und „Ameise" bei den Garo im indischen Assam oder „Kokosnuß" in polynesischen Sprachen. Weitere Fälle unterschiedlicher Differenzierungen oder andersartiger, mit den mitteleuropäischen Anschauungen nicht kompatiblen Kategorisierungen sind bei Anredeformen, Verwandtschaftsbezeichnungen sowie volkssprachlichen Ordnungen von Pflanzen, Haustieren, Krankheiten, Bergformen, Mondphasen und so weiter gegeben.

Ist die Wahrnehmung der jeweiligen Weltausschnitte bei Sprechern mit einem solchermaßen differenzierten oder anders geordneten Wortschatz feiner beziehungsweise anders? Wenn das der Fall und in der Praxis relevant wäre, müßten daraus unterschiedliche Verhaltensweisen folgen, die man experimentell überprüfen kann. Tatsächlich gibt es bereits solche Untersuchungen. Insbesondere die Erkennung und Benennung von Farben ist gut erforscht.[11] Allerdings geben diese Studien gewissermaßen selbst ein buntes Bild.

Das menschliche Auge kann rund zwei Millionen Farbtöne unterscheiden – aber es wäre weder ökonomisch noch praktikabel, sie alle gesondert zu bezeichnen. Interessanterweise (und vielleicht aus sinnes- und neurophysiologischen Gründen) erfolgt die Auszeichnung bestimmter Bereiche im Farbenmeer nicht willkürlich. Vielmehr lassen sich in allen Sprachen eine geringe Anzahl grundlegender Farbwörter nachweisen (maximal elf), die sich zum größten Teil entsprechen. Schwarz, Weiß, Rot, Grün, Gelb, Blau, Braun sind am häufigsten, hinzu kommen noch Purpur, Pink, Orange und Grau. Es zeigt sich nun, daß das Auftreten dieser Basisfarbwörter nicht in beliebigen Kombinationen erfolgt, sondern gewissen Regeln unterliegt, die eine Rangfolge festlegen: Gibt es nur zwei Basisfarbwörter, stehen diese für Schwarz und Weiß; ein drittes meint Rot, das vierte entweder Grün oder Gelb, das fünfte dann entsprechend Gelb oder Grün; als nächstes folgt ein Wort für Blau, dann für Braun und gegebenenfalls so weiter. Diese einfachen Regeln haben sich nach weiteren Untersuchungen – mittlerweile bei über 100 Sprachen – zwar als zu stark vereinfacht erwiesen. Trotzdem ließen sie sich in der Tendenz bestätigen. Genauer formuliert muß man sagen: Enthält eine Sprache nur zwei Basisfarbwörter, so bezeichnen diese den hellen und warmen Bereich Weiß-Rot-Gelb und den dunklen und kalten Bereich Schwarz-Blau-Grün; enthält sie drei sind es Weiß, Rot-Gelb und Schwarz-Blau-Grün. Die weitere Aufteilung erfolgt nun aber variabler als ursprünglich gedacht. Andererseits hat sich das Primat der erwähnten Basisfarbwörter erhärtet. Und obwohl sich die Farbgrenzen (zum Beispiel zwischen Blau und Grün, worüber sich endlos streiten läßt, oder zwischen Gelb und Rot bei Orangetönen) als ziemlich variabel herausstellten, auch bei Sprechern derselben Sprache, wurden die Fokalfarben (etwa das „beste" Rot) sehr ähnlich bestimmt, was sicherlich auf eine sehr ähnliche sinnes- und neurophysiologische Ausstattung der Menschen zurückzuführen ist.

Freilich gibt es Ausnahmen. Das Ungarische etwa kennt kein Grundwort für Rot. Jaqaru, eine Aymará-Sprache Chiles, hat unter den acht Grundwörtern vier für verschiedene Rottöne (grelles Pink, Rotbraun, Burgund, Weinrot). Und es ist auch nicht immer der Fall, daß der Bereich kalter Farben lexikalisch so lange undifferenziert bleibt, bis sich der Warmbereich aufgespalten hat (zunächst meist durch die Abtrennung von Gelb). Denn verschiedene nordwestamerikanische Indianersprachen besitzen ein Basisfarbwort, das Gelb und Grün umfaßt, also sowohl eine warme wie eine kalte Farbe.[12] Hier scheint ein kulturelles Moment sich gleichsam über die physiologischen Verhältnisse hinwegzusetzen. Trotzdem läßt sich festhalten, daß zumindest im Hinblick auf Farbaufteilungen eher universalistische als relativistische sprachliche Tendenzen vorherrschen.

Whorfs Hypothese legt jedoch nahe, daß die sprachliche Ordnung der Farben deren Wahrnehmung beeinflußt. Dies ließ sich durch verschiedene experimentelle Überprüfungen zunächst aber nicht bestätigen. So zeigten vergleichende Farbtests zwischen US-Amerikanern und Dani – einem steinzeitlichen Volk von Irian Jaya, Indonesien, mit nur zwei Farbgrundwörtern – zunächst keine signifikanten Unterschiede.[13] Nur bei *Gedächtnistests* werden Farben etwas besser wiedererkannt, wenn es für sie in einer Sprache ein Grundwort gibt;

das Langzeitgedächtnis ist wahrscheinlich stärker auf eine verbale Stützung angewiesen als das Kurzzeitgedächtnis.[14] Verschiedene Farbbezeichnungen stellen also lediglich eine unterschiedliche Klassifikation dar, nicht eine unterschiedliche Wahrnehmung. Wenn die Navajos für das deutsche „Schwarz“ zwei Wörter haben (für das Schwarz der Kohle und das der Nacht, also die Dunkelheit), aber Blau und Grün nur durch zusätzliche Adjektive unterschieden, heißt das nicht, daß ihre Welt im einen Fall reicher, im anderen aber ärmer ist als die deutscher Sprecher. Auch wird man kaum sagen können, daß eine Sprache eine bestimmte Farbaufteilungherbeizwingt. Wo es ökonomisch ist,haben sich bestimmte Basisfarbwörter freilich eher entwickelt als anderswo – genauso wie es für Eskimos wichtig ist, sich rasch über verschiedene Arten von Schnee zu verständigen, nicht aber für die Bewohner der mexikanischen Wüsten. *Wenn eine feinere Differenzierung jedoch nötig wird* (im Hinblick auf Farben beispielsweise unter Malern oder in der Modebranche), *kann jede Sprache diese auch leisten.*

Trotzdem sind *Whorf-Effekte* selbst bei den Farbtests nicht völlig eliminiert. Methodologisch problematisch war nämlich an vielen Studien, daß sie von einem für europäische Sprachen typischen, aber nicht universellen Farbkonzept ausgingen (noch nicht einmal ein Wort für „Farbe“ existiert in jeder Sprache). Es gibt jedoch noch andere Parameter, beispielsweise die Reflexität in der philippinischen Sprache Hanunóo, die Unterscheidung im Zuni (gesprochen in New Mexico) zwischen einem intrinsischen Gelb und einem Gelb als das Resultat eines Ergebnisses, und der Kontrast von warmen und kalten Farben in der polynesischen Sprache Westfutunesisch sowie in Aguaruna, einer Indianersprache im Osten Ecuadors.

Außerdem kann sich in bestimmten Situationen durchaus ein Whorf-Effekt bemerkbar machen, wie folgendes Beispiel verdeutlicht[15]: In Tarahumara, einer uto-aztekischen Sprache Mexikos, gibt es für die Farben Blau und Grün nicht zwei, sondern nur ein Basisfarbwort, „siyóname“, das im Deutschen mit „blün“ übersetzt werden könnte (selbstverständlich sind die Tarahumaras in der Lage, Blau und Grün zu unterscheiden, und das wenn notwendig auch sprachlich, etwa nach dem Muster: „blün wie der Himmel“ beziehungsweise „blün wie die Blätter“). Präsentiert man englischen und Tarahumara-Muttersprachlern nun drei Farbkarten, von denen eine blau (A), die andere grün (C) gefärbt ist und die Farbe der dritten (B) fast genau dazwischen liegt und nur geringfügig grüner beziehungsweise blauer erscheint, dann kommt es zu einem signifikanten Unterschied: Fragte man, welche der drei Farben sich von den anderen beiden am meisten unterscheidet (faktisch also: ähnelt B eher A oder C?), dann war das Ergebnis bei den Tarahumaras zufällig – rund 50 Prozent der Testpersonen wählte A, die andere Hälfte C. Die Sprecher des Englischen jedoch entschieden sich größtenteils (zu über 90 Prozent) für A, wenn sie B wie C grün nannten (beziehungsweise für C, wenn sie B wie A blau nannten). Daß sie tatsächlich eine solche Namens-Strategie anwandten, zeigte sich in einem zweiten Test: hier konnten sie nur zwei der Farben gleichzeitig betrachten, A und B oder C. Gefragt, welche Differenz größer sei, der Blau-Unterschied zwischen A und B oder der Grün-Unterschied zwischen A und C, fiel das Ergebnis wie zuvor bei den Tarahumaras zufällig (50:50) aus. Bei dieser zweiten Versuchsanordnung konnte sich die Sprache nicht mehr auswirken, und das Wahrnehmungsurteil allein reichte offenbar wie bei den Tarahumaras für eine eindeutige Zuordnung nicht aus. Dieses Experiment zeigt, daß sich die Struktur einer Sprache – und zwar auch hinsichtlich des Wortschatzes, nicht nur der Grammatik, die hier ja keine Rolle spielte – in bestimmten Umständen auf das Verhalten auswirken kann, und daß Sprache das Denken und sogar die Organisation der Wahrnehmung beeinflußt, wie Whorf es vermutet hat.

Das belegen auch Experimente mit Engländern und Berinmo.[16] Letztere sind Jäger und Sammler auf Papua Neuguinea. Sie haben fünf Farbgrundwörter, deren Farbkategoriengrenzen aber anders sind als bei Engländern. Beispielsweise gibt es keine Grenze zwischen "grün" und "blau". Weite Bereiche dieser beiden Farben sowie Teile von Purpur nennen die Berinmo "nol". Eine andere Farbe, "wor", umfaßt Teile des von Engländern als "gelb, orange, braun und grün" klassifizierten Spektrums. Die Grenze zwischen nol und wor verläuft im grünen Bereich. In Gedächtnistests, bei denen die Versuchspersonen eine Farbe gezeigt bekamen und sich dann 30 (oder auch nur fünf) Sekunden merken sollten, um dann aus zwei weiteren Farben die zur ersten ähnlichere auszuwählen, waren die Resultate um so besser, je genauer sie in das jeweils vorhandene sprachliche Farbschema paßten. Berinmo waren also erfolgreicher, wenn die Testfarben beispielsweise in ihr nol-wor-Raster paßten, während Engländer bei blau-grün-Tests besser abschnitten. In einem zweiten Experiment lernten die Berinmo die blau-grün- und gelbgrün-Unterscheidung, die Engländer die nol-wor-Differenz, und beide eine Kategoriengrenze zwischen zwei Grüntönen, die in keiner der Sprachen vorkommt. Dann mußten die Versuchspersonen Farbkarten in die beiden Farbkategorien einordnen. Das fiel den Berinmo bei blau-grün und gelb-grün genauso schwer wie bei grün$_1$ -grün$_2$, und die Engländer waren bei nol-wor nicht besser als bei grün$_1$ -grün$_2$, während beide Gruppen mit den ihnen vertrauten Farbkategorien wesentlich besser zu Rande kamen.

Diese Experimente belegen einen Einfluß des sprachlichen Klassifikationssystems auf den Umgang mit Farben. Ob dieser Effekt die Wahrnehmung oder das Kurzzeitgedächtnis betrifft, ist jedoch immer noch unklar. Im ersten Fall müßten ontogenetische Befunde erbracht werden. Zwar wurden bei Affen Nervenzellen entdeckt, die hochselektiv auf bestimmte Wellenlängen, Kombinationen von Wellenlängen und Helligkeit sowie Farbkonstanz reagieren, aber es ist unwahrscheinlich, daß Neuronen auf alle Beispiele von Farbkategorien reagieren, es sei denn, ihr Verhalten kann von sprachlichen Faktoren beeinflußt werden.

Die Experimente implizierten nicht, daß die sprachliche Strukturierung des Farbkontinuums die Wahrnehmung selbst beeinflußt, wohl aber, wie mit der Wahrnehmung umgegangen wird, wie sie sich auswirkt. Diese Erfahrung kann man leicht nachvollziehen, wenn man mit einem verfeinerten begrifflichen Instrumentarium bekannte Dinge wieder betrachtet. Wer beispielsweise fundierte Kenntnisse in botanischer Systematik erwirbt, wird eine Wiese „mit anderen Augen", das heißt mit geschärften Sinnen betrachten können und tatsächlich mehr sehen als der ungeübte Laie. Insofern kann Sprache zweifellos Wahrnehmung, Aufmerksamkeit und Denken beeinflussen.

Außerdem muß man mit Whorf gar nicht behaupten (und auf Farben bezogen hat er es selbst auch nicht getan), daß Sprecher verschiedener Sprachen nicht fähig seien, bestimmte Unterscheidungen zu machen (beziehungsweise diese nicht erlernen könnten). Es geht vielmehr darum, *ob Unterscheidungen auch wirklich (und häufig auch systematisch) gemacht werden und welchen Anteil daran die jeweilige Sprache hat!* Tatsächlich ist bei komplizierten Wortfeldern, die etwa psychische Zustände und abstrakte soziale Systeme wie Recht oder

Religion betreffen, eher anzunehmen, daß bestimmte Unterscheidungen sprachabhängig sind und deshalb typischerweise getroffen werden, etwa im Deutschen die zwischen „klug, weise, intelligent, schlau und vernünftig“, als daß sie unabhängig von der Einzelsprache gemacht, aber in manchen Kulturen nicht ausgedrückt werden (können).

Andere Beispiele für den Einfluß des Wortschatzes auf das Denken und Vorstellen betreffen *das „Ungesagte“ und die Nebenbedeutungen.* So evoziert das Personalpronomen „er“ häufig auch dann eine männliche Assoziation, wenn es geschlechtsneutral gebraucht wird. Und heißt es: „sie hört ein Klavier“, dann wird der Klavierspieler gleich mitgedacht. Konnotationen spielen in der Kommunikation eine wichtige Rolle. In der Dichtung wird die Fülle der Nebenbedeutungen besonders offenkundig und fruchtbar. Andererseits kann Sprache zum regelrechten Manipulationsinstrument werden, wenn beispielsweise von „Nullwachstum“, „Vegetationskontrolle“ (der Einsatz von Pflanzengiften an Schienen, mit dem Umwelt und Grundwasser verseucht werden), „sozialverträgliches Frühableben“, „HIV-Show“ (ein Ärztepräsident zum Blutplasma-Skandal), „ausländerfrei“, „Wohlstandsmüll“ (der Chef eines Lebensmittelkonzerns über arbeitsunwillige, -unfähige und kranke Menschen) oder „ethnische Säuberung“ die Rede ist. In dem Roman „1984“ hat George Orwell diesen Einfluß der Sprache auf das Denken und seine Gefahren mit der Konzeption von „Neusprech“, einem totalitären Sprachtorso, eindrucksvoll vorgeführt.

Grammatik und das Fundament des Seins

In viel stärkerem Ausmaß konstant als der Wortschatz einer Sprache bleiben, wenn diese sich weiterentwickelt, ihre grammatischen Grundstrukturen. Und sie überdauern lange Zeiten, in denen sich eine Kultur drastisch verändern kann. Sie sind dem bewußten Zugriff und einer willkürlichen Steuerung auch viel weniger zugänglich. Sie sind daher fundamentaler als der Wortschatz. Ihre weitreichendste Einflußmöglichkeit auf das Weltbild besteht wohl in ihrem – bislang noch viel zu wenig verstandenen – Zusammenhang mit der Ontologie.

Was wirklich ist, was grundlegend existiert, gehört zu den schwierigsten Fragen der Philosophie. Die geläufige Unterscheidung zwischen Dingen (auch Personen), Attributen (oder Zuständen beziehungsweise Eigenschaften) und

Ereignissen als *ontologische Kategorien* steht in auffälliger Übereinstimmung mit den für europäische Sprecher besonders wichtigen grammatischen Kategorien Substantiv, Adjektiv und Verb. (Doch sind manche dieser ontologischen Kategorien womöglich bloß unsere Beschreibungsweisen und „in Wirklichkeit" auf andere reduzierbar? Andererseits könnte es freilich auch noch weitere, sprachlich nicht erfaßte Kategorien des Seins geben.)

Spiegelt die Sprache diese Architektur der Wirklichkeit? Oder ragt umgekehrt das Fundament der Welt in die Grammatik? Dann aber läge das Rätsel der Realität nicht in der Natur verborgen, sondern in der Dunkelkammer des menschlichen Bewußtseins, das bei verschiedenen Individuen oder Kulturen möglicherweise sprachlich ganz verschieden strukturiert sein könnte. Tatsächlich geht die moderne analytische Philosophie nach dem „linguistic turn" Anfang des 20. Jahrhunderts ontologische Fragestellungen nun häufig aus der Perspektive von Sprache und Logik an.[17] Da Referenz (Bezug auf einen Gegenstand) und Prädikation (Aussage über einen Gegenstand) meist mit der Nomen-Verb-Distinktion zusammenfallen, verwundert es nicht, daß die erwähnten Behauptungen, es gäbe Sprachen, denen eine dieser Kategorien fehlt, Schwindelgefühle (oder -verdächtigungen) auslösen. Freilich dürfen lexikalische beziehungsweise syntaktische Kategorien (egal ob auf Wort- oder Satzebene) nicht mit ontologischen (beziehungsweise kognitiv-konzeptuellen) verwechselt oder von vornherein identifiziert werden!

Problematisch ist auch die Subjekt-Objekt-Unterscheidung, weil sie ein Tätersubjekt impliziert, das eine ontologische Fiktion sein kann (oder ein mythisches Relikt – wenn es etwa heißt „der Wind weht" oder „das Meer rauscht"). Aktionssätze machen beispielsweise in der deutschen Umgangssprache die überwiegende Mehrheit aller Sätze aus. Die Möglichkeit, unpersönliche Sätze wie „es regnet" oder „es ist kalt" zu bilden, zeigt aber, daß deutsche Sprecher nicht alles Geschehen im Subjekt-Prädikat-Schema ausdrücken müssen.

Wenn die Sapir-Whorf-Hypothese ontologische Entitäten generell betrifft, ist der ontologische Status von speziellen Entitäten erst recht fragwürdig. Whorf hat dies eindrucksvoll am Beispiel der Hopi-Sprache illustriert. In ihr werden alle Vorgänge von relativ kurzer Dauer als Verben ausgedrückt. Was im Deutschen mit den Substantiven „Blitz, Flamme, Meteor, Wolke, Welle, Sturm,

Faust“ gefaßt wird, ist bei den Hopi ein Ereigniswort. Sie sagen nicht, daß die Flamme hell leuchtet, sondern daß es hell brennt. Wie stark Denken und Weltbild von der Grammatik geprägt werden können, hat Whorf insbesondere an dieser Indianersprache aufzuzeigen versucht. Sie war es auch, die sein sprachliches Relativitätsprinzip am stärksten motiviert hatte.

Die Hopi

Die Hopi[18] leben seit dem zwölften Jahrhundert in ihren Pueblos im Nordosten Arizonas. Ihr Name (eigentlich „Hopitu Shunumu“) bedeutet „friedfertig“ beziehungsweise „gut in jeder Hinsicht“ und lautete ursprünglich „Mokwi“, wurde aber wegen häufiger falscher Aussprache, die „tot“ bedeutet hätte, 1923 geändert. Die Hopi sind eine matrilinear und in Clans organisierte Bauernkultur. Sie pflanzen überwiegend Mais, aber auch Bohnen, Melonen und Pfirsiche an und betreiben Schafzucht. Ihr stark religiös geprägtes Weltbild ist gekennzeichnet von einem eng mit dem Wechsel von Tag und Nacht und dem Jahreslauf verbundenen Dualismus. Es gibt zwei Welten für sie: die obere, die den Lebenden gehört (und die in ihrem Mythos als die vierte Welt gilt), und die untere, in der die Toten in veränderter Gestalt weiterexistieren. Sonnenstand und Jahreszeit sind in den beiden Welten gerade entgegengesetzt. Die Zeit wird kreisförmig, in ständiger Wiederholung gedacht. In dieser ewigen Wiederkehr von Geburt, Jugend, Reife, Alter und Tod begreifen sich die Hopi eingeschlossen. Sie beanspruchen keine Sonderrolle in der Natur. Zyklen und Intervalle prägen ihr Denken und die auf das Wachstum von Pflanzen und Tieren sowie den lebenswichtigen Regen ausgerichteten Zeremonien. Die Zahlen vier und sechs für die Himmelsrichtungen sowie Zenit und Nadir (oben und unten) haben dabei eine besondere Bedeutung. Trotz der zyklischen Weltauffassung gibt es bei den Hopi mündliche Überlieferungen von außerordentlichen Ereignissen wie großen Hungersnöten und Fehden innerhalb oder zwischen den Stämmen.

Das Jahr wird in die Zeit der Kälte, der Feldreinigung, des Aufwärmens, der Aussaat, der Hitze und des Herbstes untergliedert. Hinzu kommen die an den Mondphasen orientierten Monate. Wochen wurden vor dem Kontakt mit Europäern ebensowenig unterschieden wie Stunden oder Minuten. Zählungen führte man mittels Knotenschnüren, Markierungen an Wänden oder Stöcken, sogar Sonnenlöchern in der Mauer sowie mit Hilfe von Schatten durch. Die Sonne fungierte als Hauptanzeiger der Zeit, bezogen sowohl auf den Tag als auch das Jahr, das vom nächsten durch ein Fest am Ende der Erntezeit (in unserem September) abgegrenzt wird. Die Sonnwenden („taawa-t kii-'at") dienen noch immer zur Festlegung der Festtermine und als Bezugspunkte. Sie werden von eigens dafür ausgebildeten Beobachtern ermittelt. Nachts erfolgt die Zeitbestimmung mit Hilfe der Sterne (die übrigens nicht gezählt werden dürfen, da einem die nicht erfaßten sonst auf den Kopf fallen würden). Sie werden in Sternbildern gruppiert, die sich zum Teil mit den europäischen decken (Großer und Kleiner Wagen, Orion).

Gegenwärtig sprechen noch etwa 5200 Menschen Hopi, es existieren drei verschiedene Dialekte. Das Hopi-Reservat hat etwa 6500 Bewohner, ist knapp 5200 km^2 groß und enthält zwölf kleine Städte.

Raum und Zeit im Hopi-Universum

Nach langen und sorgfältigen Studien und Analysen muß Hopi als eine Sprache angesehen werden, die keine Wörter, keine grammatischen Formen, Konstruktionen oder Ausdrücke enthält, die direkt auf das Bezug nehmen, was wir „Zeit" nennen.

BENJAMIN LEE WHORF (ca. 1936)

„pu' antsa pay qavong-va-qw pay su-'its talavay kuyvan-sa-t pàa-sa-t=ham pu'pam piw maana-t taa-tay-na" (Dann, tatsächlich, am nächsten Tag, sehr früh am Morgen, wenn die Leute zur Sonne beten, um diese Zeit dann weckte er das Mädchen wieder auf).

EKKEHART MALOTKI (Hopi-Feldnotizen 1980)

Whorf behauptet unter anderem folgendes: Im Hopi gibt es zwar Verben, also das, was man oft Zeit- oder Ereigniswörter nennt, aber keine Tempora, keine Zeiten. Stattdessen können die Hopi Unterscheidungen von der Art und Dauer von Ereignissen machen, die die Grammatik europäischer Sprachen nicht ermöglicht. Es existieren keine Raum-Zeit-Metaphern. Auch Ortsbezeichnungen können nicht im Nominativ stehen, sondern in anderen grammatischen Fällen, vergleichbar mit dem lateinischen Lokativ. Zeit- und Raumausdrücke kommen nicht in Form von Substantiven vor; ferner läßt sich Zeit nicht zum grammatischen Subjekt von Sätzen machen. Zeitintervalle und andere abstrakte Gegenstände sind auch nicht zählbar (mit Kardinalzahlen, etwa „fünf Tage"; man kann aber sinngemäß vom fünften Tag sprechen, Verbindungen mit Ordinalzahlen sind also möglich). Tage werden nicht in den Plural gesetzt und nicht addiert, sondern einem zyklischen Weltbild gemäß als sukzessives Erscheinen desselben Tages gezählt. Während die Objektivierung der Zeit in europäischen Sprachen zur Vorstellung von Geschichtlichkeit und deren Fixierung sowie zur Sequenzierung der Zeit bis hin zum Stundenlohn führte, steht die agrarische Hopi-Kultur im Wiedererscheinen des Gleichen, das durch die ebenfalls immer wieder ausgeübten rituellen Handlungen allerdings beeinflußbar ist.

Soweit einige besonders wichtige Thesen Whorfs. Für einen europäischen Sprecher sind sie zumindest irritierend. Denn er vermag sie zwar zur Kenntnis zu nehmen. Wirklich nachvollziehen kann er sie aber kaum. Hopi ist, wenn Whorf recht hat, gleichsam eine Sprache ohne Zeit. So pointiert hatte es Whorf selbst ein paarmal formuliert.

Gibt es in der Hopi-Welt oder doch im Hopi-Bewußtsein wirklich keine Auffassung von Zeit? Auch wenn niemand so genau weiß, was Zeit eigentlich ist, wird man eine solche Vorstellung kaum akzeptieren können. Selbst für philosophische Idealisten im Gefolge Immanuel Kants ist Zeit für jeden Menschen konstitutiv (und als Anschauungsform seinem Verstand gewissermaßen eingeboren). Aber Whorf behauptete sogar, daß eine Physik der Hopi, wenn sie eine entwickelt hätten, anders beschaffen sein würde als die europäischer Sprecher. Anstelle von Geschwindigkeit müßte beispielsweise ein Intensitätsparameter stehen, anstelle unserer linearen Zeit ein zyklisches Nacheinander. Doch Hopi verstehen die (eine) Physik – allerdings lernen sie diese in englischsprachigen Schulen.

Eine genaue Lektüre von Whorfs Argumenten und Beispielen muß allerdings Zweifel wecken. So sind seine Ausführungen zu einer angeblich völlig andersartigen Hopi-Physik unverständlich oder bloßer Etikettenaustausch. Aber auch seine Analyse des sprachlichen Materials ist fehlerbehaftet und mitunter voreilig. Dies ist das Ergebnis von genauen Untersuchungen, die im gezielten Hinblick auf Whorfs Hypothesen insbesondere Helmut Gipper (Universität Münster) und seine Schüler Andrea Stahlschmidt und Ekkehart Malotki in

Zusammenarbeit mit Hopi-Muttersprachlern durchgeführt haben.[19] Es zeigte sich, daß im Gegensatz zu Whorfs Feststellungen Hopi eine ausgesprochen komplexe Ordnung der Raumbezüge aufweist, die feinere Unterscheidungen als europäische Sprachen macht. Mehr als 180 besondere Suffixe, die an verschiedenen Wortarten auftreten können, ermöglichen diese Präzision. Es gibt drei fundamentale Raumkategorien: Standort, Herkunftsort und Zielort. Dieses Wo, Woher und Wohin jeder Ortsbeziehung wird mit Hilfe von drei Kasus (Lokativ, Ablativ, Destinativ) gekennzeichnet. Außerdem muß das Verhältnis zwischen dem Standort des Sprechers und dem thematisierten Gegenstand genau markiert werden. Dabei spielen die besonderen örtlichen Verhältnisse eine Rolle (Haus-, Dorf- und Umweltzone): der Lokativ hat zwei Formen für punktuell und diffus (eine Fläche oder Masse betreffend), der Destinativ zwei für nah und fern.

An vielen hundert Beispielen widerlegt ist auch Whorfs These, Hopi habe weder explizit noch implizit eine Referenz auf Zeit. Es gibt einige Dutzend temporale Partikel, beispielsweise „taavok, pu', qaavo" für „gestern, heute, morgen" – eine klare Unterscheidung von Vergangenheit, Gegenwart und Zukunft! –, „iits" („früh"), „naat"(„noch immer"), „naat piwi"(„wieder"), „nawis'ew" („schließlich"). Allein zwölf Tageszeiten lassen sich durch zwölf verschiedene Suffixe markieren. Entgegen Whorf können auch Zeitintervalle gezählt werden. Und es existieren Zeitwörter, die zum Teil wie Substantive (als Subjekt oder Objekt) verwendet werden. Entgegen Whorf gibt es auch ein Wort für „schnell" („halayvi"); richtig ist aber, daß es durch Intensivierung gesteigert wird und daß ein nominales Lexem für Schnelligkeit fehlt. Schließlich irrte sich Whorf mit der Behauptung, Hopi hätte keine Raum-Zeit-Metaphern wie „eine lange Zeit, viel Zeit" und so weiter. Tatsächlich werden viele Adverbien, Postpositionen und sogar Verben und Nomen in diesem Sinn verwendet. So kann ein Hopi sagen, daß der Sommer näherrücke, kann fragen wo die Nacht nun sei (für: „welche Nachtzeit ist es?"), und kann Neologismen bilden wie „es ist einmal herumgelaufen" für: „eine Stunde ist vergangen" (wobei die Einheit Stunde von den Europäern übernommen wurde). Das Nomen „qeni" („Raum") wird mitunter sogar für „Zeitraum" verwendet. „Sonne" steht häufig für „Tage" und kann auch im übertragenen Sinn gebraucht werden: „taawa qa himu-ni-w-ti" heißt „die Sonne hat sich in nichts verwandelt" – also: „die Tage fliegen/die Zeit rast".

Was das Verbsystem betrifft, können die Hopi verschiedene Ereignisse in der Zeit und ihr Verhältnis zueinander ebenso präzise ausdrücken wie europäische Sprachen, auch wenn die Mittel dazu anders funktionieren. Zwar bleiben Gegenwart und Vergangenheit formal ungeschieden; doch können sie durch Erzählpartikel bei Bedarf mühelos auseinandergehalten werden. Die fehlende grammatische Unterscheidung ist also kein Defizit der Sprache. Problematisch ist auch die Behauptung, durch die fehlende Auszeichnung der Gegenwart sei die Subjektivität des Sprecherstandpunkts geringer. Dies trifft schon insofern nicht zu, als Hopi Zukünftiges (was geplant oder erhofft wird) durch eine besondere Verbendung („-ni") kennzeichnen. Und mit der Abgrenzung der Zukunft wird ja bereits ein bestimmter und zu ihr hinstrebender Punkt ausgezeichnet, was wesentlich für Zeiterfahrung ist. In mancher Hinsicht erfordert die Hopi-Grammatik sogar genauere Unterscheidungen als europäische Sprachen: Zum einen erfolgen Markierungen je nachdem, ob ein Ereignis eine unspezifizierte, eine auf die Zukunft gerichtete oder eine subjektiv überlang empfundene Dauer besitzt (durativer, progressionaler beziehungsweise kontinuativer Aspekt), ob ein Zustand oder eine Tätigkeit beginnt (ingressiver Aspekt), oder ob ein Geschehen sich rasch und regelmäßig wiederholt (iterativer Aspekt). Zum anderen muß der Sprecher mit den Suffixen „-t, -qe und -kyang" anzeigen, ob zwei Ereignisse gleichzeitig erfolgen oder aber nacheinander (und zwar entweder in einem logischen beziehungsweise kausalen Verhältnis oder nicht). Von der Zeitlosigkeit des Hopi-Verbsystems kann daher keine Rede sein. Eher ließe sich auf eine Zeitbesessenheit schließen.

Die Hopi haben also sehr wohl ein elaboriertes Zeitbewußtsein, das sich in der Grammatik ihrer Sprache spiegelt. Dies heißt freilich nicht, daß ihr Zeitkonzept und vor allem ihr Umgang mit der Zeit mit den von Europäern identisch wäre. Es bedeutet aber, daß Hopi keine zeitlose Sprache ist. Auch sind keine anderen Sprachen bekannt, die ohne einen Bezug auf Raum und Zeit auskommen können. Raum und Zeit scheinen also linguistische Universalien zu sein.

Gippers Fazit lautete: „Whorf hat in den meisten Detailfragen geirrt. Das Hopi ist, ganz im Gegensatz zu seinen Angaben, überreich an Raum- und Zeitausdrücken, die eine überraschend detaillierte Ortung des Geschehens in Zeit und Raum nicht nur gestatten, sondern erzwingen. Richtig ist aber, daß die

Hopi-Sprache in dieser Hinsicht erheblich anders strukturiert ist als unsere Sprachen und daß die Hopis ein anderes, von ihren speziellen Lebensbedingungen in der Wüste Arizonas mitbedingtes Verhältnis zu Zeit und Raum haben."

Von Zirkelschlüssen und allzuwörtlichen Übersetzungen

Auf zwei Probleme in Whorfs Argumentation wurde schon in den fünfziger Jahren hingewiesen[20], und die späteren Überprüfungen von Whorfs Beispielen haben diese Bedenken bestätigt. So übersetzt Whorf etwa den Satz „tlih-is-ma" der Nootka mit „Es ist am Ufer als punktweises Ereignis von Kanubewegung" (gemeint ist: das Boot ist am Ufer auf Grund gelegt) und schließt daraus, daß die „Logik" der Nootka anders strukturiert sei als die mitteleuropäischer Sprecher. Diese Behauptung gründet sich jedoch nur auf seine grammatische Analyse. Da Whorf die Nootka aber gar nicht studiert hat und daher keine unabhängigen Belege (etwa Verhaltensweisen) aufführen kann, ist dies ein Zirkelschluß: Nootka reden anders, also denken sie anders. Woher wissen wir, daß sie anders denken? Weil sie anders reden. An diesem Beispiel wird ferner deutlich, wie mißverständlich Wort-für-Wort-Übersetzungen sind. Damit ließe sich auch begründen, wie seltsam das Denken deutscher Sprecher für englische Sprecher sein muß. Als „Beweis" möge der Auszug einer Rede dienen, die Mark Twain auf Deutsch gehalten und später augenzwinkernd übersetzt hat: „I am indeed the truest friend of the German language – and not only now, but from long since – yes, before twenty years already ... I would only some changes effect. I would only the language method – the luxurious, elaborate construction compress, the eternal parenthesis suppress, do away with, annihilate; the introduction of more than thirteen subjects in one sentence forbid; the verb so far to the front pull that one it without a telescope discover can ... I might none do let what Schiller did: he has the whole history of the Thirty Years' War between the two members of a separate verb inpushed."

„Gib mir die nördliche Tasse" – Whorf-Effekte im Test

Sprache kann das Denken auf verschiedene Weise beeinflussen: auf der *semiotischen* Ebene (wie wirkt sich die Existenz von Sprache überhaupt auf Denkvorgänge aus?), auf der *strukturellen Ebene* (wie wirkt sich eine bestimmte Sprache im Vergleich zu einer anderen aus, zum Beispiel Hopi versus Englisch?), und auf der *funktionellen Ebene* (welche Auswirkungen hat eine bestimmte Form einer Einzelsprache, zum Beispiel ein Fachwortschatz?). Entsprechend läßt sich dieser Einfluß auf verschiedenen Stufen erforschen.

Es ist nützlich, drei Arten einer empirischen Überprüfung zu unterscheiden: Der *strukturzentrierte* Ansatz geht von Unterschieden zwischen Einzelsprachen aus (beispielsweise der syntaktischen Tempus-Markierung, der Grammatik des Zählens usw.) und fragt nach ihren Implikationen für das Denken. Der *bereichszentrierte* Ansatz geht von der erfahrbaren Realität aus und fragt, wie sie in verschiedenen Sprachen codiert wird (beispielsweise durch Farbgrundwörter, relative versus absolute Raumkonzeptionen usw.). Der *verhaltenszentrierte* Ansatz geht von behavioralen Unterschieden aus (beispielsweise kontrafaktische Schlußfolgerungen, Fehlhandlungen usw.) und fragt, ob sie sich durch unterschiedliche Einzelsprachen erklären lassen.

Ein Beispiel für eine strukturzentrierte Untersuchung ist die Frage, ob die Addition von zweistelligen Zahlen beeinträchtigt wird, wenn bei diesen (wie im Holländischen und Deutschen) die Zehner und Einer sprachlich umgestellt werden (27 etwa wird als „sieben-und-zwanzig" gelesen, während es beispielsweise in asiatischen Sprachen, aber auch im Englischen und Französischen "zwanzig-(und)-sieben" heißt). Tatsächlich macht sich dies bei Additionsaufgaben bemerkbar (20 + 7 wird beispielsweise von Belgiern mit Holländisch als Muttersprache langsamer zusammengezählt als von französisch sprechenden Belgiern, bei 7 + 20 ist es umgekehrt). Doch liegt dies nicht an einem Whorf-Effekt, der die numerische Kognition beeinflußt, sondern ist ein Output-Problem: Der Effekt trat nur bei mündlicher Antwort auf, aber nicht, wenn die Versuchspersonen die Lösungen in den Computer tippten.[21] Dieses Beispiel zeigt, wie leicht periphere Unterschiede zentrale kognitive Differenzen vorgaukeln können.

Ein Beispiel für den verhaltenszentrierten Ansatz ist folgender Befund: Arbeitsunfälle sind in Finnland wesentlich häufiger als in Schweden sowie unter den Schwedisch sprechenden Arbeitern in Finnland, obwohl die Arbeitsbedingungen ähnlich sind. Dies könnte daran liegen, daß das Schwedische Bewegungen im Raum einfacher und konkreter konzeptualisiert als das Finnische: Schwedische Präpositionen lassen sich mit Hilfe der Vektorgeometrie im dreidimensionalen Raum repräsentieren, finnische dagegen mittels zweidimensionaler topologischer Operationen plus einer Zeitdimension; die Grammatik indoeuropäischer Sprachen (zu denen Schwedisch gehört) macht es leicht, Bewegungen von Objekten im Raum und deren Veränderungen zu beschreiben, während ural-altaische Sprachen wie Finnisch, Ungarisch und Estnisch mehr Wert auf statische Verhältnisse, Übergänge und Personenbezüge legen. Deshalb wurde vermutet, daß finnische Arbeiter der zeitlichen Organisation des Produktionsprozesses weniger Aufmerksakeit schenken, doch dies muß durch rigide Untersuchungen erst noch untermauert werden.[22]

Ein Beispiel für den bereichszentrierten Ansatz und zugleich eine besonders gute Demonstration von Whorf-Effekten ergaben Untersuchungen von Sprache, Kognition und Raumkonzepten in verschiedenen Kulturen.[23] In Chalacatongo-Mixtekisch, einer Sprache im Westen Mexikos, die keine Präpositionen oder Kasus besitzt, werden räumliche Beziehungen über metaphorische Projektionen von Körperteilbezeichnungen auf die Objekte ausgedrückt. So bedeutet „yuù wà hìsyaà cìĭ-mesà („der Stein ist auf dem Tisch") wörtlich „Stein der lokalisierte Bauch-Tisch" und „hýaà-ðe sini-yúku" („er ist auf dem Gipfel des Berges") „er ist lokalisiert Berg-Kopf". Ganz anders dagegen werden räumliche Beziehungen in der Maya-Sprache Tzeltal im Süden Mexikos konzeptualisiert, nämlich nicht relativ zum Körper des Sprechers oder gar zu dessen Körperteilen sondern mit Hilfe von geographischen Begriffen. Statt „gib mir die linke Tasse" heißt es hier sinngemäß zum Beispiel: „gib mir die Tasse bergab von dir". In Guugu Yimithirr, einer Sprache der australischen Ureinwohner im Norden von Queensland, gilt sogar ein für irdische Verhältnisse absoluter Bezugsrahmen – die Himmelsrichtungen („gib mir die nördliche Tasse"). Diese beiden Sprachen setzen ein wesentlich größeres Bewußtsein von Geographie voraus. Das gilt auch für andere Sprachen mit einem mehr oder weniger *absoluten* Raumkonzept im Gegensatz zu Sprachen mit *relativen* oder (wie in Yucatekisch und Totnac, gesprochen in Mexiko, und der Maya-Sprache Mopan und Belize) *intrinsischen* Raumkonzepten; im ersten Fall beziehen sich die Sprecher eben auf metereologische, landwirtschaftliche oder astronomische Merkmale, im zweiten auf ihre eigene Position und Orientierung und im dritten versetzen sich gleichsam in bestimmte Objekte, um von diesen aus andere Objekte zu lokalisieren; freilich gibt es in vielen Sprachen Mischformen dieser Raumkonzepte. Untersuchungen zeigten nun, daß diese (in einer gewissen Hinsicht inkommensurablen) Raumkonzepte in Testsituationen einen Einfluß auf Gedächtnisleistungen und das Lösen bestimmter nichtsprachlicher, aber räumlich angelegter

Probleme haben. Beispielsweise werden spiegelbildliche Unterscheidungen, die auf das egozentrische Rechts-Links-Schema basieren, weniger getroffen und erinnert. Dennoch können sowohl die Sprecher von Tzeltal als auch von Guugu Yimithirr die indoeuropäischen Einteilungen und umgekehrt indoeuropäische Sprecher die für sie exotischen Begriffssysteme erlernen, verstehen und gebrauchen. Die Sätze lassen sich sogar unter Beibehaltung der Wahrheitsbedingungen übersetzen. Trotzdem sind sie anders konzeptualisiert und führen unter Umständen auch zu anderen Verhaltensweisen und kognitiven Präferenzen.

Versuch einer Zwischenbilanz

Mittlerweile gibt es viele hundert Arbeiten zur Sapir-Whorf-Hypothese. Ein Resümee zu ziehen ist nicht leicht und muß auch vorläufig bleiben. Man wird aber sagen können, daß sowohl erkenntnistheoretische und sprachphilosophische Argumente als auch linguistische und psychologische Untersuchungen im großen und ganzen gezeigt haben (auf einige Einzelheiten soll im folgenden noch hingewiesen werden), *daß Sprache und Denken beziehungsweise Weltsicht in vielfacher Wechselwirkung stehen, ohne sich jedoch vollständig zu bedingen.*

Die Sprache stellt also nicht das alleinentscheidende Primat dar. Insofern wird ein starker Determinismus und Relativismus heute praktisch kaum noch vertreten. Das schließt eine gewisse sprachliche Relativität aber nicht aus. Sprache, Denken und Weltbild sind keine autonomen, voneinander unabhängigen Größen, sondern interagieren in verschlungener und komplexer Weise miteinander. Die einzelnen Sprachen sind Schnittpunkte zwischen Individuum und Gesellschaft, zwischen Mensch, Kultur und Welt. Wie weitgehend die Verbindung von Sprache und Ontologie ist, läßt sich nur schwer ausloten. Einen umfassenden Skeptizismus und Relativismus vermag die Sapir-Whorf-Hypothese aber nicht zu stützen. Wenn ein Mensch ausreichend Bereitschaft, Intelligenz und Zeit mitbringt und genug Informationen und Praxis erhält, sollte er in der Lage sein, sich ausreichend gut in die sprachliche und gedankliche Welt anderer Kulturen einzufinden. *Prinzipielle* einzelsprachliche Hürden scheint es insofern nicht zu geben, wenngleich *faktische* Unterschiede bestehen, die in der überwiegenden Mehrzahl wohl auch nicht überbrückt werden.

So zeigt die Debatte um die Sapir-Whorf-Hypothese ein Merkmal, das häufig die humanwissenschaftliche Entwicklung kennzeichnet: Zunächst wird ein radikaler Vorschlag gemacht, der von manchen enthusiastisch aufgenommen, von vielen aber ebenso vehement zurückgewiesen wird. Dann folgt eine Diskussion, die sich vor allem auf Grundsätzliches bezieht. Schließlich werden Experimente ersonnen und ausgeführt, und es zeigt sich, daß die Hypothese zu einem gewissen Grad zutrifft beziehungsweise etwas Richtiges erkannt hat. Ob die anfängliche Radikalisierung diesem Erkenntnisfortschritt (durch die erzielte Aufmerksamkeit) förderlich oder (durch die Grundsatzdebatten und Nebengefechte) eher hinderlich war, läßt sich nicht leicht beurteilen. In jüngster Zeit hat die Sapir-Whorf-Hypothese eine Wiederauferstehung gefeiert – in ihrer schwachen Form. Das liegt zum einen an Revisionen früherer negativer Experimente (zum Beispiel zu den Farben) und an neuen, subtileren und aussagekräftigeren Tests. Zum anderen hat sich die Auffassung durchgesetzt, daß eine begründete Zurückweisung der starken deterministischen Interpretation der Sapir-Whorf-Hypothese noch nicht die Existenz einzelner „Whorf-Effekte" widerlegt. Und diese müssen keine „Alles-oder-nichts-Phänomene" sein, sondern können sich in subtilen Unterschieden äußern, beispielsweise im kognitiven Aufwand bei der Lösung einer Aufgabe und somit etwa in der dafür benötigten Zeit. Daß dies in manchen Fällen tatsächlich der Fall ist, haben Experimente inzwischen erwiesen, von denen einige weiter oben zusammengefaßt worden sind.

Dies heißt aber nicht, daß die Sprachstrukturen die Denkweisen schon bestimmen – eine Beeinflussung ist noch keine Determination. Und wenn auch in den konkreten Einzelfällen Denken und Sprechen häufig zeitlich nicht getrennt sind, folgt daraus nicht eine Einheit oder Ununterscheidbarkeit von Sprache und Denken – auch wenn manche Kognitionspsychologen und Philosophen Denken geradezu mit Sprache identifiziert haben. Aber Denken ist viel weniger linear, obligatorisch und sozial (indexikalisch, pragmatisch, öffentlich) als Sprache, viel diffuser und stärker durch sensorische Inhalte (Bilder, Geräusche) geprägt.

Stammesgeschichtlich betrachtet hat sich die Fähigkeit zur Konzeptualisierung sicherlich vor der Sprachfähigkeit entwickelt. Daraus folgt aber nicht, daß die weitere Evolution des Denkvermögens sprachunabhängig erfolgt sei. Plausibler ist die Annahme einer wechselseitigen Steigerung, einer Koevolution.[24] Diese Sprachabhängigkeit impliziert jedoch nicht, daß Denken damit schon selbst etwas Sprachliches ist. (Wenn ein Komponist nur mit seinem Klavier neue Melodien erfinden kann, wird man auch nicht sagen, daß sein Komponieren mit dem Klavierspielen identisch ist.)

Auch *kulturhistorisch* betrachtet werden Sprachen sicherlich viel tiefgreifender von ihrem sozialen und ökologischen Umfeld bestimmt als umgekehrt. (Andererseits findet die kulturelle Tradierung maßgeblich durch die propositionale, aber auch kategoriale Weitergabe von Erfahrungen und Wissen durch die Sprache statt.)

Ontogenetisch betrachtet muß man jedoch zugeben, daß die sprachliche Umgebung die geistige Entwicklung des Kindes entscheidend anregt, wenn seine elementaren kognitiven Schemata einmal ausgebildet sind. Freilich liefert die sprachliche Umwelt die komplexeren kognitiven Schemata nicht einfach mit. Sie führt aber dazu, daß diese ausgebildet werden. Sprachen sind für die Individualentwicklung des Denkens also weniger Anleitungen und Konstrukteure als Katalysatoren oder Kondensationskeime. In einem schwachen Sinn trifft die Sapir-Whorf-Hypothese deshalb wohl zu. „Jeder, der in die Sprache hineinwächst, übernimmt unbewußt die in ihr ausgeprägten Sehweisen und Wertungen, lange bevor er sich selbst bewußt denkend und urteilend mit seiner Lebenswelt auseinandersetzt", schreibt Helmut Gipper. „Die somit vorgegebene sprachliche Gliederung der Welt, die dem Sprachteilhaber ‚zuhanden' ist, ... ist zweifellos von Sprache zu Sprache verschieden, ohne daß damit Gemeinsamkeiten ausgeschlossen wären. Sprachlicher Einfluß auf Denken und Handeln ist daher mit an Sicherheit grenzender Wahrscheinlichkeit anzunehmen, wenn auch der direkte Nachweis nicht immer leicht zu erbringen ist."

Einige philosophische Überlegungen

In ihrer starken Form jedoch scheint weder die sprachliche Relativitäts- noch die sprachliche Determinismusthese plausibel zu sein. Das läßt sich mit philosophischen Argumenten zeigen.[25]

Die Determinismusthese behauptet, daß Sprachen und mit ihnen Begriffsschemata Denken und Weltbild bestimmen. Die Relativitätsthese behauptet, daß verschiedene Sprachen beziehungsweise Begriffsschemata inkommensurabel sind, obwohl sie sich auf dieselbe Realität oder Erfahrungsbasis stützen. Problematisch an diesen Thesen ist allerdings mehrerlei: die Art des Bezugs von Sprache zur Realität beziehungsweise Erfahrungsbasis; die Art des Bezugs einer Sprache zum Begriffsschema, Denken und Weltbild ihrer Sprecher und die Möglichkeit beziehungsweise Erkennbarkeit von inkompatiblen Begriffsschemata.

Wie ist das Verhältnis von Sprache, Begriffsschema und Denken? Ein Ansatz identifiziert Begriffsschemata mit den zugehörigen Sprachen – oder besser: mit den Klassen ineinander übersetzbarer Sprachen, da verschiedene Sprachen dasselbe Begriffsschema haben können. Wenn es aber „averbale" Begriffe gibt (etwa für Farben, Formen, Zahlen und so abstrakten Konzepten wie „Verschiedenartigkeit"), was Tierbeobachtungen und -experimente nahelegen, wären Begriffsschemata fundamentaler. Anders ließen sich auch die Erfindung und das (kleinkindliche) Lernen neuer Wörter sowie Übersetzungen schwerlich erklären. Umgekehrt wurde jedoch behauptet, in einer Sprache könnten verschiedene, zueinander inkommensurable Begriffsschemata zum Ausdruck kommen, etwa nach umfassenden wissenschaftlichen Revolutionen. Selbst wenn es stimmte, daß dann keine Verständigung mehr möglich wäre, gälte das freilich nur in einem beschränkten Bereich, so daß dieser Relativismus nicht total wäre.

Gegen eine direkte Identifikation oder Determination von Wort und Begriff spricht schon das Auftreten von *Polysemie:* Dem Wort „Bank" zum Beispiel kommen zwei ganz unterschiedliche Bedeutungsfelder zu – es mit einem Begriff zu identifizieren wäre also verfehlt. Ferner wäre es ein Irrtum zu glauben, daß unser ganzes Wahrnehmen und Wissen von der Um- und Mitwelt und uns selbst sowie alles Handeln (mutter-) sprachlich festgelegt oder überhaupt verbal adäquat repräsentierbar ist. Das zeigt sich schon darin, *daß sich vieles sprachlich nicht oder nur unzureichend erfassen läßt.* Man denke nur an die Erfahrungen mit bildender Kunst oder Musik, an die Schwierigkeit, Gefühle in Worte zu kleiden, und an die vielen Fertigkeiten, die wir besitzen, die man aber sprachlich nur ganz unzureichend darstellen kann und für die Sprache oft auch gar nicht relevant ist. Man versuche zum Beispiel einmal, ohne die Hilfe von Demonstrationen zu beschreiben, wie man die Schnürsenkel an den Schuhen zur Schlaufe bindet.

Wie ist das Verhältnis von Sprache und Realität? Unklar ist, ob Sprache die Wirklichkeit ordnet (systematisiert, strukturiert), oder aber ob sie gleichsam darauf paßt (und Vorhersagen oder Erklärungen ermöglicht). Unklar ist auch, was Realität eigentlich meint: das Universum, die Natur? – oder bloß unsere Erfahrungen, Sinnesreizungen, das „phänomenal Gegebene"? Man kann durchaus akzeptieren, daß unsere Erfahrungen immer schon gegliedert und begrifflich strukturiert sind – sei es, weil Regelmäßigkeiten in der Welt bestehen („Naturgesetze"), sei es, weil unser kognitives System solche Regelmäßigkeiten generiert. Es ist sogar als „Mythos des Gegebenen" zurückgewiesen worden, daß unsere Erfahrungen aus einem „Gewühle der Empfindungen" hervorgehen, einem chaotischen „Fluß der Sinnesdaten". Rekonstruktion und Konstruktion müssen sich aber nicht notwendig gegenseitig ausschließen. Wenn man allerdings glaubt, nichts wäre „gefunden", alles „erfunden", also überhaupt keine sprach- oder denkunabhängigen Entitäten annimmt, erledigt sich das Problem mit Whorfs Relativitätsthese von selbst. Denn dieser hat sie ja nur unter der Prämisse einer (eindeutigen) Wirklichkeit formuliert (philosophisch interessanter und heikler ist daher der radikale Versuch, Realität und Wahrheit nur relativ zu einer Sprache oder einem Begriffsschema anzusehen beziehungsweise darauf zu reduzieren). Doch auch die gemäßigtere Auffassung, daß es für uns *keine uninterpretierte Realität* gibt, oder daß wir keine uninterpretierte Realität („Dinge an sich") erkennen können, entzieht der Relativitätsthese schon eine wesentliche Grundlage. Ein Argument dafür ist, daß wir über die Welt beziehungsweise unsere Erfahrungen gar nicht ohne Begriffe reden können und deshalb alle Aussagen darüber notwendig durch Sprache vermittelt sind.

Man braucht jedoch nicht anzunehmen, daß ausschließlich die Sprache allein die Realität ordnet und in bestimmte Portionen zerschneidet. Aber sie vermag Teilaspekte zu abstrahieren. Und sie vermag neue zu erzeugen, etwa Metaphern, die nicht real sind, aber realisiert werden, weil sie unsere Vorstellungen und Handlungen und insofern eben auch unseren Umgang mit der Welt beeinflussen. Denn Sprache läßt sich nicht darauf reduzieren, Aussagen zu machen. Fragen und Anweisungen zum Beispiel sind ebenfalls wichtige Faktoren der Kommunikation. *Sprache ist also keineswegs bloß aufs Erkennen bezogen. Sie hat darüber hinaus andere Funktionen.* Sie ist beispielsweise ein Instrument in den komplexen sozialen Interaktionen, die für die kognitive Evolution des Menschen von ganz entscheidender Bedeutung waren. Und sie hat oftmals den Charakter eines Werkzeugs, indem sie wesentlich dazu beiträgt, Koordinationsprobleme beim Handeln zu lösen.

Man braucht auch nicht anzunehmen, daß Sprache allein die Wirklichkeit konstituiert, daß wir in unserer Sprache wie in einem Käfig eingesperrt sind und uns alles außerhalb davon verborgen bleibt (daß also der starke sprachliche Determinismus wahr ist) – auch wenn eine Ontologie erst in der Sprache zum Ausdruck kommen kann. Denn insofern eine Sprache die Erfahrung (mit) bestimmt, legt sie noch lange nicht fest, *was* wir erfahren. Ob zum Beispiel ein Gegenstand eine bestimmte Eigenschaft hat, ist eine Frage der Beobachtung, die nicht von dem Begriffssystem präjudiziert wird; aber eine solche empirisch bestimmte Eigenschaft müßte sich in einen Aussagesatz kleiden lassen. Insofern wäre Sprache wie ein Koordinatennetz zur Bestimmung der Lage eines Punktes, das die Lagebestimmung erst ermöglicht, die Koordinaten jedoch nicht schon festlegt. Die starke Relativitätsthese behauptet in dieser Metapher nun, daß manche solcher Koordinatensysteme in keiner Weise in andere transformierbar sind. Oder anders formuliert: daß solche Sprachen und die von ihnen bedingten Weltbilder unvereinbar sind, obwohl sie sich auf dieselbe Realität beziehen.

Sind inkommensurable Begriffsschemata möglich? Wenn zwei Sprachen beziehungsweise Begriffsschemata oder Weltbilder total unvereinbar wären, obwohl sie sich auf dieselbe Realität beziehen, dann müßten sie beide wahr sein. Zwar ist es umstritten, worin *Wahrheit* besteht (welche Kriterien dafür erfüllt sein müssen) und was genau unter der *Bedeutung* von Sätzen zu verstehen ist. Man wird aber immerhin sagen müssen, daß Wahrheit – oder genauer: die Feststellung, daß Wahrheitsbedingungen erfüllt sind – *Übersetzbarkeit erfordert.* Denn für jede Aussage a in einer Sprache S muß ein Theorem der Form „a ist dann und nur dann wahr, wenn p" folgen. Dabei wird „a" durch eine Beschreibung von a ersetzt und p durch a selbst, sofern S die aktuelle Verkehrssprache ist, beziehungsweise durch eine Übersetzung von a in diese Verkehrssprache, sofern S eine Fremdsprache ist. Zum Beispiel sind Aussagen (in der sogenannten Objektsprache) wie „Schnee ist weiß" (a_1) oder „snow is white" (a_2)

dann und nur dann wahr, wenn (p) Schnee eben weiß ist (konstatiert in der sogenannten Metasprache).

Das klingt beinahe trivial, und eben deshalb ist dieses Wahrheitskonzept sehr weitreichend und unproblematisch. Es setzt aber die Übersetzbarkeit von Objektsprachen und Metasprache voraus. Wäre Übersetzbarkeit nicht möglich, und genau das behauptet ja die Relativitätsthese in ihrer starken Form, dann wären wir gar nicht in der Lage festzustellen, daß es Sprachen mit radikal verschiedenen Weltauffassungen und Begriffsschemata gibt. Denn wir könnten sie weder verstehen noch überhaupt als Sprache erkennen. Daher fehlt uns die Basis, von der aus wir verständlich machen können, was es bedeutet, daß Begriffsschemata absolut inkompatibel sind. Wir müssen, um mit einem Sprecher über die Wahrheit bestimmter Sätze zu diskutieren (und also auch: um die Unterschiede der Weltbilder festzustellen), schon voraussetzen, daß er dieselbe Sprache spricht wie wir beziehungsweise, daß seine Sprache sich im Prinzip wenigstens teilweise in unsere übertragen läßt. Wenn Wahrheit immer sprachbezogen wäre, gäbe es keinen neutralen, gewissermaßen übergeordneten Standpunkt, den wir einnehmen könnten, und von dem aus die Inkommensurabilität verschiedener Begriffsschemata (sowie eine uninterpretierte Realität) erkennbar und denkbar wäre. Erst mit einer solchen *Zurückweisung eines globalen Relativismus* (der Existenzbehauptung von total verschiedenen, nicht überlappenden Begriffsschemata) *sind lokale Relativismen sinnvoll, begreiflich und erkennbar;* die Anerkennung anderer Begriffsschemata und Weltbilder setzt ein gewisses Verständnis von ihnen nämlich schon voraus.

Daraus folgt nun aber nicht, daß Konzepte und Vorstellungen von Sprechern einer Sprache auch *direkt* in eine andere Sprache übersetzt werden können. Bei sehr verschiedenen Kulturen, Lebensweisen, Weltbildern und so weiter ist es oft nötig, bestimmte, sogar zentrale Begriffe ausführlich zu erläutern oder unter Einbeziehung nichtsprachlicher Mittel verständlich zu machen, etwa Demonstrationen, Teilnahmen an bestimmten Tätigkeiten oder ähnliches. Solche *rekonstruierende Übersetzungen* sind oft sehr mühsam. Sie zeigen, daß es durchaus eine gewisse Relativität von Begriffsschemata und Weltbildern gibt – nur ist sie eben nicht total und prinzipiell unzugänglich. Will man also dafür argumentieren, daß ein anderes, radikal verschiedenes Begriffsschema existiert, dann muß man dieses in seiner radikalen Andersheit plausibel machen. Dazu ist jedoch eine gemeinsame Basis nötig, von der aus sich die These einsichtig machen läßt – und eben deshalb kann das fremde Begriffsschema nicht total verschieden sein. Wäre Whorf wirklich ein Vertreter der starken Relativitätsthese gewesen, hätte er sich, dafür argumentierend, daher schon in einen Widerspruch verstrickt. Denn dann hätte er gar nicht zeigen können, daß es sprachabhängige Unterschiede im Denken und Weltbild der Hopi gäbe, die für Europäer prinzipiell unverständlich wären. Stattdessen war es Whorf in Englisch gelungen, diese vermeintlichen Unterschiede so plastisch zu machen, daß seine These auf große Resonanz stieß – worauf seine Hopi-Vorstellungen wiederum in vielen Hinsichten zurechtgerückt werden konnten.

Ein anderes wichtiges Indiz für die Falschheit einer starken Relativitätsthese ergibt sich aus dem *Vergleich unterschiedlicher Sprachen und Kulturen:* Einerseits können Völker trotz ähnlicher Sprachen ganz andersartige Lebens- und Denkweisen entwickelt haben, zum Beispiel ungarische Ackerbauern und skandinavische Nomaden. Sogar in ein- und derselben Sprache sind höchst unterschiedliche Denkweisen möglich (das wird rasch deutlich, wenn man beispielsweise die philosophischen Schriften von Kant, Schelling, Nietzsche, Heidegger und Wittgenstein vergleicht). Und umgekehrt sind zahlreiche Völker bekannt, beispielsweise Indianerstämme im Umkreis der Hopi, die sehr ähnlich leben, aber äußerst verschieden strukturierte Sprachen besitzen. Vor diesem Hintergrund betrachtet hat die Reduktion von Indianersprachen auf grammatische Strukturen, wie sie trotz gegenteiliger Intentionen selbst bei Boas, Sapir und Whorf angelegt war, eine ähnliche *Verkürzung und Dekontextualisierung* zur Folge wie früher viele Missionarsgrammatiken.

In der Praxis zeigt sich, daß eine *schwache Relativität* von Sprachen und Begriffsschemata durchaus existiert. Man kennt nämlich sowohl Fälle, bei denen eine (direkte) Übersetzung nicht gelingt, als auch Fälle, bei denen Konzepte inkommensurabel sind, obwohl sie sich übersetzen lassen oder gar in derselben Sprache geäußert werden. Doch eine solche Unübersetzbarkeit beziehungsweise Inkommensurabilität ist *nur partiell,* und aus ihr folgt keine prinzipielle Unzugänglichkeit oder Nichtverständlichkeit der anderen Sprache oder des anderen Begriffsschemas. Und selbst dort, wo eine Sprache nicht hinreichen mag (oder die Phantasie zu schwach ist), um bestimmte Denkweisen einer anderen Kultur zu erfassen, bleibt noch immer die Möglichkeit, sich diese auf andere Weise anzueignen – indem man mit den Menschen dieser Kultur zusammenlebt.

Weitere Untersuchungen und Argumente zur Reichweite der Relativitätsthese

Entwicklungspsychologische Studien haben in zahlreichen Fällen gezeigt, daß unterschiedliche Sprachstrukturen den Zeitpunkt des Erwerbs bestimmter kognitiver Leistungen (etwa mathematischer Fähigkeiten oder räumlicher Konzepte) beeinflussen. Dabei handelt es sich aber um statistische Aussagen und um graduelle Differenzen, die in der Regel aufgeholt werden. Andererseits hängen beispielsweise Unterschiede im Ziehen logischer Schlüsse nicht von der jeweiligen einzelsprachlichen Struktur, sondern der Art des Unterrichts ab.[26] Immerhin ließ sich feststellen, daß bereits sehr junge Kinder aus verschiedenen Kulturen ganz unterschiedlich über die gleichen Bilder sprechen, die man ihnen vorgelegt hatte. Daraus wurde gefolgert, daß Sprachen keine neutralen Codierungssysteme sind, sondern subjektive Orientierungen für die Erfahrung liefern.[27] Wie problematisch solche Aussagen und Experimente sind, zeigt sich freilich schon darin, daß Grammatik und Erzählweisen ja beidesmal sprachliche Phänomene darstellen – aufs Denken oder Weltbild kann so deshalb gar nicht direkt geschlossen werden.

Daß viele beachtliche *Denkleistungen ohne Sprache* möglich sind, demonstrieren höhere Wirbeltiere, besonders Menschenaffen, sehr eindrucksvoll.[28] Auch Kleinkinder sind lange bevor sie sprechen können zu zahlreichen kognitiven Operationen fähig.[29] Beispielweise schaffen sie es bereits wenige Wochen nach der Geburt, einfache arithmetische Schlüsse zu ziehen. Daß der Spracherwerb viele komplexe geistige Leistungen wenig berührt, demonstrieren ferner taubstumme Kinder. Sie sind in der Lage, viele nichtsprachliche Denkaufgaben im wesentlichen genauso gut wie eine hörende Kontrollgruppe zu bewältigen.[30] Zudem können Gehörlose über eine hohe Intelligenz verfügen, selbst wenn sie nicht oder erst nach vielen Jahren Gelegenheit hatten, eine Gebärdensprache zu erlernen; sie verfügen über abstrakte Konzepte, soziale Kompetenz und sind durchaus fähig, allein ihren Lebensunterhalt zu bestreiten. Und bei Aphasikern, die ihr Sprachvermögen beispielsweise aufgrund eines Schlaganfalls, eines Hirntumors oder einer Verletzung verloren haben, bleiben in der Regel viele Denkfähigkeiten unversehrt. Mitunter kommt es nur zu Ausfällen ganz spezifischer Wortklassen, beispielsweise für Tiere oder Werkzeuge. Das Verständnis der Begriffe dafür kann jedoch erhalten bleiben. Dies steht im Einklang mit den Befunden von hirnanatomischen und funktionsmorphologischen Studien, die gezeigt haben, daß Begriffe einerseits und Wörter andererseits in verschiedenen Regionen der Großhirnrinde verarbeitet und gespeichert werden.[31] Schließlich spricht gegen eine Identifikation von Sprechen und Denken auch, daß Wissenschaftler wie Einstein, Faraday oder Maxwell und Dichter wie Coleridge immer wieder berichten, sie hätten bei ihren bedeutendsten Einfällen nicht in Wörtern, sondern in Bildern gedacht.

Da die kognitive Kapazität eines Sprechers im allgemeinen eine viel größere Reichweite und Flexibilität hat, als das jeweils vorhandene Begriffssystem nahelegt, auch wenn das faktisch oft nicht unter Beweis gestellt wird, ist es sehr wichtig, die *konzeptuellen Fähigkeiten nicht mit dem konzeptuellen System* zu identifizieren. Das läßt sich mit mehreren Beobachtungen illustrieren: Einerseits können Erfahrungen verschieden gegliedert werden. Zum Beispiel unterscheiden die Cora, ein Bergvolk in Mexiko, nicht nur sehr genau eine beträchtliche Anzahl von Bergformen, sondern diese Unterscheidungen sind auch in die Grammatik ihrer Sprache eingegangen. Andererseits motiviert die Erfahrung die Ausprägung konzeptueller Systeme, determiniert sie aber nicht eindeutig. Der Begriff „vorne" beispielsweise, der vom Körper metaphorisch auf andere Objekte ausgedehnt wird, meint im Deutschen diejenige Seite eines Objekts, die dem Sprecher zugewandt ist, in Haida dagegen die Seite, die dem Sprecher abgewandt ist und somit in dieselbe Richtung zeigt wie die Vorderseite des Sprechers. Schließlich können in einer Sprachgemeinschaft nicht nur bestimmte Wörter für einen Sachverhalt fehlen, sondern auch der Begriff dafür – obwohl dieser Sachverhalt auf Grunderfahrungen basiert, die diese Sprachgemeinschaft mit anderen Menschen teilt, die über diesbezügliche Wörter und Begriffe verfügen. Beispielsweise sollen die Ureinwohner Tahitis weder eine Bezeichnung noch ein Konzept für „Traurigkeit" besessen haben, sondern hielten solche Gefühle für Ermüdung, eine Krankheit oder sogar den Angriff eines bösen Geistes. *Als völlig ungerechtfertigt hat sich die Behauptung erwiesen, daß das Fehlen bestimmter grammatischer Strukturen gleichbedeutend ist mit dem Fehlen der (zum Beispiel in anderen Sprachen ausdrückbaren) Konzepte beziehungsweise kognitiven Fähigkeiten.* So gibt es etwa in chinesischen Sprachen keine sprachlichen Merkmale (keine lexikalische oder grammatische Form, auch keine bestimmte Intonation), um Kontrafaktizität auszudrücken vergleichbar mit dem Konjunktiv in „wenn ich König *wäre, würde ich* ...". Trotzdem wäre es absurd zu behaupten, Chinesen hätten kein Bewußtsein vom Unterschied real-irreal. Tatsächlich können sie entsprechende Unterscheidungen auf andere Art sehr wohl durchführen (mit wenn-dann-Sätzen und verneinter Prämisse: „Ich bin nicht König. Wenn ich König bin ..."). Sie schneiden beim Beantworten von Fragen zu kontrafaktischen Situationen meist auch nicht schlechter ab als Vergleichspersonen, die beispielsweise Englisch sprechen – und wo doch, dann aufgrund von Kommunikations- und Test-, nicht Denkfehlern. Mitunter müssen sie jedoch eine größere Anstrengung betreiben, etwa zusätzliche Informationen heranziehen oder Schlüsse ziehen, die die Sprache Europäern gewissermaßen „automatisch" abnimmt.[32]

Es wäre also ein naiver Trugschluß, würde man bei der Beschreibung bestimmter einzelsprachlicher Eigenheiten diese sofort auf das Bewußtsein (oder ein tieferliegendes Unterbewußtsein) des Sprechers projizieren. So ist zum Beispiel aus dem grammatischen Geschlecht nicht auf das natürliche zu schließen – kein Sprecher des Deutschen würde das Mädchen für sachlich, die Tür für weiblich und den Busen für männlich halten. Es ist also gar nicht so relevant, ob eine bestimmte Sprache etwas grammatisch ausdrücken *kann* oder nicht, sondern ob sie es *mit relativ wenig Aufwand* auszudrücken vermag oder nicht – beziehungsweise sogar, ob sie es ausdrücken *muß* oder nicht. Aber diese Unterschiede können durchaus einen Einfluß auf Alltag und Kommunikation haben, wie Humboldt und Whorf ganz richtig erkannten. In einer Sprache, deren grammatisches Ausdrucksvermögen in einer bestimmten Hinsicht weniger reichhaltig oder eindeutig ist als in einer anderen, müssen die Informationslücken deshalb, wo nötig, auf andere Weise gestopft werden. Hinzu kommt die unterschiedliche Lastenverteilung von Sprecher und Hörer: Je detaillierter der

TAB.3: Gliederung des Wortfeldes „Holz" in verschiedenen europäischen Sprachen[33]

Begriff	deutsch	dänisch	französisch	spanisch
Baum	Baum	trae	arbre	arbol
Brennholz	Holz	...	bois	leña
Holz als Material	...	...	...	madera
kleiner Wald	Wald	skov	...	bosque
großer Wald	...	...	forêt	selva

Sprecher das sagt, was er mitteilen will, und umso höher also sein Aufwand ist, desto leichter fällt es dem Hörer, ihn zu verstehen. Und je weniger die Grammatik einer Sprache zu bestimmten Differenzierungen zwingt, desto mehr muß der Hörer leisten, damit Mißverständnisse oder Informationsdefizite vermieden werden können.

Sprachkontakte lassen die Grenzen der Relativitätsthese besonders klar hervortreten. Wären zumindest einige Sprachen durch unüberbrückbare Unterschiede getrennt, könnte man sie nicht übersetzen. Übersetzungen sind durchaus problematisch und sorgen bekanntlich nicht selten für Mißverständnisse. Wörtliche Übertragungen müssen oft scheitern. Bedeutungsüberschneidungen können Verwirrung stiften (**TAB.3**), doch liegen deshalb noch lange keine Denk- oder Wahrnehmungsunterschiede vor. Metaphern, Sprachspiele, Paradoxien und konnotative Assoziationen sind häufig kaum wiederzugeben. Dennoch läßt sich das allermeiste wenigstens sinngemäß und mitunter durch lange Umschreibungen und Erklärungen mitteilen – wenn man will. Überdies sind viele Menschen zwei- oder mehrsprachig. Zu klinischen Symptomen einer Schizophrenie oder multiplen Persönlichkeit führt das aber nicht. Und mit der Sprache wechselt man nicht zugleich seine Denkgewohnheiten und sein Weltbild. Wenn Chomskys Theorie der Universalgrammatik richtig ist, besitzen alle menschlichen Sprachen ohnehin eine gemeinsame Tiefenstruktur, so daß die Relativitätsthese auf keinen Fall absolut gültig wäre. Zudem könnten zumindest einige semantische Konzepte universell in allen Sprachen vorhanden sein und somit eine gemeinsame Basis an Bedeutungen bilden.

Gibt es universelle Elemente sprachlicher Bedeutung?

Bestimmten Sprachwissenschaftlern zufolge existieren nicht nur grammatische Universalien, also formale Strukturen, die allen Sprachen zugrunde liegen könnten, und die dem Menschen angeboren wären, sondern auch semantische Universalien. Wenn dies stimmt, ist das sprachliche Relativitätsprinzip auf keinen Fall absolut gültig. Denn alle menschlichen Sprecher hätten dann zumindest eine kleine Schnittmenge an Grundbedeutungen und -konzepten gemeinsam, die in keiner Sprache fehlen. Solche Universalien wurden schon von Philosophen wie Platon, René Descartes, Gottfried Wilhelm Leibniz und dem französischen Enzyklopädisten Jean le Rond d'Alembert postuliert. Im 19. Jahrhundert hat sie der Soziologe Lucien Lévy-Bruhl wieder aufgegriffen. Schließlich wurden sie dann besonders von den amerikanischen Linguisten Franz Boas, Edward Sapir und Morris Swadesh diskutiert und in Konstanten des menschlichen Lebens wie Umwelt und Körper gesucht. Wie auch Ethnologen vermuteten sie außerdem, daß bestimmte geistige Strukturen bei allen Menschen gleich seien und sich in der Sprache wiederfinden lassen. Seit den sechziger Jahren des 20. Jahrhunderts und insbesondere durch das Paradigma der Universalgrammatik motiviert, wurde die Idee in der Linguistik attraktiv. In der konsequentesten Form verfolgt dieses Programm Anna Wierzbicka (Australian National University, Canberra). Sie hat auch eine konkrete Liste von 37 semantischen Universalien vorgelegt, die in sehr unterschiedlichen Sprachen empirisch bislang ganz gut bestätigt werden konnte.[34] Sie lautet:

TAB. 4: Semantische Universalien

Typ	Semantische Universalien
Substantive	ich, du, jemand, etwas, Personen
Mentale Prädikate/Sprache	denken, sagen, wissen, fühlen, wollen, sehen, hören, Wort
Nichtmentale Prädikate	bewegen, es existiert, lebendig (sein)
Determinierer/Quantifizierer	dies, dasselbe, andere, eins, zwei, viele, alle
Handlungen/Ereignisse	tun, geschehen
Metaprädikate	nein, wenn, könn(t)en, wie, wegen, sehr
Möglichkeiten	wenn, würde, vielleicht
Zeit/Ort	wann, wo, nach, vor, unter, über, lang, kurz, jetzt
Taxonomie/Partition	von der Art, hat Teile
Bewertung/Beschreibung	gut, schlecht, groß, klein

Diese kühne Hypothese basiert auf mehreren Grundannahmen (die freilich keineswegs allgemeine, zum Teil wohl nicht einmal mehrheitliche Zustimmung finden). Demzufolge sind Bedeutungen oder Zeichen nicht vollständig auf außersprachliche Entitäten zurückführbar. Sie können erschöpfend zerlegt werden in einzelne Elemente, von denen ein gewisser Grundstock gleichsam atomar, also nicht aus noch fundamentaleren Elementen zusammengesetzt ist. Genau diese Elemente sind die semantischen Universalien. Und sie sollen in allen Sprachen auffindbar sein. Dabei muß man allerdings nicht so weit gehen, für jede Universalie ein einzelnes Wort, eine Wortwurzel oder eine feste Phrase anzunehmen, also eine universelle Lexikalisierung. Die Universalie kann auch durch grammatische Markierungen ausgedrückt werden. Entsprechend schwierig ist deshalb unter Umständen ihre Identifikation. Hinzu kommen noch mehrere andere praktische Hürden, insbesondere Polysemie und Allolexie. Im ersten Fall hat dasselbe Wort mehrere Bedeutungen, die nicht alle universell sind, etwa das englische Wort „know" („wissen", aber auch „kennen"). Im zweiten Fall besteht ein semantisches Grundelement in manchen Sprachen nicht aus einer Form, sondern aus verschiedenen lexikalischen Varianten (beispielsweise englisch „this" versus deutsch „dieser, diese, dieses" oder lateinisch „hic, haec, hoc").

Schließlich macht auch der *Sprachwandel* deutlich, daß ein absolut verstandener Determinismus und Relativismus wenig plausibel ist. Wie sollte sich eine Sprache ändern – sei es durch den Kontakt mit anderen Sprachen, sei es auf inhärente Weise –, wenn sie nicht ihrerseits durch kognitive und kulturelle Faktoren beeinflußt werden kann? Die Veränderung und Vermehrung von Bedeutungen eines Wortes, die Wortbildung, die begrifflichen Differenzierungen, die möglich sind, wenn sie sich als notwendig erweisen, eingeführte Lehnwörter, aber auch die Erfindung neuer Bezeichnungen für Gegenstände, die von anderen Kulturen übernommen wurden, sie alle geben ein vielfältiges Zeugnis von dieser Wechselwirkung. Daß sich das Wirklichkeitsverständnis ändern kann, obwohl die Strukturen der Sprache dieselben bleiben, illustriert auch die Tatsache, daß Sprachen zahlreiche Konzepte früheren Denkens in sich tragen, gleichsam eingefrorene Splitter vergangener Weltbilder, die sich bei einiger Anstrengung noch mehr oder weniger gut auftauen lassen (man denke nur an „Walfisch",

„gebrochenes Herz" oder „Sonnenaufgang"). Die allermeisten Spuren des Sprachwandels sind freilich schon so stark verschüttet, daß sie bestenfalls durch die Akribie des vergleichenden Sprachwissenschaftlers und Etymologen gefunden und gelesen werden können. Dieses Unterfangen kommt einer Zeitreise gleich. Auf diese Weise ist es mittlerweile möglich, auch in Schichten der indianischen Vergangenheit einzutauchen, die bereits Jahrtausende zurückliegen. Dies soll im folgenden versucht werden.

Ordnungsversuche der sprachlichen Vielfalt

Wenn man von der anscheinend großen Zahl an sprachlichen Gruppen, die in Amerika festgestellt wurde, annehmen kann, daß sie bloß der extremen Divergenz des amerikanischen Substrats zu verdanken ist, was den Beweis einer ursprünglichen Einheit der Sprachen unmöglich macht, dann müssen wir einen ungeheueren Zeitraum für die Entwicklung solcher Divergenzen annehmen, einen Zeitraum, der ohne Zweifel ein Mehrfaches der Zeitspanne beträgt, die die eher vorsichtigen Archäologen und Paläontologen für die Interpretation der ältesten menschlichen Funde in Amerika anzunehmen gewillt sind ...
Das führt zu der praktisch unausweichlichen Annahme, daß die Besiedlung Amerikas nicht ein singuläres historisches Ereignis gewesen ist, sondern eine Reihe von Einwanderungen sprachlich getrennter Völker, möglicherweise aus verschiedenen Richtungen und sicherlich zu sehr verschiedenen Zeiten.
EDWARD SAPIR (1949)

„Ich bin bemüht, den Wortschatz aller amerikanischen Indianer wie auch den der Asiaten zu sammeln, in der Überzeugung, daß ihre gemeinsamen Vorfahren, wenn es sie je gab, in ihren Sprachen zu erkennen sein werden." Diese Äußerung stammt von Thomas Jefferson und mutet heute, mehr als 200 Jahre später, beinahe prophetisch an (Wilhelm von Humboldt unternahm unabhängig davon wenig später übrigens ganz ähnliche Versuche). Daß Sprachen eine Entwicklungsgeschichte haben und diese als Stammbaum rekonstruiert werden könne, hat kurz vorher (1786) der in Indien arbeitende englische Jurist William Jones vermutet – Jahrzehnte bevor Darwin seine epochale Abhandlung „Von der Entstehung der Arten" schrieb. Jones waren erstaunliche Ähnlichkeiten zwischen Sanskrit (der seit dem 4. Jahrhundert v. Chr. streng geregelten Kunstsprache der altindischen Nationalepen) und dem Griechischen, Lateinischen, Keltischen und Gotischen aufgefallen. Diese Sprachen, so überlegte Jones, waren möglicherweise „einer gemeinsamen Wurzel entsprungen, die vielleicht nicht mehr existiert."

Durch die Methode des Sprachvergleichs, die bald darauf Friedrich Schlegel (1808), Franz Bopp (1816), Rasmus Kristian Rask (1818) und schließlich Jacob Grimm (1819) weiterentwickelt hatten, wurde die Verwandtschaft dieser und fast aller europäischen Sprachen (außer Finnisch, Ungarisch, Baskisch und Etruskisch) sowie der iranischen und indischen Sprachgruppe offenkundig. Ihr Wortbestand sowie die bekannten grammatischen Strukturen der heutigen, aber auch einiger ausgestorbenen und überlieferten Sprachen lassen sich tatsächlich auf eine gemeinsame, rekonstruierbare Ursprache zurückführen. Seither werden alle diese Sprachen in der Sprachfamilie des Indoeuropäischen (oder Indogermanischen) zusammengefaßt. Sie besteht aus 140 Einzelsprachen und ist heute mit mehr als zwei Milliarden Sprechern, bedingt hauptsächlich durch die Kolonisierungen seit dem 15. Jahrhundert, auf der Welt dominant.

Im 19. Jahrhundert begannen amerikanische Sprachforscher zu untersuchen, inwieweit auch die Indianersprachen miteinander verwandt sind. Doch die angestrebte Gruppierung stellte sich als außerordentlich schwierig heraus. Denn neben den genetischen Ähnlichkeiten aufgrund einer historischen Abstammung (gemeinsame Ahnen) gibt es noch universale Ähnlichkeiten aller menschlichen Sprachen, konvergente Ähnlichkeiten (Parallelentwicklungen ohne historischen Zusammenhang) und diffusionale Ähnlichkeiten (Übernahme durch Kontakte mit benachbarten Sprachen). Nur die genetischen Ähnlichkeiten sind für eine Verwandtschaftsrekonstruktion brauchbar, können aber mitunter nur schwer oder gar nicht von diffusionalen Ähnlichkeiten unterschieden werden. Einen ersten Versuch, die Verwandtschaftsverhältnisse der Indianersprachen zu erhellen, unternahm Albert Gallatin. 1836 unterschied er 29 nordamerikanische Sprachgruppen, 1848 in einer zweiten Zusammenstellung 32. Ende des 19. Jahrhunderts wetteiferten dann Daniel Brinton (später Professor an der University of Pennsylvania) und John Wesley Powell um eine offizielle Klassifikation. Dabei setzte Brinton bei seinem Sprachvergleich den Akzent vorwiegend auf die Grammatik als Kriterium für Verwandtschaft. Powell baute hauptsächlich auf lexikalischen Ähnlichkeiten auf und gewann den Wettlauf, da ihm das umfangreichere Material zur Verfügung stand. Unter seiner Federführung veröffentlichte das Bureau of American Ethnology 1891 eine Klassifikation, die 58 Familien nördlich von Mexiko unterschied, von denen mehr als die Hälfte aus nur einem einzigen Vertreter bestand. Brintons Forschungen sind hier teilweise schon eingeflossen und wurden eigenständig 1901 publiziert. In Südamerika hatten sich sogar 73 Familien herauskristallisiert. Da eine solche Fülle in dem relativ dünn und vermutlich viel kürzer als Europa besiedelten Doppelkontinent nicht zu erwarten war, erschienen diese Zahlen den meisten Gelehrten als viel zu hoch. Anfang dieses Jahrhunderts versuchten die amerikanischen Anthropologen Franz Boas, Alfred Louis Kroeber (1876–1960) und Edward Sapir diesen Widerspruch aufzulösen und umfassendere Familiengliederungen zu erstellen. Sapir hielt die Powell-Klassifikation für eine „historische Absurdität" und schlug 1929 sechs Sprachfamilien für Nord- und 15 für Zentralamerika vor. Doch er konnte sich damit nicht durchsetzen. Ein entscheidender Streitpunkt war insbesondere, ob die beobachtbaren Ähnlichkeiten größtenteils auf gemeinsame Wurzeln zurückgingen, wie Kroeber und Sapir mit ihrer genetischen Hypothese annahmen. Franz Boas vermutete dagegen, daß sie ganz oder doch überwiegend von Diffusion herrührten, letztlich also auf Entlehnungen aus benachbarten Sprachen basierten.

Weitere Forschungen machten das Bild zunächst noch komplizierter. Der von Anfang an in der amerikanischen Linguistik vorhandene (und bis heute anhaltende!) Gegensatz verschärfte sich: Auf der einen Seiten stehen die als „super grouper" bezeichneten großen Vereinheitlicher, die in der Tradition Sapirs möglichst viele Sprachen in eine Gruppe zusammenzufassen versuchten („lumping"). So hat Paul Radin schon 1919 vorgeschlagen, die Vielzahl der amerikanischen Sprachen zu einem einzigen Stamm zusammenzufassen. 1954 wurde diese Idee von Morris Swadesh wieder aufgegriffen – aber noch immer ohne hinreichende Daten und Argumente. Auf der anderen Seite stehen die Differenzierer, die alle nicht nach strengen Kriterien als verwandt erwiesenen Sprachen in getrennte Gruppen einordnen („splitting"). Zu den Hauptvertretern dieser Richtung gehören neben Powell und Brinton insbesondere C. F. und F. M. Voegelin, Ives Goddard und die noch immer dominierenden Lyle Campbell und Marianne Mithun. Dies führte dazu, daß Anfang der siebziger Jahre die Zahl der Sprachfamilien auf beinahe 200 angewachsen war – 62 in Nord- und 117 in Südamerika; ein knappes Jahrzehnt später wurden noch immer mindestens 135 unterschieden. Offenbar waren die Sprachen mit den Menschen in mehreren Wellen über Jahrtausende hinweg verteilt in die Neue Welt gekommen und hatten sich infolge der Zerstreuung über große Räume hinweg sowie anfänglicher Isolierung der Gruppen so weit auseinander entwickelt, daß Rückschlüsse auf die Ausgangssprachen beinahe unmöglich sind. Doch für den übrigen Globus hatte sich bereits eine Gliederung von höchstens ein paar Dutzend Familien durchgesetzt. Daher war die Aufmerksamkeit groß, als Joseph Harold Greenberg (Stanford University) 1987 vorschlug, die sprachliche Vielfalt Amerikas in nur drei Familien zu ordnen.[35] Erste Überlegungen dazu hatte er schon 1956 vorgestellt. Sie hatten allerdings kaum Beachtung gefunden. 1963 war es ihm dann gelungen, die rund 1500 Sprachen Afrikas in lediglich vier Familien zu gruppieren, was viel Aufsehen unter den vergleichenden Sprachwissenschaftlern erregt hatte. Damals teilweise heftig angegriffen, ist diese Klassifikation heute größtenteils akzeptiert.

Massenvergleich als Methode

Greenbergs Erfolgsrezept war eine neue Methode, die er in den fünfziger Jahren begann und *multilaterale Analyse, Lexikostatistik* oder *Massenvergleich* nannte. Bislang wurde die Verwandtschaft von Sprachen dadurch ermittelt, daß man einige wenige Sprachen oder Sprachgruppen miteinander verglich; dann versuchte man eine gemeinsame Protosprache zu rekonstruieren. Dabei wurde auf sogenannte Lautgesetze insistiert: regelmäßige Lautkorrespondenzen, nach denen sich die Veränderung der Laute beziehungsweise Wörter mit derselben Bedeutung oder doch zumindest einem ähnlichen Bedeutungsumfeld vollzogen haben. Dieses an die exakten Naturwissenschaften angelehnte Vorgehen stößt freilich an Grenzen, wenn sehr viele Sprachen miteinander zu vergleichen sind und die vermutete Auseinanderentwicklung schon weit zurückliegt. Ohnehin gibt es immer Ausnahmen und damit auch die Gefahr von Fehlklassifikationen. Hinzu kommt die Notwendigkeit enormer Vorkenntnisse, die ein einzelner

Linguist gar nicht besitzen kann. Ferner sind viele Spezialisten durch Staaten- und Sprachgrenzen getrennt, so daß sie häufig nur ihre eigenen Datensammlungen bearbeiten, die sich untereinander aber kaum überschneiden. Auf diese Weise ist es kaum möglich, zu übergreifenden Ergebnissen zu gelangen (entsprechend untergeordnet ist das Ziel, Sprachverwandtschaften aufzuklären, in der vergleichenden Sprachwissenschaft heute auch geworden).

Greenberg argumentierte außerdem, daß eine Klassifikation die Vorbedingung für den Versuch ist, gemeinsame Protosprachen zu rekonstruieren, und nicht deren Folge, auch wenn diese Klassifikation durch eine solche Rekonstruktion später vielleicht modifiziert werden muß. So ging die Hypothese der indoeuropäischen Sprachfamilie ja auch der Entdeckung bestimmter Lautverschiebungen zwischen den verwandten Sprachen voraus. Die schnellste und effektivste Methode für eine solche Klassifikation ist, so Greenberg, ein Massenvergleich des Basis-Vokabulars vieler Sprachen (von Wörtern wie „Hand, Himmel, gehen, rot", die nahezu alle Sprachen besitzen dürften, und die deshalb kaum entlehnt werden) sowie fundamentaler grammatischer Strukturen wie Pluralbildung, Vergangenheitsformen oder Maskulin-Markierungen. Im Grunde ist dies die Idee, die schon Jefferson vorschwebte. Und Greenberg hatte im Lauf von drei Jahrzehnten eine ungeheure Datenmenge über eine Vielzahl indianischer Sprachen zusammengetragen – ungefähr 750 000 Einträge in vergleichende Wortlisten aus rund 3000 Quellen. Das ist die detaillierteste Vokabular-Sammlung überhaupt. Deshalb sollten auch Fehler in den Daten und beim Vergleich, etwa aufgrund von nicht erkannten Entlehnungen oder falschen Schlußfolgerungen aus den Grammatiken, kaum ins Gewicht fallen und somit die statistische Auswertung nicht wesentlich beeinträchtigen.

Nur drei Familien von Indianersprachen

Greenbergs Klassifikation, an der auch der kalifornische Linguist Merrit Ruhlen (Palo Alto) mitarbeitete, unterscheidet nur drei Sprachfamilien auf dem Doppelkontinent (ABB.33). Zwei davon, Eskimo-Aleutisch und Na-Dené, sind schon früher von dem dänischen Sprachwissenschaftler Rasmus Rask beziehungsweise von Sapir vorgeschlagen worden. Die dritte, Amerind, ist Greenbergs Novum und vereinigt den allergrößten Teil der indianischen Sprachen.

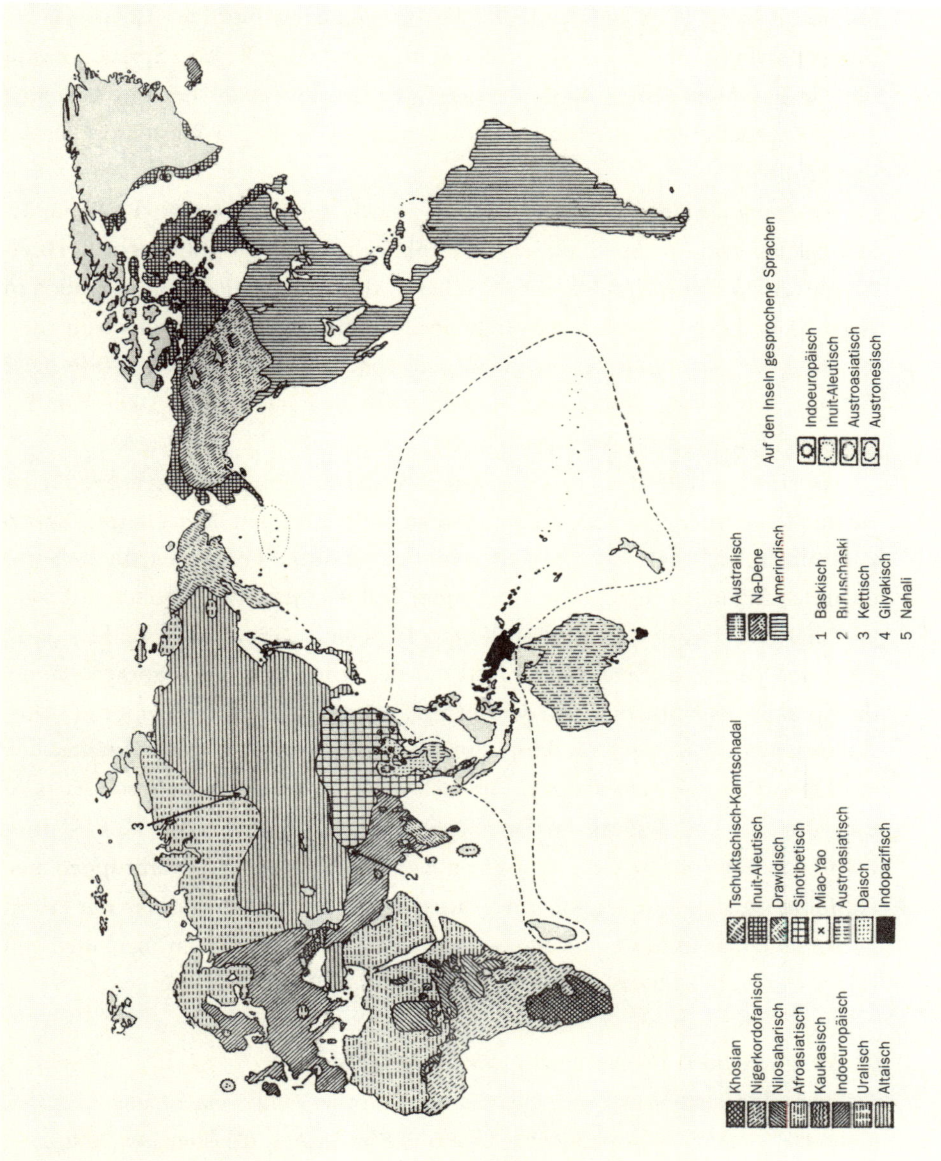

ABB. 33: Die großen Sprachfamilien der Welt (einige Einzelsprachen können nur schwer zugeordnet werden). In Amerika gibt es Joseph Greenbergs Massenvergleich zufolge nur drei: Eskimo-Aleutisch, Na-Dené und die große Familie Amerind.

Eskimo-Aleutisch ist die Sprachfamilie im obersten Norden Amerikas. Sie umfaßt neun Sprachen mit gegenwärtig ungefähr noch 85 000 Sprechern und wird in das Aleutische und die Eskimo-Sprachen unterteilt. Letztere bestehen aus der Sprachgruppe der Inuit im Osten und der Yupik im Westen (in Alaska und Sibirien).

Na-Dené umfaßt 34 Einzelsprachen. 31 gehören zur Gruppe der Athapasken. Sie hat 200 000 Sprecher, die im Hinblick auf ihre geographische Verbreitung in Alaska und Kanada vorherrschen, zahlenmäßig aber hauptsächlich in Arizona und New Mexico vertreten sind. Denn dort leben gegenwärtig rund 150 000 Navajo. Auch die verschiedenen Apachen-Sprachen gehören in diese Gruppe. Schließlich zählen noch drei einzelne Sprachen zur Na-Dené-Familie, nämlich Haida (3000 Sprecher), Tlingit (2000) und Eyak (stirbt aus).

Amerind umfaßt das Gros der amerikanischen Sprachen. Greenberg teilte sie in elf Untergruppen auf, die er dann zu sechs Zweigen oder Hauptgruppen zusammengefaßt hat: 1. Nord-Amerind, dazu gehören beispielsweise die Sprachen der Algonkin (Blackfoot, Cheyenne, Ojibwa, Shawnee), Irokesen (Cayuga, Cherokee, Huronisch, Mohawk, Oneida, Seneca), Sioux (Dakota, Mandan), Zuni und Maya, 2. Zentral-Amerind mit der schoschonischen Sprachgruppe, der Sprache der Komantschen, der mit am besten untersuchten Gruppe des Uto-Aztekischen, wozu auch die Hopi-Sprache gezählt wird, und des Aztekischen (= Nahuatl), 3. Chibcha-Paez, 4. Andisch (dazu gehören beispielswise Aymará und Quechua), 5. Äquatorial-Tucano (etwa Araukanisch) sowie 6. Ge-Pano-Karibisch. Eine neuere Gliederung von Ruhlen geht von 15 Untergruppen aus. Auffällig ist, daß in jeder Amerind-Untergruppe fast alle Pronomen der ersten Person Singular mit „n", die der zweiten Person Singular mit „m" beginnen – im Gegensatz zu beinahe allen anderen Sprachen der Welt.

Vergangenen Wörtern auf der Spur

Daß sich die meisten amerikanischen Sprachen in eine Familie einordnen lassen, Amerind, beweisen auch mittlerweile über 500 *Etymologien*, die Greenberg und Ruhlen gefunden haben. Dabei handelt es sich um Gruppen von Wörtern, die sich aufgrund ihrer Ähnlichkeit auf jeweils ein Urwort zurückführen lassen. Einige dieser Wurzelwörter haben so viele Spuren hinterlassen, daß es schwer verständlich ist,

TAB. 5: Ein Beispiel für die Abgrenzung der amerindischen Sprachfamilie von anderen Familien ist ihre Innovation „t'ana". Aufgeführt sind Wörter in verschiedenen Amerind-Sprachen, die sich aus diesem rekonstruierten indianischen Urwort entwickelt haben.

Sprachgruppe	Sprache	Form	Bedeutung
Almosisch	Nootka	t'an'a	Kind
Keresioux	Yuchi	tane	Bruder
Penuti	Totonac	t'ana-t	Enkelkind
Hoka	Yana	t'ini-si	Kind, Sohn, Tochter
Zentral-Amerind	Taos	-t'út'ina	ältere Schwester
Chibcha	Miskito	tuk-tan	Kind, Knabe
Paez	Warrau	dani-	Schwester der Mutter
Andisch	Aymará	tayna	erstgeborenes Kind
Makro-Tucanisch	Masaca	tani-mai	jüngere Schwester
Äquatorial	Mocochi	tin-gwa	Sohn, Knabe
Makro-Karibisch	Pavishana	tane	mein Sohn
Makro-Pano	Tacana	-tóna	jüngere Schwester
Makro-Ge	Tibagi	tog-tan	Mädchen

warum sie so lange übersehen werden konnten. Der Grund dafür mag sein, daß die Spezialisten sich auf jeweils eine Sprachgruppe zu konzentrieren pflegen und über der sorgfältigen Untersuchung dieses einzelnen Baumes den Wald nicht mehr sehen. Ein Beispiel für eine solche Etymologie ist eine amerindische Wurzel, die ungefähr „t'ana" gelautet haben dürfte und das Bedeutungsfeld „Kind, Sohn, Tochter" umfaßte. Sie kommt in allen Sprachgruppen der Amerind-Familie vor, nicht aber in anderen Sprachfamilien.

Besiedlungsrelikte und Superfamilien

Greenbergs Klassifikation ist nicht nur von linguistischer Bedeutung. Sie darf auch als wichtiges Indiz für die Besiedlungsgeschichte des amerikanischen Doppelkontinents betrachtet werden. Die Sprachverwandtschaft stellt gleichsam ein Relikt aus vergangenen Epochen dar. Insofern ist Jeffersons Plan beinahe eingelöst. Greenberg zufolge spiegeln die drei Sprachfamilien nämlich *drei große Einwanderungen* wider (falls die Aufspaltung der Sprachen nicht schon in Beringia oder Sibirien erfolgte). Ließe sich dagegen die bisherige Klassifikation von 200 Sprachfamilien nicht weiter verringern, würde das auf eine viel größere Zahl von Einwanderungswellen hindeuten – eine Annahme, die schon aus archäologischer Sicht extrem unplausibel wäre. „Dies hätte", so überspitzte es Greenberg, „einen Verkehrspolizisten an der Beringstraße erfordert."

Für Greenberg ist folgendes Szenario am wahrscheinlichsten: Die ersten Menschen, die Paläo-Indianer, gelangten im Einklang mit den Auffassungen der Archäologen vor mindestens 12 000 bis 15 000 Jahren nach Nordamerika. Ihre Sprache, Proto-Amerind, verbreitete sich mit ihnen über den gesamten Doppelkontinent und spaltete sich im Laufe der Jahrtausende immer weiter auf. Wegen der geringen Besiedlungsdichte und deshalb größeren Isolation der einzelnen Gruppen differenzierten sich die Sprachen so stark, daß eine gemeinsame Abstammung kaum mehr erkennbar ist. Eine zweite Einwanderungswelle erfolgte vor vielleicht 7000 bis 10 000 Jahren. Diese Proto-Na-Dené-Sprecher verdrängten allmählich die nördlichen Bewohner (oder stülpten ihnen ihre Sprache über). Aufgrund klimatischer Veränderungen scheint ein Teil der Proto-Na-Dené-Sprecher (die Vorfahren der Navajo und Apachen) wohl in relativ junger Vergangenheit südwärts gewandert zu sein und drang bis nach Arizona und New Mexico vor. Schließlich gelangten vor vielleicht 4000 oder 5000 Jahren die Ahnen der heutigen Eskimos und der Aleuten zuerst nach Alaska und später entlang des nördlichen Polarkreises nach Nordkanada und Grönland.

Dieses Szenario ist durch weitere linguistische Forschungen in den letzten Jahren noch besser untermauert worden. Seit einiger Zeit schon wird nämlich versucht, die ungefähr 20 bekannten Sprachfamilien zu noch größeren Einheiten zusammenzufassen, zu Superfamilien. (Die Bezeichnung der taxonomischen Einheiten gehen leider durcheinander. Anstelle von Superfamilien ist auch von Stämmen und Phyla = Reichen die Rede, und für manche Linguisten sind schon Gruppierungen wie „Amerind" über der Ebene der Familien.) Eine dieser Superfamilien wird von Greenberg und Ruhlen die Eurasiatische genannt. Zu ihr gehören unter anderem Indoeuropäisch, Türkisch, Mongolisch, Koreanisch und

Japanisch. (Die russischen Linguisten Wladislwaw Illitsch-Switytsch, Aaron B. Dolgopolsky, Sergej Starostin und Witalij Scheworoschkin haben unabhängig davon eine ähnliche Klassifikation erstellt, die sie Nostratisch nannten; sie überlappt sich mit Eurasiatisch zu einem guten Teil.) Verwandtschaftsanalysen zeigten nun, daß Eskimo-Aleutisch als das östlichste Glied dieser Superfamilie angesehen werden kann.

Na-Dené wurde von den russischen Linguisten Sergej Starostin und Sergej Nikolajew (Moskau) sowie John Bengston (Minneapolis) zusammen mit den zunächst für unabhängig erachteten Familien Kaukasisch, Sino-Tibetisch und Jenisseisch (auch Kinetisch genannt, eine zentralsibirische Familie mit nur einem überlebenden Vertreter) zu einer Superfamilie gruppiert. Auch das Baskische in Nordspanien sowie das Buruschaski aus Nordpakistan scheinen hier aufgehoben zu sein. Na-Dené ist der östlichste Zweig von dieser nun als Dené-Kaukasisch bezeichneten Superfamilie. Weil es sich deutlich vom Eurasiatischen unterscheidet, kann es sich nicht vom Eskimo-Aleutischen abgespalten haben, sondern muß mit einer eigenen Einwanderungswelle nach Nordamerika gekommen sein.

Schließlich hat ein Vergleich des Amerindischen mit den verschiedenen Superfamilien ergeben, daß es dem Eurasiatischen am nächsten steht. Allerdings sind die Unterschiede beträchtlich. Das bedeutet, daß die gemeinsame Wurzel entsprechend weit in der Zeit zurückliegt.

Superfamilien und die Mechanismen der Sprachverbreitung

Man kann zwei Typen von Sprachgebieten unterscheiden: *Ausbreitungszonen,* große Gebiete, die nur eine oder zwei Familien beherbergen (wie Europa oder Nordafrika), und *Restzonen,* wo viel mehr Familien angesiedelt sind (das gilt zum Beispiel für den Kaukasus oder Neuguinea), die häufig Relikte aus ferner Vergangenheit darstellen.

Die sprachliche Verschiedenheit ist besonders groß, 1. weit von den Polregionen entfernt, 2. wo genug Regen fällt oder allgemein Wasser vorhanden ist, 3. wenn Gebirge Isolationsbarrieren bilden (im Kaukasus gibt es beispielsweise 30 Sprachen, die zu sieben verschiedenen Familien zählen), 4. an Küsten, weil sich hier viel Nahrung über das ganze Jahr hinweg finden läßt, weil das Klima gemäßigter ist, weil kleine Gruppen relativ autark bleiben können und es viele Gelegenheiten zu Kontakten mit Angehörigen anderer Sprachen gibt, 5. je weiter die ökonomischen Verhältnisse entwickelt sind (was einhergeht mit Ackerbau, Handelszentren, heute auch Industrialisierung), denn damit hängen in der Regel ein großes Territorium, eine hohe Bevölkerungsdichte und ein stärkerer kultureller und damit auch sprachlicher Austausch mit Nachbarregionen zusammen. Dieser letzte Punkt, die Ökonomie, ist der wichtigste Faktor, da hier alle anderen Aspekte mehr oder weniger stark hineinspielen. Schließlich kann die sprachliche Verschiedenheit auch 6. durch Kolonisierung und Völkerwanderungen zunehmen. Historische Faktoren spielen selbstverständlich immer eine Rolle. Sie sind aber nicht so generell wie früher gedacht.

Grundsätzlich lassen sich vier Mechanismen der Sprachverbreitung unterscheiden.

1. *Erstkolonisierung* einer unbewohnten Region. 2. *Divergenz* (Auseinanderentwicklung), 3. *Konvergenz* (Beeinflussung gleichzeitig gesprochener Sprachen durch Entlehnung von Wörtern, Phrasen und grammatischen Formen) und 4. *Ersetzung* (Verdrängung einer Sprache durch eine andere).

Die Erstkolonisierung geschah zum einen durch *Erstbesiedlung* infolge der Verbreitung des *Homo sapiens* von seinem afrikanischen Entstehungsort. Als Spuren dieser Wanderungen erhalten sind Baskisch, die kaukasischen und die Khoisan-Sprachen, Australisch, Indopazifisch und Amerind. Zum anderen begünstigen *Klimaänderungen* die Besiedelung neuer Regionen. Insbesondere kam es nach dem Ende der letzten Eiszeit vor rund zehntausend Jahren zu einer globalen Erwärmung. Dies eröffnete die Möglichkeit, sich nördlich des 54. Breitengrads anzusiedeln. Die Familien, die sich aus Pioniersprachen entwickelt haben, sind Uralisch-Jukagirisch, Tschuktschisch-Kamtschatkisch, Na-Dené und Eskimo-Aleutisch.

Wenn Ersetzungen nicht stattgefunden hätten, wäre Divergenz die Hauptursache für den Wandel der Sprachen. Die Weltkarte gliche dann einem sprachlichen Flickenteppich. Ein solches Mosaik findet man beispielsweise noch für die Eingeborenensprachen Nordaustraliens, die Gartenbaukulturen auf Neuguinea sowie für den Kaukasus.

Für die Ersetzung am wichtigsten ist die *Einführung der Landwirtschaft,* die mehrfach und unabhängig voneinander in verschiedenen Regionen der Welt zu verschiedenen Zeiten erfolgte. Der Ackerbau hatte einen starken Anstieg der Bevölkerung und deren räumliche Ausbreitung zur Folge, wodurch die noch vorhandenen Jäger und Sammler mit ihren Sprachen verdrängt oder amalgamiert wurden. Auf diese Weise erklären läßt sich nicht nur die Entstehung und Ausbreitung der indoeuropäischen Sprachen, deren Ursprung im anatolischen Raum liegt, sondern auch der Bantu-Sprachen Afrikas, des Drawidischen Indiens, der austroasiatischen Sprachen Südostasiens sowie der austronesischen Sprachen, die sich von Südostasien sowohl nach Madagaskar als auch über Borneo, Neuguinea, Melanesien bis zu den Osterinseln verbreitet haben. (Man schätzt, daß es vor 15 000 Jahren, also vor der Erfindung der Landwirtschaft, noch 10 000 Sprachen gegeben hat, obwohl die Zahl der Menschen damals vielleicht ein Fünfhundertstel der heutigen betrug.)

Schließlich gibt es noch Sprachersetzungen aufgrund von *Handel und Eroberung.* Beispiele sind hierfür in historischer Zeit die Ausbreitung des Chinesischen, des Lateinischen, der altaischen Sprachen in Zentralasien und des Indoeuropäischen, das mit dem Aufkommen nomadischer Hirten schon im 2. Jahrhundert v. Chr. in den Iran sowie nach Pakistan und Nordindien gelangte und im Zuge der Kolonisierung ab dem 15. Jahrhundert auch in Amerika und Australien dominant wurde.

All diese Aspekte gilt es zu berücksichtigen, um die Vielfalt und Verbreitung der menschlichen Sprachen zu erklären. Durch diffizile Vergleiche wurde versucht, die ungefähr 6000 bekannten Sprachen der Erde in rund zwei Dutzend Familien einzuteilen (ABB.33), deren jeweils gemeinsame Ursprache bis zu 10 000 Jahre zurückliegt. Mit der Klassifikation von *Superfamilien* stoßen Linguisten nun noch weiter in die Vergangenheit vor. Diskutiert wird momentan folgende Ordnung:

- Khoisan
- Nigerkordofanisch mit den Familien Kordofanisch und Niger-Kongo
- Nilosaharisch
- Afroasiatisch
- Austrisch mit den Familien Austroasiatisch, Miao-Yao, Daisch und Austronesisch
- Indopazifisch
- Australisch
- Dené-Kaukasisch mit den Familien Kaukasisch, Sinotibetanisch, Jenisseisch und Na-Dené sowie den Einzelsprachen Baskisch, Buruschaski und Nahali
- Elamo-Drawidisch
- Kartvelisch

- Eurasiatisch mit den Familien Indo-Hethitisch (Indoeuropäisch, Türkisch, Armenisch), Uralisch-Jukagirisch, Altaisch, Koreanisch-Japanisch-Ainu, Tschuktscho-Kamtschatkisch und Eskimo-Aleutisch sowie der Einzelsprache Gilyak (eine andere, mit Eurasiatisch überlappende Klassifikation ist das Nostratische mit Indo-Hethitisch, Uralisch-Jukagirisch, Altaisch, Koreanisch, Afroasiatisch, Kartvelisch und Elamo-Drawidisch)
- Amerind.

Noch ehrgeiziger, aber in der Sache kaum mehr fundierbare und von Wunschdenken unterscheidbare Vereinheitlichungsversuche gehen von bloß sechs Sprachstämmen aus: Sino-Kaukasisch-Amerind-Nostratisch in Eurasien, Amerika und Nordafrika; Khoisan und Kongo-Sahara im mittleren und südlichen Afrika; Austrisch in Südostasien sowie im Indischen und Pazifischen Ozean; Australisch und Neuguinea. Merrit Ruhlen hat sogar einige Wortwurzeln (re)konstruiert, in denen noch ein schwaches Echo der afrikanischen Ursprache nachklingen soll. Zum Beispiel haben sich „tik" („eins") zu Nilosaharisch „dik" („eins"), Eskimo „tik" („Zeigefinger"), Kede „tong" („Arm"), Proto-Afroasiatisch „tak" („eins"), Proto-Austroasiatisch „ktig" („Arm, Hand") sowie zu Proto-Indoeuropäisch „deik" („zeigen") und daraus zu Latein „digitus" („Finger") entwickelt (auch „zeigen, Zeichen und Zeh" sind damit verwandt).[36]

Es hagelt Kritik

Für viele Sprachwissenschaftler, die nur die traditionelle Einzelanalyse und den binären Vergleich zweier Sprach(grupp)en zur Aufdeckung von Verwandtschaftsbeziehungen akzeptieren, war Greenbergs Vorstoß zu forsch. Nicht wenigen wurde hier zu viel zu rasch in einen Topf geworfen. Und manche befürchteten wohl auch, ihre Detailarbeit würde durch den grobschlächtigen Massenvergleich entwertet. So hagelte es Kritik.[37]

Ein Einwand lautete, Greenberg hätte sein Ergebnis, die Verwandtschaft der Sprachen, mit seinem Ansatz schon vorausgesetzt. Dies trifft auch zu, aber nur insofern, als Greenberg die heute von der überwältigenden Mehrheit der Wissenschaftler vertretene evolutionäre Ansicht teilt, daß alle Menschen einen gemeinsamen Ursprung haben, der höchstwahrscheinlich in Afrika liegt, und daß insofern wahrscheinlich (aber nicht notwendig!) auch alle Sprachen eine gemeinsame Wurzel besitzen. Wenn dies stimmt, ist ihre Verwandtschaft wenigstens im Prinzip mit Hilfe eines Stammbaums darstellbar. Dies hatte bereits Charles Darwin in seinem Buch „Von der Entstehung der Arten“ (1859) erkannt und kurz vor ihm der in Prag und Jena lehrende Philologe August Schleicher. Aber Greenberg wollte nicht zeigen, *daß*, sondern *wie* die indianischen Sprachen verwandt sind. Jedes andere Ziel einer Klassifikation würde auch in Beliebigkeit münden, denn es gibt viele Möglichkeiten der Ordnung, wie Philatelisten mit ihren Briefmarken beweisen.

Trotzdem bleibt, wissenschaftstheoretisch argumentiert, ein Einwand: Ausgangspunkt muß die Null-Hypothese sein, daß keine Sprache mit einer anderen verwandt ist, denn sie ist widerlegbar. Die Arbeitshypothese der Sprachverwandtschaft dagegen läßt sich im Einzelfall bestätigen, generell jedoch nicht falsifizieren, weil der fehlende Nachweis eines genetischen Zusammenhangs nicht beweist, daß dieser Zusammenhang nicht existiert – er könnte durch die Veränderungen über lange Zeiträume hinweg ja lediglich unerkennbar geworden sein. Denn sprachliche Diffusionsprozesse können beispielsweise eine Verwandtschaft nicht nur vortäuschen, sondern auch maskieren (in Südostasien ähneln sich nach dreitausendjährigen Sprachkontakten nichtverwandte Nachbarsprachen stärker als geographisch weiter entfernte Verwandte). So plausibel die Arbeitshypothese der Sprachverwandtschaft also auch sein mag, sie muß durch überzeugende Belege erst einmal erwiesen werden. Und gewisse Ähnlichkeiten sind dafür oft nicht hinreichend. Viele Sprachen der amerikanischen Nordwestküste zeigen beispielsweise zahlreiche Gemeinsamkeiten in ihren Lautsystemen, aber sie weisen keine systematischen morphologischen oder syntaktischen Entsprechungen auf wie die indoeuropäischen Sprachen und können daher nicht eng verwandt sein. Die kalifornischen Sprachen Yurok und Wiyot dagegen haben kaum Ähnlichkeiten, aber sie teilen eine sehr seltene grammatische Eigenschaft und werden deshalb inzwischen allgemein als Mitglieder der Algischen Gruppe (Algonkin, Ritwan) akzeptiert. Immerhin spricht für Greenbergs Vorgehen ein pragmatischer Grund: Verwandtschafts-Hypothesen stimulieren die Forschung, nach weiteren Indizien Ausschau zu halten. So hat sich auch in der Biologie eine Klassifikation nach groben Ähnlichkeiten (Beispiele: Tiere mit Federn = Vögel, Tiere mit Haaren = Säugetiere) wissenschaftshistorisch bewährt, insofern sie später durch weitere Indizien untermauert werden konnte. Allerdings sind Sprachen keine Organismen, denn sie können sich – im Gegensatz zu biologischen Arten – auch miteinander vermischen. Amseln hingegen bekommen keine roten Brüste, wenn sie neben Rotkehlchen leben.

Schwerer wiegt die Kritik am Massenvergleich als solchem. Es reicht nicht, Ähnlichkeiten im Grundwortschatz oder bei grammatischen Beziehungen nur festzustellen. Es muß auch entschieden werden, ob sie wirklich auf Verwandtschaft beruhen oder aber auf Onomatopoetika (Lautmalereien), vielleicht universelle Strukturen oder insbesondere Entlehnungen und Diffusion zurückgeführt werden können, oder ob sie sogar bloß zufällig sind (konvergente Parallelentwicklungen). Darüber sagt der Massenvergleich allein nichts aus. Diese Frage nach zufälligen beziehungsweise nicht verwandten Übereinstimmungen und deren Anteil bleibt offen. Hier können, so sagen viele Kritiker, nur Lautgesetze zuverlässige Kriterien liefern; Greenberg sei dazu nicht in der Lage, keiner sei es, und deshalb lägen die tieferen großen Sprachverwandtschaften unter den seither erfolgten Änderungen wohl für immer verborgen oder ließen sich wenigstens nicht mit der notwendigen Eindeutigkeit ausgraben. Freilich sind auch diese Lautgesetze weder allgemeingültig noch überhaupt besonders häufig. Außerdem lassen sich Lehnwörter und Zufälle wenigstens teilweise auch anders herausfiltern. Es sei ein falsches und überzogenes Wissenschaftsverständnis, so verteidigte sich Greenberg, wenn man annimmt, strenge Regularitäten seien für eine Taxonomie notwendig. Beispielsweise verfügen Biologen nicht über entsprechend rigide Pendants, und dennoch ist die biologische Systematik beträchtlich weiter entwickelt als die linguistische. Hinzu kommt, daß morphologische und grammatische Ähnlichkeiten ein mindestens ebenso gutes Mittel wie phonetische Regularitäten sind, um Verwandtschaften aufzuspüren. Trotzdem wird bezweifelt, daß Greenbergs Methode ausreicht, amerikanische Gemeinsamkeiten von noch früheren in Asien zu unterscheiden oder von der Möglichkeit einzelner Einwanderungswellen, die sprachlich nicht miteinander verwandt sind.

Ein weiterer Kritikpunkt betrifft eine gewisse Willkür der Grenzziehung: Wo eine Sprachfamilie anfängt, sich also von einer Unterfamilie abhebt, und wo sie aufhört, sich von einer Superfamilie unterscheidet, läßt sich nicht präzise angeben oder definieren (auch nicht in der Biologie). Während Greenbergs Klassifikation von Eskimo-Aleutisch und Na-Dené (mit Ausnahme der Einordnung von Haida) von kaum einem Linguisten bezweifelt wird – aber auch von anderen Wissenschaftlern früher schon vorgeschlagen worden ist – und seine Analyse bestimmter Amerind-Untergruppen einen echten Fortschritt brachte, hat sich der Streit an der Zusammenfassung des Großteils aller Indianersprachen in Amerind entzündet. Wieso wäre dann nicht beispielsweise auch Finnisch einzubeziehen, das in bestimmten Merkmalen den Maya-Sprachen ähnlich ist, oder Altjapanisch, das mit Greenbergs Methodik eigentlich besser in Amerind passen würde als viele einzelne Amerind-Sprachen? Hier wird deutlich, daß gewisse Vorentscheidungen in Greenbergs Methode schon eingeflossen sind, die linguistisch allein nicht begründet werden können. Allerdings ist Greenbergs Amerind-Ordnung weniger umstritten als die meisten Untergruppierungen. Und selbst wenn er im Ergebnis recht hätte, hieße das noch nicht, so einige Kritiker, daß er dieses Ergebnis auch durch seine Methodik rechtfertigen könne.

Nicht von der Hand zu weisen ist, daß in Greenbergs Daten viele Mängel stecken, zahlreichen Spezialisten zufolge zu viele (in einigen Fällen sogar mehr als fünfzig Prozent). Viele Wörter sind bereits von Greenbergs Gewährsleuten falsch erfaßt oder zugeordnet worden; verschiedene Schreibweisen sorgen für zusätzliche Verwirrungen; und die Segmentation der bedeutungshaltigen Komponenten polysynthetischer Sprachen ist schwierig und nicht immer eindeutig. Auch eine Relexifikation, das heißt eine weitgehende Ersetzung des Wortschatzes einer Sprache durch eine andere, wie sie im asiatischen Raum mehrfach beobachtet wurde, vermag einen Massenvergleich zu täuschen. Ein anderes verblüffendes Beispiel: Bei manchen Indianerstämmen ist es tabu, den Namen einer verstorbenen Person und ähnliche Wörter auszusprechen. Dies gilt auch für Spitznamen, die oft aus Alltagsbezeichnungen geprägt werden, zum Beispiel „große Flasche“ für eine dicke Frau. Diese Tabus hatten in Tonkawa und den Salish-Sprachen drastische Wortschatz-Veränderungen zur Folge, die eine lexikostatistische Auswertung unterminieren. Solche Beispiele zeigen auch, daß die Voraussetzungen für eine genetische Rekonstruktion durch einen Massenvergleich, nämlich die konstante Veränderungsrate der Sprachen und eine große Stabilität ihres Grundwortschatzes, nicht hinreichend fundiert oder verifizierbar sind. So sind sich die meisten Kritiker einig, daß das Datenmaterial zu wenig

Aussagekraft hat und zudem unzureichend aufbereitet und nicht rigide genug ausgewertet worden ist. Negative Resultate werden nur selten dargestellt, bloß äußerliche Ähnlichkeiten überbewertet und von zufälligen Übereinstimmungen stark überlagert. Auch sind die lautlichen, morphologischen und syntaktischen Entsprechungen oft unpräzise und die semantischen Felder der Auswahlbegriffe zu groß (was wiederum den Zufall begünstigt). Computer-Simulationen haben gezeigt, wie leicht der Zufall eine Verwandtschaft vorgaukeln kann, wenn die Datenbasis unzureichend ist. Eine Ähnlichkeitsprüfung, so die Kritiker weiter, kann schon wegen der Masse der Daten und Sprachen und den für Nichtspezialisten unüberschaubaren Besonderheiten nur oberflächlich erfolgen. Dadurch fallen zufällige Ähnlichkeiten zu stark ins Gewicht, und statistische Auswahleffekte sind unvermeidbar. Bei feineren Untergliederungen wiederum bringen die Daten kaum neue Einsichten und reichen oft auch nicht aus. Hier mußte Greenberg seinen Kritikern zum Teil durchaus recht geben. Aber eine hundertprozentige Sicherheit seiner Daten und Analysen hatte er für sich ohnehin nicht in Anspruch genommen. Jede Korrektur verbessert insofern die Güte der Statistik, und es wäre wünschenswert, wenn sich möglichst viele Linguisten um eine konstruktive Zusammenarbeit bemühen würden, um so viele Daten wie möglich zusammenzutragen und Greenbergs Arbeit als Ausgangspunkt für einen noch viel umfassenderen Sprachvergleich zu nehmen. Für Greenberg liegen die Streuungen jedoch noch im Rahmen des Vertretbaren, und seine Schlußfolgerungen hält er nach wie vor für ausreichend begründet. Selbstverständlich sind sie wie alle wissenschaftlichen Aussagen fehlbar. Aber bislang konnte niemand eine bessere Klassifikation vorschlagen. Und außerdem gibt es noch andere Bestätigungen seiner Hypothese, die von der Linguistik völlig unabhängig sind.

Die Molekulargenetik kommt zu Hilfe

Zusammen mit dem Genetiker Stephen L. Zegura und dem Dental-Anthropologen Christy G. Turner II hatte Greenberg schon 1986 eine Arbeit veröffentlicht, die die erstaunliche Konvergenz dreier unterschiedlicher Ansätze aufzeigte: nicht nur Greenbergs linguistische Daten, sondern auch molekularbiologische Studien und Vergleiche der Zahnformen ergaben eine Aufteilung der amerikanischen Ureinwohner in drei Gruppen mit ähnlicher räumlicher Verteilung und eine Verwandtschaft mit den Bewohnern Ostasiens.[38] Dies war nicht nur eine glänzende Bestätigung für die Auffassung der Archäologen, daß die Besiedlung Amerikas über die Beringstraße erfolgte, sondern auch der erste überzeugende Hinweis auf drei Einwanderungsschübe.

Damit kompatibel waren die kurze Zeit später veröffentlichten Resultate italienischer Genetiker unter der Leitung von Luigi Luca Cavalli-Sforza (Stanford University, Kalifornien).[39] Sie hatten über dreißig Jahre lang die Verwandtschaft von mehr als 40 Populationen auf allen Kontinenten untersucht und dabei den genauesten Stammbaum der Menschheit erstellt, der bis heute existiert. Maßgeblich waren 120 verschiedene Merkmale der Erbsubstanz im Zellkern sowie der durch sie codierten Proteine (zum Beispiel der Rhesusfaktor und die MHC-Moleküle des Immunsystems). Dabei wurden Daten von Tausenden von Menschen verglichen. Unter der Annahme einer konstanten Evolutionsrate, die bei diesen Genen nicht durch Einflüsse der Selektion, sondern durch die Ansammlung neutraler Mutationen und deren zufällige Verteilung bedingt ist, lassen sich die Daten zu einem Stammbaum ordnen, der den Verwandtschaftsgrad angibt und erstaunlich gut mit den von Greenberg und Ruhlen vorgeschlagenen Sprach(super)familien übereinstimmt (ABB.34). Es zeigte sich auch, daß individuelle genetische Unterschiede oft viel größer sind als solche zwischen den großen Völkergruppen der Afrikaner, Kaukasier (wozu nicht nur Europäer, sondern auch Inder und andere zählen), Amerinder, Nord- und Südasiaten, Pazifik-Insulaner und Australier. (Damit ist Rassismus übrigens auch unter wissenschaftlichen Gesichtspunkten als Ideologie ohne objektive Grundlage entlarvt.) Außerdem konnte rekonstruiert werden, wie sich die Menschheit von ihrer in Afrika gelegenen Wiege ausgebreitet hat. Demnach trennten sich Afrikaner und Asiaten vor 100 000 Jahren, Asiaten und Australier vor mindestens 50 000 Jahren, Asiaten und Europäer vor vielleicht 40 000 Jahren und Asiaten von der amerikanischen Urbevölkerung vor 15 000 bis 35 000 Jahren. Unter der globalen Perspektive sind die genetischen Differenzen zwischen den Amerind-Indianern vernachlässigbar.

Dieses „out of africa"-Szenario steht in ausgezeichneter Übereinstimmung mit den Ergebnissen einer anderen Arbeitsgruppe der Universität von Kalifornien in Berkeley, die bis zu seinem Tod 1991 Allan C. Wilson geleitet hatte. Sie untersuchte die genetischen Differenzen der Erbsubstanz in den Mitochondrien. Diese Energieerzeuger in den Zellen werden nur mütterlich vererbt. Der rekonstruierte Stammbaum hat seine Wurzeln ebenfalls in Afrika. Dort ist die genetische Vielfalt am größten, weil die Entwicklung am längsten Zeit hatte. So läßt sich die Abstammungslinie der ganzen Menschheit letztlich bis zu einer einzigen afrikanischen Frau zurückverfolgen (in Wirklichkeit waren es selbstverständlich mehr, aber die Modelle münden zwangsläufig in einen Ursprung; und viele Linien sind auch ausgestorben). Dieser Eva-Hypothese zufolge lebte die „Urmutter" vor vielleicht 200000 (plusminus 100000) Jahren. Kürzlich konnte anhand von weltweiten Analysen auch der entsprechende „Adam" ausgemacht werden. Die Stammbäume von einem Abschnitt auf dem männlichen Y-Chromosom konvergieren nämlich ebenfalls in Afrika vor mehr als 200 000 Jahren (auf diesem Chromosom gibt es übrigens ein einzelnes Merkmal, das nur in Amerika verbreitet ist und vor etwa 30 000 Jahren entstanden sein dürfte; in Süd- und Zentralamerika ist es am häufigsten, bei den Eskimos hat es nur noch jeder zweite).[40] Schließlich legen auch Untersuchungen von DNA aus Genen im Zellkern eine gemeinsame Wurzel der heutigen Menschheit südlich der Sahara vor mindestens 100 000 Jahren nahe.

So deutet viel darauf hin, daß die anatomisch modernen Menschen erst relativ spät in Afrika entstanden sind (die Linie unserer älteren Vorfahren trennte sich vor etwa fünf bis sieben Millionen Jahren von den Ahnen der heutigen Schimpansen). Sie haben dann offenbar relativ rasch die anderen Erdteile besiedelt. Wahrscheinlich ist es durch Wanderungsbewegungen von Asien zurück nach Afrika auch zu genetischen Rückflüssen gekommen, denn ein paar wenige genetische Merkmale von Afrikanern haben in Asien ihren Ursprung. Offenbar war Adam und Evas „Vertreibung" aus dem Paradies doch nicht endgültig. Im Nahen Osten, Europa und Asien sind die anatomisch modernen Menschen wahrscheinlich auf Menschen vom Typ der Neandertaler und vielleicht des *Homo erectus* getroffen und haben diese möglicherweise direkt oder indirekt verdrängt. Vielleicht ist es auch zu Vermischungen gekommen. (Einer alternativen Hypothese zufolge hat sich der moderne Mensch dagegen möglicherweise schon früher und eventuell sogar in mehreren Regionen relativ unabhängig aus dem Homo erectus entwickelt.) Es ist gut denkbar, daß für die Überlegen-

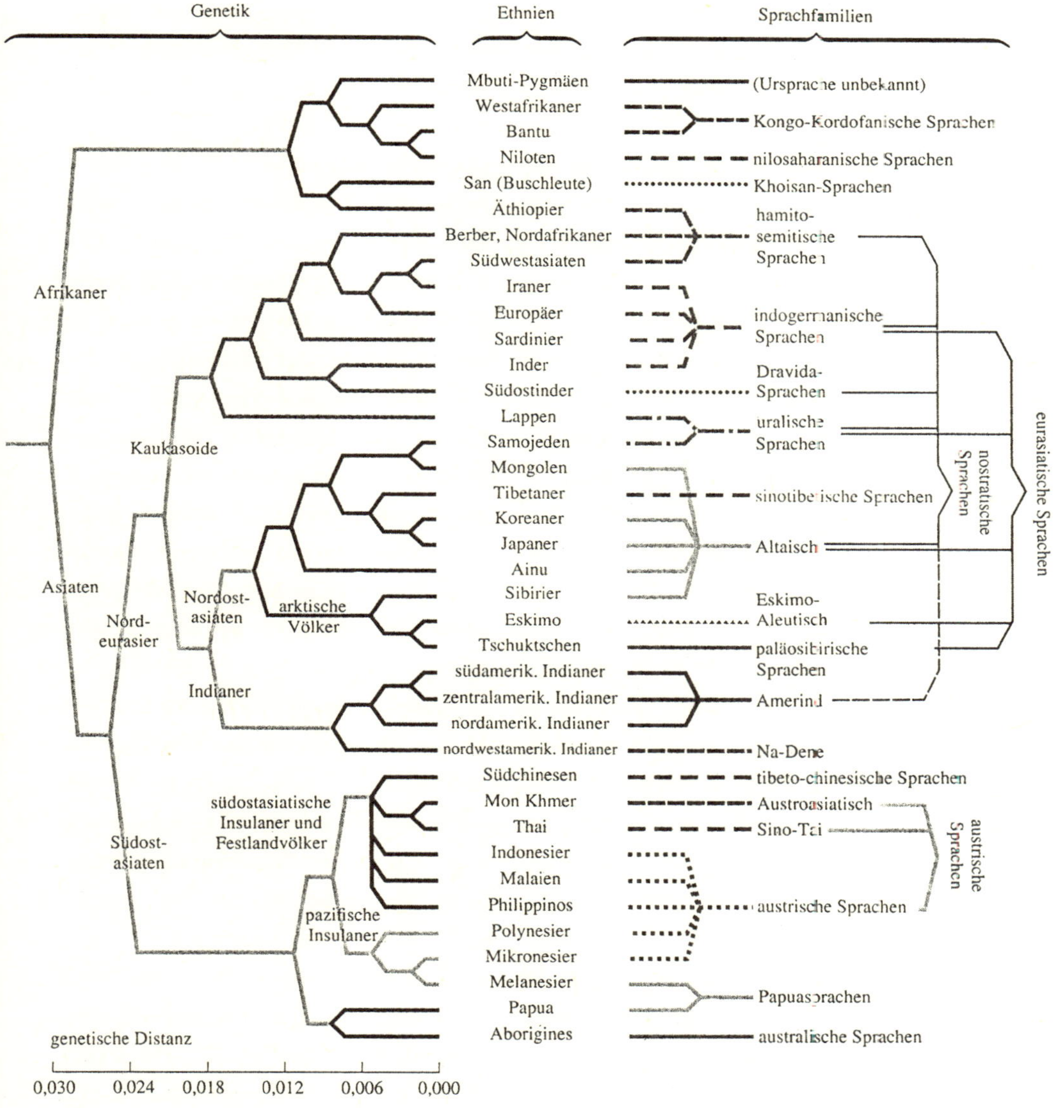

ABB.34: Ein Vergleich genetischer Merkmale verschiedener Bevölkerungsgruppen der Welt und der Verwandtschaft ihrer Sprachen, das heißt der Sprach(super)familien offenbart weitgehende Parallelen. Dies ist ein starkes Indiz für die Richtigkeit einer solchen Gruppierung und erlaubt es, die prähistorische Ausbreitung des modernen *Homo sapiens sapiens* zu rekonstruieren.

heit unserer Vorfahren weiter entwickelte geistige Fähigkeiten entscheidend waren, die mit einer ausgeprägteren Sprachfähigkeit in Zusammenhang gestanden haben könnten.[41]

Weitere Indizien für die Besiedlungsgeschichte Amerikas

Daß die ersten Indianer aus Sibirien stammten und später noch andere Völker von dort nachrückten, wie die archäologischen Daten und linguistischen Indizien nahelegen, paßt also qualitativ sehr gut in die anthropologischen Befunde der Molekulargenetik. Einzelheiten müssen freilich noch präzisiert werden. Und widerspruchsfrei sind die Ergebnisse vorläufig leider auch noch nicht. [42]

Douglas Wallace (Emory University, Atlanta), Antonio Torroni (Universität Rom) und ihre Mitarbeiter analysierten die mitochondriale DNA amerikanischer Ureinwohner von Alaska bis Argentinien und fanden vier bestimmten Merkmale, die sonst nur noch in Ostasien und Sibirien vorkommen, was für die Vorstellung spricht, daß alle Indianer von einer relativ kleinen Gengruppe aus Asien abstammen. Und die Angehörigen der Eskimos und Na-Dené-Sprecher haben in Einklang mit Greenbergs Szenario vor 5000 bis 10 000 Jahren die Neue Welt betreten. Die Amerind-Sprecher dagegen kamen viel früher, vor mindestens 19 000 und höchstens 38 000 Jahren. Möglicherweise wanderten sie in zwei Schüben über Beringia. Dies wäre mit den ältesten archäologischen Funden (älter als die von Clovis!) noch vereinbar. Vielleicht brachte erst die zweite Welle die Steintechnik mit, die zur Clovis-Kultur führte. Allerdings hätte Amerind dann zwei sprachliche Ursprünge. Für vier separate Einwanderungen sprechen auch Analysen von Satoshi Horai (Nationales Institut für Genetik im japanischen Mishima).

Untersuchungen von Andrew Merriwether (nun an der University of Michigan) sowie Ann Stone (Pennsylvania State University), die nicht nur mitochondriale DNA zahlreicher gegenwärtiger Nachfahren der Ureinwohner analysierten, sondern auch DNA aus 700 bis 7000 Jahre alten Knochen und Mumien verschiedener Kulturen in Nord-, Mittel- und Südamerika, ergaben jedoch eine viel größere genetische Uniformität der verschiedenen Gruppen als erwartet und von Wallace und Torroni beschrieben. Zu einem ähnlichen Ergebnis kamen DNA-Studien einer argentinischen und einer europäischen Forschergruppe, denenzufolge so verschiedene amerikanische Ureinwohner wie die Eskimos Alaskas und die Kraho und Yanomami Brasiliens mehr genetische Merkmale teilen, als bislang angenommen. Das stellt distinkte Einwanderungswellen in Frage und spricht eher für einen einzigen Besiedlungsschub vor vielleicht 25 000 Jahren, der sich (vielleicht auch durch Rückwanderungen) erst auf dem amerikanischen Kontinent differenziert hatte. Dafür zumindest argumentieren nun Merriwether, Robert Ferrell (University of Pittsburgh) und Francisco Rothhammer (Universität von Chile). Wallace dagegen sieht hier lediglich die Folgen von späteren Genvermischungen zwischen den verschiedenen Indianergruppen.

Andererseits glaubten Richard H. Ward (University of Utah) und Svante Pääbo (Universität München) aus DNA-Charakterisierungen der Mitochondrien von Ureinwohnern Vancouver Islands herauszulesen, daß die genetische Uhr bereits in Sibirien zu ticken anfing. Ihnen zufolge hätte eine Aufspaltung der indianischen Vorfahren schon in Asien vor 60 000 bis 78 000 Jahren begonnen. Wann die solchermaßen genetisch heterogenen Immigranten die Neue Welt erreichten, ließe sich aber erst sagen, wenn die Evolutionsgeschwindigkeit der mitochondrialen Erbsubstanz genauer bekannt wäre. Schließlich wurde auch die Trennung zwischen Eskimo-Aleuten und Na-Dené-Sprechern angezweifelt. Schädelvermessungen von Nancy S. Ossenberg (Queen's University, Canada) erbrachten größere Unterschiede zwischen Aleuten und Eskimos als zwischen Aleuten und Na-Dené; genetische Befunde scheinen dem, so Emöke Szathmary (University of Western Ontario im kanadischen London) zumindest nicht zu widersprechen, wären also weniger eindeutig, als Zegura und Cavalli-Sforza behaupten.

Zu wieder anderen Schlußfolgerungen gelangten Hans-Jürgen Bandelt und Peter Forster (Universität Hamburg) sowie Rosalind Harding (Oxford) und Torroni. Ihre Computeranalysen der Mitochondrien-DNA-Daten sprechen für eine Einwanderungswelle vor 20 000 bis 25 000 Jahren, die in Einklang mit Greenbergs Hypothese mit der amerindischen Sprachgruppe korreliert. Vor 11 000 oder 12 000 Jahren sei eine weitere Immigrationswelle nach Alaska erfolgt, oder eine Rückwanderung schon in Amerika lebender Menschen, die zu den heutigen Na-Dené und Eskimo-Aleuten führte. Wie die anderen Mitochondrien-DNA-Studien unterliegt freilich auch diese der Schwierigkeit, daß sie nur die

Wanderungsbewegungen der Frauen erfassen kann. Weil Frauen in manchen Jäger- und Sammler-Gesellschaften zu den Gruppen ihrer Männer ziehen, spiegelt die Mitochondrien-DNA-Verteilung nicht unbedingt die Wanderungsbewegung der gesamten Population wider. Kartierungen von Genen auf dem männlichen Y-Chromosom sowie Zellkern-DNA-Studien müssen also ergänzend hinzukommen.

Auch linguistische Modelle sprachlicher Ausbreitungen (basierend etwa auf einer Mindestgröße von einigen hundert Personen für überlebensfähige Gruppen, Schätzungen der Differenzierungsrate und so weiter) legen eine frühere Besiedlung nahe. Johanna B. Nichols (University of California, Berkeley) zufolge reichen 12 000 Jahre nicht aus, um die sprachliche Vielfalt des Amerind zu erklären. Stattdessen geht sie von 50 000 bis 60 000 Jahren aus, falls die Familie einen Ursprung hat – ein Wert, der extrem früh angesiedelt ist und die Frage aufwirft, wieso die nächste Einwanderung erst so viel später erfolgte. Allerdings könnte die Differenzierung bereits in Sibirien begonnen haben, und mehrere Besiedlungswege auf dem Land und mit Booten hätten die Auseinanderentwicklung beschleunigt (doch die dafür notwendige Gruppengröße, die Knappheit der Ressourcen und die Gletscherbarrieren wirken hier stark limitierend). Als Alternative wäre eine Ankunft vor 30 000 bis 40 000 Jahren denkbar, falls es mehrere Einwanderungsströme gab, die dann aber zeitlich getrennt erfolgt sein müßten.[43]

Vielleicht sind die Indianer aber auch erst vor 22 000 Jahren in Alaska angekommen. Gemessen an anderen Sprachausbreitungen, die Nichols untersucht hat (etwa die Verbreitung der Eskimo Sprachen nach Grönland oder der türkischen Sprachen von Sibirien nach Zentraleuropa) hält Nichols eine Wanderung von Alaska nach Chile (16 000 Kilometer) binnen 7000 Jahren nicht für ungewöhnlich.

Daß Amerika vor über 20 000 Jahren besiedelt worden ist, glauben auch Richard A. Rogers (nun am US Department of Agriculture) und Larry D. Martin (University of Kansas): Sie haben die Orte der mutmaßlichen Ursprünge verschiedener Sprachgruppen in Nordamerika, die heute noch durch die größte sprachliche Vielfalt gekennzeichnet sind, mit den geologischen Daten und Pollen-Statistiken verglichen, die anzeigen, wie weit die Vergletscherung damals vorgedrungen war. Die Sprachzentren lagen überwiegend an Gletschergrenzen, so daß es den Anschein hat, als hätten sich damals tatsächlich schon Menschen in Nordamerika aufgehalten und seien nach Norden vorgestoßen, sobald sich das Eis zurückgezogen hat. Da die ehemals eisbedeckten Gebiete nicht so lange besiedelt waren wie die eisfreien, ist die sprachliche Diversifikation dort geringer. Diese Studie zeigt, daß tausend Worte mitunter so viel Wert sind wie archäologische Relikte.

Weitere linguistische Indizien zur Besiedlungsgeschichte hat Johanna Nichols zusammen mit David A. Peterson (ebenfalls University of California, Berkeley) erarbeitet.[44] Ihre Untersuchung des Greenberg-Ruhlenschen n-m-Paradigmas (Beginn sehr vieler Pronomen der ersten Person Singular mit „n“ sowie der zweiten Person Singular mit„m“) zeigt, daß es nicht bei allen Indianersprachen, sondern hauptsächlich an der Westküste Nord- und Mittelamerikas verbreitet ist. Dasselbe gilt auch für andere lexikalische, phonologische und grammatikalische Merkmale, beispielsweise die Verb-Subjekt-Stellung und sogenannte Numeralklassifikatoren (Wörter, die verwendet werden, wenn eine Zahl ein Substantiv modifiziert, was beispielsweise auch im Chinesischen vorkommt: „drei Personen“ heißt dort „sān-ge rén“, wörtlich: „drei Stück Mensch“). Das birgt einerseits eine weitere Schwierigkeit für Greenbergs Charakterisierung der Amerind-Familie und könnte andererseits Nichols und Peterson zufolge auf gemeinsame sprachliche Ahnen im ostasiatischen Raum hindeuten, deren Nachfahren sich mitsamt ihren Sprachen von dort aus vor vielleicht 12 000 Jahren sowohl über die Beringstraße nach Amerika ausgebreitet hätten als auch nach Süden. Dies schließen die Linguisten aus einer von ihnen entdeckten weitläufigen Sprachverwandtschaft der Ureinwohner an der westlichen und östlichen Pazifikküste: im heutigen Ost- und Südostasien, insbesondere im melanesischen Raum, sind nämlich ähnliche lexikalische, phonologische und grammatische Merkmale (einschließlich der n-m-Häufigkeiten) zu finden wie in Amerika und kommen in dieser Korrelation sonst nirgends auf der Welt vor, was eine zufällige Übereinstimmung extrem unwahrscheinlich macht. Nichols vermutet, daß diese Sprachen in einer zweiten Einwanderungswelle nach Amerika kamen.

Die Vielzahl der genetischen und linguistischen Studien läßt sich bislang also nicht ohne weiteres auf einen gemeinsamen Nenner bringen. Für ein Fazit ist die Zeit noch nicht reif. Weder Genetik noch Linguistik können momentan ausreichend genaue Daten und verbindliche Analyseverfahren bereitstellen, um zu beurteilen, wie scharf getrennt die Einwanderungswellen wirklich waren, wie viele es gab und wann sie sich ereignet haben. Obwohl im Augenblick also weder die sprachwissenschaftlichen noch die genetischen Resultate so eindeutig ausfallen wie es zu wünschen wäre und deshalb sicherlich noch einige Überraschungen bevorstehen, ist mittlerweile doch deutlich geworden, daß das Studium der Struktur und Herkunft der Indianersprachen sehr eindrucksvoll die Doppelrolle der modernen Linguistik sowohl als Natur- wie als Kultur- und Geisteswissenschaft demonstriert – als eine Wissenschaft vom und über den menschlichen Geist. Das Studium der Indianersprachen zeigt außerdem, wie die Linguistik im interdisziplinären Verbund mit anderen Wissenschaften, insbesondere der Archäologie, Anthropologie und Genetik sowie mit der Philosophie wesentliche Beiträge zur Frage nach dem Menschen leisten kann.

Vom Aussterben bedroht

So beeindruckend die Fülle der Indianersprachen ist, so gering stehen leider auch die Chancen, daß sie erhalten bleibt.[45] In den letzten 500 Jahren sind bereits mehrere hundert Sprachen verschwunden, oft ohne Spuren zu hinterlassen. Ein Grund dafür ist die dramatische Dezimierung der Ureinwohner durch Kriege, Knechtschaft und Vertreibung, mit denen die europäischen Eroberer und die später in großen Scharen nachrückenden Einwanderer den Doppelkontinent überzogen haben. Ein anderer Grund sind eingeschleppte Krankheiten. Zu Beginn des 16. Jahrhunderts lebten beispielsweise in Mittelamerika ungefähr 20 Millionen Menschen. Nachdem Hernando Cortez dort einfiel, kamen im Verlauf nur weniger Jahrzehnte mindestens 15 Millionen zu Tode. So ging eine 2500 Jahre währende kulturelle Entwicklung brutal zu Ende.

In Nordamerika erreichte der direkte und indirekte Genozid ähnliche Ausmaße. Bis ins 19. Jahrhundert wurde aber zumindest die sprachliche Vielfalt geduldet. Sogar Zeitungen in den jeweiligen Muttersprachen waren erlaubt. Und viele Schulen, Ämter und Kirchen für Indianer wurden zumindest zweisprachig geführt. Ende des 19. und Anfang des 20. Jahrhunderts schränkte die US-Regierung den Gebrauch der Indianersprachen dann jedoch unter massiven Straf-

TAB.6: Indianersprachen mit heute noch mehr als 100 000 Sprechern. Einige dieser Sprachen, insbesondere Quechua, Nahuatl, Otomi, Zapotekisch und Mixtekisch, bestehen aus mehreren, nur schwer unterscheidbaren Dialekten.

Sprache	Sprecher (ca.)	Lokalisation
Quechua (Inka)	7 000 000	Kolumbien, Ecuador, Peru, Bolivien
Guarani	3 000 000	Paraguay, Brasilien, Argentinien
Aymará	1 500 000	Peru, Bolivien
Nahuatl (Aztekisch)	1 000 000	südliches Mexiko
Quiche (Maya)	870 000	Guatemala
Yucatekisch (Maya)	530 000	südliches Mexiko
Zapotekisch	500 000	südliches Mexiko
Mapudungu (Araukanisch)	440 000	Chile
Cakchiquel (Maya)	410 000	Guatemala
Mazahua	350 000	südliches Mexiko
Totonac	270 000	südliches Mexiko
Kekchi (Maya)	270 000	Guatemala
Mam (Maya)	260 000	Guatemala
Mixtekisch	250 000	südliches Mexiko
Otomi	220 000	südliches Mexiko
Navajo	150 000	Arizona, New Mexico
Mazatekisch	120 000	südliches Mexiko
Tzotzil (Maya)	110 000	südliches Mexiko

androhungen stark ein. Erst nach dem Indian Reorganization Act von 1934 änderte sich das politische Klima wieder, und es erfolgten Bestrebungen in Richtung auf eine gewisse Selbstverwaltung und stärkere kulturelle Eigenständigkeit der Indianer. Aber da setzten viele schon auf Assimilation ihrer Kinder und damit auch aufs Englische.

Zur Zeit gibt es noch etwa 700 indianische Sprachen – mit stark abnehmender Tendenz. Längst dominiert eine indoeuropäische Sprache überall in Amerika (Englisch, Portugiesisch beziehungsweise Spanisch). Nur 18 indianische Sprachen haben mehr als 100 000 Sprecher (TAB.6). 17 davon gehören zur größten amerikanischen Sprachfamilie, Amerind. Insgesamt werden alle hierzu zählenden Sprachen gegenwärtig von noch etwa 18 Millionen Menschen gesprochen. Daraus folgt, daß die allermeisten Amerind-Sprachen bestenfalls wenige tausend (TAB.7), meist aber höchstens noch ein paar hundert Sprecher haben.

Zu den besonders gefährdeten Sprachen der USA und Kanada, die nicht einmal mehr ein Dutzend Menschen beherrschen, zählen beispielsweise die sechs verschiedenen Minok-Sprachen in Kalifornien, die Athapasken-Sprachen Han (British Columbia), Kalo (Kalifornien), Koyukon (Alaska), Tagish (südlich des Yukon) und Tanaina (Alaska), die Salish-Sprachen Chehalis, Cowlitz, Sechelt und Squamish in British Columbia und Washington, die uto-aztekischen Sprachen Cahuilla, Kawaiisu, Mono und Shasta in Kalifornien, die Irokesen-Sprache Tuscarora in Ontario, die Sioux-Sprachen Kansa und Osage in Oklahoma sowie die Algonkin-Sprachen Munsee und Umami. Vor kurzem ausgestorben sind Chumash (1965 in Kalifornien) sowie die Salish-Sprachen Nooksack und Twana (gesprochen bis 1980 beziehungsweise 1988 in Washington). Michael Krauss (University of Alaska) schätzt, daß weltweit pro Jahr etwa 30 Sprachen untergehen. Er hat auch eine Liste von über 300 Sprachen in Nordamerika zusammengestellt. Davon sind (Stand 1995) 120 bereits ausgestorben, 72 werden nur noch von einigen wenigen alten Menschen gesprochen, 91 zwar noch von Erwachsenen, aber kaum mehr von Kindern, und nur 46 sind momentan nicht vom Aussterben bedroht, weil sie auch noch von einer hinreichenden Anzahl von Kindern gesprochen werden. Mit anderen Worten: Von den bekannten nordamerikanischen Indianersprachen werden Mitte des 21. Jahrhunderts allenfalls noch 20 Prozent existieren.

Wenn eine Sprache stirbt, kommt es zu starken strukturellen und stilistischen Vereinfachungen. Das Ausdrucksvermögen und die Variabilität nehmen dramatisch ab. Dies ist ein Selbstverstärkungsprozeß. Denn je eingeschränkter eine Sprache ist, desto weniger lohnt sich ihr Gebrauch und ihre Weitergabe an die Nachkommen. Sie zu lernen (beziehungsweise von Kindheit an zu erwerben) wird mangels Gelegenheit, Notwendigkeit und der dafür erforderlichen Sprachgemeinschaft immer schwieriger. Dies ist in der Regel auch das Ende der Kultur, die mit der Sprache verbunden ist. Die identitätsstiftenden Mythen und Rituale gehen verloren oder werden zumindest stark vereinfacht und verflacht. Der Schatz der Überlieferungen und die herkömmliche Lebensform verschwin-

TAB. 7: Die zehn Indianersprachen in den USA mit den meisten Sprechern nach dem Stand der letzten Erhebung im Jahr 1990. Von den insgesamt 136 erfaßten Sprachen hatten 92 (68%) weniger als 500 Sprecher.[46]

Sprache	Anzahl der Sprecher
Navajo	148 500
Dakota/Lakota	15 400
Yupik	13 200
Apache	12 400
Cherokee	11 900
Pima und Papago	11 800
Choctaw und Chickasaw	9 200
Keres	8 700
Zuni	6 400
Muskogee/Creek	unter 6 200

den. Das Zusammengehörigkeitsgefühl der Mitglieder, wie es für eine kulturelle Tradierung notwendig ist, reicht nicht mehr aus.

Dem Untergang der Sprachen gegenzusteuern ist eine große und wahrscheinlich kaum zu bewältigende Herausforderung. *Ein Drittel aller Sprachen weltweit sind akut bedroht,* da sie mittlerweile weniger als tausend Sprecher haben! Der Schatz an Wörtern, grammatischen Strukturen und nicht zuletzt auch Denkweisen und inhärenten Weltinterpretationen, der mit den verlöschenden Sprachen verlorengeht, ist unermeßlich. Wie kann man ihn verhindern oder wenigstens verlangsamen?

Mit Roten Listen, wie sie für die vom Aussterben bedrohten Tier- und Pflanzenarten erstellt werden, ist es nicht getan. Auch wäre es ebenso illusorisch wie unwürdig, aus einem falschen Romantizismus heraus Reservate für die letzten Völker ihrer Art anzulegen und wie Zoos zu pflegen. Kulturelle Veränderungen sind ja an und für sich nicht zu betrauern, zumal es sie immer gegeben hat. Und wieso sollten ganze Gemeinschaften von ihrer Weiterentwicklung abgehalten werden, wenn dieser die eigene Sprache im Weg steht? Tragisch ist freilich, daß (nicht nur im Fall der Indianer, insbesondere Südamerikas) mit den Sprachen zumeist auch die Sprecher verschwinden. Deshalb können Anstrengungen für den Erhalt von gefährdeten Sprachen nicht losgelöst von politischen Richtlinien erfolgen. Aber auch Linguisten können einen nicht unwesentlichen Beitrag leisten. Denn die Förderung von Zwei- und Mehrsprachigkeit ist wohl die einzige erfolgversprechende Möglichkeit, Sprachen vor dem Aussterben zu bewahren. Insbesondere beim Erstellen von Wörterbüchern und Grammatiken sowie beim Training muttersprachlicher Lehrer (da Sprachbeherrschung allein nicht ausreicht, sondern auch ein gewisses Verständnis von Form und Aufbau der Sprache notwendig ist) sollte die Hilfe von Sprachwissenschaftlern unverzichtbar sein. Ebenfalls wichtig sind Empfehlungen für die Orthographie. Zwar zeigte sich, daß bei der Alphabetisierung zunächst eine große Anlehnung an die dominante Sprache erfolgt. Mohawk-Sprecher beispielsweise reduzierten beim Abfassen von Texten die Anzahl ihrer Verben auf den Anteil des Englischen, glichen die Wortordnung an und verminderten die Häufigkeit von Inkorporationen. Mit größerer Erfahrung im Schreiben kehrten aber die spezifischen Eigentümlichkeiten von Mohawk zurück.[47] Die andere große Aufgabe der Linguistik besteht in einer möglichst umfassenden Dokumentation, bevor es zu spät ist. Freilich sind, um eine Sprache wirklich zu verstehen, nicht nur beträchtliche Erfahrung sowie ein profundes Wissen auf vielen Ebenen der Linguistik notwendig, sondern auch ethnologische und kognitionspsychologische Kenntnisse. Entsprechend anspruchsvoll und schwierig ist eine gründliche Dokumentation. Auch sie kann selbstverständlich nur mit der entsprechenden Unterstützung der Gesellschaft gelingen, die die Mittel und Rahmenbedingungen bereitstellen muß.

Wahrscheinlich wird Mitte des 21. Jahrhunderts höchstens noch ein Dutzend der nordamerikanischen Sprachen im Umlauf sein; 80 Prozent sind Todeskandidaten. In Alaska beispielsweise lernen Kinder gegenwärtig nur noch zwei der 20 einheimischen Sprachen. In Mittel- und Südamerika sind 70 Prozent aller Sprachen akut bedroht, in Australien neun von zehn. Da kann es nur wenig trösten, daß nicht alle Informationen verschwinden werden, weil man seit Anfang des 20. Jahrhunderts eine große Anzahl an Sprachen durch schriftliche Aufzeichnungen und durch Tonbandaufnahmen wenigstens teilweise fixiert hat. Weil aber viele nur rudimentär dokumentiert sind – an zahlreichen Sprachen haben häufig nur ein bis zwei Forscher gearbeitet, die mitunter noch nicht einmal über eine adäquate Ausbildung verfügten –, läßt sich der bevorstehende geistige, kulturelle und wissenschaftliche Verlust noch nicht einmal richtig abschätzen. Die Verschiedenheit der Sprachen ist das wohl faszinierendste Zeugnis der Vielfalt menschlicher Natur.

***

Eine Auflistung und kurze Charakterisierung der heute noch geläufigen oder bekannten Indianersprachen und ihrer Sprecher gibt *Grimes, B.F.* (Hrsg.): Ethnologue: Languages of the World. Dallas 1996, 13. Aufl. und *Nelson, L.:* Living languages of the Americas. Dallas 1995. Die Informationen sind auch im Internet zugänglich: http://www.sil.org/lla. Weitere Auflistungen der Indianersprachen in den heutigen USA bzw. Kanada im Internet:
http://www.sil.org/ethnologue/countries/USA.html bzw.
http://www.sil.org/ethnologue/countries/Cana.html sowie http://www.indians.org/welker/americas.htm

Sondersammelgebiete mit Sammelschwerpunkt sind für nordamerikanische Sprachen und Eskimo-Sprachen die Staats-und Universitätsbibliothek Hamburg, für süd- und mittelamerikanische Sprachen das Ibero-Amerikanische Institut Berlin. Nützliche Einführungen gibt die nachfolgend unter Anm. 3 zusammengestellte Literaturauswahl.

Anmerkungen

[1]*Sapir, E.:* Language. New York 1921 u. Aufsätze in *Mandelbaum, D.* (Hrsg.): Selected Writings of Edward Sapir. Berkeley 1949; *Whorf, B. L.:* Sprache – Denken – Wirklichkeit. Reinbek 1963 (engl. Original in *Caroll, J. B.* (Hrsg.): Language, Thought and Reality. Massachusetts 1956). – Zur Geschichte, Kontroverse und den weiteren Untersuchungen zum sprachlichen Relativitätsprinzip, die hier später noch erörtert werden, vgl. z. B. *Asmuth, C., Glauner, F., Mojsisch, B.* (Hrsg.): Die Grenzen der Sprache. Amsterdam, Philadelphia 1998; *Black, M.:* Phil. Rev. *68*, 230 (1959); *Franzen, W.* in *Trabant, J.* (Hrsg.): Sprache denken. Frankfurt am Main 1995, S. 249–268; *Gumperz, J. J., Levinson, S. C.* (Hrsg.): Rethinking Linguistic Relativity. Cambridge 1996; *Hardin, C., Banaji, M. R.:* Social Cognition *11*, 277 (1993); *Hill, J. H.* in *Newmeyer, F. J.* (Hrsg.): Linguistics: The Cambridge Survey, vol 4. Cambridge 1988; *Hill, J. H., Mannheim, B.:* Annu. Rev. Anthropol. *21*, 381 (1992); *Hunt, E., Agnoli, F.:* Psychol. Rev. *98*, 377 (1991); *Kay, P., Kempton, W.:* American Anthropologist *86*, 65 (1984); *Kutschera, F. v.:* Sprachphilosophie. München 1971; *Lakoff, G.:* Women, Fire, and Dangerous Things. Chicago, London 1987; *Lee, P.:* The Whorf Theory Complex. Amsterdam 1996; *Lucy, J. A.:* Language Diversity and Thought. Cambridge 1992 u. Grammatical Categories and Cognition. Cambridge 1992 u. Annu. Rev. Anthropol. *26*, 291 (1997); *Lyons, J.:* Die Sprache. München 1987 [1981]; *Seebaß, G.:* Das Problem von Sprache und Denken. Frankfurt am Main 1981; *Vaas, R.:* Der blaue Reiter. Nr. 6, S. 43 (1997); *Wardaugh, R.:* An Introduction to Sociolinguistics. Oxford 1986; *Werlen, I.:* Sprache, Mensch und Welt. Darmstadt 1989. — [2]Die Erklärungsversuche weltweit schildert *Borst, A.:* Der Turmbau zu Babel. München 1995 [1953–1963]. — [3]Zur Einführung z. B. *Campbell, L.:* American Indian Languages. Oxford, New York 1997; *Campbell,*

L., Mithun, M. (Hrsg.): The Languages of Native America. Austin 1979; *Ferguson, C. A., Heath, S. B.* (Hrsg.): Language in the USA. Cambridge 1981; *Goddard, I.* (Hrsg.): The Handbook of North American Indian Languages, Vol. 17. Washington 1996; *Liedtke, S.:* Indianersprachen. Hamburg 1991; *Mithun, M.:* Annu. Rev. Anthropol. *19,* 309 (1990); *Sebeok, T. A.* (Hrsg.): Native Languages of the Americas. 2 Bde. New York 1976 u. 1977; *Sherzer, J.* in *Josephy, A. M.* (Hrsg.): Amerika 1492. Frankfurt am Main 1992 [1991], S. 310–339; *Störig, H. J.:* Abenteuer Sprache. Berlin u. a. 1987, S. 307–319; *Voegelin, C. F. u. F. M.:* Anthropological Linguistics 7.7, 121 (1965) u. Classification and Index of the World's Languages. New York, Oxford 1977, worauf sich folgende Beschreibungen auch wesentlich stützen. — [4]*Farnell, B.:* Do You See What I Mean? Austin 1995; *Umiker-Sebeok, D. J., Sebeok, T. A.* (Hrsg.): Aboriginal Sign Languages of the Americas and Australia, 2 Bde. New York, London 1978; *Wurtzsburg, S., Campbell, L.:* Internat. J. Am. Ling. *61,* 153 (1995). — [5]Vgl. *Dixon, R. M.:* Where Have All the Adjectives Gone? Berlin 1982, S. 1–62. — [6] Z.B. *Sapir, E., Swadesh, M.:* Nootka Texts, Tales and Ethnological Narratives. Philadelphia 1939; *Swadesh, M.:* Internat. J. Am. Ling. *9,* 77 (1939); *Kuipers, A. H.:* Lingua *21,* 610 (1968); *Kinkade, M. D.:* Lingua *60,* 25 (1983). — [7] Z. B. *Johns, A.:* Ms. University of Ottawa 1987 (Diss.); dagegen *Bok-Bennema, R.:* Case and Agreement in Inuit. Berlin 1991 u. *Lipscomb, D. R.:* Études-Inuit-Studies *17,* 127 (1993). — [8] *Sasse, H.-J.:* Z. Sprachwiss. 7, 173 (1988) u. Sprachtypol. Universalien Forsch. 46, 187 (1993); dagegen *Wunderlich, D.:* Ms. Universität Düsseldorf 1994. — [9] Zum Ansatz allgemein und philosophischen Aspekten s. *Chomsky, N.:* Sprache und Geist. Frankfurt am Main 1988 [1968] u. Internat. J. Phil. Studies 2, 181 (1994), ferner *Pinker, S.:* The Language Instinct. New York 1994; neuere Aspekte in *Chomsky, N.:* The minimalist program. Cambridge 1995 u. Sprache und Politik. Frankfurt a. M. 1999. — [10] Vgl. *Martin, L.:* Am. Anthropologist *88,* 418 (1986); *MacNeal, E.:* Et Cetera *50,* 265 (1993). — [11] *Brown, R. W., Lenneberg, E. H.:* J. abnorm. soc. Psychol. 49, 454 (1954); *Berlin, B., Kay, P.:* Basic Color Terms. Berkeley 1969; *Kay, P., McDaniel, C. K.:* Language *54,* 610 (1978); *Kay, P., Berlin, B., Merrifield, W.:* J. Ling. Anthropol. *1,* 12 (1991); *Mac Laury, R. L.:* Current Anthropol. *33,* 137 (1992); zur Kritik vgl. z. B. *Saunders, B. A. C., van Brakel, J.:* Behavioral and Brain Sciences *20,* 167 (1997) u. *van Brakel, J.:* Brit. J. Phil. Sci. 44, 103 (1993), dagegen *Hardin, C. L.:* ebd., 137; zu den philosophischen Aspekten s. auch *Hardin, C.:* Color for Philosophers. Indianapolis, Cambridge 1988. — [12] *MacLaury, R. L.:* Am. Anthropologist *89,* 107 (1987). — [13]*Heider, E. R., Olivier, D. C.:* Cogn. Psychol. *3,* 337 (1972); *Heider, E. R.:* J. Exp. Psychol. *93,* 10 (1972); *Hardin, C. L., Maffi, L.* (Hrsg.): Color Categories in Thought and Language. Cambridge 1997. — [14] *Schooler, J. W., Engstler-Schooler, T. Y.:* Cogn. Psychol. 22, 36 (1990). — [15] *Kay, P., Kempton, W.:* Am. Anthropologist *86,* 65 (1984). — [16] *Davidoff, J., Davies, I., Roberson, D.:* Nature *398,* 203 (1999). — [17] Z. B. *Davidson, D.:* Handlung und Ereignis. Frankfurt am Main 1990 [1980] u. Wahrheit und Interpretation. Frankfurt am Main 1990 [1984]; *Dummett, M.:* Ursprünge der analytischen Philosophie. Frankfurt am Main 1988; *Quine, W. V. O.:* Wort und Gegenstand. Stuttgart 1981 [1960] u. Theorien und Dinge. Frankfurt am Main 1990 [1981]; *Rorty, R.* (Hrsg.): The Linguistic Turn. Chicago, London 1967, *Sellars, W.:* Naturalism and Ontology. Reseda 1979 u. Monist 64, 3 (1981); *Strawson, P. F.:* Einzelding und logisches Subjekt. Stuttgart 1972 [1959]; *Tugendhat, E.:* Vorlesungen zur Einführung in die sprachanalytische Philosophie. Frankfurt am Main 1976. — [18] Zu ihrer Kultur und ihren Mythen s. *Courlander, H.:* The Fourth World of the Hopi. Albuquerque 1971; *Waters, F.:* Book of the Hopi. New York u. a.

1977 [1963]. — [19] *Gipper, H.:* Gibt es ein sprachliches Relativitätsprinzip? Frankfurt am Main 1972 u. Sprache und Denken in sprachwissenschaftlicher und sprachphilosophischer Sicht. Münster 1992; *Malotki, E.:* Hopi-Raum. Tübingen 1979 u. Hopi Time. Berlin 1983; vgl. auch *Shaul, D. L.:* Language *61*, 481 (1985) u. Hopi Dictionary/Hopiikwa Lavàytutuveni. Tucson 1998. – Eine weitere Zurückweisung der Sapir-Whorf-These zur Zeitkonzeption gibt *McElwain, T.* in *McLaskill, D.* (Hrsg.): Amerindian Cosmology. The Canadian J. of Native Studies 7, Nr. 2. Brandon, Edinburgh 1987, S. 267–277 für den Fall der Seneca-Irokesen, deren Sprachstruktur ebenfalls eine ganz andere Zeitkonzeption nahelegen könnte, deren Umgang mit Zeit aber dem mitteleuropäischen weitgehend entspricht. — [20] *Lenneberg, E. H.:* Language *29*, 463 (1953); *Brown, R.:* Words and Things. New York 1958 (der das Twain-Zitat auf S. 232 aufgeführt hat). — [21] *Brysbaert, M., Fias, W., Noël, M.-P.:* Cognition *66*, 51 (1998). — [22] *Johansson, A., Salminen, S.:* Nord. Meet. Work Environ. Naantali (1995) u. Int. Symp. Work Inf. Soc. Helsinki (1996). — [23] Vgl. *Haviland, J.:* J. Ling. Anthropol. *3*, 3 (1993); *Bloom, P. u. a.* (Hrsg.): Language and space. Cambridge, London 1996; *Levinson, S. C.:* Annu. Rev. Anthropol. *25*, 353 (1996); *Peterson, E. u. a.:* Language *74*, 57 (1998); *Senft, G.:* Kognitionswiss. *4*, 166 (1995); *Vaas, R.:* Naturw. Rdsch. *50*, 110 (1997). — [24] Vgl. *Bickerton, D.:* Language and Species. Chicago, London 1990. — [25] Näheres hierzu, insbesondere gegen die Inkommensurabilitätsthese, bei *Davidson, D.* in *ders.:* Wahrheit und Interpretation. Frankfurt am Main 1990, S. 261–282 [1974], vgl. dazu auch *Bar-On, D.* in *Preyer, G., Siebelt, F., Ulfig, A.* (Hrsg.): Language, Mind and Epistemology. Dordrecht, Boston, London 1994, S. 145–170 u. *Henderson, D. K.*, ebd. S. 171–197; zu anderen Aspekten s. *Kutschera* (Anm. 1). Zum Wahrheitsproblem siehe z. B. *Skirbekk, G.* (Hrsg.): Wahrheitstheorien. Frankfurt am Main 1977 u. *Kirkham, R. L.:* Theories of Truth. Cambridge. London 1992. — [26] *Scribner, S.* in *Wason, P. C., Johnson-Laird, P. N.* (Hrsg.): Thinking. Cambridge 1977. — [27] *Slobin, D.:* Pragmatics *1*, 7 (1991) u. in *Stigler, J. W., Shweder, R. A., Herdt, G.* (Hrsg.): Cultural Psychology. Cambridge 1990. — [28] Vgl. z. B. *Dawkins, M. S.:* Die Entdeckung des tierischen Bewußtseins. Heidelberg, Berlin, Oxford 1994 [1993]; *Gallistel, C. R.* (Hrsg.): Animal Cognition. Cambridge 1992; *Griffin, D. R.:* Wie Tiere denken. München 1990 [1984] u. Animal Minds. Chicago 1992; *Parker, S. T., Gibson, K. R.* (Hrsg.): „Language“ and Intelligence in Monkeys and Apes. Cambridge 1990; *Rensch, B.:* Gedächtnis, Begriffsbildung und Planhandlungen bei Tieren. Berlin, Hamburg 1973; *Ristau, S. A.* (Hrsg.): Cognitive Ethology. Hillsdale 1991; Vaas, R.: Bild d. Wiss. Nr. 8, S. 36 (2000). — [29] *Spelke, E. S.* u. Mitarb.: Psychol. Rev. *99*, 605 (1992); *Wynn, K.:* Nature *358*, 749 (1992). — [30] Vgl. z. B. *Furth, H. G.:* Denkprozesse ohne Sprache. Düsseldorf 1972; *Marschark, M. u. a.:* Relations of Language and Thought. The View from Sign Language and Deaf Children. Oxford 1997; s. auch *Sacks, O.:* Stumme Stimmen. Reinbek 1992 u. *Schaller, S.:* A Man without Words. New York 1991. — [31] *Damasio, H.* u. Mitarb.: Nature *380*, 499 (1996); *Caramazza, A.:* Nature *380*, 485 (1996). — [32] *Au, T. K.:* Cognition *15*, 155 (1983) u. *17*, 289 (1994); *Liu, L. G.:* Cognition *21*, 239 (1985) u. *Takano, Y.:* Cognition *31*, 141 (1989 gegen die sprachrelativistischeren Auffassungen von *Bloom, A.:* The Linguistic Shaping of Thought. Hillsdale 1981. — [33] Nach *König, W.:* dtv-Atlas zur deutschen Sprache. München 1989, S. 24. — [34] *Wierzbicka, A.:* Semantics, Culture, and Cognition. New York 1992; *Goddard, C., Wierzbicka, A.* (Hrsg.): Semantic and lexical universals. Amsterdam, Philadelphia 1994 u. Cross-cultural pragmatics. Berlin, New York 1995 u. Semantics. Oxford, New York 1996. —

[35] *Greenberg, J. H.:* Language in the Americas. Stanford 1987; *Greenberg, J. H., Ruhlen, M.:* Spektrum d. Wiss. Nr. 7, S. 58 (1994); vgl. dazu auch *Vaas, R.:* Naturwiss. Rdsch. 42, 397 (1989) u. die in Anm. 36 genannten Bücher von *Ruhlen.* — [36] Zur Sprachverwandtschaft und -ausbreitung z. B. *Bellwood, P.:* Spektrum d. Wiss. Nr. 9, S. 106 (1991); Greenberg, J. H.: Indo-European and its Closest Relatives. Stanford 2000; *Kramkelidse, T. W., Iwanow, W. W.:* Spektrum d. Wiss. Nr. 5, S. 130 (1990); *Nichols, J.:* Language 66, 475 (1990) u. Linguistic Diversity in Space and Time. Chicago 1992; *Ruhlen, M.* in *Hawkins, J. A., Gell-Mann, M.* (Hrsg.): Evolution of Languages. Redwood City 1991; insbesondere aber *Renfrew, C.:* Spektrum d. Wiss. Nr. 12, S. 114 (1989) u. Nr. 7, S. 72 (1995) u. Man 27, 445 (1992); *Ruhlen, M.:* A Guide to the World's Languages. Vol. 1: Classification. London, Melbourne, Auckland 1991 u. The Eurasiatic Language Family. Stanford 1992 u. The Origin of Language. New York 1994 u. On the Origin of Languages. Stanford 1994 sowie *Ross, P. E.:* Spektrum d. Wiss. Nr. 6, S. 92 (1991); vgl. auch die Diskussion in Cambridge Archaeol. J. *5*, 257–275 (1995). — [37] Z. B. *Chafe, W. L., Goddard, I. ,Golla, V.* u. *Hymes, D.* in Current Anthropol. 28 (1987); *Campbell, L.:* Language 64, 591 (1988) u. Internat. J. Am. Ling. *57*, 394 (1993); *Lewin, R.:* Science 242, 1632 (1988); *Adelaar, W. F. H.:* Lingua *78*, 249 (1989); *Goddard, I.:* Linguistics *28*, 556 (1990); *Matisoff, J. A.:* Language *66*, 106 (1990); *Berman, H., Kimball, G., Poser, W. J., Rankin, R. L.* in Internat. J. Am. Ling. 58 (1992); *Ringe, D. A.:* Trans. Am. Phil. Soc. *82*, 1 (1992) u. Proc. Am. Phil. Soc. *137*, 91 (1993); *Diamond, J. M.:* Nature *366*, 19 (1993); *Taylor, A. R.* (Hrsg.): Language and Prehistory in the Americas. Stanford 1993; *Goddard, I., Campbell, L.* in *Bonnichsen, R., Steele, D. G.* (Hrsg.): Method and Theory for Investigating the Peopling of the Americas. Corvallis 1994, S. 189–207; *Davis, G. W., Iverson, G. K.* (Hrsg.): Explanation in Historical Linguistics. Amsterdam 1992; *Goddard, I., Campbell, L. in Bonnichsen, R., Steele, D. G.* (Hrsg.): Method and Theory for Investi-gating the Peopling of the Americas. Corvallis 1994, S. 189–207; *Lewin, R.:* Science 242, 1632 (1988); *McMahon, A. M. S. u. R.:* Transactions Philological Soc. *93*, 125 (1995); *Manaster Ramer, A.:* Anthropological Linguistics *38*, 179 (1996); *Manaster Ramer, A., Hitchcock, C.:* Anthropological Linguistics *38*, 601 (1996). *Campbell, L.:* Language *73*, 339 (1997); *Carstairs-McCarthy, A.:* Language 73, 611 (1997); *Lass, R.:* Historical Linguistics and Language Change. Cambridge 1997; eine Erwiderung gibt *Greenberg, J. H.:* Current Anthropol. *28*, 64 (1987) u. *31*, 18 (1990) u. Language *65*, 107 (1989) u. Proc. Am. Phil. Soc. *137*, 79 (1993). — [38] *Greenberg, J. H., Turner II, C. G., Zegura, S. L.:* Current Anthropol. 27, 477 (1986); vgl. auch *Williams, R. C.* u. Mitarb.: Am. J. Physical Anthropol. *66*, 1 (1985). — [39] *Cavalli-Sforza, L. L.* u. Mitarb.: Proc. Natl. Acad. Sci. *85*, 6002 (1988) u. *88*, 839 (1991) u. *89*, 5620 (1992); *Cavalli-Sforza, L. L.:* Spektrum d. Wiss. Nr. 1, S. 90 (1992); *Cavalli-Sforza, L. L., Menozzi, P., Piazza, A.:* The History and Geography of Human Genes. Princeton 1994; vgl. auch *Cavalli-Sforza L. L. u. F.:* Verschieden und doch gleich. München 1994. — [40] *Dorit, R. L., Akashi, H., Gilbert, W.:* Science *268*, 1183 (1995); *Hammer, M. F.:* Nature *378*, 376 (1995); *Tishkoff, S. A.* u. Mitarb.: Science *271*, 1380 (1996); *Underhill, P. A.* u. Mitarb.: Proc. Natl. Acad. Sci. *93*, 196 (1996); *Gibbons, A.:* Science 276, 535 (1997) u. *278*, 804 (1997), *Jorde, L. B. u. a.:* Proc. Natl. Acad. Sci. *94*, 3100 (1997); *Vaas, R.:* Bild d. Wiss. Nr. 4, S. 102 (1998); zur mitochondrialen „Eva" vgl. die in Anm. 41 angeführte Literatur. — [41] Vgl. zur Kontroverse um den monogenetischen bzw. multiregionalen Ursprung *Ayala, F. J.:* Science *270*, 1930 (1995) und *274*, 1554 (1996); *Bräuer, G., Smith, F.*

H. (Hrsg.): Continuity or Replacement. Rotterdam 1992; *Cann, R. L., Stoneking, M., Wilson, A. C.:* Nature *325*, 31 (1987); *Long, J. C.:* Annu. Rev. Anthropol. *22*, 251 (1993); *Mellars, P., Stringer, C.* (Hrsg.): The human revolution. Princeton 1989; *Nitecki, M. H. u. D. V.* (Hrsg.): Origins of anatomically modern humans. New York; *Shreeve, J.:* The Neandertal Enigma. New York 1996; *Stringer, C., McKie, R.:* Afrika, Wiege der Menschheit. München 1996; *Wolpoff, M. H.:* Human Evolution. New York 1995; *Wolpoff, M. H., Caspari, R.:* Race and Human Evolution. New York 1997; *Rasmussen, D. T.* (Hrsg.): The Origin and Evolution of Humans and Humanness. Boston 1993; *Stoneking, M.:* Evol. Anthropol. 2, 60 (1993); *Stringer, C. B.:* Spektrum d. Wiss. Nr. 2, S. 112 (1991); *Thorne, A. G., Wolpoff, M. H.:* New Scientist *130*, Nr. 1774, S. 37 (1991) u. Spektrum d. Wiss. Nr. 6, S. 80 (1992); *Turner II, C. G.:* in *Bonnichsen, Steele* (Hrsg.): a.a.O., S. 131–140; *Wilson, A. C., Cann, R. L.:* Spektrum d. Wiss. Nr. 6, S. 72 (1992); *Wood, B.:* Nature *355*, 783 (1992) u. *390*, 120 (1997) sowie die Diskussion in Cambridge Archaeol. J. *4*, 95–119 (1994) sowie vor diesem Hintergrund zur Evolution der Sprachfähigkeit einschließlich der Frage nach dem Sprachvermögen der Neandertaler *Aitchison, J.:* The Seeds of Speech. Cambridge 1996; *Bickerton, D.:* Language and Human Behaviour. London 1996; *Bickerton, D., Calvin W. H.:* Lingua ex machina. Cambridge 2000; *Deacon, T.:* The Symbolic Species. London 1997; *Hauser, M.:* The Evolution of Communication. Cambridge 1996; *Jablonski, N. G., Leslie C. A.* (Hrsg.): The Origin and Diversification of Language. San Fransisco 1998; *Mithen, S.:* The Prehistory of Mind. London 1996; *Noble, W., Davidson, I.:* Human Evolution, Language and Mind. Cambridge 1996; *Liebermann, P.:* Uniquely Human. Cambridge, London 1991; *Milo, R. G., Quiatt, D.:* Current Anthropol. *34*, 569 (1993) u. *Vaas, R.:* Naturwiss. Rdsch. *48*, 179 (1995). — [42] Für das Folgende siehe z. B. *Bergen, A. W. u. a.:* Annals of Human Genetics *63*, 63 (1999); *Forster, P. u. a.:* Am. J. Hum. Genet. *56*, 935 (1996); *Gibbons, A.:* Science 274, 31 (1996); *Lewin R.:* New Scientist *133*, Nr. 1809, S. 16 (1992) u. *160*, Nr. 2156, S. 24 (1998); *Meltzer, D. J.:* Evol. Anthropol. *1*, 157 (1993); *Merriwether, A. u. a.:* Am. J. Phys. Anthropol. *98*, 411 (1995); *Morell, V.:* Science *280*, 520 (1998); *Ossenberg, N. S.* in *Bonnichsen, Steele* (Hrsg.), Anm. 37, S. 79-115; *Parham, P., Ohta, T.:* Science 272, 67 (1996); *Stone, A. C. u. Stoneking, M.:* Am. J. Phys. Anthropol. *92*, 463 (1993); *Szathmary , E. J. E.* in *Bonnichsen, Steele* (Hrsg.), Anm. *37*, S. 117-130 u. Evol. Anthropol. *1*, 202 (1993); *Torroni, A. u. a.:* Genetics *130*, 153 (1992) u. Am. J. Hum. Genet. *53*, 563 (1993) u. Proc. Natl. Acad. Sci. USA *91*, 1158 (1994); *Ward, R. H. u. a.:* Proc. Natl. Acad. Sci. USA *88*, 8720 (1991) u. *90*, 10663 (1993); *Williams, N.:* Science *269*, 924 (1995). — [43] *Nichols* (Anm. 36) — [44] *Nichols, J., Peterson, D. A.:* Language 72, 336 (1996); *Gibbons, A.:* Science *279*, 1306 (1998). — [45] Dazu z. B. *Dorian, N.:* Language Death. Philadelphia 198[illegible]; *Robins, R. H., Uhlenbeck, E. M.* (Hrsg.): Endangered Languages. Oxford 1992; *Hale, K.* u. Mitarb.: Language *68*, 1 (1992); *Ladefoged, P.:* Language *68*, 809 (1992); *Vines, G.:* New Scientist *149*, Nr. 2011, S. 24 (1996); *Dixon, B.:* The Rise and Fall of Languages. Cambridge, New York 1997 u. *Geary, J.:* Time, S.44 (7.7.1997). — [46] *Broadwell, G. A.:* Internat. J. Am. Ling. *61*, 145 (1995). — [47] *Mithun, M.:* Proc. 11th Annu. Meet. Berkeley Linguist. Soc. Berkeley 1985, S. 259–272.

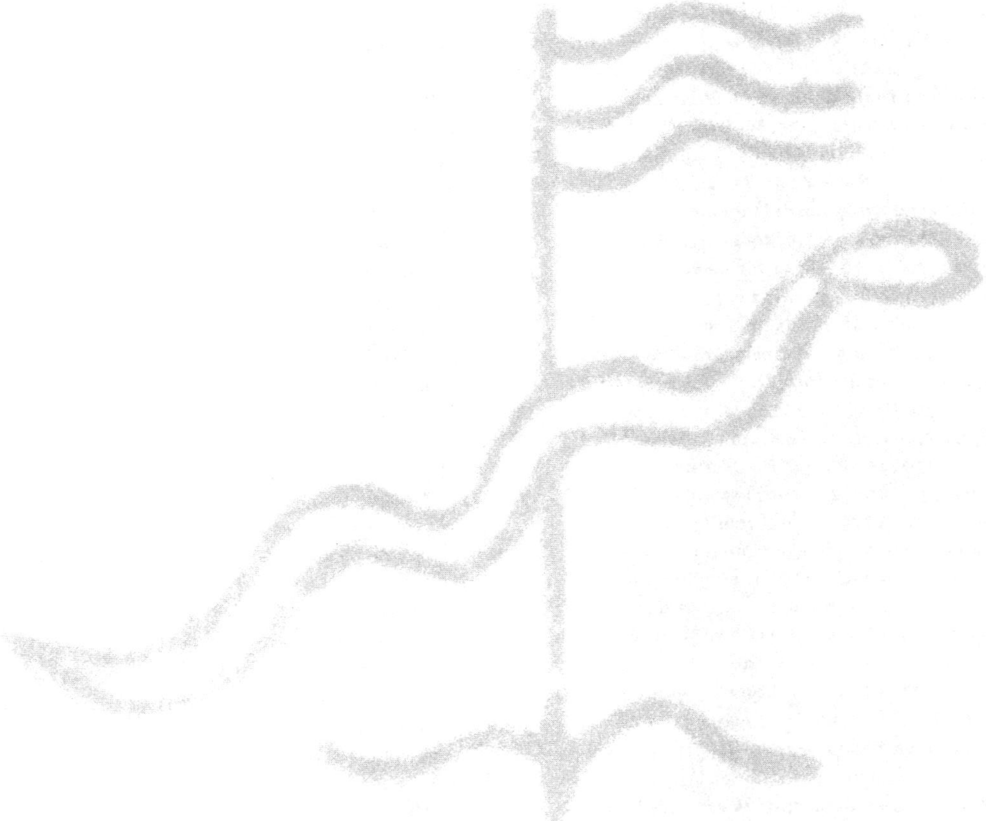

7 Die alten Astronomen der Neuen Welt: astroarchäologische Entdeckungen in Süd-, Mittel- und Nordamerika

Schon Jahrhunderte bevor die Europäer den amerikanischen Doppelkontinent entdeckt hatten, verfügten viele Kulturen dort über ein umfangreiches astronomisches Wissen. Zeugnis der genauen Beobachtungen des Sonnenlaufs und der Bewegung von Planeten und Sternen geben symbolische Markierungen an Felswänden sowie Holz- und Steinsetzungen, insbesondere aber die Orientierung von Bauwerken. Mitunter hatte man regelrechte Observatorien errichtet. Sogar Mondfinsternisse konnten vorhergesagt werden. Die astronomischen Kenntnisse waren für die Landwirtschaft lebensnotwendig. Darüber hinaus hatten sie eine entscheidende soziale und kulturelle Bedeutung.

Es ist so leicht, krank zu werden, weil immer wieder Dinge geschehen, die unseren Geist verwirren. Wir brauchen Wege des Denkens und um die Dinge in Ordnung, gesund und schön zu erhalten. Wir erstreben ein langes Leben, aber viel kann dazwischenkommen. Deshalb ordnen wir unser Denken in den Bildern der Sterne und unser Leben mit den alten Erzählungen. Wir müssen unser Leben nach den Sternen richten und nach der Sonne, nach den Tieren und der ganzen Natur, sonst werden wir verrückt oder krank.
Worte eines alten Navajo

Die Scharrbilder von Nazca

Das flächenmäßig größte und vielleicht auch rätselhafteste Kunstwerk der Erde liegt auf den Hochplateaus und Talhängen Südperus in der Nähe der Stadt *Nazca*, etwa 50 km von der Küste des Stillen Ozeans entfernt. Entdeckt wurde es erst 1934 vom Flugzeug aus. Es handelt sich dabei um kreuz und quer verlaufende gerade Furchen, ein Wirrwarr von trapezförmigen, rechteckigen und spiralförmigen Bodenzeichnungen und abstrakten Wiedergaben von Tierbildern – zum Beispiel zwei 135 cm lange Fregattvögel, ein Kolibri, ein Affe und eine Spinne (ABB.35). Diese bis zu 30 cm tiefen Scharrbilder erstrecken sich über eine Fläche von rund 500 km^2. Mit verblüffender Präzision sind einst zahllose rötlich-braune eisenoxidhaltige Steine beiseite geschafft worden, so daß der gelbliche Untergrund zum Vorschein kam. Die menschliche Arbeitskraft dafür stand dem Aufwand für den Bau der großen Tempel in Peru nicht nach. Manche Linien laufen 10 km lang über ebenes Gelände und auch Berghänge, ohne im Durchschnitt um mehr als 2 m pro km abzuweichen. Sie sind erst kürzlich direkt datiert worden, nachdem elektronenmikroskopische Untersuchungen gezeigt haben, daß auf der unverwitterten Oberfläche des Bodens und der weggeschafften Steine Mikroorganismen gewachsen sind. Die organische Substanz dieser Cyanobakterien, Flechten und Pilze, die mit der Ausbildung neuer Eisen- und Mangan-Verwitterungskrusten abstarben, reicht für Radiokarbon-Messungen aus. Danach sind die Landschaftsbilder zur Blütezeit der Nazca-Kultur angelegt worden, ungefähr zwischen 190 v. Chr. und 600 n. Chr.[1] Die Nazca-Indianer lebten in den benachbarten Flußtälern wohl vom 2. Jahrhundert v. Chr. bis vielleicht 900 n. Chr. und hatten ihre Tongefäße mit ähnlichen Mustern verziert.

Über Sinn und Zweck der Linien und Figuren herrscht freilich bis heute Unklarheit. Die Spekulationen reichen von zeremoniellen Prozessionswegen und Flugrouten von schon damals gestarteten Heißluftballons bis hin zu Orientierungszeichen (oder, völlig unhaltbar, sogar Landebahnen) für außerirdische Raumschiffe. Vermutet wurde auch, daß es sich um symbolische Versuche handle, Wasser vom Himmel (ferne Luftspiegelungen sind vielleicht so interpretiert worden) zur Erde zu leiten und in Bewässerungssysteme zu führen. (Tatsächlich sind um 60 n. Chr. sogenannte Puquios in den Hügeln und Talhängen angelegt worden, unterirdische Kanäle zum Wassertransport ähnlich den Filtrationsgallerien in Vorderasien und Nordafrika. Das Wissen um diese effiziente Technik ist wohl bald wieder verloren gegangen, denn die Inka haben sie nicht mehr angewendet; mit den Scharrbildern stehen die Stollen aber in keinem Zusammenhang.)

Schließlich wurde von Vertretern der noch jungen wissenschaftlichen Disziplin der sogenannten Astroarchäologie die Hypothese vertreten, die Nazca-Muster stellten das größte Astronomiebuch der Welt dar: die Linien seien Visuren für besondere Auf- und Untergangsorte von Sonne, Mond und hellen Fixsternen, die Figuren womöglich stilisierte Sternbilder. Genauere Vermessungen und Computerberechnungen, freilich ihrerseits kontrovers diskutiert, konnten diese Vermutung allerdings nicht bestätigen. Immerhin wird an diesem Beispiel deutlich, wie unscharf die Grenzen zwischen wissenschaftlicher Phantasie und reinem Phantasieren sind, und wie leicht sie übersprungen werden können.

ABB.35: Ein Teil der in den Boden gescharrten Linien, Flächen und Figuren bei Nazca.

Doch es demonstriert auch, daß man nicht einfach ins Blaue spekulieren muß, sondern seine Hypothesen auch testen und gegebenenfalls widerlegen kann – gerade das ist ein Kriterium für ihre Wissenschaftlichkeit. Daß die Astroarchäologie freilich sehr kritisch betrieben werden muß (und umstritten ist), liegt angesichts der Brisanz des Themas und den geringen Zeugnissen – es gibt kaum schriftliche Quellen – in der Natur der Sache. Dennoch sind in den letzten Jahrzehnten zahlreiche Entdeckungen bekannt geworden, die nahelegen, daß die indianischen Völker in Süd-, Mittel- und Nordamerika über erstaunliche astronomische Kenntnisse und Beobachtungsmethoden verfügten – unabhängig von dem Wissen in Europa und Asien und lange bevor die ersten Europäer in die Neue Welt eindrangen.

Astroarchäologie

Astroarchäologie (beziehungsweise Archäo- oder auch Paläoastronomie) beschreibt und erforscht die astronomischen Kenntnisse vorgeschichtlicher, das heißt schriftloser Kulturen. Damit ist sie ein interdisziplinäres Forschungsgebiet von Prähistorie und Astronomie. Sie untersucht, ob die Errichtung vorgeschichtlicher Objekte durch himmelskundliches Wissen (mit)bestimmt war und ergänzt damit unseren Kenntnisstand über die frühen Kulturen und den Zweck ihrer Bauwerke.

Der Beginn der Astroarchäologie kann mit der Publikation von J. Norman Lockyers Buch *Dawn of Astronomy* über ägyptische Tempel auf 1894 datiert werden. 1901 hat sich der Begründer der Zeitschrift *Nature* und Entdecker des Heliums auch mit Stonehenge in Südengland beschäftigt *(Stonehenge and other British Stone Monuments Astronomically Considered,* erschienen 1906). Große Beachtung erzielten der amerikanische Astronom Gerald S. Hawkins mit seinen Büchern *Stonehenge Decoded* (1965) und *Beyond Stonehenge* (1973) sowie Alexander Thom mit seinen Studien über die Megalithkulturen, veröffentlicht unter den Titeln *Megalithic Sites in Britain* (1967) und *Megalithic Lunar Observatories* (1971). Seit den siebziger und achtziger Jahren, als sich die Astroarchäologie richtig etabliert hatte, stehen verstärkt auch außereuropäische Kulturen etwa in Asien, Süd- und Nordamerika im Brennpunkt des Interesses. So war dieser Wissenschaftszweig maßgeblich beteiligt an der Neubewertung der vorkolumbischen Indianerkulturen. Sie erscheinen nun, nachdem sie vormals überwiegend als primitive Nomaden oder Ackerbauer dargestellt worden waren, als intelligente Völker mit komplexen Sozialstrukturen und beeindruckendem Wissen über die Natur.

Die Astroarchäologen untersuchen hauptsächlich die Orientierung von Gebäuden, Kultstätten, Stelen, Fenstern, Erdwällen oder Pfahlsetzungen hin auf bestimmte Punkte am Horizont. In erster Linie sind hier die Auf- und Untergangszeiten der Sonne während der Sonnwenden und Tagundnachtgleichen interessant, ferner auch wichtige Positionen des Mondes, etwa bei Mondwenden, Kulminationen und so weiter, sowie von hellen Planeten oder Fixsternen. Mitunter sind die Objekte sehr präzise ausgerichtet. Oft ist es aber sehr schwierig, eindeutige und statistisch signifikante Aussagen zu fällen. Dies betrifft einerseits die Genauigkeit der vermuteten Visierlinien, andererseits auch schon deren Auswahl. Die Gefahr einer Projektion des Forschers („Hineininterpretieren") ist hier oft sehr groß, da mit der Komplexität der Gebäude, Steinsetzungen und so weiter natürlich die Anzahl möglicher Blickrichtungen und somit zufälliger Übereinstimmungen schnell wächst. Bei Sternpositionen muß zudem noch die Präzession der Erdachse berücksichtigt werden. Doch die damit notwendige exakte Datierung der prähistorischen Relikte ist sehr selten gegeben. Man sollte deshalb den Aussagen der Astroarchäologie vorsichtig und skeptisch gegenüberstehen, zumal auch hier moderne Märchenerzähler Absatzmärkte wittern. Hinzu kommt, daß astronomische Aspekte nur ein Parameter unter vielen sind und daß dementsprechende kulturelle Leistungen wohl in engem Zusammenhang mit religiösen/mythischen, kalendarischen und sozialen Aspekten (etwa Festen oder Repräsentation) in Verbindung standen. Wenn natürliche Orte zufällig eine bestimmte astronomisch signifikante Orientierung haben, muß beispielsweise anhand von vorhandenen Markierungen gezeigt werden, daß diese Ausrichtung von den Beobachtern tatsächlich erkannt und verwendet worden ist.

Ein besonders drastisches Beispiel, das zur Vorsicht mahnt, war die Vermutung, daß ein Fenster eines bestimmten Raums in *Wupatki,* einem Pueblo der Sinagua-Indianer aus dem 12. Jahrhundert in Arizona, so orientiert sei, daß die aufgehende Sonne sowohl bei den Sonnwenden als auch bei den Tagundnachtgleichen ein charakteristisches Licht- und Schattenmuster auf die Wand dahinter werfe. Später zeigte sich aber, daß dieses Fenster erst durch die Restaurierungsarbeiten in die Ostwand gelangt war und auf einer Photographie aus dem Jahre 1901 noch nicht existiert hat. Alle diese Ausrichtungen waren somit reiner Zufall! (Aber wenigstens scheinen einige der über 1800 Petroglyphen in der Umgebung zum Zweck der Sonnwendmarkierungen in den Fels gehauen worden zu sein.)

Die Existenz und Bedeutung von Visierlinien sind der wichtigste, aber nicht der einzige Gegenstand astroarchäologischer Forschungen. Untersucht werden auch mögliche Bestattungsrichtungen, handwerkliche Relikte (etwa eventuelle Kalendersteine) sowie bildliche Darstellungen und Symbole, beispielsweise in Höhlen oder auf Felswänden.

Sonnenlauf und Jahreszeiten

Beobachtet man die Auf- und Untergangsorte der Sonne über einen längeren Zeitraum hinweg, stellt man schnell fest, daß diese nicht jeden Tag gleich sind. Vielmehr verschieben sich die Aufgangsorte im Osten beziehungsweise die Untergangsorte im Westen im Herbst zunehmend nach Süden. Zum *Winteranfang,* in der Regel am 21./22. Dezember, beschreibt die Sonne damit den kleinsten und niedrigsten Tagbogen am Firmament. Nach diesem kürzesten Tag des Jahres streben die Auf- und Untergangspunkte wieder zunehmend in nördliche Richtung. Zum *Sommeranfang,* meist am 21./22. Juni, ist die Größe der scheinbaren Sonnenbahn am Himmel deshalb maximal. Mittags steht unser Zentralgestirn daher auch in seiner größten Höhe im Süden über dem Horizont *(Kulmination).* Das ist der längste Tag des Jahres.

Diese regelmäßigen Veränderungen der Sonnenbahn waren, das zeigen die Erkenntnisse der Astroarchäologie, schon vielen steinzeitlichen Völkern in unterschiedlichen Erdteilen bekannt. Der damit zusammenhängende jahreszeitliche Rhythmus prägte entscheidend die Lebensweise seßhafter Ackerbauern. Die beiden Tage dieser *Extrempunkte der Sonnenbahn* werden als **Sonnwenden** oder **Solstitien** bezeichnet.

Der Grund für die Veränderung des Sonnenlaufs ist, daß die Rotationsachse der Erde nicht senkrecht auf der Ebene ihrer Umlaufbahn um die Sonne, der *Ekliptik,* steht, sondern um 66,5° gegen diese geneigt ist. Der Winkel zwischen Erdäquator und Ekliptik beträgt somit 23,5°. Außerdem ist die Rotationsachse raumfest, deutet also immer auf die gleiche Stelle des Sternhimmels. Um diese Himmelspole (der nördliche liegt in unserer Zeit nahe beim Polarstern im Sternbild Kleiner Wagen) scheinen deshalb die Fixsterne zu kreisen. Betrachtet man nun den jährlichen Sonnenumlauf der Erde gewissermaßen von außen, dann wird deutlich, daß aufgrund dieser Achsenneigung einmal im Jahr die Nordhalbkugel unseres Planeten mehr der Sonne zugeneigt ist (in unserem Sommer) und einmal die Südhalbkugel (in unserem Winter, im Sommer der Südhemisphäre).

Die Jahreszeiten hängen also keineswegs vom Abstand der Erde von der Sonne ab. In unserem Sommer ist es nicht deshalb warm, weil die Erde sich dann auf dem sonnennäheren Teil ihrer eliptischen Umlaufbahn befindet. (Die Entfernung schwankt ja zwischen 147,1 Millionen km im Perihel am 2. Januar und 152,1 Millionen km im Aphel am 2. Juli. Der durchschnittliche Sonnenabstand beträgt 149,6 Millionen km.) Entscheidend ist der Winkel, unter welchem das Sonnenlicht den Erdboden erreicht. Dieser ist im jeweiligen Winter eben durch die Erdneigung bedingt viel flacher als im Sommer, zumal die Sonne dann auch wesentlich länger über dem Horizont steht. Damit ist die Sonneneinstrahlung im Winter geringer als im Sommer.

Astronomisch gesehen beginnt der Sommer auf der Nordhalbkugel also dann, wenn ein Punkt auf 23,5° nördlicher Breite mittags genau senkrecht von den Sonnenstrahlen getroffen wird. Winterbeginn ist beim senkrechten Sonnenlichteinfall auf 23,5° südlicher Breite. (Die beiden so ausgezeichneten Breitenkreise sind als *Wendekreise* – des Krebses beziehungsweise Steinbocks – bekannt.) *Frühlingsanfang* ist, wenn die Sonne im Sternbild der Fische am Schnittpunkt zwischen Ekliptik und Himmelsäquator steht; und *Herbstanfang* ist, wenn sie sich im zweiten Schnittpunkt im Sternbild Jungfrau aufhält. Dann, am 20./21. März beziehungsweise 22./23. September, sind Tag und Nacht überall auf der Erde genau gleich lang. Man spricht deshalb von **Tagundnachtgleiche** oder **Äquinoktium.** An diesen Tagen ereignet sich der Sonnenauf- beziehungsweise -untergang exakt im Osten beziehungsweise Westen.

Der unterschiedliche Abstand der Erde von der Sonne macht sich nun lediglich in den Längen der Jahreszeiten bemerkbar. Von säkularen Schwankungen abgesehen betragen diese:

Beginn	**Nordhalbkugel**	**Südhalbkugel**	**Dauer (Tage)**
21. März	Frühling	Herbst	92,8
22. Juni	Sommer	Winter	93,6
23. September	Herbst	Frühling	89,8
22. Dezember	Winter	Sommer	89,0

Der Sommer auf der nördlichen Hemisphäre ist viereinhalb Tage länger als auf der südlichen, die Äquinoktien liegen nicht genau im arithmetischen Mittel zwischen den Solstitien, die Dauer zwischen Winter- und Sommersonnwende ist nicht genau gleich lang wie die zwischen Sommer- und Wintersonnwende.

Angemerkt sei noch, daß sich infolge der Kreiselbewegung der Erdachse *(Präzession)* die Schnittpunkte zwischen Himmelsäquator und Ekliptik in rund 26 000 Jahren einmal entlang des Himmelsäquators verschieben und sich damit auch die Winkelabstände der Sterne vom Himmelsäquator verändern. Dies muß mitberücksichtigt werden, will man bestimmte Sternpositionen, etwa den *heliakischen Aufgang* (das erste Auftauchen eines Sterns vor Sonnenaufgang in der Morgendämmerung), in ferner Vergangenheit oder Zukunft berechnen.

Der Sonnentempel der Aymará

Eine der berühmtesten Ruinenstätten des vorkolumbischen Amerika ist *Tiahuanaco,* 10 km südlich vom Titicacasee im heutigen Bolivien gelegen und 4000 m über dem Meer. Die fast 45 ha große Stadt, umgeben noch von Handwerker- und Bauernsiedlungen, scheint ein religiöses Zentrum der Aymará-Indianer gewesen zu sein. Ihre Kultur begann wohl im 1. Jahrtausend v. Chr. und dehnte sich in der zweiten Hälfte des 1. Jahrtausends n. Chr. bis zur Küste und über ganz Peru aus und beeinflußte auch die Nazca-Kultur. Zu den großartigsten, nur noch fragmentarisch erhaltenen Bauwerken der schon von den Spaniern und 100 Jahre zuvor von den Inka zerstört aufgefundenen Stadt zählt *Kalasasaya,* „der Ort der aufrecht stehenden Steine". Es handelt sich um einen „versenkten" Platz, rechteckig und 15 000 m^2 groß, der von sorgfältig bearbeiteten Steinpfeilern umgeben ist. Die Längen der West- und Ost- beziehungsweise Nord- und Südwand (rund 118 beziehungsweise 129 m) sind bis auf wenige cm gleich, ebenso die rechten Winkel (durchschnittliche Abweichung 0,39°) und die Orientierung nach den Himmelsrichtungen (mittlerer Fehler nur 0,9°). Daraus hat man geschlossen, daß Kalasasaya als Sonnentempel und Kalenderanlage verwendet wurde. Vom Mittelpunkt der Westwand aus betrachtet geht hinter der linken Ecke der Ostwand die Sonne zur Winter- und hinter der rechten zur Sommersonnwende auf. Auch war den Aymará offenbar bekannt, daß der Aufgangsort zur Tagundnachtgleiche nicht exakt zwischen den Wendepunkten liegt. Denn die Freitreppe an der Ostwand ist um 1,2 m, fast genau die rechnerisch korrekte Strecke, nach Norden verschoben. Augenscheinlich gliederten die Priester von Tiahuanaco das Sonnenjahr nach den markanten Punkten in vier Teile. Für Kalenderbeobachtungen könnte auch die exakt nach Norden und bemerkenswert geradlinig errichtete, 30 m lange Pfeilerreihe vor der Westseite Kalasasayas verwendet worden sein. Neun der elf Monolithe stehen noch. Die äußersten markierten vielleicht die Untergangsorte der Sonnwenden, die dazwischen einzelne Kalenderdaten.

Die Sonnenfesseln der Inka

Das größte Staatengebilde im vorkolumbischen Amerika war das der Inka. Der Name bezeichnet zunächst die Fürsten, dann die herrschende Oberschicht allgemein und schließlich das ganze Volk. Es zählte bis zur Ankunft der Spanier wohl 6 Millionen Einwohner und erstreckte sich über das Andengebiet vom heutigen Südkolumbien bis Mittelchile. Die Hauptstadt des Reiches hieß *Cuzco* und hatte während der Blütezeit bis zu 200 000 Einwohner. Die nach Nordnordwesten führende Hauptstraße könnte auf den Untergangspunkt des letzten Deichselsterns vom Großen Wagen orientiert worden sein. Im Süden der Stadt lag ihr größter und prachtvollster Bau, der Sonnentempel. Er soll einen Umfang von über 400 m besessen haben und ist weitgehend zerstört. Sein Eingang war wohl zur Wintersonnwende hin orientiert. Dann leuchtete die aufgehende Sonne auf eine goldene Scheibe im Tempel, die ihr Licht in die große Halle reflektierte – ein eindrucksvolles Schauspiel zum Fest der Wintersonnwende, das religiöser und „machtpolitischer“ Ausdruck in einem war. Die Sonne war die Hauptgottheit der Inka, Gatte von Mutter Mond sowie Schöpfer und Erhalter der Weltordnung. Kalendarisch wichtige Sonnenauf- und -untergänge scheinen in der Nähe des Tempels von kundigen Priestern auch mit acht Türmen oder Steinpfeilern, die in zwei Reihen angeordnet waren, ermittelt worden zu sein. Sogar die Architektur Cuzcos war astronomisch beeinflußt: 41 Ceques (Linien) durchziehen die Stadt so, daß ihre 328 Huacas (Altäre) in Gruppen mit durchschnittlich acht davon geordnet wurden. 328 Tage nun hat auch das Inka-Jahr, verteilt auf zwölf Monate mit je 27,3 Tagen – fast exakt so viel wie die siderische Umlaufzeit des Mondes.

Vom astronomischen Wissen der Inka zeugen auch die *Intihuatana,* „Orte, wo man die Sonne festbindet". Es sind symmetrisch behauene, oben abgestumpfte Steinzapfen, mit denen man den Zeitpunkt des Zenitdurchgangs der Sonne ermitteln kann. Dann wirft ein solcher Zapfen keinen Schatten. Damit läßt sich die Anzahl der Tage von Halbjahr zu Halbjahr und die Gesamtlänge des Sonnenjahres bestimmen. Zwei etwa 40 cm hohe Zapfen sind in der Bergfestung *Pisac* nordöstlich von Cuzco untersucht worden. Ein anderer, 67 cm hoch und quaderförmig, steht in der befestigten und wahrscheinlich niemals eroberten, erst 1911 wiederentdeckten Stadt *Machu Picchu,* 120 km nordöstlich von Cuzco. Eine Diagonale stimmt fast genau mit der West-Ost-Richtung überein. Auch die Sonnwenden haben sich ziemlich genau feststellen lassen, weil die Schatten parallel zu den längeren Zapfenkanten fielen. Zur jeweiligen Sonnwende soll der Hauptpriester die Sonne symbolisch mit einer goldenen Kette an die Intihuatana gefesselt haben, damit sie nicht weiterlief, sondern auf ihrer Bahn umkehrte.

Die Straße der Toten

In Mittelamerika gab es vor der Ankunft der Spanier ebenfalls große Kulturen, die erstaunliche Leistungen besonders in der Architektur vollbrachten. Sie verfügten auch über ein umfangreiches astronomisches Wissen, das freilich eng mit mythologischen Vorstellungen verflochten war. Vielleicht ab 500 v. Chr. bis 1500 entstanden zwischen dem heutigen New Mexico und Arizona im Norden und Honduras und El Salvador im Süden mehrere Reiche und Städte. Errichtet wurden sie von Völkern, unter denen die Azteken, Maya, Olmeken, Zapoteken und Tolteken am bekanntesten sind.

In Mittelamerika, 50 km nordöstlich von Mexico City, befand sich die mit vielleicht 200 000 Einwohnern und über 20 km² Fläche (mehr als die des alten Roms) größte Stadt des amerikanischen Doppelkontinents vor Kolumbus. Gegründet wurde sie von den frühtoltekischen Nachfahren der Olmeken, von Norden kommenden Ackerbauern. Um 750 n. Chr. wurde sie nach einem verheerenden Brand unbekannter Ursache verlassen und 600 Jahre später von den Azteken *Teotihuacán* genannt, „Ort, wo Menschen Götter werden". Dieser Ort ist die erste geplante Metropole der Neuen Welt, angelegt nach ausgeklügelten geometrischen Entwürfen. Im 1. Jahrhundert n. Chr. haben die Bewohner der noch kleinen Siedlung eine kleeblattähnliche Höhle entdeckt mit vier Gewölben und einem Eingang, der auf den Untergangspunkt der Plejaden zeigte. Dieser auch in den Mythen und Zeremonien der Azteken bedeutsame Sternhaufen ging für die geographische Breite Teotihuacáns außerdem an dem Tag erstmals vor der Sonne am Osthimmel auf, wenn diese den ersten ihrer beiden jährlichen Zenitdurchgänge erreichte. Später bauten die Teotihuacános über dieser offenbar heiligen Höhle die Sonnenpyramide. Mit einer Seitenlänge von 225 mal 220 m und einer Höhe von 65 m ist sie das größte Bauwerk des alten Mittelamerikas. Auch sie ist auf den Untergangspunkt der Plejaden gerichtet. Unmittelbar westlich an ihr vorbei zieht sich eine 45 m breite und über 2 km lange „Straße der Toten" aus aufeinanderfolgenden rechteckigen Plätzen und Flächen, auf die alle anderen Straßen und Bauten rechtwinklig bezogen sind. Am nördlichen Straßenende erhebt sich eine weitere stufenförmige Pyramide, die 42 m hohe Mondpyramide. Sowohl bei der Sonnenpyramide als auch 3 km westlich wurde ein in Stein gehauenes Kreuz gefunden, umgeben von zwei konzentrischen Ringen, die von dicht aneinander gereihten eingemeißelten Löchern gebildet werden. Die Verbindungslinie zwischen den Kreuzen steht genau senkrecht zur Hauptachse Teotihuacáns, der Straße der Toten, und zeigte in ihrer Verlängerung mit einer Genauigkeit von 1° auf den Untergangspunkt der Plejaden (ABB.36).

Noch 15 Jahrhunderte später, nach der Festlegung der Hauptachse von Teotihuacán, orientierte man die Achsen anderer Kulturzentren ganz ähnlich, obwohl die Plejaden infolge der Kreiselbewegung der Erdachse (Präzession) nicht mehr als Vorboten des Zenitdurchgangs der Sonne dienen konnten und nicht am anvisierten Ort untergingen. Vielleicht hielt man aus Ehrfurcht und Tradition an der „heiligen Richtung" fest, ohne noch ihren ursprünglichen Sinn zu kennen. Teotihuacán hatte jedenfalls nicht nur durch die ausgedehnten Handelsbeziehungen bis in den nordamerikanischen Südwesten und nach Honduras und El Salvador Einfluß, sondern auch architektonische Vorbildfunktion. Das gilt etwa für die nordwestlich von Teotihuacán gelegene Hauptstadt der Tolteken, Tula (Tollan), die wiederum die 1200 km östlich gelegene Maya-Stadt Chichén Itzá auf ähnliche Weise anlegten.

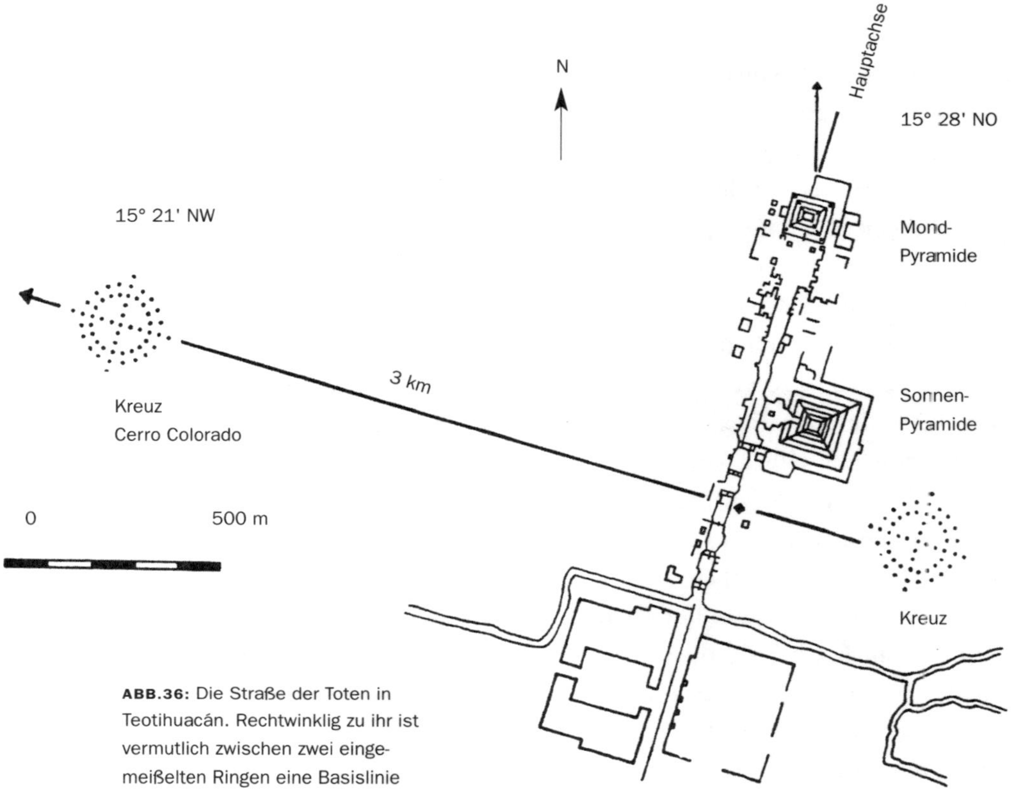

ABB.36: Die Straße der Toten in Teotihuacán. Rechtwinklig zu ihr ist vermutlich zwischen zwei eingemeißelten Ringen eine Basislinie konstruiert worden.

Das Schneckenhaus der Tolteken und die Pyramiden-Astronomie der Maya

Die Tolteken gestalteten auch ein wohl schon von den Maya als Observatorium verwendetes Gebäude um: *El Caracol,* „das Schneckenhaus". So genannt wurde es wegen eines gewundenen Aufgangs ins Obergeschoß des runden Turmes, der auf einer Plattform errichtet worden ist. Man hat nun in der Anordnung von Plattform(ecken), Mauerkanten, Fenster- und Türöffnungen auf allerhand Visierlinien zu Horizontpunkten von Sonne, Venus und hellen Fixsternen wie Aldebaran, Atair, Formalhaut, Achernar (Alpha Eridani), Canopus, Castor, Alpha Carinae, Alpha Gemini, Alpha Trianguli, Beta Carinae und vielleicht den Sternbildern Kreuz des Südens, Orion und Cassiopeia geschlossen (**ABB.37**).

Selbst wenn hier einiges hineingedeutet wurde, scheint El Caracol eine über tausend Jahre alte Sternwarte ohne Fernrohre gewesen zu sein.

Auch andere Gebäude von *Chichén Itzá* weisen astronomische Bezüge auf.[2] Diese Stadt im Norden der Halbinsel Yucatán wurde wahrscheinlich 455 von den Maya gegründet, zu einem großen Kulturzentrum mit mehr als 150000 Einwohnern ausgebaut und Anfang des 10. Jahrhunderts dann von den Tolteken erobert. In Chichén Itzá steht, teilweise restauriert, eine neunstufige Pyramide mit einer Plattform. Die Basislänge beträgt 56 m, die Höhe 24 m. Da die Spanier sie zunächst irrtümlich für eine Burg hielten, nannten sie sie *El Castello*. Vier breite Treppen mit vermutlich je 91 Stufen führten auf jeder Seite hinauf zu einem Tempel auf der Plattform (4 x 91 + 1 = 365, die Zahl der Tage eines Jahres – ein Zufall?). Die Treppenwände sind beidseitig mit langen stilisierten Schlangenkörpern versehen, die am Treppenfuß in fast 1,5 m hohe Schlangenköpfe auslaufen. Wenn die Sonne nun am Frühjahrs- und Herbstbeginn am Westhorizont untergeht, fallen ihre Strahlen so auf die Pyramide, daß sich kurzfristig auf der Westwand der Treppen ein sägezahnähnliches Muster aus Licht im von den neun Stufen geworfenen Schatten herausbildet: eine neunzackige Lichterschlange, die in den Kopf am Treppenfuß mündet und sich mit dem Versinken der Sonne von unten nach oben auflöst. Was auch heute wieder Tausende von Besuchern anzieht, war nicht bloß ein bewußt konstruiertes astronomisches Lichtspiel. Vielmehr war El Castello Quetzalcoatl geweiht (bei den Maya hieß er Kukulcán), der „mit grünen Quetzalfedern bedeckten Klapperschlange". Die Verbindung von Sonnen- und Schlangengott war zweifellos von großer Bedeutung. An den Schlangenköpfen könnten Opfergaben dargebracht worden sein. Überdies umhüllt El Castello einen älteren Stufenbau, dessen Tempel einen Thron für den Sonnengott enthielt. Das Datum der Tagundnachtgleiche, durch die Lichterscheinung markiert, war überdies für die Alltagspraxis wichtig: Bei Frühjahrsanfang rodete man den Wald für Anpflanzungen, der Herbstbeginn galt als Ende der Regenzeit. Auch die günstigsten Termine für den Maisanbau und die Imkerei konnten so bestimmt werden.

Daß die Maya dem Sonnenumlauf große Aufmerksamkeit schenkten, lassen auch Bauten in der Stadt *Uaxactun* vermuten. Ihre Ruinen befinden sich im Regenwald des nördlichen Guatemala. Da die Maya über eine Bilderschrift und

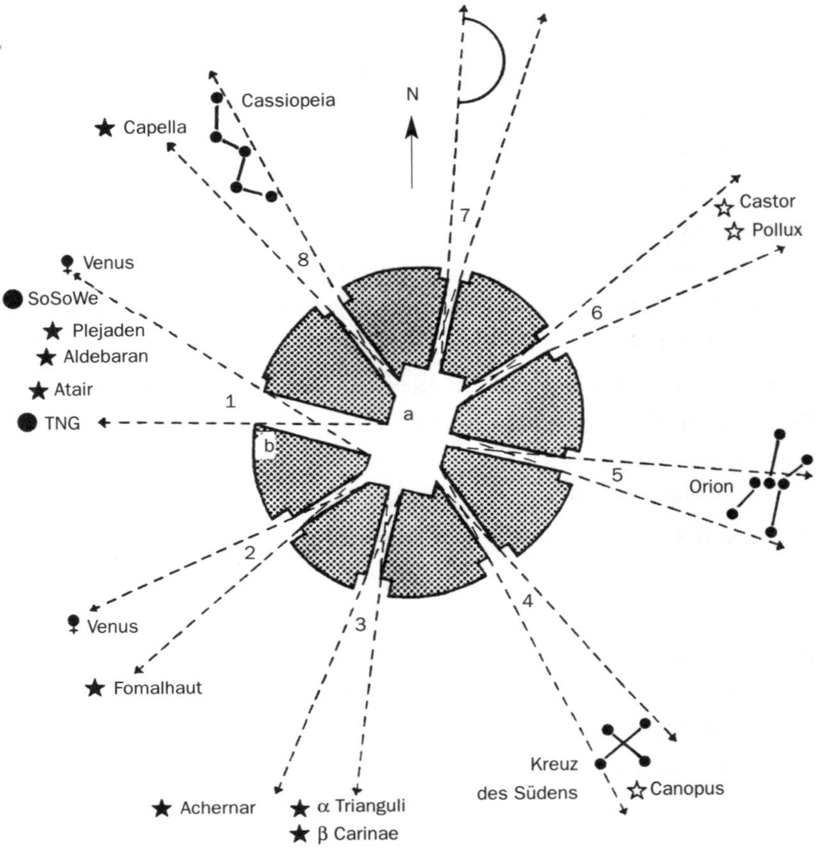

ABB.37: Blickrichtung aus den acht Fenstern der „Sternwarte" El Caracol, zu Horizontpunkten von Sonne, Venus, Sternbildern und Fixsternen.

einen komplizierten Kalender verfügten, lassen sich für Uaxactun sogar genaue Jahreszahlen angeben. Das älteste auf verschiedenen Stelen gefundene Datum bezeichnet (umgerechnet) das Jahr 328, das jüngste 889. Folglich ist die 1916 wiederentdeckte Stadt über 560 Jahre lang bewohnt gewesen. Hier steht auch die älteste bekannte Pyramide der Maya-Kultur, die „Pyramide der Masken". Sie ist rechteckig, dreistufig und in ihrer Bauweise noch von den Olmeken beeinflußt. Sah man von ihr nach Osten, fiel der Blick auf drei nur noch rudimentär erhaltene Tempel, die auf einem gemeinsamen Unterbau standen. Die linke Ecke des linken Tempels könnte den Sonnenaufgang zur Sommersonnwende, die rechte des rechten den zur Wintersonnwende und die Mitte des mittleren den der Tagundnachtgleichen markiert haben (ABB.38). Im Umkreis von 100 km sind rund ein Dutzend ähnlich angeordneter Bauten bekannt.

Eine andere Ausrichtung wurde weiter nördlich bei einem Herrschaftshaus von *Uxmal* gefunden. Sein Haupteingang weist nach Südosten genau auf eine knapp 8 m hohe Pyramide bei Cehtzuc und in der geradlinigen Verlängerung auf den südlichsten Aufgangspunkt der Venus als Morgenstern um 900 n. Chr. Dies ist sicher kein Zufall, zumal das Haus mit Venus-Glyphen verziert ist. Die Venus war eine wichtige Gottheit der Maya und im Gegensatz zur römischen Liebesgöttin mit Krieg, Tod und Opfer verbunden. Sie hatte sogar kalendarische Bedeutung.

Das Kalenderwissen der Maya

Durch spanische Berichte ist bekannt, daß die Maya viele Aufzeichnungen über astronomische Beobachtungen und kalendarische Berechnungen, über landwirtschaftliche Themen, Gesetze, Opfer, Riten und Heilmittel besaßen. Doch sind diese Handschriften von den Spaniern fast alle vernichtet worden. Nur vier der kulturellen Kostbarkeiten sind der Zerstörungswut entgangen und werden nach ihren Aufbewahrungsorten als Paris-, Grolier-, Madrid-, und Dresden-Kodex bezeichnet. Sie enthalten unter anderem Tafeln für Mondfinsternisse, exakte Beobachtungen der scheinbaren Bewegungen von Venus, Mars, Jupiter und Saturn sowie mythologische und astrologische Angaben. So sind alle 77 ganzen und partiellen Mondfinsternisse zwischen 755 und 788 verzeichnet worden – obwohl die Astronomen-Priester höchstens vier davon beobachten konnten. Die anderen ereigneten sich ganz woanders. Die Maya waren also in der Lage, wie auch die Gelehrten von Babylon, Indien, China und Griechenland, Mondfinsternisse vorauszuberechnen.

Diese Leistungen waren nur möglich aufgrund eines hochentwickelten Kalenders. Dieser wurde seit mindestens 200 v. Chr. verwendet (zumindest teilweise auch bei den meisten anderen mittelamerikanischen Kulturen). Er bestand aus fünf nebeneinander geführten Kalendern (so wie bei uns Jahres- und Wochentagszählungen parallel laufen), die ganz unterschiedliche Zwecke hatten, unter anderem auch die kosmische Legitimation eines neuen Herrschers. Mit einer Ausnahme waren sie zyklisch angelegt.

Es gab ein vages Sonnenjahr (Haab) mit 365 Tagen, das in 18 Monate zu zwanzig Tagen und einem Monat mit 5 Tagen eingeteilt wurde; da 365 Tage zu wenig sind, wurde das Sonnenjahr immer wieder rechnerisch korrigiert. (Man fügte keine festen Schalttage ein, weil dadurch das Zusammenspiel der Zyklen durcheinandergebracht worden wäre.)

Der Mondkalender war in Mond-Halbjahre zu 177 Tagen eingeteilt, die in sechs „Monate" zu 29 oder 30 Tagen gegliedert wurden. Er war umgerechnet bis auf die dritte Dezimalstelle genau bekannt (29,530864 statt der wirklichen 29,530589 Tage) – das bedeutet einen Fehler von nur einer halben Minute. Diese Genauigkeit wurde erreicht durch die Summierung vieler Zyklen geteilt durch deren Anzahl.

Der Ritualkalender (Tzolkin) diente zur Wahrsagung des Schicksals einzelner Menschen, aber auch ganzer Völker. Er besaß eine Periode von 260 Tagen (13 Wochen zu 20 Tagen). Zur Bezeichnung verwendete man Punkte als Einer, senkrechte Linien als Fünfer und viele verschiedene Glyphen. Drei Runden des Ritualkalenders, 780 Tage, benötigt der Mars für seinen scheinbaren Umlauf um die Erde. Außerdem traf sich der Ritualkalender mit dem Sonnenkalender alle 18980 Tage oder 52 vage Sonnenjahre. Dies war für eine Reihe mittelamerikanischer Völker (etwa für die Azteken, Zapoteken, Mixteken und Tolteken) die höchste kalendarische Einheit.

Der wichtigste Maya-Kalender ging darüber aber weit hinaus. Er wird als „Lange Zählung" bezeichnet und war linear. Er ermöglichte somit eine Chronologie. Sein Fixpunkt fiel – umgerechnet – auf den 13. August 3114 v. Chr. Die Besonderheit dieses Tages ist nicht bekannt; sicherlich markiert er nicht die Erschaffung der Welt nach der Maya-Auffassung, da es viele Datumsangaben gibt, die vor diesem Fixpunkt liegen. Um die Zeit von ihm aus vor und zurück zu rechnen (die Maya benutzten somit wahrscheinlich als die erste Kultur überhaupt die Null!), fand ein leicht geändertes Zwanzigersystem Verwendung: 20 Tage (Kin) wurden als Uinal zusammengefaßt (der ganze Mensch mit seinen zehn Fingern und Zehen war das Maß des Zählens, was sich auch in der Spra-

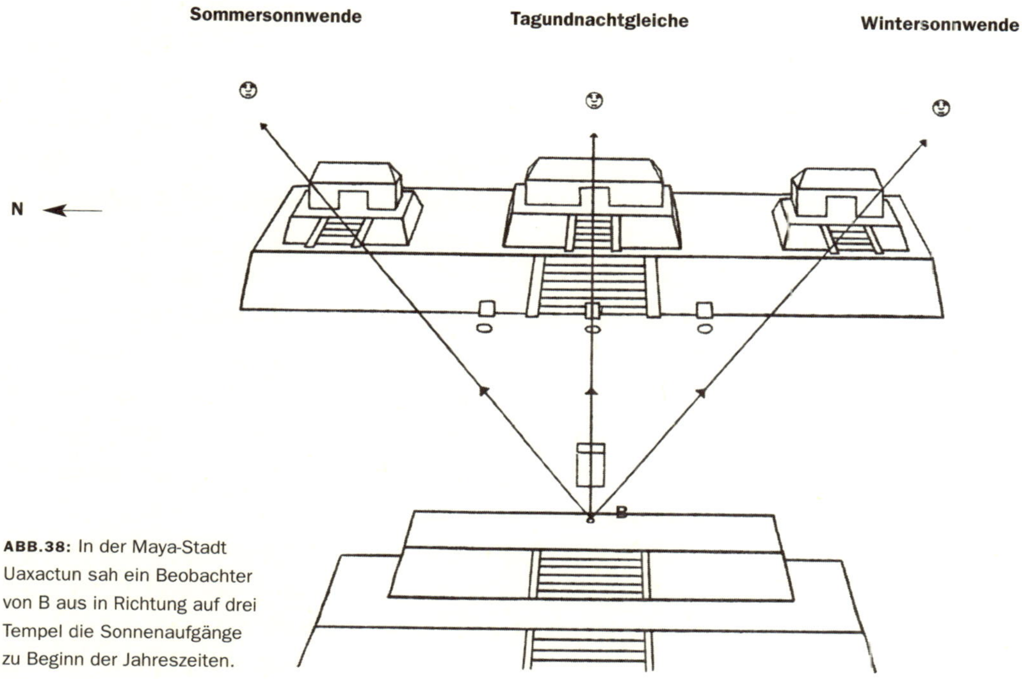

ABB.38: In der Maya-Stadt Uaxactun sah ein Beobachter von B aus in Richtung auf drei Tempel die Sonnenaufgänge zu Beginn der Jahreszeiten.

che niederschlug: „Uinik“ heißt Mensch!), 18 Uinal waren ein Tun, 20 Tun ein Katun, 20 Katun ein Baktun, 20 Baktun ein Piktun, 20 Piktun ein Calabrun, 20 Calabrun ein Kinchiltlun und 20 Kinchiltlun ein Alautun. Ein Alautun dauert somit etwas mehr als 63 Millionen Jahre! (Die größte bekannte Einheit der Maya, notiert auf einer Stele in Cobá, beträgt übrigens 142×10^{36}.) Diese sehr langen Zeiträume sind vielleicht dazu benutzt worden, mythische und historische Ereignisse in eine stetige Folge von Zyklen einzubetten. Beispielsweise ließen sich Kriegszüge, bei denen Gefangene für Menschenopfer gemacht wurden, und Herrschaftsabschnitte damit organisieren. Diese Zyklen waren die Einheiten der Reise von Göttern und Menschen durch die Ewigkeit. So erschien die Last des täglichen Lebens vielleicht unbedeutend, und die Unwägbarkeiten waren in den wiederkehrenden Kreisläufen gezähmt und verloren viel von ihrer Ungewißheit.

Die in Steine und Säulen geritzten, in Jade geschnitzten, auf Töpferwaren gezeichneten und in die heiligen Bücher geschriebenen Kalender waren zugleich Leitfaden für Hochzeiten, Kriege und anderes mehr. Möglicherweise wurde auf ihrer Grundlage die Orientierung ganzer Städte oder doch zahlreicher Gebäude und Kultstätten darin festgelegt. Raumplanung und Zeitordnung waren insofern eng verflochten.[3] Auch die kosmologischen Deutungen der Maya basierten auf ihrem astronomischen Wissen: die Eckpunkte der Welt, in denen die Stützen des Himmels stehen, wurden mit den vier Solstitialpunkten gleichgesetzt. Der Mittelpunkt des Rechtecks kann sowohl eine zentrale Gottheit markieren, von der die Solstitialpunkte Abspaltungen darstellen, als auch den Standort eines Beobachters jener Punkte und zudem den Zenit und Nadir (und somit Himmel und Unterwelt). Die fünf Punkte sind auch in olmekischen und aztekischen Gravuren weitverbreitet. Die Äquinoktien dagegen spielten nur eine untergeordnete Rolle, da die Tageslängen in den tropischen Breiten nicht besonders stark variieren. An ihrer Stelle dürften die sogenannten Mittjahrestage (24. März und 19. September) eine Vorzugstellung gehabt haben. Zusammen mit den Solstitien ermöglichen sie es, das Jahr in gleiche Viertel zu unterteilen.

Schließlich war noch der Venus-Zyklus bei den Maya von Bedeutung. Das meint die synodische Umlaufzeit, also die Periode zwischen zwei gleichen Sonne-Erde-Venus-Konstellationen (und somit beispielsweise Aufgangspunkten). Er beträgt 583,921 Tage und wurde mit 584 Tagen angegeben, wobei man im Verlauf von 240 Umläufen 20 Korrekturtage abzog (das entspricht einer 583,923-Periode; Bruchzahlen kannten die Maya nicht). Diese exakten Angaben erfordern Beobachtungen über lange Zeiträume. Im Fall der Venus geht das schon auf die Olmeken im 1. Jahrhundert v. Chr. zurück. Fünf Venus-Zyklen sind acht 365-Tage-Zyklen. Tatsächlich haben die Maya einen solchen Acht-Jahres-Almanach verwendet. Außerdem haben sie ihn mit ihrem heiligen 260-Tage-Kalender kombiniert. Dieser 104jährige Venus-Almanach aus 65 Venus-Zyklen und 146-Kalender-Zyklen ist im Dresden- und Grolier-Kodex überliefert.

Wie erst kürzlich erkannt wurde, berichten über zwanzig bekannte Texte auf Stelen der klassischen Maya-Zeit darüber, daß „Feuer am Himmel gebohrt wurde". Rauch und Feuer sind noch bei den heutigen Maya Umschreibungen für Meteorschauer, Kometen und Supernovae. Manche fallen mit bekannten Ereignissen zusammen, etwa den Perseiden (einem Meteorschauer, der jährlich im August auftritt) und Berichten von Kometenerscheinungen aus dem alten China und Korea zur selben Zeit (**ABB.39**). Es ist sogar darüber spekuliert worden, ob die Maya den Halleyschen Kometen beobachtet hatten.[4] Eine mit dem Datum 17. Januar 684 (umgerechnet) versehene Darstellung eines Gottes mit Zigarre auf dem Tempel des Kreuzes von Palenque könnten den Kometen personifizieren, der ein halbes Jahr später in Erdnähe kam und möglicherweise zur Legitimation des Herrschers Pacal dem Großen herangezogen wurde, dessen Regierung 684 begann, und von dessen ältestem Sohn die Inschrift stammt. Die Geburt dreier Gottheiten zuvor wurde hier ebenfalls gezeichnet – getrennt durch eine Zeitspanne von jeweils 76 Jahren, also genau der Umlaufszeit des Kometen. Ist dies Zufall, oder wußten die Maya von der periodischen Wiederkehr des Schweifsterns tausend Jahre bevor Edmond Halley seine Bahn berechnen konnte?

ABB.39: Diese Maya-Inschrift lautet: „9 x 144 000 Tage, 13 x 7200 Tage, 9 x 360 Tage, 1 x 20 Tage und 17 Tage [nach dem Referenzdatum 13. August 3114 v. Chr., also am 5. März 701 n. Chr.], am Tag des ersten Gottes der Nacht wurde das Feuer gebohrt im Norden von Gott Hun“. Dabei könnte es sich um die Interpretation einer Kometenerscheinung handeln. Dies steht in Übereinstimmung mit einer koreanischen Aufzeichnung, die davon spricht, daß im März/April 701 ein Komet den Mond „betreten“ habe.

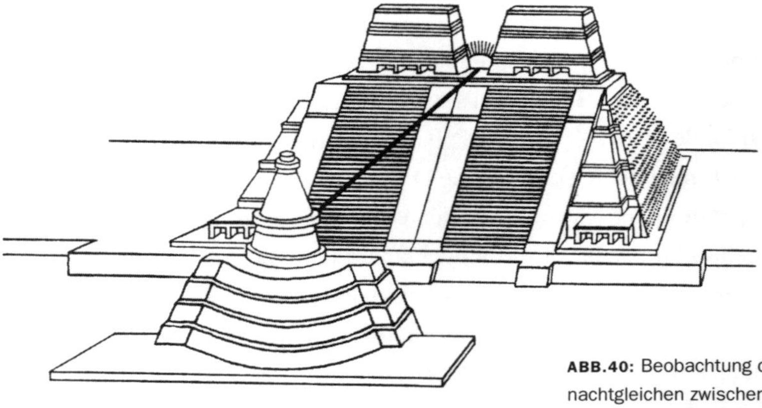

ABB.40: Beobachtung der Sonne zu den Tagundnachtgleichen zwischen den beiden Tempeln des Hauptheiligtums der Azteken-Stadt Tenochtitlan vom Quetzalcoatltempel aus.

Pyramiden der Azteken, Zapoteken und Tarasken

Auch die Azteken hatten wie die Maya einen 260tägigen Ritualkalender. Dieser Zyklus ist sehr alt, stammt vielleicht schon aus dem 4. Jahrhundert v. Chr. und beherrschte das Leben der Azteken noch, als sie zwei Jahrtausende später von den Spaniern vernichtet wurden. Bis heute ist er bei Ureinwohnern im Hochland von Guatemala in Verwendung. Außerdem besaßen die Azteken einen Kalender für den Alltagsgebrauch mit 360 Tagen und fünf weiteren unbenannten Schalttagen zu den 18 20tägigen Monaten. In ihrem Kodex Mendoza ist sogar ein Priester-Astronom dargestellt, „der nachts die Sterne beobachtet, um die Stunde zu bestimmen, was seine besondere Aufgabe war". Andere Bilder zeigen Tempel mit Menschen und Visiereinrichtungen, wie sie zu astronomischen Bestimmungen Verwendung gefunden haben könnten.

Die Hauptstadt der Azteken war *Tenochtitlan,* gegründet im 14. Jahrhundert am Ort des heutigen Mexico City. Der Haupttempel hatte die Gestalt einer viereckigen Pyramide, auf deren Plattform zwei Tempel mit Götzenbildern thronten. Sie waren wahrscheinlich so ausgerichtet, daß von einem Quetzalcoatltempel aus, der ihnen gegenüber stand, beobachtet werden konnte, wie die Sonne bei der Tagundnachtgleiche zwischen den beiden Tempelaufbauten der Pyramide auftauchte (**ABB.40**).

Westlich des Aztekenreiches lebten die Tarasken, die geschickte Weber und Keramiker und ab 900 auch Kupferschmiede waren. Den aztekischen Eroberungsversuchen leisteten sie erfolgreich Widerstand. Südwestlich der heutigen mexikanischen Stadt Morelia liegen die fünf aus gepreßter Erde und Steinschutt errichteten und mit flachen Steinblöcken verblendeten Pyramiden von *Ihuatizio*. Zwei sind exakt nach den Himmelsrichtungen orientiert. Steht man am Tag der Sommersonnwende an der Ost-West-Grundlinie von einer der Pyramiden, prangt direkt über ihrer flachen Oberseite die Sonne zur örtlichen Mittagszeit.

Auch die Zapoteken lebten zeitgleich mit den Azteken. Die Hauptstadt ihres Reiches war *Monte Albán*, nahe der heutigen Stadt Oaxaca gelegen. Dort umgeben zahlreiche Pyramiden und Tempel einen großen Platz. Auffällig ist ein pfeilspitzenförmiges Gebäude im Südwestbereich, das im Gegensatz zu den anderen nicht nach den Himmelsrichtungen ausgerichtet, sondern so gedreht ist, daß seine Hauptachse auf den Aufgangsort der Capella um 275 v. Chr. deutet. In jener Zeit dürfte es errichtet worden sein. Capella, so zeigte sich, hatte am selben Tag (9. Mai) den heliakischen Aufgang, an dem die Sonne erstmals im Jahr durch den Zenit wanderte. Außerdem deutet die Hauptachse auf ein anderes Bauwerk an der Ostseite des Platzes. Und genau an der Schnittstelle wurde dort eine Innenkammer mit einem engen Vertikalschacht gefunden, der zum Himmel hin offen ist. Und diese Öffnung wird von der Sonne genau ausgefüllt, wenn sie am 9. Mai im Zenit steht. Vielleicht haben die Priester auf dem pfeilspitzenförmigen Gebäude auf den Morgen gewartet, an dem Capella kurz vor der Sonne aufging, und sind dann über den Platz zu dem anderen Bauwerk geschritten, um von dort deren Zenitdurchgang zu beobachten. Auch die Plejaden zogen in den Nächten jener Woche vor der Öffnung des Vertikalschachts vorüber.

Verschiedene Typen von archäoastronomischen Beobachtungsstätten

Archäoastronomische Anlagen sind prähistorische Beobachtungsstätten für bestimmte Positionen von Himmelskörpern, insbesondere der Sonne, mitunter aber auch des Mondes, heller Planeten oder von Fixsternen. Mit den ausgereiftesten Anlagen war es spezialisierten Beobachtern möglich, präzise kalendarische Voraussagen zu treffen. Observatorien, die keine Vorhersage erlauben oder nur einen der Jahreszyklen anzeigen, hatten nur eine eingeschränkte oder spezielle Funktion beziehungsweise hauptsächlich eine kultische Bedeutung als Schrein.

Man kann zwei Typen von Beobachtungsstätten unterscheiden: Anlagen für (1) *Horizontbeobachtungen* und für (2) *Projektionsbeobachtungen.* Beim ersten Typ wird beispielsweise der Aufgangsort der Sonne am Horizont festgestellt, beim zweiten Typ projiziert sie ein Strahlen- oder Schattenmuster auf eine mit Markierungen versehene Wand oder Decke. Je nach Beobachtungsstandort können beide Typen in jeweils drei Varianten untergliedert werden: *(a) Anlagen* (Gebäude, Erdaufschüttungen, Stein- oder Holzsetzungen) im freien Gelände mit einem charakteristischen östlichen und westlichen Horizont, *(b) in Bauten integrierte Warten* mit östlicher oder westlicher Horizontausrichtung und *(c) Observatorien oder Schreine in natürlichen Felsenformationen* mit geritzten oder gemalten Markierungen und einem für den Standort spezifischen Horizontausschnitt.

Himmlische Fügungen

Astronomisches Wissen war keineswegs auf Mittel- und Südamerika beschränkt. Auch in Nordamerika ist man mittlerweile auf zahlreiche astroarchäologische Indizien gestoßen. Wenigstens teilweise scheinen die Kenntnisse über den Himmelslauf der Gestirne von Mittelamerika nach Nordamerika diffundiert zu sein. Dort sind zwar keine schriftlichen Aufzeichnungen bekannt. Unbestritten ist jedoch die Existenz weitläufiger Handelsbeziehungen der nordamerikanischen Indianer, insbesondere der Pueblo-Völker, mit den Bewohnern des mexikanischen Raumes. Über diese Kontakte dürften auch astronomische Informationen verbreitet worden sein. Doch sollte die Leistung der nordamerikanischen Indianer deswegen nicht geringer geachtet oder gar als degenerierte Kopie der mittelamerikanischen Kulturen betrachtet werden. Viele Sachverhalte sind wohl unabhängig entdeckt und auf jeden Fall auf eine eigene Weise umgesetzt worden.

Daß die Pueblo-Indianer im heutigen Südwesten der USA Sonnwenden und Tagundnachtgleichen beobachteten, berichteten Ethnologen, die im 19. Jahrhundert bei ihnen gelebt haben. Tatsächlich geschieht dies bei den Hopi und Zuni sowie den Bewohnern der östlichen Pueblos im Rio Grande Valley bis heute, und nur besonders ausgewählte Personen sind dazu beauftragt. Die Bestimmung der Solstitien und Äquinoktien ist nämlich nach wie vor von ritueller Bedeutung für die Festlegung und Vorbereitungen der Zeremonien. Diese haben (oder hatten) unter anderem den Zweck, die Sonne zur Umkehr ihrer Wanderung zu bewegen sowie sie für ihren weiteren Weg zu stärken. Damit sollte zur Aufrechterhaltung der kosmischen Ordnung beigetragen werden. Diese Praktiken legen nahe, daß auch in prähistorischer Zeit der Sonnenlauf verfolgt worden ist und rituell begleitet wurde.

Gliederung von Raum und Zeit

Bei allen Unterschieden innerhalb der indianischen Kosmologien haben diese zwei wesentliche Merkmale gemeinsam, die sie von außeramerikanischen Vorstellungen abgrenzen. Diese Merkmale kann man als *Vierheit* und *Dualität* bezeichnen.[5]

Vierheit meint die Gliederung des Raumes in vier Richtungen, eine Vorstellung, die von Kanada bis Peru verbreitet ist und sich bereits in olmekischen Inschriften aus dem 1. Jahrtausend v. Chr. nachweisen läßt. Die kosmogonischen Mythen der Azteken und Maya handeln von der Vierheit ebenso wie die Ursprungslegenden der Delaware (Lenni Lenape) aus Ohio. Die Lakota sahen in der Vierheit ein Prinzip, das alle Erscheinungen und auch ihr eigenes Leben durchzieht, wie aus den Worten ihres Weisen Tyon hervorgeht: „Früher ordneten die Lakota alle ihre Aktivitäten durch die Vier, weil sie vier Richtungen erkannten: Westen, Norden, Osten und Süden; vier Bereiche der Zeit: Tag, Nacht, Monat, Jahr; vier Teile von allem, was aus dem Boden wächst: Wurzeln, Stamm, Blätter, Früchte; vier Arten von Dingen, die atmen: solche, die kriechen, solche, die fliegen, solche, die auf vier und solche, die auf zwei Beinen gehen; vier Dinge über der Welt: Sonne, Mond, Himmel und Sterne; vier Arten der Götter ... ; vier Perioden des menschlichen Lebens: Säuglingszeit, Kindheit, Erwachsensein, Alter; und schließlich haben Menschen vier Finger an jeder Hand, vier Zehen an jedem Fuß, und die Daumen und großen Zehen sind zusammen vier. Da der Große Geist alles als Vier schuf, sollen die Menschen alles in Vier tun.“ Auch bei den Pueblo-Völkern ist die Bedeutung der Vierheit gut dokumentiert. Die vier Himmelsrichtungen sind aber nicht Norden, Süden, Westen

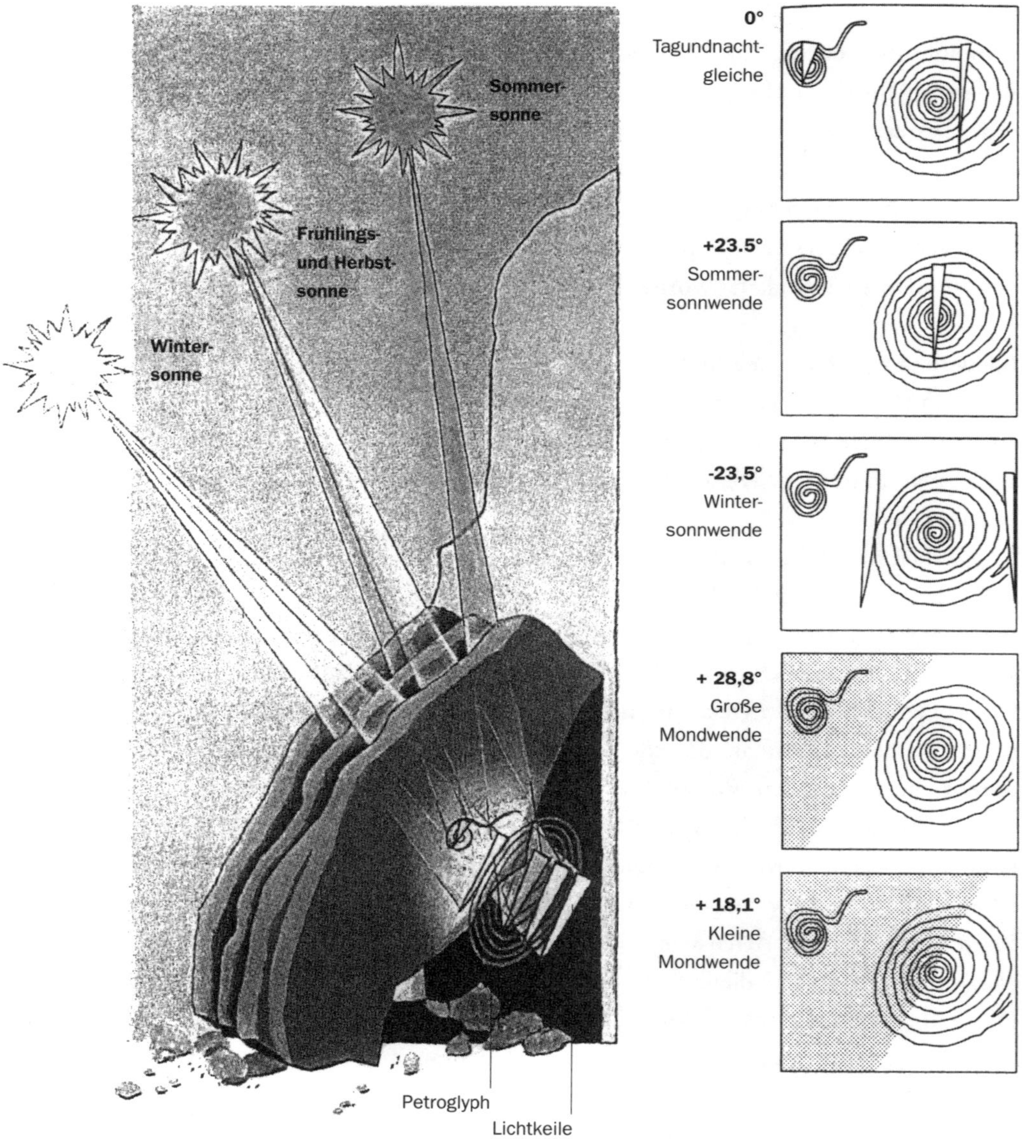

ABB.41: Hinter drei Steinplatten auf dem Fajada Butte in Chaco Canyon befindet sich ein astronomischer Schrein der Anasazi. Keile aus Sonnenlicht markieren auf den Petroglyphen die Solstitien und Äquinoktien; der Schatten des Mondes kennzeichnet dessen Extremstellungen.

und Osten, sondern werden durch die Auf- und Untergangsorte der Sommer- und Wintersonnwendsonne markiert (den „Häusern“ der Sonne, „tawaki“), von denen die Jungen und Mädchen schon früh in einer Initiationszeremonie (Powamu) erfahren.

Dualität ergänzt die Vierheit im Hinblick auf die räumlichen und zeitlichen Bezüge oben-unten, Tag-Nacht, Winter-Sommer, Zukunft-Gegenwart. Bei den Hopi korrespondiert unten mit vorher und oben mit nachher; unten befinden sich die Samen der Lebewesen, oben ist der Platz ihres Daseins. Bei den Tolteken Mittelamerikas und ihren Nachfahren, den Azteken und Maya, wurde die Dualität sogar hierarchisch gedacht und mit komplexen Vorstellungen vom Aufbau des Kosmos verwoben.

Die Observatorien der Anasazi

Als Vorfahren der heutigen Pueblo-Indianer gelten die Anasazi. Im *Chaco Canyon,* New Mexico, hatten sie bis Mitte des 12. Jahrhunderts ihr kulturelles Zentrum. Im Osten des Canyons steht ein markanter, 120 m hoher Restberg, *Fajada Butte.* Auf ihm sind zwei Spiralen in eine Felswand eingraviert. Sie befinden sich hinter drei jeweils 3 m hohen und rund 1 t schweren, aufrecht stehenden Steinplatten. Zwischen ihnen gleitet, wie ein glücklicher Zufall gezeigt hat, zur Sommersonnwende gegen 11 Uhr ein schmaler dolchähnlicher Lichtstreifen die Felswand hinab, genau durch die Mitte der größten Spirale. Zum Herbst- und Frühlingsanfang wandert er etwas links davon vorüber und ein zweiter gleichzeitig durch die Mitte der kleineren Spirale. Während der Wintersonnwende wird die große Spirale um 10 Uhr von den beiden schlanken Lichtbändern gerade eingerahmt (ABB.41). Es ist unwahrscheinlich, daß die schweren Steinplatten bearbeitet oder sogar absichtlich positioniert wurden. Die Petroglyphen jedoch scheinen bewußt angelegt worden zu sein. Sie bezeugen, daß die Anasazi das seltsame Lichtspiel kannten und hochschätzten. Da es aber keine Voraussage der Sonnwenden erlaubt und nur schwer zugänglich ist, hatte es wohl weniger kalendarische als rituelle Funktion. Fajada Butte ist daher eher als Schrein denn als prähistorisches Observatorium anzusehen. Die größere Spirale markiert übrigens möglicherweise auch die Extrempunkte der Mondbahn. Der Schatten des Mondes halbiert sie nämlich nach dem Aufgang am südöstlichsten Punkt und berührt ihren linken Rand nach dem Aufgang am nordöstlichsten Punkt. Zudem ist parallel zu der Schattengrenze eine Linie in den Felsen eingeritzt worden.

Auch anderswo im Chaco Canyon verfolgten die Anasazi aufmerksam die Bewegungen unseres Zentralgestirns. Neben zwei T-förmigen Eingängen und ehemals 28 oder 29 Nischen waren in der Großkiva *Casa Rinconada* noch sechs größere Nischen in die exakt kreisförmige Wand eingelassen. In eine scheint durch ein Nordost-Fenster die Sommersonnwendsonne 4 bis 5 Tage lang jeweils 20 Minuten nach ihrem Aufgang (ABB.42). Ob dies beabsichtigt war, ist nicht sicher; auch könnte damals ein Stützpfeiler oder ein Mauerstück im Weg gewesen sein. Der Effekt hätte aber wohl primär rituelle und bestätigende Bedeutung gehabt. Dies gilt auch für ein oder zwei südöstlich gelegene Räume in *Pueblo Bonito,* wo durch ein Eckfenster die aufgehende Sonne zur Wintersonnwende einstrahlt. Und bestimmte Nischen der Großkiva von *Chetro Ketl* wurden vielleicht auf Mondphasen und heliakische Venusaufgänge ausgerichtet. Andere astroarchäologische Hypothesen sind wohl zu gewagt. Freilich ist noch nicht einmal alles präzise vermessen. Daß die Solstitien und Äquinoktien auch im Chaco Canyon bekannt waren, ist aber unumstritten. Das zeigen schon die exakt in Ost-West-Richtung orientierte Mauer bei *Pueblo Alto* auf der nördlichen Hochebene, wo die Straße nach Mesa Verde verläuft, die ebenso ausgerichtete Südmauer von Pueblo Bonito sowie die perfekte Nord-Süd-Achse von Casa Rinconada.

Im östlichen Teil des Chaco Canyons, unweit der Ruinenstätte *Wijiji*, zeigt ein Sonnen-Piktogramm auf der Felswand die Stelle an, in deren Verlängerung die Sonne 16 Tage vor und nach der Wintersonnwende über einem natürlichen Monolithen aufgeht. Das Piktogramm stammt von den Navajo, die im 19. Jahrhundert hierher kamen. Aber die Stätte ist wohl schon von den Anasazi zur Sonnenbeobachtung benutzt worden, die Spiralen und Kreuze in den Stein geschlagen haben; die auf- und untergehende Wintersonnwendsonne haben sie vielleicht von hier aus anhand bestimmter Geländemerkmale registriert. 5 km östlich von Wijiji gibt es an der Nordseite des Canyons eine Felssturzformation, an deren Südwand mehrere Bildsymbole in den Stein geschlagen worden sind. Wie Beobachtungen zeigen, handelt es sich wie bei Fajada Butte um eine

ABB.42: Blick von Süden in die Großkiva Casa Rinconada im Chaco Canyon (Durchmesser über 19 m). Durch das große, erhöhte Fenster rechts neben dem Eingang könnte die aufgehende Sonne zur Sommersonnwende in eine bestimmte Nische gestrahlt haben (auf dem Bild die zweite von links).

Projektionsanlage. Anhand der komplexen Licht- und Schattenmuster, die die Sonne auf der Wand erzeugte, konnte ihr Lauf von hier aus das ganze Jahr über verfolgt werden. Mit den Piktogrammen wurden sowohl die beiden Solstitien als auch die Äquinoktien markiert. Zusätzlich dienten sie als ganzjähriger Mittagsanzeiger (**ABB.43**).[6]

Astronomie ganz einfach

Eine Tagundnachtgleiche festzustellen, ist im Prinzip einfach.[7] Sie findet genau dann statt, wenn der Ort des Sonnenauf- und -untergangs sowie ihr Beobachter auf einer Geraden liegen. Dies kann leicht festgestellt werden, indem sich jeden Morgen zwei Personen so aufstellen, daß sich die eine von der anderen aus gesehen genau vor der aufgehenden Sonne befindet. Beide markieren ihren Standort, und wenn von dort aus betrachtet abends die Sonne genau hinter der anderen Person untergeht,

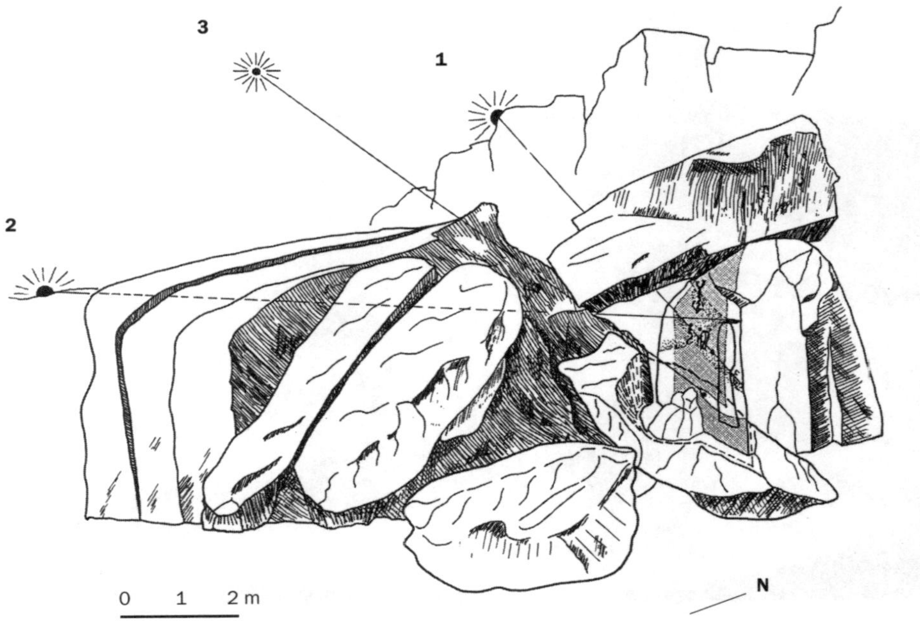

ABB. 43: Felssturzformation und Felsbildstelle 29Mc527 im Chaco Canyon. Zu bestimmten Zeiten bestrahlt die Sonne die verborgenen Zeichnungen in einer charakteristischen Weise. Das könnte kalendarische Bedeutung gehabt haben.

1) markiert die Position der Sonne am lokalen Horizont zur Sommersonnwende,
2) die untergehende Sonne zur Tagundnachtgleiche und
3) den Mittagsstand der Sonne zur Wintersonnwende.

dann ist an diesem Tag ein Äquinoktium. Beobachtet man über längere Zeiten hinweg die Auf- und Untergangsorte der Sonnen immer vom selben Standort aus, und markiert sie zum Beispiel mit Steinen oder Pflöcken am Boden, lassen sich auch die Sonnwenden genau bestimmen.

Fortan können solche Tage auch anders wiedererkannt werden. Von der Kiva von *Hungo Pavi* im Chaco Canyon aus betrachtet steht die aufgehende Wintersonnwendsonne beispielsweise genau in der vom Horizont und dem Kliff der Canyonwand gebildeten Ecke. Auch der Abend dieses Tages könnte einen architektonischen

Niederschlag gefunden haben. Die Sonne verschwindet nämlich genau hinter dem mehrstöckigen Turm eines Bauwerks auf der Südmesa. Es wurde 1111 gebaut, 100 bis 200 Jahre nach Hungo Pavi, und seine Ruine ist von den Navajo später *Tsin Kletzin* genannt worden.

Es ist gar nicht notwendig, zur Beobachtung der einmal bekannten Solstitien und Äquinoktien die genauen Auf- und Untergangsorte der Sonne zu fixieren. Mit Hilfe von natürlichen Markierungen, Pfählen oder Mauern können auch andere Punkte der entsprechenden Bahn festgelegt werden. Von der *Cardenas Hilltop*-Ruine beim Grand Canyon aus gesehen strahlt die Wintersonnwendsonne beispielsweise kurz nach dem Aufgehen durch einen Einschnitt und ein natürliches Fenster in einer Felswand. Auch in *Baja California* ist das der Fall, wo die Sommersonnwendsonne mittags durch eine Öse zwischen den Klippen an der Pazifikküste strahlt. Ebenfalls in Baja California, im Gebiet der heutigen Cochimi-Indianer, wurden übrigens Lichtkeile ähnlich wie auf Fajada Butte im Chaco Canyon beobachtet: Mittags wirft die Sommersonnwende noch immer ein helles Dreieck auf eine Zeichnung einer traditionellen Behausung, die in einen Felsen geritzt ist. Der Sonnenstrahl verschwindet dort in der „Tür", als würde er dieses Haus betreten.[8]

Auch anderswo hinterließen die Anasazi Spuren ihres astronomischen Wissens. Im Petrified Forest Nationalpark, berühmt für die versteinerten Baumstämme aus dem Tertiär, gibt es beispielsweise einige Petroglyphen, vorwiegend Spiralen, die die Sommer- und Wintersonnwende markiert haben dürften.

Nach dem Niedergang der Chaco-Kultur verlagerte sich das kulturelle Zentrum der Anasazi weiter nach Norden. Dabei scheint es auch zu einem Transfer von astronomischen Kenntnissen gekommen zu sein. 200 km nördlich von Chaco liegt *Hovenweep*. Die zahlreichen Ruinen dort stammen von einer Splittergruppe der Bewohner der weiter westlich gelegenen Mesa Verde-Region. Viele Relikte von Hovenweep sind kleine Türme, die an Verteidigungsanlagen erinnern, auch wenn bislang nirgends Anzeichen für größere gewaltsame Auseinandersetzungen gefunden worden sind. Eines der stattlichsten Gebäude war *Hovenweep Castle*, ein dreistöckiger Turm von ursprünglich D-förmigem Grundriß (**ABB. 44**). Anhand der Jahresringe von eingebauten Balken ließ sich sein Alter auf 1166 n. Chr. bestimmen. Um 1277 sind dann ungefähr zehn Räume

ABB. 44: Hovenweep Castle.

angebaut worden. Einer im Erdgeschoß, nun Sonnenzimmer genannt, diente wahrscheinlich als Observatorium. Durch zwei kleine Fenster und eine Tür ließen sich von zwei Türmen im Inneren sowohl die Untergangsorte der Sonne bei den Solstitien als auch den Äquinoktien anpeilen. (ABB. 45). Die Chance, daß bei einer Ungenauigkeit von 1° alle vier Visierlinien zufällig stimmen, beträgt nur 1 : 216 000, so daß hier ein geplanter Bau sehr wahrscheinlich ist. Möglicherweise zählten die Anasazi auch bereits die Tage eines Jahres. Die Äquinoktien liegen zeitlich gesehen aufgrund der unterschiedlichen Umlaufgeschwindigkeit der Erde um die Sonne ja nicht genau zwischen den Sonnwenden. Die Frühlings-Tagundnachtgleiche findet deshalb am 21. und nicht wie rein rechnerisch denkbar am 24. März statt. Tatsächlich stimmt die Visierlinie des Sonnenzimmers aber auf knapp einen Tag genau mit dem arithmetischen Mittelwert überein und könnte deshalb „theoretisch abgeleitet" worden sein. Dies ist allerdings nicht sicher, denn für die Herbst-Tagundnachtgleiche paßt sie nicht so genau.

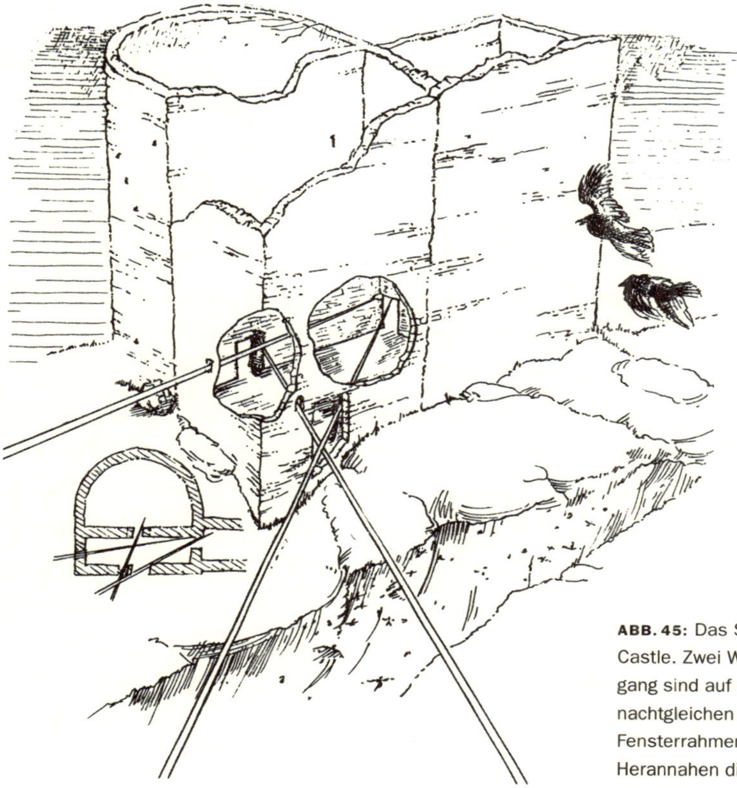

ABB. 45: Das Sonnenzimmer in Hovenweep Castle. Zwei Wandöffnungen und der Eingang sind auf die Sonnwenden und Tagundnachtgleichen gerichtet. Mit den Tür- und Fensterrahmen als Visierlinien konnte das Herannahen dieser Tage schon im Vorfeld festgestellt werden.

Unweit von Hovenweep Castle steht ein anderes Gebäude am Canyonrand. Es wird *Unit-Type House* genannt, weil es in der üblichen Einheitsbauweise für ein bis zwei Familien errichtet ist. Direkt neben der Kiva befindet sich ein Nebenzimmer mit einer funktional unklaren Nische. In der Wand ihr gegenüber sind vier schmale fensterähnliche Öffnungen. Durch drei von ihnen, so ergaben Vermessungen, sind die Strahlen der aufgehenden Sonne zum Zeitpunkt der Solstitien und Äquinoktien in die Ecken und Mitte der Nische gelangt. Ob dieses Kalenderzimmer aus astronomischen oder „nur“ rituellen Gründen so angelegt war, läßt sich allerdings nicht entscheiden. Auch die Ausrichtung zweier Gebäude der weiter südwestlich gelegenen *Cajon Ruinen* waren, so wird vermutet, nach den vier wichtigen Punkten des Sonnenlaufs hin orientiert. Dabei könnten nicht nur Beobachtungsfenster genutzt worden sein, sondern auch wechselseitige Beschattungen der Bauwerke.

Außerdem haben die Anasazi in Hovenweep natürliche Gegebenheiten als astronomische Beobachtungsposten oder Schreine verwendet. In der Nähe von *Holly House*, einem quaderförmigen Gebäude, das nach einem Ranger benannt ist, bilden zwei große Felsblöcke einen engen, über 5 m langen natürlichen Korridor. Zufällig zeigt er ungefähr zum Sonnenaufgangspunkt der Tagundnachtgleiche. Unter den Petroglyphen, die in einen der Blöcke geritzt worden sind, befindet sich auch das typische Sonnensymbol der Pueblo-Kulturen: drei konzentrische Kreise mit einem Punkt in der Mitte. Die Anasazi scheinen den Korridor als Kalenderzeiger verwendet zu haben. Die Konfiguration der beiden Steinblöcke und eines dritten ist nämlich genau so, daß die Sonne rund 45 Minuten nach ihrem Aufgang durch den Korridor strahlt. Außerdem fallen zwei schmale Lichtstreifen auf einen der Steine, kommen binnen sieben Minuten aufeinander zu und verschmelzen. Auf genau dieser Linie sind zwei Spiralen und das Sonnensymbol eingeritzt. Das eindrucksvolle Schauspiel war wohl immer wieder gezielt beobachtet worden.

Den Mond im Visier

Der nordöstlichste Chaco-Außenposten, 160 km vom Chaco Canyon entfernt, ist die Gegend bei *Chimney Rock*. Menschen lebten hier mindestens von 925 bis 1125. Acht Siedlungen sind bekannt. Besonders auffällig ist ein Pueblo, das nicht in der lokalen Bauweise, sondern in einem typischen Chaco-Stil errichtet worden war. Es bestand aus zwei Kivas und 35 Räumen im Erdgeschoß sowie 20 Räumen im ersten Stock. Es war einer der ersten Chaco-Außenposten überhaupt. Dies ist umso bemerkenswerter, als man es nicht nur am entlegensten, sondern auch am unwirtlichsten Ort aller Chaco-Pueblos erbaut hatte – auf dem blanken Sandstein eines schmalen Felsgrats, 2300 m über dem Meeresspiegel. Der Talboden liegt 400 m tiefer und damit auch die nächsten Wasserquellen und Felder (wobei aufgrund der niedrigen Temperaturen in dieser Region der Ackerbau schon an der Grenze des Möglichen betrieben wurde). Alle Konstruktionsmaterialien, Steine, Lehm und Wasser, mußten damals auf den Grat geschleppt worden sein – ohne die Hilfe von Lasttieren oder Wagen. Wahrscheinlich lebten in dem Pueblo einflußreiche Chaco-Priester, die die örtliche Bevölkerung zu solchen Anstrengungen heranzuziehen vermocht haben und vielleicht sogar Baumstämme für den Chaco Canyon schlagen und fortschaffen ließen.

Über den Grund, den Außenposten gerade bei Chimney Rock anzulegen, kann man nur spekulieren. Es drängt sich aber auf, den phantastischen Ausblick in Betracht zu ziehen, den der schroffe Bergrücken bietet, und vor allem die beiden natürlichen Felserhebungen (Chimneys), die wie Kamine oder Zahnstummel ein paar 100 m östlich des Pueblos am Ende des Grats emporragen. Vom Pueblo aus anvisiert, gleichen sie einer natürlichen Kimme. Sie liegen freilich so weit nordöstlich, daß die Sonne von dort aus gesehen niemals zwischen ihnen aufgeht (aber von einer benachbarten Bergkette, wo auch Ruinen ehemaliger Anasazi-Bauten liegen, sind die Chimneys vielleicht zur Bestimmung der Tagundnachtgleiche oder West-Ost-Ausrichtung verwendet worden). Der Mond jedoch schafft dies aufgrund seiner zur scheinbaren Sonnenbahn geneigten Umlaufbahn – und zwar genau bei seiner größten Abend- beziehungsweise Morgenweite. Doch diese Positionen werden immer nur alle 18,6 Jahre eingenommen. Möglicherweise hat die lokale Bevölkerung einen solchen spektakulären Mondaufgang zwischen den Chimneys um 1057 beobachtet, und die Chaco-Astronomenpriester haben von diesem ungewöhnlichen Ereignis erfahren. Als dann die nächsten Mondaufgänge 1073 wieder zwischen den Chimneys begannen (und sich um die 40 mal bis 1077 wiederholten), schienen die Priester nicht lange gezögert zu haben. 1076 wurde nämlich mit dem Bau des Pueblos begonnen, wie Jahrringdatierungen der Balken ergeben hatten. Die zweite Bauphase fiel in die nächste Extremperiode im Jahr 1093 und wurde, wie die unvollständigen Jahrringe zeigen, schon im Sommer begonnen – was ungewöhnlich und offenbar überhastet geschah, denn zu dieser Jahreszeit waren normalerweise alle mit den notwendigen Feldarbeiten beschäftigt. Somit liegt es nahe, daß die Funktion des Pueblos zumindest auch im Zusammenhang mit astronomischen Beobachtungen und Ritualen gestanden hat (die Kenntnis des 18,6 jährigen Mondzyklus beziehungsweise die Fähigkeit, ihn vorauszusagen, muß für diese Vermutung nicht vorausgesetzt werden). Besonders dramatisch waren sicherlich die Aufgänge des Vollmondes zwischen den Chimneys zur Wintersonnwende gewesen (1055, 1076 und 1095), wenn Sonne und Mond gleichzeitig gegenüber am Himmel prangten. (Die Zuni führten an solchen Tagen noch im 19. Jahrhundert bestimmte Zeremonien durch in der Annahme, der Mond helfe der Sonne bei ihrer Umkehr.)

Die Extremlage der Mondbahn

Alle 18,61 Jahre hat der Mond extreme *Morgen- und Abendweiten,* das heißt maximale Abstände des Auf- beziehungsweise Untergangspunkts von der Ost- beziehungsweise Westrichtung. Der Grund dafür ist, daß die Mondbahn nicht mit der Ekliptik, der scheinbaren Sonnenbahn, zusammenfällt, sondern im Mittel um 5°9' gegen diese geneigt ist (genaugenommen schwankt der Winkel wegen gravitativer Störungen durch Sonne und Planeten zwischen 4°57' und 5°20'). Die beiden Schnittpunkte der Mondbahn mit der Ekliptik heißen auf- und absteigende *Knoten* (nur in oder nahe bei einem solchen Knoten kann es zu Mond- oder Sonnenfinsternissen kommen). Diese Knoten sind aber nicht raumfest. Sie bewegen sich rückläufig durch den Tierkreis: Jedes Jahr verschieben sie sich um 19°21' und wechseln damit das Sternbild. Ein voller Knotenrücklauf dauert 18,61 Jahre. Dann fällt der aufsteigende Mondknoten wieder mit dem *Frühlingspunkt* zusammen. Dieser bezeichnet den Schnittpunkt des aufsteigenden Astes der Ekliptik mit dem Himmelsäquator (dem auf die Himmelssphäre projizierten Erdäquator). Hier steht die Sonne zum Frühlingsbeginn. Wenn sich der Mond dort befindet, addieren sich die Mondbahnneigung und die Schiefe der Ekliptik (das ist die Neigung der Rotationsachse der Erde zur Senkrechten auf die Umlaufbahn = der Winkel der scheinbaren Sonnenbahn zum Himmelsäquator: 23°26').

Damit erreicht der Mond extreme Deklinationen von 28°46' und -28°46' (die Deklination gibt die Entfernung eines Gestirns vom Himmelsäquator an; in Nordrichtung ist diese Koordinate positiv, in Südrichtung negativ). Da die maximalen Deklinationswerte der Sonne zur Sommersonnwende 23°26' und -23°26' beim Auf- beziehungsweise Untergang betragen, heißt dies, daß der Mond im Extremfall weiter nördlich auf- beziehungsweise weiter südlich untergeht als die Sonne. Fällt dagegen sein absteigender Knoten mit dem Frühlingspunkt zusammen, sind seine Deklinationen mit 18°7' und -18°7' minimal.

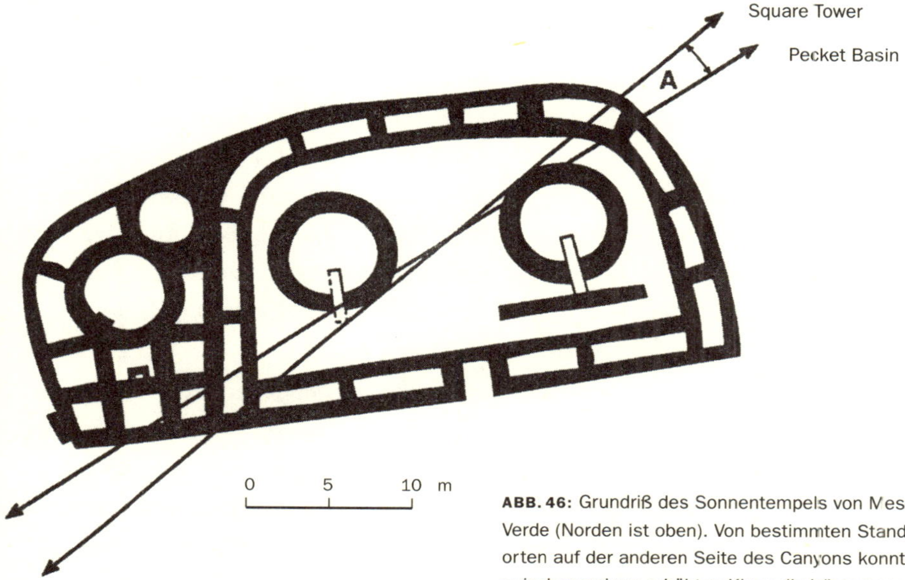

ABB. 46: Grundriß des Sonnentempels von Mesa Verde (Norden ist oben). Von bestimmten Standorten auf der anderen Seite des Canyons konnten zwischen seinen erhöhten Kivas die Wintersonnwendsonne und der Mond in einer Extremstellung beobachtet werden.

Das Chimney Rock-Pueblo war also sehr wahrscheinlich nicht irgendein spiritueller Außenposten, sondern etwas Besonderes. Ob Chaco-Priester die ganze Zeit hier weilten, ist ungewiß; aber zumindest zu den extremen Mondaufgängen sollten sie nach Chimney Rock gepilgert sein. In der zweiten Hälfte des 11. Jahrhunderts war man für Himmelsereignisse wohl ohnehin besonders sensibilisiert. Denn in jener Zeit überschlugen sich ungewöhnliche Vorgänge förmlich am Himmel. Im Juli 1054 entflammte ein neuer Stern (die Crab-Supernova, wie man heute weiß), der kurzfristig sogar tagsüber erblickt werden konnte; 1066 erschien der Halleysche Komet; am 7. März 1076 ereignete sich südlich von Chaco Canyon eine totale Sonnenfinsternis; ab 1077 zeigte die Sonne seltsame Verunreinigungen, die mit bloßem Auge zu beobachten waren, wie chinesische Quellen überlieferten (diese riesigen Sonnenflecken waren der Auftakt einer 200 Jahre währenden ungewöhnlichen Sonnenaktivität, die auch Klimaveränderungen nach sich zog); und am 11. Juli 1097 verfinsterte sich die Sonne erneut über dem amerikanischen Südwesten einschließlich Chimney Rock. Daß auf diese beunruhigenden Geschehnisse reagiert werden mußte, ist naheliegend. Chimney Rock war ein einzigartiger, ein mystischer Beobachtungsort, der für die Himmelskundigen damals sicher von zentraler Bedeutung gewesen ist. Man kann sich durchaus vorstellen, daß die Astrokulte und das Geheimwissen der Priester für die soziale Kohärenz der weit verteilten Anasazi-Gruppen sowie für die Vorherrschaft von Chaco eine wichtige Rolle gespielt haben. Auch später, als sich das Zentrum der Anasazi-Kultur nach Norden verlagerte, wurden astronomische Beobachtungen weitergeführt, insbesondere in Mesa Verde, Hovenweep und dem Montezuma Basin.

Von den Erfahrungen bei Chimney Rock sind möglicherweise auch die Mondmarkierungen auf Fajada Butte im Chaco Canyon inspiriert worden (ABB. 41). Und der *Sonnentempel von Mesa Verde* war vielleicht ein geplantes Imitat der natürlichen Kimme. Denn nicht nur die Wintersonnwendsonne verschwand hinter ihm, wenn man sie vom Südende des 288 m entfernten *Cliff Palace* (ABB. 25) betrachtete. Sondern von dessen dreistöckigem Turm aus gesehen sollte auch der Mond bei seiner Extremstellung zwischen den beiden erhöht angelegten Kivas des Sonnentempels versinken (ABB. 46). Bestimmte Markierungen im zweiten Stock des Turms lassen sich sogar als Jahreszählungen interpretieren: 74 oder 75 Kerben könnten Beobachtungsprotokolle von vier Extremphasen darstellen (woraus sich ein rechnerischer Abstand von 18,5 beziehungsweise 18,75 Jahren ergibt); sie haben vielleicht im Jahr 1187 begonnen und bis 1280 gereicht (1180 ist die älteste und 1279 die jüngste bekannte Jahrringdatierung von Balken im Cliff Palace).

Das große Haus der Hohokam

Auch andere Pueblo-Indianer waren aufmerksame Sonnenbeobachter. Schon vor 2000 Jahren entstand in den Tälern des Gila und Salt River die Hohokam-Kultur. Sie brachte Ballspielplätze und kunstvolle Bewässerungsanlagen hervor und verschwand im 15. Jahrhundert. Ein imponierendes Hohokam-Relikt, *Casa Grande* („das große Haus“), befindet sich südlich von Phoenix, Arizona (ABB. 47). Es ist eine der wenigen freistehenden Ruinen im amerikanischen Südwesten, Mitte des 14. Jahrhunderts aus Lehm gebaut, drei- bis vierstöckig und von rechteckigem Grundriß. Es war wohl der gesellschaftliche und zeremonielle

ABB. 47: Casa Grande, das „große Haus“ der Hohokam in Arizona. Seit 1932 steht es unter einem Stahldach zum Schutz vor Regen und Sonne. Das Mauerloch links oben ist auf die untergehende Sommersonnwendsonne gerichtet, das Loch rechts oben könnte auf den extremen Monduntergangspunkt orientiert worden sein.

Mittelpunkt einer größeren Siedlung, wie einige Fundamentmauern in der Umgebung nahelegen. Ein paar der 14 schmalen Lichtdurchlässe im 2. und 3. Stock scheinen auf die Äquinoktien (mit einer Ungenauigkeit von zwei Tagen) und den Sonnenuntergang der Sommersonnwende gerichtet worden zu sein. Mit anderen Fenstern könnten sogar die Extrempunkte der Mondbahn erfaßt worden sein. Und vielleicht hatten noch weitere Öffnungen kalendarische Funktionen und beleuchteten möglicherweise bestimmte Markierungszeichen auf den gegenüberliegenden Innenwänden. Allerdings sind, wie sich später herausstellte, zumindest ein paar der Löcher nicht ursprünglich, sondern erst vor hundert Jahren bei Befestigungsarbeiten entstanden. Doch ohne ein umfangreiches kalendarisches Wissen wäre es den Hohokam wohl kaum gelungen, den rechten Zeitpunkt für die Aussaat und die Instandsetzung der Kanäle vor dem Sommerregen zu bestimmen.

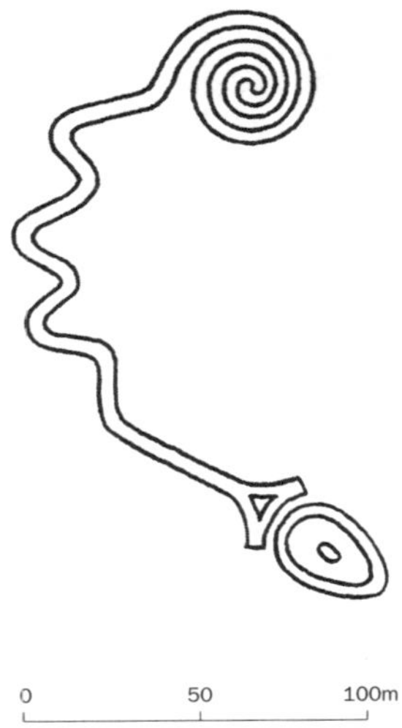

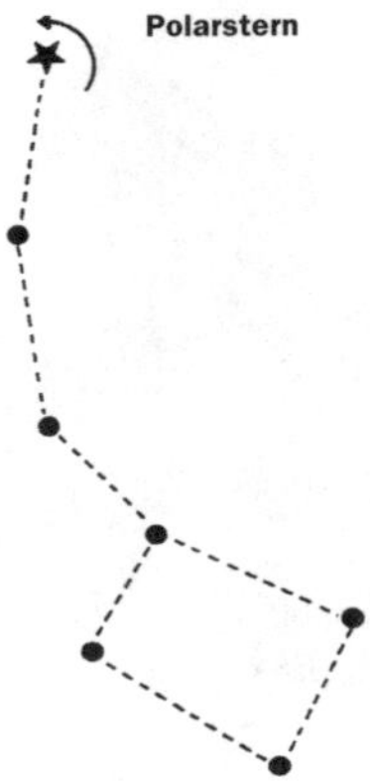

ABB. 48: Der große Schlangenhügel „Serpent Mound“ in Ohio, eine Symbolisierung des Sternbildes Kleiner Wagen?

Erd- und Holzbauten im Osten

Ein Feld für Astroarchäologen hat sich aber auch im Osten Nordamerikas eröffnet. Viele hundert künstlich aufgeschüttete Erdhügel sind hier besonders bemerkenswert. Die frühesten gehen auf Angehörige der Adena-Kultur zurück, die sich ab 1000 v. Chr. über die heutigen Staaten Ohio, Indiana, Kentucky, West Virginia und Pennsylvania ausbreiteten. Meist errichteten sie kreisförmige Erdwälle mit 100 m Durchmesser. Außerdem wird ihnen der berühmteste Bilderhügel überhaupt in Nordamerika zugeschrieben, *Serpent Mound* (die große Schlange) in Adams County, Ohio (ABB. 48). Aus Lehm und Erde gestaltet, beträgt ihre Länge rund 430 m, die Breite 7 m und die Höhe 1,5 bis 2 m. Mit offenem Maul scheint sie ein Ei verschlucken zu wollen. Man hat sie als Symbolisierung des Sternbildes Kleiner Wagen (= Kleiner Bär) interpretiert. Das sprialförmig aufgeringelte Schwanzende wäre dann der Polarstern, um den sich die Fixsterne ja zu drehen scheinen, da er mit dem Himmelsnordpol zusammenfällt.

Etwa ab 300 v. Chr. wurde die Adena-Kultur allmählich von der Hopewell-Kultur verdrängt, deren Wirkung sich bis ins 5. Jahrhundert verfolgen läßt. Auch dieses Indianervolk baute mehrere 100 m große geometrische Erdhügel und figürliche Darstellungen, die teilweise und wenig überzeugend als Sternbilder gedeutet wurden. Es hielt Handelsbeziehungen bis zu den Waldgebieten der Irokesen im Osten, zur Gegend des heutigen Yellowstone-Parks im Westen (von wo Obsidian stammt) und zum Golf von Mexiko (Muscheln für Schmuck). Die beeindruckendsten Erdbauten stammen aber von der Mississippi-Kultur, die nach 1000 ihre Blütezeit hatte, ab 1200 in regionale Varianten zerfiel und erst um 1800 völlig verschwand. Bei *Cahokia* nahe des heutigen St. Louis im südlichen Illinois sind noch mehr als 100 solcher Erdwerke erhalten. Über 15 000 Menschen mochten um 1200 hier gelebt haben – soviel wie nirgendwo anders im damaligen Nordamerika und in kaum einer Stadt Europas zu dieser Zeit (300 Jahre später mußte die Stadt aufgegeben werden, nach neuen Forschungen zu schließen wohl deshalb, weil die Wälder abgeholzt waren und infolgedessen Überschwemmungen die Felder unbrauchbar machten). Die Bewohner Cahokias errichteten große öffentliche Plätze, eine Stadtmauer aus 20 000 Balken und riesige Zeremonienhügel. *Monks Mound* („Mönchshügel"), das größte indianische Bauwerk nördlich von Mexiko, ragte 35 m empor und bedeckt eine 6,5 ha große Fläche. Rund 800 m westlich sind vier bis zu 125 m große, von Pfostenlöchern gebildete Kreise gefunden worden, von denen mindestens einer astronomische Signifikanz haben soll. Mit diesem „Woodhenge" – wie es in (schlechter) Analogie zu der megalithischen Anlage in Großbritannien genannt wurde, wo man einst 48 je 0,6 m dicke Pfosten um je 7,5° versetzt 1,2 m tief eingegraben hatte – hätten sich vom Mittelpunkt aus, bei dem ein weiterer Pfosten stand, die Äquinoktien und Solstitien genau ermitteln lassen können. Es ist sogar darüber spekuliert worden, ob sich mit dem Pfostenkreis Finsternisse vorausberechnen ließen.

Auch eine Gruppe der Fort Ancient-Kultur hat möglicherweise Kalenderzeiger verwendet. Im 12. Jahrhundert bewohnte sie unter anderem mehr als ein Dutzend Holzhäuser bei *Dayton,* Ohio. Der Schattenwurf von vier parallelogrammförmig um einen noch größeren Pfahl gruppierten Holzpfosten auf dem zentralen Platz markierte, so wurde vermutet, vom größten Gebäude des Dorfes

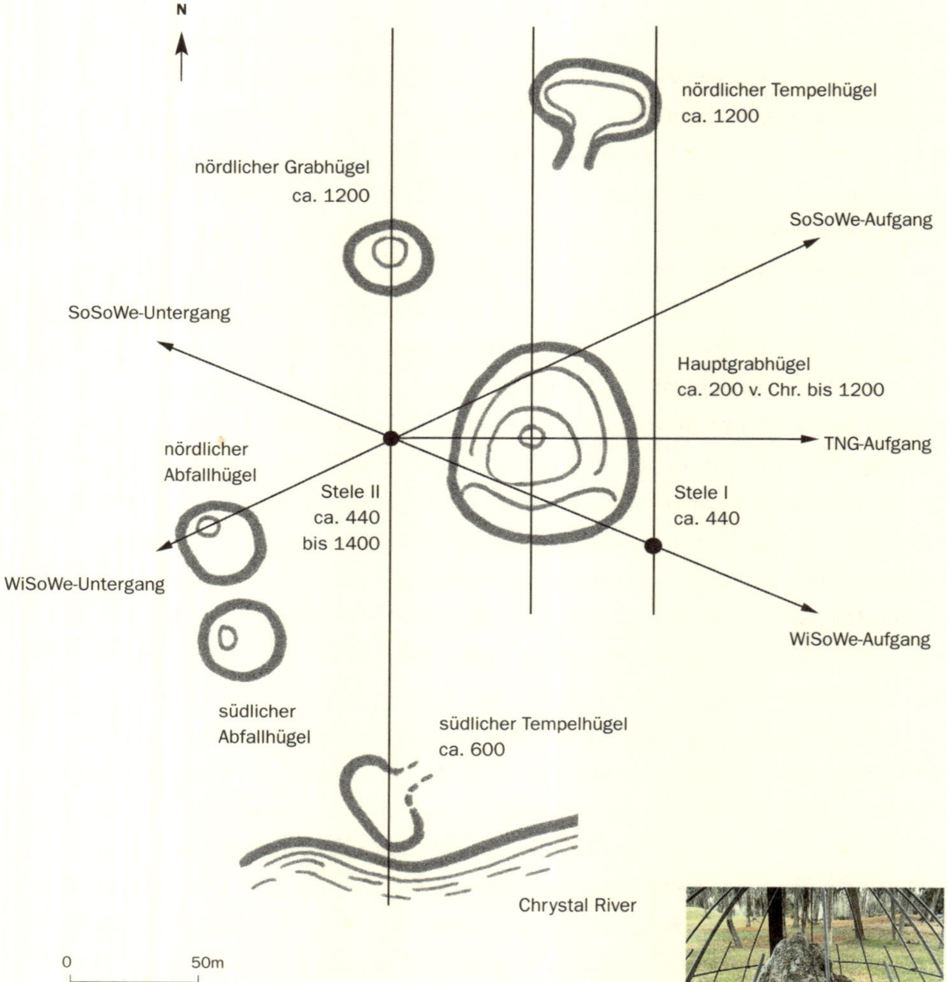

ABB. 49: Die Hügelanlage von Crystal River an der Westküste Floridas und ihre geometrische und astronomische Ausrichtung.

ABB. 50: Stele I von Crystal River mit Blick Richtung Untergangspunkt der Sommersonnwendsonne. In den Kalkstein wurde (hier nicht sichtbar) ein menschliches Gesicht eingeritzt.

aus beobachtet den 24. April und 20. August. Das ist der Zeitpunkt der Aussaat nach den letzten Frösten beziehungsweise das Datum eines heiligen Festes, das noch bis ins 20. Jahrhundert praktiziert wurde.

Anstelle von Holzpfählen sind anderswo in Verbindung mit Erdaufschüttungen steinerne Stelen – wie in Europa – verwendet worden. Ein Ort im Neu-England-Staat Vermont könnte astronomische Bezüge aufweisen. Besser untersucht ist die Hügelanlage von *Crystal River*. Sie gehört zu den am längsten kontinuierlich besiedelten Orten Floridas. Angelegt wurde sie im Verlauf von mehreren Jahrhunderten von Angehörigen der Deptford-Kultur (500 v. Chr. bis 300 n. Chr.), die Jäger, Fischer und Sammler mit wechselnden Wohnsitzen waren, als auch der sozial weitgehender strukturierten Weedon Island-Kultur (300–900) und der Safety-Harbor-Kultur (ab 900), die verstärkt Landwirtschaft betrieben. Der zentrale, 6 m hohe Grabhügel, den schon die Deptford-Leute zu errichten begannen, dürfte über tausend Bestattungen enthalten, 425 sind verbürgt; Kupferohrringe, die hier gefunden wurden, geben Hinweise auf ausgedehnte Handelsbeziehungen mit der Hopewell-Kultur am Ohio River sowie den Olmeken und Maya Mittelamerikas. Die 9 m hohen Tempelhügel aus Erde hatten je eine Rampe und dienten als Plattformen für Gebäude; der nördliche enthält ebenfalls Gräber. Die beiden Abfallhügel sind hauptsächlich aus Weichtierschalen und Nahrungsresten aufgeschüttet worden und haben wahrscheinlich Hütten getragen. Die verschiedenen Erbauer sind, so scheint es, streng nach Plan vorgegangen. Dabei wurden neben geometrischen Relationen auch astronomische Orientierungen berücksichtigt. Zwei 1 m hohe Stelen aus Kalkstein (ABB. 50) spielten dabei die entscheidende Rolle. Sie dürften um 440 so aufgerichtet worden sein, daß sie mit den Gipfeln zweier Hügel sowohl den Auf- und Untergangsort der Winter- und Sommersonnwendsonne als auch den Aufgangsort der Sonne bei den Tagundnachtgleichen anzeigen (ABB. 49).[9]

Mysteriöse Medizinräder

Sehr seltsame Gebilde mit teilweise astronomischen Funktionen finden sich auch auf hochgelegenen Plateaus, Hügeln und Berggipfeln mit ungehindertem Blick zum Horizont in den Prärien von North Dakota, Wyoming und den kanadischen Provinzen Alberta und Saskatchewan.[10] Neben vielen hunderttausend

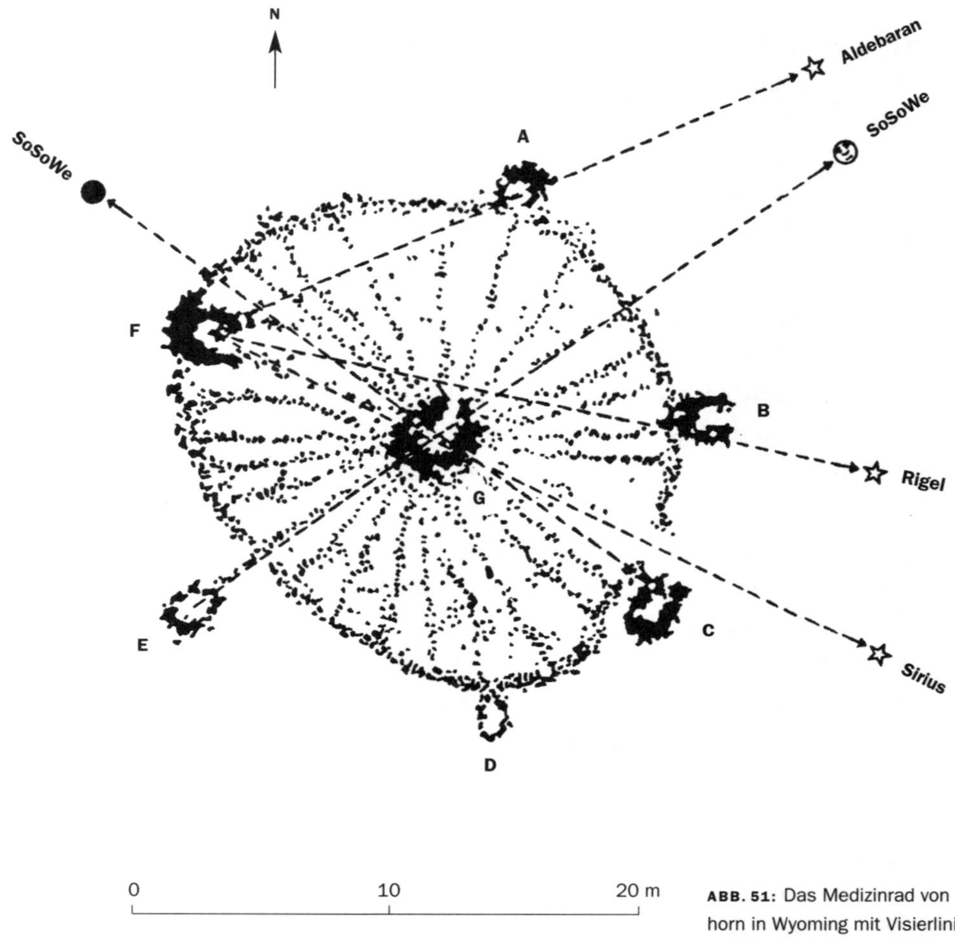

ABB. 51: Das Medizinrad von Bighorn in Wyoming mit Visierlinien zu Horizontpunkten der Sonne und von drei hellen Fixsternen.

2 bis 5 m großen Steinkreisen – Befestigungs- und Stützringe der Indianerzelte – sind nämlich rund 50 sogenannte Medizinräder bekannt. Tatsächlich erinnern die zwischen 6 und 100 m großen Steinaufschüttungen an Räder. Sie bestehen aus einem zentralen Haufen, mehreren bis vielen strahlenförmig davon weglaufenden „Speichen" und einem Außenkreis, der teilweise mit zusätzlichen

Steinanhäufungen versehen wurde. Bei mitunter 100 t bewegter Masse und mehr mußten die Prärie-Indianer schon triftige, und das heißt in erster Linie magisch-religiöse Gründe gehabt haben, um die Steine an den oft schwer zugänglichen Orten zusammenzutragen.

Mit am besten untersucht ist das *Bighorn Medicine Wheel* auf dem Medicine Mountain in den Bighorn Mountains in Wyoming (ABB. 51). Es liegt in 3200 m Höhe auf einer Bergschulter, hat einen Durchmesser von etwa 30 m, 28 Speichen und einen zentralen sowie sechs periphere Steinhaufen, die vielleicht als Stützen von Visierpfosten dienten. (Unter der Steinanhäufung in der Mitte entdeckte man ein konisches Loch.) Einige der imaginären Linien durch die Steinhaufen erwiesen sich nun als astronomisch signifikant. Zwei zeigten auf die auf und untergehende Sommersonnwendsonne, drei – und zwar von einem einzigen Haufen ausgehend, so daß dies wohl kein Hineininterpretieren der Forscher ist – auf die Aufgangspunkte von drei der hellsten Fixsterne: Aldebaran, Rigel und Sirius (vielleicht zusätzlich noch Formalhaut). Sie gehen im Sommer – und nur in dieser Jahreszeit ist der Berg überhaupt frei von Schnee – kurz vor der Sonne auf und eignen sich deshalb ebenfalls gut zur Sommersonnwenden-Bestimmung. Zwischen 1400 und 1700 zeigte Aldebarans heliakischer Aufgang den Tag der Sommersonnwende an, 28 Tage später folgte Rigel heliakisch, nach weiteren 28 Tagen Sirius, und dann war witterungsbedingt die Zeit für Beobachtungen vorüber. Da das Alter des Medizinrades nur ungenau zu schätzen ist – es wurde wohl irgendwann zwischen 1200 und 1700 errichtet –, die Sternpositionen sich aber infolge der Präzession der Erdachse verschieben, sind gewisse Unsicherheiten der Aussage bislang nicht zu verringern. 28 ist auch die Zahl der Speichen des Medizinrades, sie dienten möglicherweise zum Abzählen der Tage. Es scheint sehr wahrscheinlich, daß das Bighorn Medicine Wheel ein heiliger Ort und astronomischer Außenposten von indianischen Medizinmännern oder Priestern war, die damit (unter anderem) kalendarische Bestimmungen durchführten.

Dieselbe Funktion hatte wohl das *Moose Mountain Medicine Wheel* im Südosten Saskatchewans. Es besteht zwar aus einem viel größeren Haufen im Zentrum und unmittelbar darum einem Oval aus Steinen und nur fünf, aber doppelt so langen Speichen. Doch es hat eine ähnliche Geometrie wie das Bighorn Medizinrad und markiert ebenso den Aufgangsort der Sommersolstitium-Sonne (nicht aber ihren Untergang) und die Aufgangsorte der erwähnten drei Fixsterne sowie möglicherweise ebenfalls von Formalhaut. Aber diese Ausrichtung war nur gegeben, wenn die Stätte viel früher errichtet worden ist, weil die Präzession die Sternpositionen schon stärker verändert hat. Tatsächlich ergab eine Radiocarbon-Datierung von Holzresten, daß dieses Medizinrad rund 1000 Jahre vor Bighorn errichtet worden ist.

Von einem zur Sommersonnwende hin orientierten, eher an einen sechsstrahligen Stern erinnerndes *„Medizinrad“* bei *Fort Smith* in Montana abgesehen, das schräg an einem Hügel gelegen ist, zeigen die anderen untersuchten Medizinräder allerdings keine astronomischen Visierlinien. Vielleicht überlebte eine grobe Orientierung zur Sonne bis in moderne Zeiten speziell in den Ausrichtungen der Wigwams mancher Prärie-Indianer, etwa der Pawnee, von denen auch Sternkarten aus Leder bekannt sind.

Die Bedeutung von astronomischen Kenntnissen: Kalender ...

Ein präzises astronomisches Wissen hatte für zahlreiche Stämme mitunter überlebenswichtige Bedeutung. Es ist erstaunlich, mit welch knappen Mitteln und natürlichen Ressourcen die Ackerbauern oft auskamen. In Gegenden mit minimalem Niederschlag und mit weit ins Frühjahr reichenden Frösten war es unabdingbar, über einen genauen Kalender zu verfügen, um die Saat nicht zu früh oder zu spät auszusäen, und um die Ernte einzubringen, bevor sie von der Sonne verbrannt wurde. Im Chaco Canyon betrug die Wachstumsperiode beispielsweise nur etwa 120 Tage, anderswo noch weniger, so daß die Aussaat auf eine Woche genau erfolgen mußte.

Da man nicht von vornherein wissen kann, wie lang ein Jahr dauert (und in einem präzisen Kalender auch Schalttage zu berücksichtigen wären), ist eine exakte Bestimmung und Verfolgung der Jahreszeiten nur über Solstitien und Äquinoktien möglich. Aufmerksame Beobachtungen über längere Zeit hinweg von einem Ort reichten dazu aber aus. Daraufhin erlaubten künstliche oder bereits natürlich vorhandene und dann oft mit Symbolen bezeichnete Visierlinien, die wichtigen Termine festzustellen, die auf das Alltagsleben so entscheidenden Einfluß hatten.

Aber auch eher nomadisch lebende Indianer wie anfangs die Navajo im Südwesten Nordamerikas oder verschiedene Stämme Kaliforniens und der Great Plains verfügten über gute astronomische Kenntnisse. Weil sie für genaue Sonnenbestimmungen teilweise zu kurz an einem Ort weilten, waren ihre Kalender häufig auf bestimmte Sterne und nicht die Sonne bezogen. Die im Lauf des Jahres wechselnden Auf- und Untergangszeiten markanter Sternkonstellationen, etwa des Großen Wagens und der Plejaden, wurden nicht nur zur räumlichen Orientierung, sondern auch als Anzeiger der Jahres- und Nachtzeit verwendet. Beginn und Ende der Aussaat und Ernte sowie bestimmter Feste konnten mit ihrer Hilfe festgelegt werden. Die Plejaden wurden von den Zuni in New Mexico sogar direkt als „Samen/Saatgut" bezeichnet. Die Navajo orientierten sich auch nach dem Licht- und Schatten-Verhältnis in ihren Canyons. Neben unzähligen Petroglyphen und Pictographen haben sie in New Mexico und Arizona seit etwa 1700 auch viele Dutzend sogenannter *Sterndecken* mit einigen Dutzend bis 100 Sternen hinterlassen. „Planetarien" waren dies wohl kaum, denn oft sind die Sterne wahllos und nicht den realen Konstellationen entsprechend aufgemalt worden. Da die Navajos glauben, die Gestirne trügen den Himmel, könnten sie die Sterne an überhängende Felsvorsprünge und Höhlendecken gemalt haben (manchmal in 20 m Höhe), um deren Einsturz zu verhindern.

... und Vorhersagen von Finsternissen

Am 29. Februar 1504 machte Christoph Kolumbus den Eingeborenen von Jamaika eine düstere Prophezeiung. Auf seiner vierten Reise war er vor der Küste im Sturm gestrandet. Die Nahrung ging zu Ende, die Schiffe waren beschädigt, die Mannschaft begann zu meutern oder hatte sich mit Hilfe von Kanus bereits abgesetzt, die von den – zunächst gastfreundlichen – Indianern gestohlen wurden. Und von den Eingeborenen drohte nun ein tödlicher Angriff. Da kommt dem 53jährigen Admiral ein grandioser Zufall zu Hilfe: Kolumbus führte zu Navigationszwecken die Tabellen des deutschen Astronomen Johannes Müller mit, der nach dem latinisierten Namen seines Heimatortes Königsberg in Franken Regiomontanus genannt wurde. Er war bereits 28 Jahre tot, aber sein astronomisches Werk, das den Stand der Gestirne von 1475 bis 1506 beschrieb, wurde noch immer zur Orientierung auf See benutzt. Und darin findet Kolumbus die Voraussage einer Mondfinsternis. Er droht nun den Eingeborenen, sein Gott würde ihren Mond verschlingen, wenn sie ihm, Kolumbus, nicht zu Diensten wären. Zunächst schenken sie ihm keinen Glauben, aber bald darauf beginnt sich tatsächlich ein Schatten über den Vollmond zu schieben. In düsterem Kupferrot steht er am Himmel. Da lenken die Indianer voller Bangen ein und versprechen Kolumbus ihre Hilfe. Dieser erklärt, er wolle ein gutes Wort für sie einlegen und zieht sich zurück. Tatsächlich kommt der Mond wieder zum Vorschein, und die Eingeborenen überbieten sich gegenseitig mit Geschenken und Speisen für die Fremden. Die Gefahr war gebannt, und alsbald brachte ein spanisches Schiff die Rettung.

Mit Hilfe der Fähigkeit, Finsternisse vorauszusagen, kann man sich also zum vorgeblichen Herrn oder Vertrauten kosmischer Phänomene stilisieren und sich somit zweifellos große Autorität verschaffen. Dies könnte auch bei verschiedenen Indianervölkern eine wichtige Rolle gespielt haben.[11] Personen mit einer solchen Fähigkeit gelangten in Verbindung mit religiösen Zeremonien und dem Erzählen von Mythen und Legenden zu Wertschätzung und Macht. Als Priester und Medizinmänner hatten ihre Worte und Rituale auch in anderen Kontexten Gültigkeit, etwa in den Fragen des Stammeslebens oder bei der Heilung von Kranken. Placebo-Effekte, selektive Aufmerksamkeit und sich selbst erfüllende Prophezeiungen mochten hier oft unterstützend mitwirken. Es ist also durchaus möglich, daß astronomische Kenntnisse von Priestern für deren eigenen Status und darüber hinaus für das ganze kulturelle Gefüge der entsprechenden Indianerstämme von großer Bedeutung waren – nicht nur für die Errichtung oder Orientierung von Gebäuden, sondern für weitreichende Aspekte der sozialen Organisation. Da sicherlich nur wenige eingeweiht waren, und es dazu auch einer längeren Ausbildungszeit bedurfte, konnte das Wissen bei kulturellen Krisen und Niedergängen rasch wieder verlorengehen oder nur noch in Form von nicht mehr verständlichen Praktiken bewahrt bleiben.

Unbestritten ist, daß zumindest einige vorkolumbische Völker, insbesondere die Maya, Mondfinsternisse voraussagen konnten. Dies ist gar nicht so schwierig, wenn man über bestimmte Faustregeln verfügt. Beispielsweise besteht eine Chance von 56 beziehungsweise 11 Prozent, am sechsten beziehungsweise zwölften Vollmond nach einer Mondfinsternis eine weitere zu beobachten.

Noch größer ist die Wahrscheinlichkeit an Tagen, an denen die Ausrichtung der Schatten beim Sonnenuntergang knapp links am Ort des aufgehenden Mondes vorbeizielt. Solche Regeln funktionieren, ohne daß man wissen müßte, warum. Sie setzen nicht einmal ein heliozentrisches Weltbild voraus (die Voraussage von Sonnenfinsternissen ist allerdings viel schwieriger).

Solstitien könnten nun über kalendarische Zwecke hinaus auch für die Bestimmung von Mondfinsternissen von Bedeutung gewesen sein. Es gibt nämlich eine einfache Faustregel: Wenn der Abstand des aufgehenden Mondes von der Sichtlinie zur nächstgelegenen Sonnwende so groß ist wie der des Sonnenaufgangs zuvor zur konträren Sonnwende, dann kommt es zu einer Mondfinsternis. Dies ist also beispielsweise der Fall, wenn vom Beobachter aus der Winkel zwischen dem Aufgangsort der heutigen Sonne und dem der Wintersonnwendsonne den gleichen Betrag hat wie der Winkel zwischen dem heutigen Aufgangsort des Mondes und dem Untergangsort der Sommersonnwendsonne. Dabei ist es nicht nötig, den Winkel zu messen. Es reicht auch, den scheinbaren Abstand der Auf- und Untergangsorte zu vergleichen. Das kann beispielsweise mit Hilfe einer Perlenkette geschehen, die man in den Händen hält, wobei die Arme auf die jeweiligen Punkte ausgerichtet werden und die Anzahl der Perlen als Längenmaß dient. Es kann auch mit einem Stock als Meßlatte geschehen sowie drei Pfosten zur Markierung der beiden Solstitien und des Referenzpunkts, von dem aus die aktuellen Positionen von Sonne beziehungsweise Mond fixiert werden.

Sie tanzen im Himmel – Sternenmythen nordamerikanischer Indianer

Die indianische Mythologie und Folklore ist reich an Geschichten über die Natur und die Bezüge der Menschen zu dieser. Das Leben in Harmonie und Gleichgewicht mit ihr ist ein ständig wiederkehrendes Motiv. Gut zu leben setzt voraus, die Natur, deren Bestandteil man ist, zu kennen und ihre Regeln zu beachten. Dabei spielen auch die Sterne, die oft personifiziert wurden, eine wichtige Rolle, wie zahlreiche indianische Erzählungen deutlich machen.[12] Die Terme Mythen und Mythologie sind abendländische Kategorien, die Indianer sprechen von Traditionen, Geschichten und heiligen Erzählungen, die nicht fiktiv aufgefaßt werden, sondern als wahre Aussagen über die Ereignisse und mögliche moralische Konsequenzen.

In der mythischen Vorzeit, als die Tiere noch sprechen konnten und Menschen sich in Tiere verwandelten und umgekehrt, stiegen viele Personen zu den Sternen empor, und Himmelswesen kamen zur Erde herab.

Die Pawnee glaubten, die Gründer ihrer Dörfer stammten von den Sternen ab. In einer Schöpfungsgeschichte der Pima schuf ein Erdenschamane die Sterne aus einem Spritzer Wasser. Und für die kalifornischen Juaneño wurden die Toten zu Sternen. Außerdem waren die Gestirne auch direkt handlungsleitend. Die Skidi, eine Pawnee-Gruppe in Nebraska, sahen in dem Planeten Mars,wie die Griechen und Römer in der Antike, einen Kriegsgott, unter dessen Antlitz sie Raubzüge unternahmen. Für manche Zuni ist die Venus noch heute ein himmlischer Krieger, und Symbole, die im Norden New Mexicos zwischen 1350 und 1525 n. Chr. von den Tewa-Indianern in dunkle Felsen eingeritzt worden sind, werden als Kriegszauber interpretiert, die den Morgenstern in Waffen und Federschmuck zeigen. [13]

Solche Mythen hatten also nicht nur unterhaltende Funktion, insbesondere an langen Winterabenden, sondern dienten auch als didaktisches Mittel, zur moralischen Erziehung und für den sozialen Zusammenhalt. Darüber hinaus versuchte man mit ihnen, bestimmte Phänomene der Natur zu beschreiben beziehungsweise zu erklären. (Mitunter bestehen sogar überraschende Ähnlichkeiten mit den Themen abendländischer Mythen, etwa der Büchse der Pandora oder Orpheus und Eurydike; andere Motive wie Sintflut oder Sprachverwirrung kommen in Amerika ebenfalls vor.)

Nach den Überlieferungen der Navajo hat der schwarze Gott einst Stern für Stern an den Himmel gesetzt, um ihn zu verschönern, und zu Bildern geordnet, denen sie Namen gaben. Doch dann kam Kojote und verschüttete den Beutel mit den Kristallen über den Himmel. Deswegen gibt es ein so unübersichtliches Gewimmel vieler namenloser Sterne. Von den Cochiti stammt eine zweite Erklärung. Dieser zufolge war der Himmel nach der Sintflut, als die Menschen aus der Unterwelt auf die Erde kamen, schwarz und leer. Urmutter gab einem kleinen Mädchen namens Kotcimanyako einen Beutel auf die Reise, den sie aber nicht öffnen durfte. Doch ihre Neugier war stärker, und als sie hineinsah, sprangen die Sterne heraus und zerstreuten sich wahllos. Nur wenige konnte sie zurückhalten, die die Alten dann als Sternbilder geordnet an den Himmel setzten.

Besonders die *Plejaden* (das Siebengestirn) sind von vielen nordamerikanischen Indianern in ihren Mythen behandelt worden. Dies liegt wohl daran, daß dieser Sternhaufen, obwohl relativ lichtschwach, leicht zu erkennen ist und eine große kalendarische Bedeutung hat. Auch spielt die Zahl Sieben in den Mythologien eine wichtige Rolle, weil gerade so viele Richtungen ausgezeichnet wurden (Nord, Süd, West, Ost, oben, unten, Zentrum). Häufig kommen die Motive Tanz, Strafe oder Flucht in den Erzählungen vor. Die Onondaga, ein Irokesenstamm im heutigen Staat New York, sehen in den Plejaden Kinder, die zum Himmel aufsteigen mußten, weil ihnen Tanz und Spiel wichtiger als das Essen waren. Dies kann auch als Strafe für die Eltern gedeutet werden, die sie vernachlässigt haben. Bei den Cherokee, die aus South Carolina und Georgia stammen, steht das Siebengestirn ebenfalls für Kinder, die geflohen sind, weil ihnen ihre Mütter das übermäßige Spielen verboten haben. Die Luiseño, die nördlich des heutigen San Diego leb(t)en, berichten von sieben Schwestern, die von einem heiratswütigen Kojoten verfolgt wurden und an einem Seil ins Himmelsland kletterten. Sie kappten es, bevor der Kojote sie erreichte, und wurden zu Sternen; er aber fiel herab und folgt ihnen seither als roter Stern am Himmel (den wir Aldebaran nennen). Die Skidi halten die Plejaden dagegen für eine junge Frau sowie sechs Brüder, die sie im Himmelsland aufgenommen haben, nachdem sie einen rollenden Schädel zerschlugen, der die Frau verfolgt hatte. Und die Monache-Indianer in Zentralkalifornien sehen im Siebengestirn sechs Frauen mit einem Baby. Diese wurden von ihren Ehemännern vertrieben, weil sie es nicht lassen konnten, wilde Zwiebeln zu essen. Deren Gestank stieß die Männer nicht nur ab, sondern haftete ihnen auch an und führte deshalb zu Mißerfolgen bei der Jagd. Als die Frauen sich in den Himmel erhoben, wollten die Männer sie zurück. So folgten sie ihnen und wurden selbst zu einem Sternbild (das wir Stier nennen, und das nach den Plejaden aufgeht).

Auch das Sternbild *Großer Bär* und insbesondere die sieben hellsten Sterne, die in Deutschland Großer Wagen, in den USA „Big Dipper" (Große Schöpfkelle) heißen, ist in zahlreichen nordamerikanischen Mythen erwähnt. Es überrascht, daß hier zuweilen ebenfalls ein Bär erblickt wurde, etwa von den Micmac im Nordosten, den Blackfoot im Nordwesten, den Cherokee, den Zuni sowie manchen Eskimos. Es gibt jedoch auch andere Interpretationen. Die Alabama-Indianer im Südosten sehen im Großen Wagen zwei Kanus, die Assiniboin aus der kanadischen Provinz Saskatchewan dagegen sieben Brüder, die sich in Sterne verwandelt haben, weil sie so am angenehmsten leben konnten. Für die Snohomish an der Ostküste stellt der Große

Wagen vier Hirsche dar, die von drei Jägern verfolgt werden. Sie blieben am Himmel, weil sie dort waren, als er von allen Lebewesen gemeinsam in die Höhe gedrückt wurde – der Himmel soll im Osten nämlich einst so niedrig gewesen sein, daß man sich den Kopf an ihm stieß. Die Chumash aus Südkalifornien berichten von sieben Buben, die von ihren Müttern vernachlässigt wurden und sich schließlich in Gänse verwandelt haben. Ihre Mütter sind dann zu den Plejaden geworden. Das Siebengestirn ist mit dem Großen Bären auch in einer Geschichte der Kiowas verknüpft: Acht Geschwister, sieben Mädchen und ein Junge, spielten einst gemeinsam. Da verwandelte sich der Junge in einen Bär, der die Mädchen fressen wollte. In ihrer Not kletterten sie auf einen Baum. Der kam ihnen zu Hilfe und wuchs und wuchs. Der Bär riß mit seinen Tatzen tiefe Furchen in die Rinde, erreichte die Mädchen jedoch nicht. Als Plejaden und Großer Bär sind die Geschwister nun am Sternenhimmel verewigt. Die Reste des Baumes aber, „Mateo Tipi“ (Bärenwohnung) genannt, stehen noch heute als Lavaberg („Devils Tower") in Wyoming.

Daß die Sterne um einen imaginären Pol kreisen, ist den amerikanischen Ureinwohnern seit langem bekannt. Auch den *Polarstern* haben sie als ruhendes Zentrum ausgemacht (die Cumash nannten ihn Himmels-Kojote). Nach einem Mythos der Blackfoot hat es folgende Bewandtnis mit ihm: Einst wollte ein Mädchen den Morgenstern heiraten. Der kam auch und nahm sie mit ins Himmelsland. Dort durfte sie alles tun, nur nicht eine bestimmte Rübe ausgraben. Aber schließlich siegte ihre Neugier über das Verbot. Zur Strafe mußte sie auf die Erde zurück. Wenigstens durfte sie ihren Jungen mitnehmen, den sie inzwischen geboren hatte, falls sie diesen zwei Wochen lang nicht den Boden berühren ließ. Doch am vierzehnten Tag krabbelte der Junge aus seinem Sack. Darauf verwandelte er sich in einen Pilz, flog zum Himmel und setzte sich als Stern in das Loch, in dem einst die Rübe gesteckt hatte. Deshalb bewegt er sich nicht und wird von den Blackfoot als Fester Stern bezeichnet.

Auch das Erscheinungsbild der *Milchstraße* verlangte nach einer Erklärung. Häufig war sie der Pfad der Geister und Toten, zum Beispiel für die Luiseño: Für sie beginnt der Weg mit dem Aufgang des Antares im Sternbild Skorpion. Die Cumash sahen in der Milchstraße die Reise der Piñon-Sammler (weil diese Nüsse innen auch weiß sind), die Cherokee die Spur von Kornmehl, das ein Hund auf der Flucht verstreut hat.

Vom Ursprung der Welt handeln zahlreiche Schöpfungsmythen. In weiten Teilen Nordamerikas ist eine völlig mit Wasser bedeckte Erde der Ausgangspunkt. Die kalifornischen Yuchi glaubten zum Beispiel, ein Krebs habe Schlamm vom Meeresgrund emporgebracht und so das Land geschaffen, ein Bussard habe es mit seinen Schwingen getrocknet, und T-cho, die Sonne, habe es erhellt. Als ein Blutstropfen von ihr auf die Erde fiel, entstanden daraus die Menschen. Auch bei den Huronen, Irokesen, Delaware und Shawnee gab es zunächst nur Wasser. Dann fiel eine Göttin vom Himmel. Zwei Haubentaucher fingen sie auf und bewahrten sie zusammen mit einer Schildkröte vor dem Ertrinken. Um ihr das Leben zu ermöglichen, holten die Tiere Erde vom Meeresboden und verteilten sie um den Panzer der Schildkröte, die das Festland auch heute noch hält. Dagegen herrscht im Südwesten Nordamerikas, aber beispielsweise auch bei den Mandan in den Plains, die Auffassung vor, die Menschen seien aus der Unterwelt gekommen (oder sogar aus vier oder fünf, eine über der anderen), in die bei manchen Völkern die Toten zurückkehren. Für die Tohono O'odham in Arizona formte dagegen der Erdenschöpfer den ganzen Globus aus einem kleinen Ball Lehm. Er tanzte darauf, bis er sich auszudehnen begann, dann schuf er zusammen mit I'toi und dem Kojoten die Menschen. In Südkalifornien gibt es dagegen die Vorstellung, daß das erste Wesen eine Spinne war, die die Erde gesponnen hat. Die Shastika-Indianer Kaliforniens glaubten, daß Old Mole (id-i-dok), ein riesiger Maulwurf, die Welt wie einen Maulwurfshaufen aus dem Nichts ins Dasein gehoben hat. Die Pitt River-Indianer führten dagegen alles auf Kojote zurück, der die Welt aus der Leere gekratzt habe. Kojote spielt auch in vielen Mythen anderer nordamerikanischer Völker eine prominente Rolle, beim Plateau-Volk Coeur d'Alene war er einst sogar der Mond, wurde von den Menschen aber wieder abgesetzt, weil er alle ihre Geheimnisse gesehen und verraten hatte. Bei vielen Stämmen haben zwe Menschen einen entscheidenden Anteil an der Gestaltung der Welt. Es sind Zwillingsbrüder, Schwestern, Frau und Mann (die bei den Navajo aus Mais entstanden), Vater und Sohn oder Onkel und Neffe. Zuweilen waren Gut und Böse in ihnen personifiziert. Andere Vorstellungen sind abstrakter. Bei den Ute gab es zu Beginn nur den blauen Himmel, Wolken, Sonnenschein und Regen. Vor lauter Einsamkeit bohrte der Große Geist dann ein Loch durch den Himmel und schaute in das Nichts darunter. Dann warf er Schnee und Regen, Erde und Stein hindurch und erschuf so die Berge, bepflanzte sie und ließ die Sonne durch das Loch scheinen. Daraufhin schmolz der Schnee, und die Meere und Seen entstanden. Manche Völker nahmen als ersten Zustand eine unermeßliche Leere und Finsternis an, zum Beispiel die Jicarilla-Apachen, die den Ursprung der Strukturen Schöpfungsgestaltern zuschreiben, den Hakzin. Bei den Hopi gibt es die Vorstellung, der unendliche Schöpfer Taiowa habe sich das Endliche erdacht und die zeitlose Leere mit Leben erfüllt. Auch in einer Schöpfungsgeschichte der Zuni herrschte zunächst eine Leere, die Awonawilona mit Nebel aus dem Atem seines Herzens erfüllte. Dann verwandelte er sich in die Sonne. Der Nebel verdichtete sich, wurde zu Regen und bildete die Wasserwelt. Aus seinem Fleisch formte Awonawilona Mutter Erde und Vater Himmel, die dann die vier Unterwelten im Bauch der Erde zeugten. Andere Indianerstämme glauben ebenfalls an eine unsichtbare Schöpfungsmacht, welche die Algonkin zum Beispiel Gitche Manitou (Großer Geist), die Apachen Unsen (Lebensspender), die Cheyenne Maheo, die Dakota Wakan Tanka (Großes Rätsel), die Keresan Sus-sustinako (Denkende Frau) und die Winebago Erdenmacher nennen. Inwiefern manche Mythen, als sie notiert wurden, bereits von religiösen Vorstellungen der Weißen infiltriert oder verändert worden sind, läßt sich allerdings kaum noch feststellen.

Felsbilder der Supernova

Leben und Weltbild der amerikanischen Ureinwohner waren von der Wiederkehr des Gleichen geprägt. Aber mindestens ein herausstechendes Ereignis scheint diesen Kreislauf durchbrochen zu haben. Möglicherweise war es so bedeutend, daß es von einigen Stämmen aufgezeichnet worden ist.

Am 4. Juli 1054 beobachteten chinesische, japanische und arabische Gelehrte das Auftauchen eines neuen Sterns. Heute wissen wir, daß es die Explosion eines sehr alten Sterns war, dessen Trümmer mit dem 3400 Lichtjahre entfernten Krabben-Nebel (M1) im Sternbild Stier identifiziert worden sind. Diese Supernova, die drei Wochen lang am Taghimmel und beinahe zwei Jahre lang nachts zu beobachten war, konnte auch von Nordamerika aus erblickt werden. Berechnungen ergaben, daß sie am Morgen des 5. Juli nahe des nordöstlichen Horizonts östlich dicht unterhalb der schmalen Sichel des zunehmenden Mondes zu sehen war. Und tatsächlich sind im Südwesten der USA, in New Mexico (auch im Chaco Canyon), in Texas, Arizona, Kalifornien, Utah und Nevada, mehr als ein Dutzend Felsbilder gefunden worden, die eine Mondsichel zeigen und einen Stern bei einer ihrer Spitzen (ABB. 52). Doch ob sie auch das richtige Alter haben (und nicht schon früher oder erst viel später geschaffen wurden), ist ungewiß.[14] Kritiker wandten zudem ein, daß die Indianer damals gar nicht an singulären Ereignissen interessiert gewesen seien (was freilich auch nicht zu beweisen ist) und daß der Stern die Venus oder einen anderen Planeten darstellen könnte.[15] So muß offen bleiben, ob die verschiedenen Indianerstämme diese eindrucksvolle Himmelserscheinung wirklich aufgezeichnet hatten; übersehen konnten sie sie sicherlich nicht. Und am Ort der Felsbilder hatten sie einen guten Ausblick nach Nordosten.

Kürzlich wurde eine weitere Darstellung gefunden, die von der Supernova inspiriert worden sein könnte. Sie befindet sich auf einer 18 cm großen Grabschale der ausgestorbenen Mimbres-Indianer aus dem Süden New Mexicos (**ABB. 53**).[16] Sie zeigt die stilisierte Figur eines Hasen und dürfte zwischen 1000 und 1070 hergestellt worden sein. Der Hase repräsentiert bei den meisten Indianerstämmen den Mond, weil sie seine Gestalt auf der Oberfläche des Erdtrabanten sahen (andere Schalen mit Hasenabbildungen könnten Mondfinsternisse symbolisieren). Bei einem der Füße des Hasen ist ein Stern mit 23 Strahlen zu erkennen. Möglicherweise ist die Supernova von den Indianern 23 Tage lang beobachtet worden.

ABB. 52: Supernova-Pictograph unter einem Felsüberhang in der Nähe des Pueblos Peñasco Blanco im Westen des Chaco Canyon.

ABB. 53: Grabschale der Mimbres-Indianer aus New Mexico. Beim Fuß des Hasen, der den Mond symbolisiert, ist ein Stern, der die Supernova von 1054 darstellen könnte.

Theoretisch könnten südamerikanische Ureinwohner ebenfalls eine Supernova erblickt haben, die sich vor 6 000 bis 11 000 Jahren im Sternbild Vela ereignet hat. Vielleicht ist sie auf einer Felszeichnung in den bolivischen Anden nahe beim Quellgebiet des Amazonas dargestellt. Zu sehen sind vier kleine, kreuzförmig verbundene Kreise (das Sternbild ‚falsches Kreuz'?) und zwei größere mit Strahlen, die für Canopus und die Vela-Supernova stehen könnten. Ohne genauere Indizien, insbesondere eine gute Datierung, ist dies freilich reine Spekulation.

Zyklen und Harmonie – das Leben mit dem Himmel

Zusammenfassend läßt sich festhalten, daß die unterschiedlichsten Indianerkulturen der vor- und soweit noch möglich auch nachkolumbischen Zeit über ein vielfältiges, zum Teil erstaunliches astronomisches Wissen verfügten. Zwar führte es anscheinend nirgends zu einem rationalistisch-mechanistischen Weltbild, wie es in der Renaissance (nach Vorbereitungen in der griechischen Antike) in Europa entstanden war. Doch hatten sich viele Kulturen bereits von einer rein mythisch-animistischen Weltauffassung gelöst, ohne deren Elemente freilich ganz zu verlieren. Denn die Natur galt, pauschal und grob vereinfacht gesagt, durchaus noch als beseelt beziehungsweise von Lebenskräften durchwirkt. Ihre Erscheinungen wurden als eng miteinander verflochten begriffen, als ein unauflösbares Ganzes [17] – soweit sich das aus Berichten der ersten Europäer und den bis ins 19. und 20. Jahrhundert tradierten kosmologischen Mythen und Bräuchen erschließen läßt.

In diese Weltauffassung integriert waren auch die astronomischen Kenntnisse. Bei den Hopi und Zuni zum Beispiel besitzen die Solstitien, die als Sommer- und Winterhaus (beziehungsweise Kiva) der Sonne bezeichnet werden, bis heute eine wichtige rituelle Bedeutung. Sie bestimmen den Zeitpunkt religiöser Feste und strukturieren das Leben im Jahreslauf. Noch immer werden die Sonnwenden deshalb von ausgewählten Männern bestimmt, die zu den angesehensten und einflußreichsten in der Pueblo-Gemeinschaft gehören.[18] Die Astronomie der Indianer kann also nicht auf die wissenschaftlichen Aspekte im abendländischen Sinn reduziert werden, sondern war und ist eine Astroreligion oder Kosmomagie, deren Ausübung sich aus der indianischen Lebenswelt nicht wegdenken läßt. Die Festverläufe und geographischen Ausrichtungen von Gebäuden waren Ausdruck und Bestreben einer zeitlichen wie räumlichen Harmonisierung von Mensch und Kosmos. Und religiöse Bauwerke hatten nicht selten auch den Charakter astronomischer Symbole. Bei den Acoma-Leuten repräsentieren die runden Wände der Kivas beispielsweise noch heute das Himmelsgewölbe, und das hölzerne Dach steht für die Milchstraße. Generell erscheinen die Kivas der Pueblo-Indianer als die zu Stein gewordenen kosmologischen und kosmogonischen Auffassungen ihrer Erbauer, was in der Orientierung nach den Himmelsrichtungen und den Sipapus zum Ausdruck kommt (den Löchern im Boden, die den Ort symbolisieren, von dem aus die Ahnen aus den Unterwelten einst auf die Erde emporgestiegen waren). So verbinden sich Himmel und Erde, Vergangenheit und Gegenwart.

Obwohl in der Regel wohl nur ausgewählte Personengruppen ein tieferes Wissen besaßen, ist kaum zu bezweifeln, daß die unmittelbare Erfahrung vom Lauf der Gestirne bei den amerikanischen Ureinwohnern ungleich reichhaltiger war als bei der heutigen durchschnittlichen Großstadtbevölkerung, die oft kaum mehr ein Sternbild kennt, geschweige denn die Milchstraße durch den Licht- und Abgasdunst zu erblicken vermag. Die Indianer lebten intensiver mit und in der Natur – und als Jäger und Sammler, Viehzüchter und Ackerbauern auch in direkter Abhängigkeit von ihr. An himmlischen Ereignissen herrschte schon deshalb ein existentielles Interesse, weil von dort Licht, Wärme und Regen kamen. Jahreszählung und Geschichtsschreibung gab es allerdings kaum; selbst die Maya hatten eine zyklische Zeitvorstellung, die das Leben der Indianer wohl insgesamt beherrschte. Der gestirnte Himmel über ihnen war in seiner Ordnung und zumindest partiellen Voraussagbarkeit das Prinzip des Guten (und der Götter) im Gegensatz zu den bösen und chaotischen Elementen auf der Erde. So versuchten sie, in Einklang und Verbundenheit zu leben mit der scheinbar ewigen Wiederkehr des Gleichen am Firmament.

* * *

Zur Einführung empfohlen (zu einer ersten Vertiefung sind die Bücher von Drößler, Malville / Putnam und Williamson besonders geeignet):

Aveni, A. (Hrsg.): Archaeoastronomy in Pre-Columbian America. Austin 1975.

Aveni, A. (Hrsg.): Native American Astronomy. Austin 1977.

Aveni, A.: Skywatchers of Ancient Mexico. Austin 1980.

Aveni, A.: Archaeoastronomy in the New World. Cambridge 1981.

Aveni, A. (Hrsg.): World Archaeoastronomy. Cambridge 1989.

Aveni, A.: Empires of Time. New York, Tokyo, London 1995 [1989].

Aveni, A. (Hrsg.): The Sky in Mayan literature. Oxford 1992.

Aveni, A.: Stairways to the Stars. Chichester u. a. 1997.

Carlson, J.B., Judge, W.J. (Hrsg.).: Astronomy and Ceremony in the Prehistoric Southwest. Maxwell Museum of Anthropology, Anthropological Papers Nr. 2 (1983).

Carlson, J., Sacha, B.: Nat. Geographic 177, Nr. 3, S. 76 (1990).

Cornell, J.: Die ersten Astronomen. Basel, Boston, Stuttgart 1983 [1981].

Drößler, R.: Astronomie in Stein. Leipzig 1990.

Krupp, E.C. (Hrsg.): Archaeoastronomy and the Roots of Science. Washington 1984.

Krupp, E.C: Echoes of the Ancient Skies. Oxford 1995.

Krupp, E.C: Skywatchers, Shamans & Kings. New York u. a. 1997.

Malville, J.M., Putnam, C.: Prehistoric Astronomy in the Southwest. Boulder 1993.

McCoy, R.: Archaeoastronomy. Plateau Magazine of the Museum of Northern Arizona 63, Nr. 2. Flagstaff 1992.

Schlosser, W., Cierny, J.: Sterne und Steine. Darmstadt 1996.

Thurston, H.: Early Astronomy. New York u.a. 1994.

Vaas, R.: Naturwiss. Rdsch. 45, 295 (1992).

Walker, C. (Hrsg.): Astronomy Before the Telescope. New York 1997.

Williamson, R.A.: Living the Sky. Norman, London 1989 [1984].

Informationen über Astroarchäologie im Internet:

http://www. archaeologic.com/archaeoastronomy.htm

http://www. wam.umd.edu/~tlaloc/archastro/

http://indy4.fdl.cc.mn.us/~isk/stars/starmenu.html

Anmerkungen:

[1] *Vaas, R.:* Naturwiss. Rdsch. 46, 155 (1993). — [2]Vgl. *Müller, R.:* Naturwiss. Rdsch. 33, 273 (1980) u. *Krupp, E.C:* Sky & Telescope 91, Nr. 3, S. 59 (1996). — [3]Vgl. *Tichy, F.:* Die geordnete Welt indianischer Völker. Stuttgart 1991. — [4]Archaeology 46, Nr. 11/12, S. 24 (1993). — [5]Vgl. *Hetherington, N. S. (Hrsg.):* Encyclopedia of Cosmology. New York, London 1993, S. 427–435. — [6]*Schuster, W.:* AVA Beiträge 13, 193 (1993). — [7] Detailliertere Ausführungen der folgenden Methoden und Beispiele gibt *Calvin, W.H.:* How the shaman stole the moon. New York u. a. 1991, dt.: Wie der Schamane den Mond stahl. München, Wien 1996. — [8]*Krupp, E. C.:* Sky & Telescope 95 , Nr. 6, S. 86 (1997). — [9]*Hardman, C.:* Florida Anthropologist 24 (1971).

— [10]*Eddy, J.A.:* Nat. Geographic *151*, Nr.1, S.140 (1977). — [11]*Calvin, W.H.:* op. cit. — [12] Hierzu z.B. *Monroe, J.G., Williamson, R.A. (Hrsg.):* They Dance in the Sky. Boston 1987; s. auch *McLaskill, D. (Hrsg.):* Amerindian Cosmology. The Canadian J. of Native Studies 7, Nr. 2. Brandon, Edingburgh 1987 ; *Gill, S. D., Sullivan, I. F.:* Dictionary of Native American Mythology. Santa Barbara, Denver, Oxford 1992; *Hirschfelder, A., Molin, P.:* The Encyclopedia of native American religions. New York, Oxford 1992; *Miller, D. S.:* Stars of the First People. Boulder 1997; *Wehner, B.:* Sterne u. Weltraum spezial Nr. 2, S. 82 (1997) u. *Fasching, G.:* Sternbilder und ihre Mythen. Wien, New York 1998. — [13]*Krupp, E. C.:* Sky & Telescope 94, Nr. 1, S. 80 (1997). — [14]Radiocarbondatierungen zumindest von einer Darstellung im kalifornischen Lava Beds National Monument ergaben, daß diese einige Jahrhunderte jünger ist. *Armitage, R. A. u. a.:* Antiquity *71*, 715 (1997). – [15]*Krupp, E.C.:* Sky & Telescope *89*, Nr. 4, S. 60 (1995). — [16] *Vaas, R.:* Naturwiss. Rdsch. 44, 144 (1991). — [17] Zum soziokulturellen und philosophischen Hintergrund des Einheitsgedankens sowie der "Sehnsucht" und dem Streben nach einer solchen verlorengegangenen Einheit, wie sie auch in Mythen und Religionen zum Ausdruck kommt, s. *Vaas, R.* in *Krüger, M. (Hrsg.):* Einladung zur Verwandlung. München, Wien 1995, S. 219–260. — [18]Vgl. *Krupp, E. C.:* Sky & Telescope 93, Nr. 5, S. 66 (1997).

Reisetips	**Staat**	**Nahegelegene Orte und Zugangsstraßen**	**Bemerkungen**
Bighorn Medicine Wheel	Wyoming	Sheridan, *Interstate 90, US 14 (Alt)*	+, nur von Juni bis August (sonst Schnee)
Cahokia Mounds	Illinois	St. Louis, *Interstate 55/70*	+, B
Casa Grande	Arizona	Coolidge, *AZ 87*	+, B
Chaco Canyon	New Mexico	Bloomfield, *NM 44 u. 57* Gallup, *Interstate 40, NM 371, Indian 9, NM 57*	+, ++, B; NM 57 ist nicht geteert und mit normalem Auto nicht immer befahrbar
Chimney Rock	Colorado	Durango, *US 160, CO 151*	+/++, am besten vorher Informationen zu Führungen einholen; Tel. (303) 264 2268
Crystal River	Florida	Crystal River, *US 19*	+, B
Hovenweep	Utah	Blanding, *US 163, UT 262, County Road*	+, z. T. +++, B
Serpent Mound	Ohio	Portsmouth, *OH 73*	+, B

Erreichbarkeit: ohne Schwierigkeiten (+), mit einer kurzen Wanderung verbunden (++), nur mit Allrad-Fahrzeug oder Tageswanderung mit Rucksack und Zelt (+++); B = mit Besucherzentrum (Visitor Center)

8 Plastic Money Welcome: der schwierige Weg in die Zukunft

Mit dem Ende der Indianerkriege begann eine Phase der Akkulturation, deren erklärtes Ziel die Auslöschung indianischen Selbstbewußtseins war. Dennoch sollte es nicht zu einer Verschmelzung kommen, sondern zu einem langen und teilweise offen, teilweise im Verborgenen geführten Widerstand, wie er sich beispielsweise in der Besetzung von Alcatraz oder Wounded Knee äußerte. Besonders tiefgreifend war die Rückbesinnung auf die eigenen Wurzeln im Rahmen verschiedenster Denkrichtungen, sei es im Peyote-Kult oder auf Stammesebene. In jüngster Zeit scheint das zum Erfolg, also zur Anerkennung der Stämme als souveränen Gliedern des Staates, geführt zu haben.

Wenn es richtig ist, daß alles, was lebt, zum Leben berechtigt ist, und wenn sich das ebenso auf die Gesamtheit wie auf das Einzelwesen bezieht, so besitzt der Rote das Recht zu sein nicht weniger als der Weiße und darf wohl Anspruch erheben auf die Möglichkeit, sich in gesellschaftlicher, in staatlicher Beziehung nach seiner Eigenart zu entwickeln.

KARL MAY, „*Winnetou I*“ *(1893)*

Wie ein finsterer Buckel erhebt sich die Insel, abweisend und grau, in den kalten Gewässern der Bucht von San Francisco. Das kleine Boot, das uns nach Alcatraz bringen soll, schaukelt unter dem Ansturm der Wellen. Die Strömungen sind stark hier, und sie führen hinaus durch die Golden Gate auf das offene Meer. Früher, so habe ich gelesen, vor zehntausend Jahren, jener magischen Grenze zur Eiszeit, war die ganze Bucht ein Tal, und die Insel vor dem Bug ein Berg aus Sandstein. Die Legenden der Indianerstämme, der Miwok oder der Costano, berichten davon, was dann geschah: Ein mächtiges Erdbeben erschütterte das Tal, der Ozean brach ein und überflutete es.

Von dieser Zeit an erhielt der kleine Buckel, kaum zwei Kilometer von den Piers der heutigen Großstadt entfernt, seine Kappe aus Guano. Die massenhaft dort brütenden Seevögel, Kormorane und Pelikane vor allem, sorgten für den Namen: *isla de los alcatraces*. Die strategisch wichtige und doch abgeschlossene Lage der Insel forderte eine wechselhafte Geschichte geradezu heraus: Leuchtfeuer für die Schiffahrt, Festung, Militärgefängnis. Dann jene Zeit, die der Name bei uns unwillkürlich heraufbeschwört: das berüchtigte Gefängnis, in dessen Zellen Al Capone, „Machine Gun“ Kelly oder der „Birdman“ Robert F. Stroud ihre Strafen verbüßten. Über diese Zeit gibt es unzählige Mythen und Legenden, eine eher realistische Schilderung gab einer der Insassen, Roy Gardner, nach seiner Entlassung in einem Buch mit dem bezeichnenden Titel „Hellcatraz. Rock of Despair“.

Als wir anlegen, nach einer kurzen Überfahrt vom Pier 41 aus, nicht weit von den Verlockungen von Fisherman's Wharf entfernt, wird mir bewußt, wie treffend diese Bezeichnung ist. Die große Stadt mit ihren Menschen ist nicht weit entfernt. Stimmen, Lachen, Geräusche, all das trug über das Wasser und quälte die Häftlinge – denn es war völlig unerreichbar. Es ist daher nicht besonders erstaunlich, daß niemand ernsthaft mit einer Besetzung der Insel gerechnet hatte; wer sollte sich dort schon wohlfühlen können? Als am 21. März 1963 die letzten Gefangenen Alcatraz verließen, begann eine Diskussion um ihr weiteres Schicksal. Sollte ein Denkmal errichtet werden, ähnlich wie die Freiheitsstatue auf Ellis Island? Sollte man ein Spielkasino bauen, eine Art Wachs-Kriminalmuseum oder vielleicht ein Tierheim? Die Stimmung der Bevölkerung war jedoch gegen eine kommerzielle Nutzung.

Im Jahr 1969 wurde dann Alcatraz erneut zum Symbol, diesmal für die desillusionierten Ureinwohner Nordamerikas. Schon zwei Jahre nach der Schließung besetzten fünf indianische Aktivisten die Insel zum ersten Mal, wobei sie sich auf einen 1868 mit der Nation der Sioux geschlossenen Vertrag beriefen, wonach ungenutzte Länder in Bundeseigentum den Indianern zurückzugeben seien. Nun hatten auch die Indianer Vorschläge zur weiteren Verwendung der Insel, ein Kulturzentrum und eine indianische Universität sollten dort entstehen. Nach einem vergeblichen Versuch gelang es dann am 20. November 1969 rund 90 Personen unter Führung des Aktivisten Richard Oakes, sich auf der Insel zu verschanzen. Sie waren durchaus bereit, die Besetzung rechtmäßig zu machen. In Erinnerung an den Kauf einer anderen Insel boten sie 24 Dollar, zahlbar in Glasperlen und rotem Stoff: „Wir wissen, daß 24 Dollar in Handelswaren für diese sechzehn Morgen Land den Preis übersteigen, der für die Insel Manhattan bezahlt wurde, aber wir wissen auch, daß der Wert von Grundstücken im Lauf der Jahre gestiegen ist."

Später, als ich den Zellenblock verlasse und in den Hof hinaustrete, den einst die Gefangenen bevölkerten, fahre ich unter dem kalten Seewind zusammen. Die Begründung der Indianer, warum ihre Wahl auf Alcatraz fiel, leuchtet unmittelbar ein: Die Insel ist – aus der Sicht des Weißen Mannes – die ideale Indianerreservation: von allen modernen Einrichtungen abgeschnitten und ohne angemessene Transportmittel, ohne fließendes frisches Wasser, mit nur unzureichenden sanitären Anlagen. Es gibt keine Industrie, keine Arbeit, kein Gesundheitsamt, keine Schulen. Der Boden ist steinig und unfruchtbar, und die – stets zu zahlreichen, gedrängt lebenden – Einwohner wurden wie Gefangene behandelt.[1]

Der indianische Widerstand stieß auf ein großes Echo in den Medien, das die eigentliche Besetzung überdauerte. Richard Oakes, der Führer des Aufstands, verließ die Insel im Januar 1970 nach dem tragischen Unfalltod seiner jüngsten Tochter, die von einem der Gebäude gestürzt war. Nachdem zwischenzeitlich mehrere hundert Menschen auf der Insel gewesen waren, wurden am 11. Juni 1971, nach neunzehn Monaten der Besetzung, die letzten 15 Indianer überwältigt und festgenommen. 1972 wurde Alcatraz dann dem National Park Service unterstellt, der die Insel bis heute als historisches Denkmal und Naturschutzgebiet pflegt.[2]

Von Paspahegh bis Wounded Knee

1992 berichteten Wissenschaftler des James River Institute of Archaeology über die Ergebnisse einer Rettungsgrabung auf einem Gelände, das in einen Golfplatz umgewandelt werden sollte. Das Gebiet befindet sich unweit von Jamestown, der ersten englischen Kolonie auf nordamerikanischem Boden, die längere Zeit Bestand hatte und von 1607 bis 1699 Hauptstadt von Virginia war. Man fand sieben vollständige und fünf teilweise erhaltene Skelette, außerdem die Spuren von vielleicht 40 Gebäuden, die man auf die Zeit zwischen 1500 und 1610 datieren konnte. Es handelt sich um die Überreste des Dorfes Paspahegh, das von den Kolonisten unter Lord Thomas De La Warr angegriffen und niedergebrannt wurde; 60 Indianer wurden dabei umgebracht. Nach Helen Rountree, Professorin für Anthropologie an der Old Dominion University in Norfolk, Virginia, markiert dieser Vorfall den Versuch der Engländer, sich einheimisches Territorium anzueignen; zudem ist es der erste Zusammenstoß, bei dem auch indianische Frauen und Kinder getötet wurden.[3]

Von diesem Vorfall bis zu dem symbolträchtigen Massaker am Wounded Knee (siehe Einleitung) spannt sich eine lange Kette beschämender und oft grauenerregender Schlächtereien, die man – historisch nicht ganz korrekt – als „Indianerkriege" bezeichnen könnte. Über jene Jahre von 1607 bis 1890 gäbe es viel zu berichten; nur wenig davon ist erfreulich. Wenn wir das an dieser Stelle nicht tun, so deswegen, weil andere sich diesem Thema kenntnisreich und ausführlich gewidmet haben.[4] Kein vernünftiger Mensch kann leugnen, daß am indianischen Volk ein Massenmord begangen wurde, nicht nur mit der Gewalt der Waffen, sondern auch mit einem schleichenden, unsichtbaren Feind: Krankheiten.

In den letzten Jahren ist die Diskussion wieder aufgeflackert, wie groß denn die Bevölkerung beispielsweise im Norden Amerikas vor jenem schicksalhaften Oktober 1492 gewesen sein könnte. Manche Wissenschaftler rechnen mit knapp 20 Millionen Menschen, andere gehen allenfalls von einem Zehntel dieses Wertes aus. (Für Mittel- und Südamerika sind die Schätzungen ebenso unsicher, liegen allerdings generell höher.) Mit der Zunahme der Erkundungsfahrten und der Entstehung permanenter Siedlungen begann der Siegeszug bislang unbekannter Krankheiten; Pocken-, Masern- und Grippeepidemien gehörten zum

Alltag. Die Tuberkulose dagegen wurde, obwohl bisweilen anders dargestellt, sicher nicht in die Neue Welt eingeschleppt. 1994 veröffentlichte eine Gruppe von Wissenschaftlern Ergebnisse aus Untersuchungen an peruanischen Mumien aus der Zeit vor den Inkas. Sie isolierten DNA-Reste aus tuberkulösen Läsionen der Lungen und Lymphknoten einer knapp 50 Jahre alten Frau, die in der Mitte des ersten Jahrtausends nach Christus gestorben war. Mit der Polymerase-Kettenreaktion konnten sie den genetischen Fingerabdruck von *Mycobacterium tuberculosis* nachweisen; ein klarer Beleg für eine unabhängige Entwicklung dieser Krankheit in Amerika.[5]

Dennoch sind wohl mehr Menschen Opfer von Seuchen und Hungersnöten geworden als von gewalttätigen Auseinandersetzungen. Allerdings kam es nie zu einer vernichtenden Pandemie, vielmehr zu regionalen Epidemien. Volkszählungen (oder besser: Volksschätzungen) konnten erst sehr viel später vorgenommen werden, lange nach den ersten vernichtenden Krankheitswellen. Den bislang wohl exaktesten Versuch, die Größe der Bevölkerung in Nordamerika vor Kolumbus abzuschätzen, verdanken wir dem Anthropologen Dean R. Snow von der State University of New York in Albany. Er untersuchte eine Reihe von Mohawk-Siedlungen im Nordosten der USA. Dieser Stamm, der zum Volk der Irokesen gehört, siedelte in befestigten Dörfern, die ziemlich lückenlos bekannt sind und deren Bevölkerungsdichte mit archäologischen Methoden genau abgeschätzt werden kann. Dokumente aus dem siebzehnten Jahrhundert dienten zur Validierung der Ergebnisse und bestätigten seine Werte. Demnach gab es um 1400 etwa 1070 Mohawk. Verschiedene, auch historisch belegte Ereignisse führten zu einem Anstieg der Bevölkerung bis 1634 auf beinahe 8000 Menschen. Eine ganze Reihe zyklisch wiederkehrender Pockenepidemien ließen die Zahl dann bis 1776 auf 640 schrumpfen.

Diese lückenlose Rekonstruktion der demographischen Entwicklung eines Stammes erlaubt (mit gebührender Vorsicht) Rückschlüsse auf die Bevölkerungsentwicklung des ganzen Kontinents. Von daher kommt Snow zu dem Schluß, daß eine Zahl von 20 Millionen einfach zu hoch liegen muß; es gibt zu wenig Siedlungen, in denen eine so große Bevölkerung gelebt haben könnte.[6] Man muß also davon ausgehen, daß es knapp zwei Millionen Menschen waren, die in Nordamerika lebten. Als die Sioux 1876 ihren Sieg über Custer am Little Big

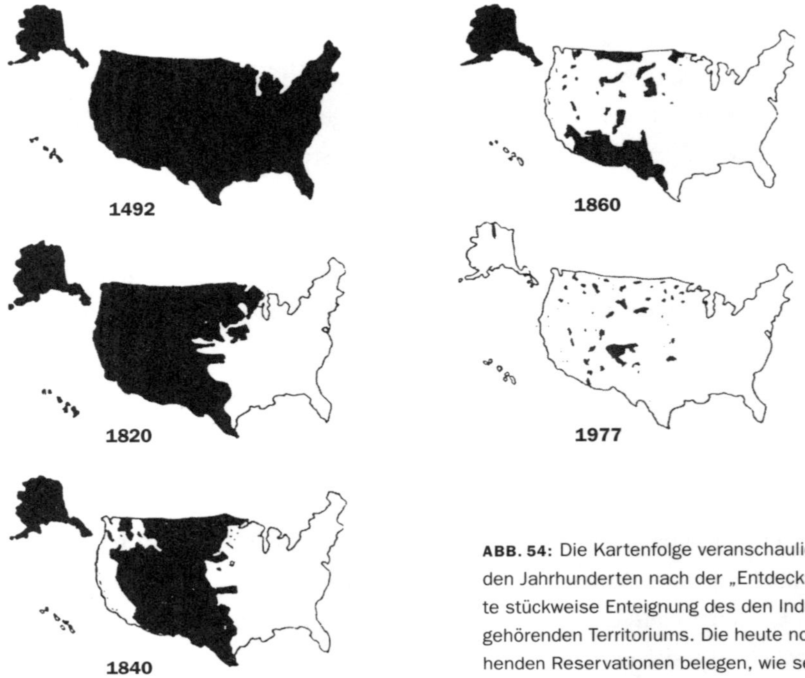

ABB. 54: Die Kartenfolge veranschaulicht die in den Jahrhunderten nach der „Entdeckung“ erfolgte stückweise Enteignung des den Indianern gehörenden Territoriums. Die heute noch bestehenden Reservationen belegen, wie sehr im Osten der USA die kulturelle Identität der Ureinwohner ausgelöscht wurde.

Horn feierten, da gab es vielleicht noch 26 000 Indianer, die die gnadenlose Ausrottungspolitik, die Zwangsumsiedlungen und die Vernichtung ihrer natürlichen Existenzgrundlagen überlebt hatten – gerade mal ein Prozent!

Nach offiziellen Angaben[7] leben auf dem Gebiet der heutigen Vereinigten Staaten wieder 1,8 Millionen Indianer und Eskimos, also annähernd so viel wie vor dem Landgang der Weißen. Welches Schicksal hat diese Bevölkerungsgruppe nach der Niederlage von Wounded Knee erlitten, welche modernen Konfliktherde gibt es, besteht Anlaß zum Optimismus? Zunächst sah es nicht so aus. Das Ende der Indianerkriege bedeutete zwar den Abschluß von Kampfhandlungen, der Widerstand war weitgehend gebrochen. Nun begann allerdings ein Prozeß, der auf andere Art ebenso vernichtend war, nämlich eine Politik der Akkulturation. Man vertrat die Meinung, daß die letzten noch lebenden Indianer sich anzupassen hätten oder vollends untergehen müßten.

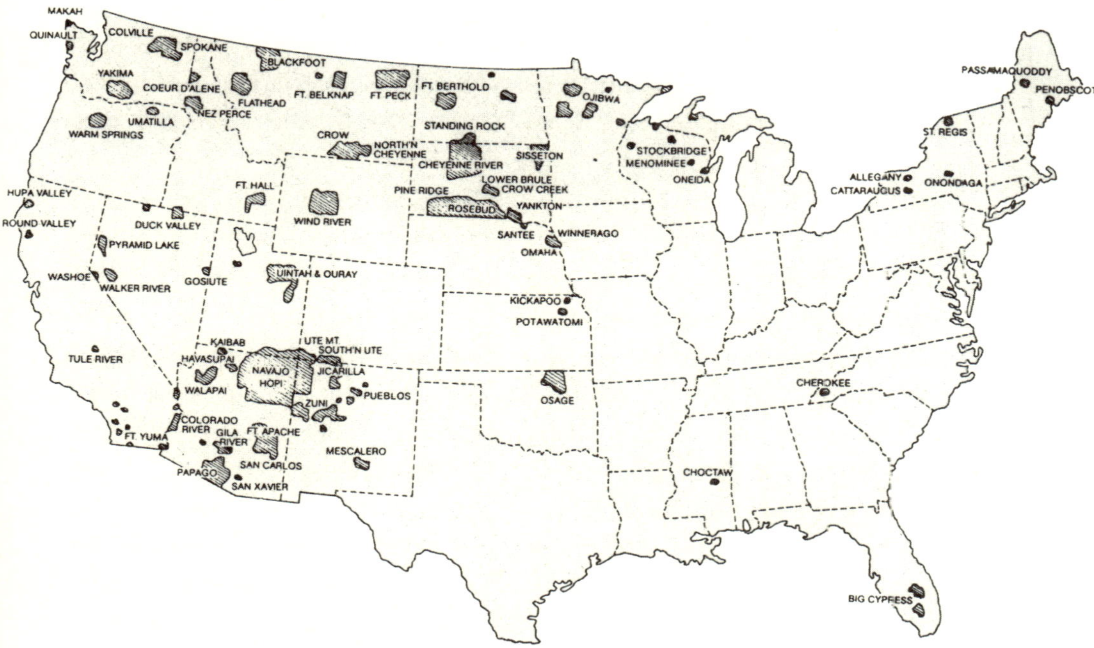

Der damit einsetzende Angriff auf das kulturelle Selbstverständnis sah ein Aufbrechen der alten Stammesorganisation vor, um Bindungen an eine glorifizierte Vergangenheit zu lösen. Der bei vielen Stämmen übliche Kollektivbesitz wurde durch das Privateigentum ersetzt, und man führte zudem eine Schulpflicht ein, um die zu erziehenden Kinder auf eine neue gesellschaftliche Rolle vorzubereiten. Auch der Stammesrat als ein oberstes Gremium und indianische Gesetzgebungsinstanz wurde abgeschafft.

Ein anschauliches Beispiel, wie diese Art der Politik „für“ Indianer sich in Wahrheit gegen diese Minderheit richtete, liefert der „Dawes Act“ oder „General Allotment Act“ von 1887, benannt nach Senator Henry Dawes, einem Anhänger der Assimilierungspolitik. Diesem Gesetz zufolge sollten die Reservationen aufgelöst und damit auch Stammesbeziehungen auf der Basis des gemeinschaftlichen Grundbesitzes beendet werden. Jeder Indianer erhielt als Einzelperson

Landparzellen als Privatbesitz zugeteilt: 160 Morgen pro Familienoberhaupt, 80 Morgen für jeden weiteren Erwachsenen, 40 Morgen pro Minderjährigen. Das verbleibende Stammesland wurde an Weiße verteilt. Nun erhielten die Indianer keineswegs direkten Zugriff auf ihr neues Eigentum, vielmehr verwaltete das Bureau of Indian Affairs (BIA) ihr Eigentum.

Die „Beratung“ durch das BIA war alles andere als sinnvoll. Ohne Zustimmung durch diese Behörde konnte ein Indianer sein Land weder verpachten noch verkaufen oder vererben. Statt den frischgebackenen „Landbesitzern“ Kleinkredite zu vermitteln, die sie in die Lage versetzt hätten, Geräte zur Landbestellung zu erwerben, mußten sie ihr Land unter Wert verpachten. Aufgrund der geringen Erträge, die nicht zum Leben reichten, war der Weg in den Ruin vorgezeichnet. Als Grundbesitzer hatte der Indianer jedoch auch kein Anrecht auf Wohlfahrt. Das Ende vom Lied war dann ein Verkauf des Landes zum Spottpreis. Aber auch dieses Geld, das eventuell noch eine Existenzgründung möglich gemacht hätte, wurde dem Indianer nicht ausbezahlt, sondern vom BIA einbehalten und in Raten zugeteilt. War es dann aufgebraucht, hatte der Indianer „Anspruch“ auf Sozialhilfe! In den Jahren von 1887 bis 1934 wurde so der indianische Grundbesitz von rund 56 auf 36 Millionen Hektar reduziert (ABB. 54).

Widerstand – offen und geheim

In den Jahren nach Wounded Knee begann sich Widerstand zu regen, zum Teil ganz offen, doch zunächst eher im Verborgenen. Hier ist in erster Linie der Peyote-Kult zu nennen, der 1918 als „Native American Church“ ganz offiziell sanktioniert und als Glaubensgemeinschaft anerkannt wurde. Während bis 1893 beispielsweise Buffalo Bill Cody und seine Wild West Show das Bild vom Indianer bestimmten, setzte schon frühzeitig ein Umdenken ein; 1881 erschien bereits das Werk „Ein Jahrhundert der Schande“ von Helen Hunt Jackson. Zur gleichen Zeit versuchten viele Anthropologen, das schiefe Bild vom Indianer in der Öffentlichkeit zurechtzurücken. Wie oft mögen diese Männer vor bestenfalls halbvollen Rängen versucht haben, ein differenziertes Bild von den amerikanischen Ureinwohnern zu vermitteln? Und wie mögen sie sich gefühlt haben eingedenk der Tatsache, daß sie die Verhältnisse in den Reservationen sehr gut kannten?

Der „Peyote-Kult“

Der Peyote-Kaktus *(Lophophora williamsii)* wächst vorwiegend auf Kalksteinböden, etwa in der Chihuahua-Wüste des südlichen Texas oder im Norden Mexikos. Die annähernd runden, bis zu 8 cm breiten und 5 cm hohen Pflanzen enthalten knapp 30 Protoalkaloide (stickstoffhaltige Verbindungen, in denen der Stickstoff jedoch nicht wie bei den Alkaloiden im engeren Sinne in einem Ringsystem gebunden ist). Die wichtigste Substanz ist das Mescalin (2), das sich biosynthetisch vom Dopamin (1) ableitet, von dem aus auch Hormone und Neurotransmitter wie Adrenalin (4) und Noradrenalin (3) gebildet werden. Aufgrund der strukturellen Ähnlichkeit zu diesen neurologisch wirksamen Substanzen ist es nicht verwunderlich, daß Mescalin (3,4,5-Trimethoxyphenylethylamin) starke halluzinogene Eigenschaften hat. Meist wird der Kopfteil des Kaktus abgeschnitten und getrocknet. In dieser Form als *mescal button* ist er Bestandteil zahlreicher Zeremonien[8], kann aber auch sehr gut gehandelt werden.

Der Anthropologe Peter Farb hat darauf hingewiesen, daß ein Verständnis des Peyote-Kults nur von den Geistertänzerbewegungen ausgehend möglich ist.[9] Sie waren ein letzter Versuch, den gewaltsamen Widerstand zu mobilisieren. Als die militärische Niederlage feststand, begann ein Rückzug aus der deprimierenden Gegenwart in freudvollere Traumwelten. Peyote verursacht vorwiegend Farbhalluzinationen, Klangerlebnisse sind seltener. Das Mescalin machte die Realität erträglich – und es wurde zum Stimulans einer neuen Bewegung unter den Indianern, die eine Koexistenz der Rassen erreichen wollten, ohne ihre kulturelle Identität opfern zu müssen. Ab etwa 1885 eroberte dieser Kult in kürzester Zeit fast ganz Nordamerika, besonders die Kiowa und Komantschen in Oklahoma hingen ihm an. Trotz vieler Widerstände und Prohibitionsversuche wurde diese Glaubensrichtung 1918 offiziell sanktioniert und steht nun als „Native American Church“ für eine panindianische Bewegung, die manche Inhalte und Symbole des Christentums übernommen hat. „Der weiße Mann geht in seine Kirche und spricht über Jesus, der rote Mann geht in sein Tipi und spricht *mit* Jesus.“ Dieses Zitat weist auf ein Charakteristikum des Kults bei den Prärieindianern hin, die nur für Peyote-Feiern ein Zelt errichten, das am nächsten Tag wieder abgerissen wird.

Obwohl erst 1990 wieder der Versuch gemacht wurde, die Verwendung von Drogen in religiösen Ritualen zu verbieten, was natürlich auch die Native American Church getroffen hätte, wird von Wissenschaftlern immer wieder betont, daß Peyote nicht

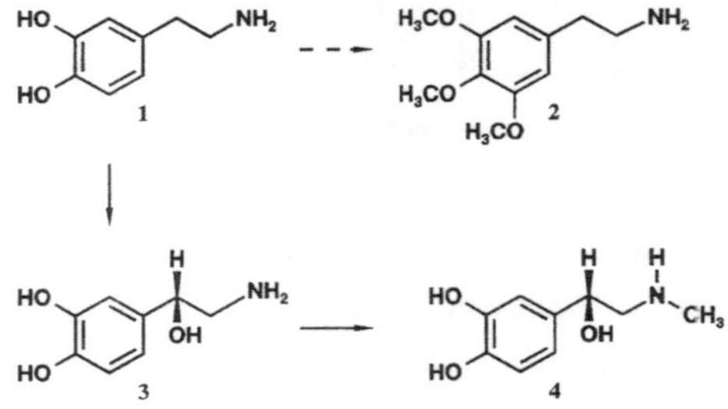

süchtig macht, weder abstumpft noch aufputscht, die Muskelkoordination nicht stört und auch keinen Kater verursacht. Es wäre mithin kaum sinnvoll, es als Suchtmittel einzustufen. Wieviel Mitglieder diese Kirche hat, ist heiß umstritten, doch scheinen ihr rund zehn Prozent der indianischen Bevölkerung anzuhängen. Schwarzen ist der Zugang erlaubt, Weißen nur in besonderen Fällen.

Die Jahre 1914 bis 1918 markieren ein düsteres Kapitel in der europäischen Geschichte, an dem auch Indianer beteiligt waren. Nach dem Kriegseintritt der Vereinigten Staaten kämpften sie an Fronten mit, die ihnen völlig fremd waren. Der Dank des Vaterlandes war ihnen gewiß: 1924 erhielten sie aufgrund des „Citizenship Act" die Staatsbürgerschaft der USA. Dies bedeutete, daß ein Großteil des indianischen Landbesitzes – so noch vorhanden – lokal besteuert wurde. Die Folgen waren abzusehen. Die schlechten Einkommen genügten oft nicht, um die Steuern für das Land zu bezahlen, das daraufhin billig verkauft werden mußte.

Während die Welt in eine ungeheure Wirtschaftskrise steuerte, kamen 1928 die schockierenden Zustände in den Reservationen in dem Bericht der Meriam-Kommission noch einmal ans Tageslicht. Als ab 1933 der „New Deal" unter Präsident Franklin D. Roosevelt eingeläutet wurde, ein verzweifelter Versuch, das um sich greifende Elend einzudämmen, da bezog man auch die Indianer mit ein. Im „Indian Reorganization Act" von 1934 wurde ihnen zugestanden,

den parzellierten Grundbesitz wieder zusammenzufassen, und darüber hinaus eine eingeschränkte Selbstverwaltung auf Stammesebene erlaubt. Trotz der Erfahrungen von 1918 nahmen bis 1945 etwa 30 000 Indianer am Zweiten Weltkrieg teil.

Hier ist nicht der Raum, um all den Organisationen und Zusammenschlüssen nachzugehen, mit denen die amerikanischen Ureinwohner versuchten, ihre Rechte durchzusetzen. Es möge der Hinweis genügen, daß 1953 von Regierungsseite die Politik der „Termination" eingeleitet wurde. Unter dem Vorwand, die Indianer aus der Bevormundung des Staates zu entlassen, wurden alle Pflichten für Gesundheitsvorsorge, Wohlfahrt und Erziehung in die Verantwortung der einzelnen Bundesstaaten übertragen, was oft zu verstärkter lokaler Willkür führte. Zudem war dies ein weiterer Versuch, die Minderheit zu assimilieren, die kommunale Lebensweise und Gesellschaftsstruktur aufzulösen. Während nun „der Indianer" in den 60er Jahren zum Vorbild der Jugendbewegung wurde und in gewisser Weise zum „Ökoheiligen" avancierte, begann der Widerstand nach dem von Martin Luther King gegebenen Vorbild. Dazu gehörte beispielsweise die Besetzung von Alcatraz, aber auch der mühselige Sturmlauf gegen unzählige, manchmal fast belanglos erscheinende Benachteiligungen. Es ist nicht besonders erstaunlich, daß sich 1968 auch die militante Opposition in Gestalt des von Dennis Banks und John Mitchell gegründeten „American Indian Movement" (AIM) formierte. Spektakuläre Aktionen wie etwa die Besetzung des BIA (1972), der erneute Kampf um Wounded Knee (1973) oder der „Longest Walk" von Kalifornien nach Washington (1978) legen von den Aktivitäten dieser Organisation Zeugnis ab, die sich schließlich auf ganz erstaunliche Weise selbst unnötig machte. Am 8. Januar 1988 verkündete die New York Times: „The American Indian Movement has accomplished the impossible: AIM has worked itself out of a job."[10] Viele AIM-Aktivisten hatten der Strategie einer aggressiven Konfrontation abgeschworen und damit begonnen, in ihrem unmittelbaren Umfeld aktiv zu werden, beispielsweise durch den Aufbau von Schulen und die Inangriffnahme anderer Gemeinschaftsaufgaben. Als schließlich im Jahre 1992 die Vorbereitungen für die 500-Jahr-Feier zu Ehren der denkwürdigen Fahrt des Christoph Kolumbus begannen, erhoben sich viele Stimmen, die der traditionalistischen Sichtweise der Dinge widersprachen. Indianer aus beiden Teilen Amerikas erinnerten daran, daß für sie dieses Jubiläum kein Anlaß zum Feiern sei, sondern zum Gedenken an Massaker, Sklaverei und Epidemien mahne.

Neue Wege in die Zukunft

Nur ein Fünftel der knapp zwei Millionen Indianer und Eskimos lebt heute in den Reservationen, der Rest auf dem Land und in den Städten. Sie schwanken zwischen dem Wunsch nach Anpassung und der Rückbesinnung auf die eigene Identität. Die Jugendlichen sind dabei gleichzeitig ein Teil der globalen Einheitskultur wie auch ihres Stammes, für sie liegt darin kein Widerspruch mehr. Für manches geplagte Elternteil mag es ein Trost sein, daß ein junger Cherokee – genau wie der eigene Sprößling – oft eine gewisse Hamburger-Kette dem traditionellen Essen vorzieht!

In etwa 160 von 278 Reservationen beschert das Glücksspiel den Indianern derzeit enorme Gewinne und einen Beschäftigungsboom; es ist per Sonderrecht in den Reservationen erlaubt.[11] Die Mohave-Indianer beispielsweise galten sehr lange als einer der ärmsten Indianerstämme überhaupt; heute leben sie nicht mehr von der Sozialhilfe und in ärmlichen Baracken, sondern arbeiten im Kasino- und Dienstleistungsbereich, beispielsweise in Motels und Tankstellen. Es hat sich dabei um das bislang zweifellos erfolgreichste Entwicklungsprojekt aller Zeiten im Indianerland gehandelt.

Nun liegt es auf der Hand, daß früher oder später jede Regierung solche Geldquellen wieder in die eigene Regie übernehmen wird, erst recht in Zeiten knapper Budgets. War das Glücksspiel in den Reservationen vor etwa zwölf Jahren eine Ausnahme, beschränkt auf Nevada und New Jersey, so sind heute schon mehr als zwanzig Bundesstaaten daran beteiligt. Es wird daher viel davon abhängen, daß die „Native Americans“ ihre Existenzgrundlagen diversifizieren. Ansätze dazu gibt es bereits. Die Nation der Cherokee[12] beispielsweise ist heute zweigeteilt, in einen östlichen Zweig in Georgia und North Carolina, an der Zufahrt zum Great Smoky Mountains National Park, und in einen westlichen Zweig in Oklahoma. Diese Trennung ist die Folge der Vertreibung unter Präsident Andrew Jackson, der – gegen ein Urteil des Obersten Gerichthofes – die sogenannten „Fünf zivilisierten Nationen“ des Südostens (Cherokee, Chickasaw, Choctaw, Creek und Seminolen) per Zwangsumsiedlung aus ihren angestammten Gebieten vertrieb. Vom Juni 1838 bis zum März des folgenden Jahres wanderte ein Teil der Stämme unter schweren Verlusten (4000 Menschenleben) in mehreren Gruppen in den noch nicht erschlossenen Westen, der Rest zog sich in die unzugänglichen Wälder zurück und ließ sich auf einen Guerillakrieg ein. Heute leben diese beiden Teile (mit den Verwaltungssitzen Cherokee, NC, und Tahlequah, OK) in zunehmendem Wohlstand. Gelder aus dem Tourismus und dem Glücksspiel, vor allem dem beliebten Bingo, fließen in beträchtlichen Mengen in Stammesprojekte wie Schulen und Krankenhäuser. Aber die Cherokee haben die Zeichen der Zeit erkannt. So entstanden Firmen auf ganz anderen Gebieten wie beispielsweise die Cherokee Nation Industries, Inc., in Stilwell, Oklahoma, die sich auf modernste Elektronik spezialisiert haben und zu deren Kunden Boeing, die NASA und die NATO gehören. So stammen viele Kabel und Teile der internationalen Raumstation von dort.

Ein Erbe wird angetreten

Ende April 1995 fand ein historisches Treffen auf dem Rasen des Weißen Hauses in Washington statt. [13] Präsident Bill Clinton und sein Kabinett empfingen 322 Indianerhäuptlinge als Repräsentanten der rund 550 anerkannten Stämme. Medizinmänner hatten am Tag zuvor den Boden geweiht, jetzt brannten Haufen aus Büffelgras, Trommeln begleiteten Tänze. Was wie Folklore anmuten mag, hatte einen bedeutenden Hintergrund: die Unterzeichnung eines Erlasses, der die einzelnen Indianerstämme den Bundesstaaten gleichstellt. Der Präsident des 1944 gegründeten „National Congress of American Indians", gaiashkibos, der nach alter Tradition nur einen Namen angenommen hat und ihn klein schreibt, sprach davon, daß „ein neuer Tag begonnen hat". Nach 200 Jahren sei es nun endlich möglich, miteinander umzugehen wie selbstständige Staaten.

Dieser Erfolg fällt in eine Zeit, in der auf überregionaler Ebene um eine Anerkennung indigener Rechte gerungen wird. So wurden die Jahre 1994 bis 2004 von den Vereinten Nationen zur „Dekade der Indigenen Völker der Welt" ausgerufen. Vom 20. November bis zum 1. Dezember 1995 tagte in Genf eine Arbeitsgruppe der UNO, die – unter nicht unerheblichen Schwierigkeiten – an einer Deklaration zu den Menschenrechten dieser Bevölkerungsgruppen in aller Welt arbeitet. Dabei geht es vor allem um die Deutung solcher Begriffe wie „indigenous people“ und „right of self-determination“, deren Auslegung sich in der Praxis des Staatsrechts erheblich auswirken wird. Gleichzeitig wird versucht, die noch vorhandene Vielfalt zu bewahren. Dazu zählt beispielsweise die Aufnahme des Pueblo Taos in New Mexico in die UNESCO-Liste des international zu schützenden Weltkulturerbes („World Heritage Sites“).[14] Diese Ansiedlung ist seit 800 Jahren kontinuierlich bewohnt, die Dorfgemeinschaft hält an tradierten Lebensformen fest und sorgt für die Bewahrung ihrer klassischen Architektur (siehe auch Kapitel 5). Sind also alle Probleme beseitigt, alle Konflikte beigelegt? Selbst ein nur flüchtiger Blick auf das Tagesgeschehen belegt das Gegenteil. Einige wenige Beispiele sollen hier exemplarisch und ohne Stellungsnahme angeführt werden, um die *Art* der Konflikte zu verdeutlichen; der Leser möge sich sein eigenes Urteil bilden und gegebenfalls Partei ergreifen.

Die Blackfeet von Montana beispielsweise kämpfen um den Erhalt des Badger-Two-Medicine-Gebietes.[15] Dabei geht es um Landrechte. Verschiedene Firmen haben von den zuständigen Behörden Bohrkonzessionen erhalten; sie hoffen auf Öl. Naturschützer fürchten negative Auswirkungen auf den Glacier National Park und den Lewis and Clark National Forest. Für die Indianer dagegen ist ihr Refugium heiliges Land, hier finden sich Begräbnisstätten, hier werden Zeremonien wie die heilige Jagd, aber auch der Sonnentanz und die Visionssuche durchgeführt. Vor Gericht sind die Blackfeet in mehreren Instanzen unterlegen, und manche der Älteren fürchten Übergriffe enttäuschter Stammesmitglieder. Zudem bemühen sie sich um internationale Unterstützung.

Juristische Niederlagen haben auch die Havasupai hinter sich, die wohl kleinste indianische Gemeinschaft in den USA. Sie leben an einem Zufluß zum Colorado, der im Bereich des Grand Canyon einmündet. Dieses an Bodenschätzen reiche Gebiet zog immer wieder Firmen an, die beispielsweise die reichen Uranvorkommen nutzen wollen. Am Berg Red Butte soll ein solcher Abbau stattfinden, der damit, so die Indianer, nicht nur die heilige Stätte ihres Ursprungs zerstört, sondern auch das Grundwasser im Reservat verseuchen könnte. Bislang verhindert nur der niedrige Weltmarktpreis für Uran die Förderung. Nach einer Überschwemmungskatastrophe im Jahr 1993 mußten die Havasupai mit eigenen Mitteln die Aufräumungsarbeiten bestreiten, obwohl ihr Abschnitt des Grand Canyon zum nationalen Katastrophengebiet erklärt worden war. Die Finanzen stehen somit schlecht, und es ist daher fraglich, ob der Stammesrat weitere juristische Schritte einleiten kann. [16]

In einem anderen Streitfall ist der Stein des Anstoßes keine dreißig Zentimeter lang, ausgesprochen niedlich und mit dem wissenschaftlichen Namen *Tamiasciurus hudsonicus* (Red Squirrel, Rothörnchen) belegt. Dieses in Nordamerika eigentlich weitverbreitete Tier ist in bestimmten Gegenden auf die Liste der bedrohten Arten gesetzt worden, unter anderem am Mount Graham in Arizona. In der Gipfelregion dieses Berges ist in einer internationalen Zusammenarbeit ein Teleskop gebaut worden („Large Binocular Telescope", LBT), zusätzlich zu zwei bereits bestehenden. Gegen diese Nutzung des touristisch und industriell weitgehend erschlossenen, in der Gipfelregion mit eiszeitlicher Restvegetation (und eben jenen Hörnchen) aber noch einigermaßen unberührten Berges wehrten sich die San Carlos Apachen. Für sie ist dieses Gebiet heilig, sie sprechen vom „dzil nchaa si án, dem „Großen Sitzenden Berg". Nach ihrer Mythologie ist er von Geistern bewohnt, denen der Stamm sein medizinisches Wissen, seine Regeln und Gebräuche verdanke. Hier wachsen wichtige Medizinpflanzen, zudem befinden sich hier viele Gräber berühmter Krieger, darunter das von Cochise. [17]

Vielleicht kann man sich anhand dieses Konflikts ein Problem vor Augen führen, dessen Bedeutung kaum zu überschätzen ist: Unterschiede in der Kommunikation. Als die Wissenschaftler der University of Arizona mit der Planung dieses Projekts begannen, wurden auch die Indianer informiert; die Wahl fiel auf den Mount Graham, eben *weil* er schon weitgehend erschlossen war und daher niemand ernsthaft mit Widerspruch rechnete. Die Apachen allerdings fürchten, daß die Arbeit und Ausbildung ihrer Medizinleute und die Religionsausübung beeinträchtigt, der freie Zugang zum Berg eingeschränkt werden könnte. Dennoch gibt es wenige klare Stellungnahmen der Indianer über die Bedeutung des Berges für ihre Religion, da gerade auch bei den Apachen das öffentliche Sprechen über religiöse Angelegenheiten tabuisiert ist. Vertretern westlich geprägter Zivilisationen fällt es oft schwer, solche Haltungen zu verstehen.

Wem gehört die Vergangenheit?

Die Rückbesinnung auf das eigene kulturelle Erbe ist sicherlich eine positive Entwicklung, die zu begrüßen ist. Nichtsdestotrotz zeitigen solche Tendenzen bisweilen auch negative Folgen, die – in ihren Konsequenzen fortgedacht – dazu führen können, daß ein Buch wie das vorliegende nicht mehr geschrieben werden könnte. 1990 passierte der sogenannte „Native American Graves Protection and Repatriation Act" (NAGPRA) die gesetzgebenden Instanzen, der die rund 5 000 von der Regierung geförderten Forschungsinstitutionen dazu verpflichtet, alle Skelette, Grabbeigaben und heiligen Objekte sowie generell alle Gegenstände von ausgewiesener kultureller Bedeutung an die indianischen Stämme und die Urbevölkerung Hawaiis zurückzugeben.[18] Dazu müssen beispielsweise alle Museen und Universitätsinstitute Aufstellungen ihrer Sammlungen an die Stämme schicken, die dann nach Belieben die Rückgabe der Gegenstände verlangen können. Im Verlauf der nächsten Jahre werden daher Zehntausende wissenschaftlich wertvoller Fundobjekte oft noch vor ihrer Auswertung dorthin zurückkehren, wo sie herkamen: in die Erde.

Wie sich dieses Gesetz in der Praxis auswirken kann, sei an einem Beispiel erläutert. Archäologen des Staates Idaho hatten 1989 in der Nähe der Stadt Buhl ein weibliches Skelett ausgegraben, das sie „Buhla" tauften. In den folgenden Jahren konnten sich die Wissenschaftler gerade drei Tage mit dem Fund beschäftigen, da zu enge Forschungsbudgets für Engpässe sorgten. Dennoch konnte eine Radiocarbon-Datierung durchgeführt werden, die ein Alter von 10 675 Jahren ergab; da nur etwa 25 Skelette in den Vereinigten Staaten ausgegraben wurden, die älter als 8 500 Jahre sind, war Buhla die älteste und besterhaltene Zeugin einer noch weitgehend unerforschten Epoche. Bereits 1992 wurde sie wegen NAGPRA mehr als 100 Meilen von ihrem Fundort auf der Shoshone-Bannock-Reservation wieder begraben, obwohl Archäologen mit Recht bezweifeln, daß vor 10 000 Jahren irgendwelche Angehörige dieses Stammes in dieser Gegend lebten. In der Tradition dieser Indianer, so erläuterte eine Anthropologin dieses Stammes, verkörpert sie eine Art Urmutter, eine Urahnin, deren Überreste mit einem verwesten Körper nichts zu tun haben, sondern beseelt sind. Das Bedeutendste, was man nun also über diesen einmaligen Fund sagen kann, ist, daß er wieder begraben wurde, ein unersetzlicher Verlust für die Wissenschaft.

Leiche im Unruhestand

Am 28. Juli 1996 fanden zwei College-Studenten am Ufer des Columbia-River im US-Bundesstaat Washington die Überreste eines Menschen, die, wie eine Radiocarbon-Datierung zunächst ergab, 9300 Jahre alt waren, zusammen mit 300 weiteren Knochenfragmenten [19]. Nach dem Fundort Kennewick-Mann getauft, erregte die Leiche fast sofort Aufruhr. Lokale Indianer-Gruppen beanspruchten gemäß NAGPRA die Reste, um sie wieder zu bestatten. Acht Wissenschaftler hielten dagegen und verklagten die US-Regierung nach dem 1. Amendment zur amerikanischen Verfassung, um eine intensive wissenschaftliche Analyse durchzusetzen. In Kürze erreichte der Streit surrealistische Qualitäten, denn nun mischten sich noch diverse Religionsgemeinschaften ein, die auf eine eigenartige Charakteristik Bezug nahmen. Die Skelettüberreste scheinen weitgehend kaukasische Züge zu besitzen; zumindest kann man eine Verwandtschaft mit den ortsansässigen Stämmen ziemlich sicher ausschließen. Einige Sonderlinge erstellten eine „Rekonstruktion" der Gesichtszüge nach den Schädelknochen, und siehe da, der Kennewick-Mann hatte ihrer Ansicht nach deutliche Ähnlichkeit mit dem Schauspieler Patrick Stewart, dessen Popularität im wesentlichen auf die Rolle des Captain Picard in der „Enterprise"-Serie zurückgeht. Während sich also fünf Indianer-Stämme mit den Wissenschaftlern streiten, ob und, wenn ja, welche Untersuchungen an den Überresten durchgeführt werden dürfen, gewinnt aufgrund der Besonderheiten des Kennewick-Mannes eine Gruppe Zulauf, die die Meinung vertritt, man müsse die Frühgeschichte Amerikas umschreiben. Noch vor oder gleichzeitig mit den Indianern seien kaukasische Bevölkerungsgruppen über die Beringstraße eingewandert, die dann in kriegerischen Auseinandersetzungen ausgerottet wurden – auch der Kennewick-Mann wurde von einem Speer mit Steinspitze verwundet. Den ersten „Völkermord" auf amerikanischem Boden sollen somit die Paläoindianer begangen haben. Es bleibt abzuwarten, ob rigorose wissenschaftliche Analysen durchgeführt werden können, die entweder einen sensationellen Befund bestätigen oder die Entstehung „neuer" arischer Mythen verhindern.

Inzwischen verschwinden Tag für Tag wichtige archäologische Funde wieder in der Erde, nicht nur aus den umfangreichen Sammlungen beispielsweise der Smithsonian Institution, sondern auch neu ausgegrabene Gegenstände, die auf

Wunsch der Indianer sofort wieder „bestattet“ werden. Das wichtigste Argument der Indianer läuft darauf hinaus, daß alle Gräber und menschlichen Überreste anderer Volksgruppen seit jeher geschützt seien, nur die der Indianer nicht; dies sei eine posthume Menschenrechtsverletzung. Kann nun überhaupt noch eine Archäologie auf dem Boden der Vereinigten Staaten stattfinden? Könnte man heute noch all die Ergebnisse erzielen, die in diesem und unzähligen anderen, noch viel ausführlicheren Büchern dargelegt sind und Kunde geben von den Ureinwohnern Nordamerikas?

Diese Frage muß beim derzeitigen Stand der Dinge verneint werden. Ein Archäologe muß, wenn er ein Forschungsprojekt durchführen will, in allen Phasen mit der indianischen Bevölkerung zusammenarbeiten. Wird sein Forschungsantrag überhaupt genehmigt, so kann der Stammesrat dennoch auf jeder Stufe des Projekts ein Abbrechen verlangen. Selbst bereits vorhandene Sammlungen dürfen nicht ohne Erlaubnis ausgewertet werden. Im Verlauf einer Grabung gefundene Gegenstände müssen dem Stamm übergeben werden, statt in Ausstellungen und Museen der Öffentlichkeit vorgestellt werden zu können. Publikationen müssen vor der Veröffentlichung dem Stammesrat zur Begutachtung vorgelegt werden, ein klarer Fall von Zensur. Daß diese Praktiken in manchen deutschen Publikationen mit romantisierenden Darstellungen von Begräbnisriten als ein Schritt zur indianischen Selbstbestimmung gefeiert werden, zeugt deutlich von ungenügender Recherche.[20]

Die langfristigen Folgen liegen auf der Hand. Daß jeder vernünftige Archäologe, dem ein wichtiger Fund sofort wieder entzogen und irgendwo verschüttet wird, sich sinnvollerweise anderen Forschungsthemen zuwenden wird, leuchtet ein. Darüber hinaus ist abzusehen, daß bald auch Gegenstände in den Museen anderer Länder zur Zielscheibe werden, erste Anzeichen dafür gibt es bereits. Zwar planen nicht alle Stämme, jedes zurückgegebene Fundobjekt wieder zu vergraben, sondern eigene Museen zu eröffnen, an denen indianische Wissenschaftler arbeiten sollen. Aber welchen Sinn hat es, eine bereits bestehende, effektive Museumskultur zum Untergang zu verdammen, um daneben mühsam von neuem anzufangen? Und welchen Wert hat eine „indigene Archäologie“, wenn der Zufall darüber entscheidet, welche Gegenstände der ohnehin eher spärlichen Fundsituation ausgewertet und welche gleich wieder bestattet werden? In einer Zeit, in der der „Weiße Mann“ endlich die kulturellen Errungenschaften der amerikanischen Ureinwohner zur Kenntnis zu nehmen beginnt, da wird es ihm unter dem Vorwand der Selbstbstimmung verwehrt – der „Rote Mann“ selbst schüttet die Türen in die Vergangenheit zu.

* * *

Zur Einführung empfohlen:
Zur heutigen Situation der Indianer siehe beispielsweise
Gesellschaft für bedrohte Völker GfbV (Hrsg.): Unsere Zukunft ist eure Zukunft. Indianer heute. Zürich 1992;
Gerber, P.R. (Hrsg.): 500 Jahre danach. Zur heutigen Lage der indigenen Völker beider Amerika. Chur, Zürich 1993;
Die zuverlässigsten Informationen bietet aber zweifellos
Lindig, W. (Hrsg.): Indianische Realität. München 1994.
Wer stets auf dem Laufenden sein möchte, dem sei beispielsweise die Zeitschrift
Coyote *empfohlen, herausgegeben von der* Big Mountain Aktionsgruppe (Frohschammerstr. 14, 8087 München, Tel. (089) 35 65 18 36, Fax (089) 35 65 18 37). *Die Beiträge sind zwar oft sehr einseitig, zeigen aber doch, wo es Konfliktpotentiale gibt.*

Zitierte Literatur:
[1] *Council of Interracial Books for Children (Hrsg.):* Die Wunden der Freiheit. Göttingen 1994. — [2] *Delgado, J.P.:* Alcatraz Island. 4.Aufl. LasVegas 1993. — [3] Encyclopaedia Britannica Book of the Year 1993, S. 98. — [4] Siehe beispielsweise *Stammel, H.J.:* Indianer – Legende und Wirklichkeit. München 1992; *Capps, B.:* Die Indianer. 5.Aufl. Amsterdam 1993. Das sicherlich bedeutendste (und immer wieder neu aufgelegte) Werk jedoch ist von *Brown, D.:* Begrabt mein Herz an der Biegung des Flusses. Hamburg 1972. Dieses Buch wurde beispielsweise von *B.C. Hall* und *C. T. Wood* in ihrem Werk „The South“ (New York 1995) als „eines der zehn wichtigsten Bücher des zwanzigsten Jahrhunderts“ bezeichnet, eine Wertung, die man ohne weiteres unterschreiben kann. Hall und Wood verweisen darauf, daß Brown mit diesem Buch wahrscheinlich mehr als jede andere Einzelperson in den letzten 100 Jahren das Gewissen der amerikanischen Nation aufgerüttelt hat. Das Werk „... is a federally banned book. The book is excluded from the historical site and Indian reservation gift shop at Wounded Knee, the official line being that this universally acclaimed work ‘doesn’t project the proper image.’ ...Dee Brown says of his book, ‘I didn’t make anything up. I didn’t have to. The whole story was there in the official government archives.’“ (Hall und Wood, S. 298.). — [5] Encyclopaedia Britannica Book of the Year 1995, S. 741. — [6] *Snow, D. R.:* Science *268,* 1601 (1995). — [7] Zit. n. Encyclopaedia Britannica Book of the Year 1995, S. 741. — [8] *Schultes, R.E., A. Hofmann:* Pflanzen der Götter. 2. Aufl. Bern, Stuttgart 1987. Siehe auch Literatur zu Kapitel 9 für weitere Werke zum pflanzlichen Sekundärstoffwechsel. — [9] *Farb, P.:* Die Indianer. 5.Aufl. München 1993. S. 331 ff. — [10] *Bolz, P.:* in Lindig (1994), S. 76. — [11] *Abel, F.:* P. M. Perspektive: Indianer. München 1995. — [12] *Norman, G., M. Steber:* The Cherokee. National Geographic *187*, Nr. 5, S. 72 (1995). — [13] *Koar, J.:* Stuttgarter Zeitung, 2.5.1995. — [14] *Droste zu Hülshoff, B. v., B. Mayerhofer.:* Spektrum der Wissenschaft, November 1995,

S. 38. — [15] Siehe etwa *Veit, C.*: in *GfbV* 1992, S. 129. — [16] *Martin, J. F.*: The Havasupai. Flagstaff 1986. Dazu auch *Nyberg, H.*: Coyote, Nr. 1/1996, S. 27. — [17] Siehe beispielsweise die Berichte in der Zeitschrift Coyote, z. B. in Nr. 1/1996, S. 25. Dazu auch *Reichhardt, T.*: Nature *379*, 199 (1996); und die Richtigstellung von *Strittmatter, P. A.*: Nature *379*, 765 (1996). Vgl. außerdem Naturw. Rdsch. *48*, 228 (1995). — [18] *Morell, V.*: Science 264, 20 (1994); *dies.*: Science *268*, 1424 (1995). — [19] *Lemonick, M. D.*: Time, 14. 10. 1996, S. 69; s. a. Science *283*, 1239 (1999); Nature *397*, 551 (1999). – Zur weltweiten indigenen Rückbesinnung und der Problematik archäologischer Untersuchungen s. z. B. *Jones, G. D., R. J. Harris:* Nature *386*, 15 (1997). — [20] So beispielsweise *Schiller, U.*: Vom Museum ins Grab. Die Zeit, Nr. 32 vom 5.8.1994, S. 25; in Auszügen nachgedruckt im Taschenkalender Indianer '96, Göttingen 1995.

Reisen zu den Indianern der Gegenwart

Es liegt in der Natur der Sache, daß zu diesem Kapitel keine expliziten Empfehlungen ausgesprochen werden können. Bedauerlicherweise hat das Fremdenverkehrsamt der USA, früher in Frankfurt, seine Arbeit eingestellt. Zwar unterhalten einige der Bundesstaaten Büros in Deutschland, die Informationsmaterial verschicken; einige davon (z.B: Florida, Alaska, Montana und South Dakota) seien an dieser Stelle insofern lobend erwähnt, als sie ganz besonders auch über Reisen in Indianer-Reservationen mit teilweise sehr guten Broschüren informieren. Derzeit hat zudem eine private Firma die Aufgaben des früheren Fremdenverkehrsamts übernommen (Schotte Media Partners, USA Info Service, Postfach 4101, 40654 Meerbusch, Fax 0180/5313532). Auch in Reisezeitschriften wird regelmäßig über Nordamerika berichtet. Dennoch gibt es bei den „Native Americans" noch wenig Ansätze, eine touristische Infrastruktur zu schaffen; beispielsweise fehlt eine zentrale Informations- und Koordinationsstelle. Das sollte dennoch niemand davon abhalten, die einzelnen Reservationen zu besuchen, die häufig auf Besucher eingestellt sind und entsprechende Anlaufstellen haben. Touristen sind – schon aus finanziellen Gründen – fast überall gern gesehen, solange sie sich an gewisse Umgangsformen halten; eine eigentlich selbstverständliche Einstellung. Vielleicht können Spezialreise-Veranstalter dazu beitragen, diese Lücke zu schließen, beispielsweise die Firma „Talking Bridge" (Reinhold-Meyer-Str.21, 22455 Hamburg, Tel. 040/5552739, Fax 040 / 5526986), die Touren zu den Ureinwohnern Australiens, Neuseelands und eben Amerikas anbietet. Ausführliche Informationen bietet der sehr empfehlenswerte APA Guide „Indianerreservate USA" (Berlin u.a. 1994), der einzelne Reiseziele beschreibt, eine Vielzahl von Kontaktadressen auflistet und auch Verhaltenshinweise gibt. Wer sich regelmäßig über Nordamerika, Indianer, den Wilden Westen und nicht zuletzt auch über Reisemöglichkeiten informieren möchte, dem seien empfohlen: 1. America-Journal, J. Latka Verlag GmbH, An der Ziegelei 10, 53127 Bonn, Tel. 0228/919320, Fax 0228/9193217. 2. Magazin für Amerikanistik, Verlag für Amerikanistik, Dietmar Kuegler, P. O. Box 1332, 25931 Wyk auf Föhr, Tel. 04681/3112, Fax 04681/3258.

9 Ein Erbe für die Zukunft: Mahnungen und Versprechungen

Wie wenig unser Bild vom Indianer mit der indianischen Realität übereinstimmt, zeigt sich an der Art, in der die amerikanischen Ureinwohner die Ressourcen ihrer natürlichen Umwelt nützten. So hat man sie häufig zu „Ökoheiligen" verklärt, die sie, wie archäologische Funde zeigen, sicher nicht waren. Andererseits verstanden sie es in überragendem Maß, Angebote aus der belebten Natur zu nützen; ihre beeindruckende Kenntnis etwa der medizinischen Wirkungen vieler Pflanzen führte zur Ausbildung eines medizinischen Systems, das dem der damaligen weißen Eroberer überlegen war. Die Ethnopharmazie als neue Wissenschaftsdisziplin gilt heute als eine Quelle neuer Medikamentenwirkstoffe.

Bei den Ureinwohnern Nordamerikas sind Medizin und Religion nur die zwei Seiten einer Medaille.

Å. HULTKRANTZ, 1992

Wollten wir versuchen, Bilanz zu ziehen, so sehen wir uns im Zwiespalt. Während einerseits der Kampf um die Vergangenheit begonnen hat – der indianische Autor Sherman Alexie sprach einmal von der „Droge namens Tradition" –, zeigen andererseits immer neue Befunde in großer Deutlichkeit, daß wir mit gewohnter westlicher Arroganz die Urbevölkerung Nordamerikas deutlich unterschätzt haben. Wohin also wird sich die Waagschale neigen? Können uns indianische Kulturen als Vorbild dienen, haben sie eine Wirkung, beispielsweise auf dem Gebiet der Ökologie, die zukunftsweisend sein könnte? Gibt es einen Hort an vergessenem Wissen, etwa in der Medizin, auf den wir zurückgreifen können, den wir sogar möglichst schnell retten sollten, ehe er für immer verlorengeht? Diese Frage ist durchaus nicht unberechtigt, wenn man sich die heutige „Halbwertszeit des Wissens" in Erinnerung ruft: Längstens alle 15 Jahre verdoppelt sich, etwas unterschiedlich je nach Fachrichtung, unser Wissen, die Entwertung des Wissens durch neue Erkenntnisse liegt bei sogar nur fünf bis zehn Jahren. Wie also steht es um das Erbe für die Zukunft?

Bob Woodward und Carl Bernstein mögen ein ähnliches Gefühl empfunden haben, als sie jenem Skandal auf der Spur waren, der als „Watergate"-Affäre in die Geschichte eingehen sollte: Alles deutet auf Vertuschung hin. Da ist in einem (sonst sehr bewährten) Lehrbuch der Biochemie zu lesen, man habe im 18. Jahrhundert entdeckt, „daß Limonensaft (engl. lime) die Symptome des Skorbut bei der britischen Marine zum Verschwinden brachte" und daß man seither die englischen Seeleute als „limeys" bezeichnet habe. Einmal ganz abgesehen davon, daß der Saft von *Citrus aurantifolia* seine Wirkung sicher nicht nur in der Marine Ihrer Majestät entfaltet hat, so kommt einem doch eine andere Geschichte in den Sinn, die dieser Aussage widerspricht.

Aber die Nachforschungen in anderen Nachschlagewerken und Monographien scheinen zunächst in die gleiche Richtung zu weisen: Das Wissen um die Bedeutung der Vitamine hat seinen Ursprung in den ersten, tastenden Ansätzen der physiologischen Chemie; sehr bald finden dann – und natürlich zu Recht! – F. G. Hopkins und Casimir Funk Erwähnung. Der Engländer hatte 1912 experimentell nachgewiesen, daß Tiere zusätzlich zu Proteinen, Fetten und Kohlenhydraten weitere Wachstumsfaktoren („accessory factors") benötigen, und Funk stellte schon im Jahr zuvor ein Aminkonzentrat aus den Hülsen und

Schalen von Reis her, das die Symptome der Beriberi-Krankheit linderte. Er prägte den Begriff *Vitamin*, womit ausgedrückt werden sollte, daß ein lebensnotwendiges Amin existierte. Dieser Begriff hat sich gehalten, obwohl viele Substanzen dieser Stoffklasse keine Amine sind (allen voran das bekannte Vitamin C, die Ascorbinsäure). Als der Amerikaner E. V. McCollum dann 1917 entdeckte, daß es sowohl fett- wie auch wasserlösliche Wachstumsfaktoren gibt, war der Weg frei zu ihrer Isolierung und chemischen Charakterisierung. Heute, nach großangelegten klinischen Studien und sorgfältigen molekularbiologischen Experimenten, weiß man um ihre Funktion beispielsweise als Koenzyme und Antioxidantien, beginnt aber auch ihre Rolle beispielsweise in der Regulation der Zellteilung zu verstehen.[1]

In manchen Publikationen findet man nun wenigstens den Hinweis, daß das Wissen um die Notwendigkeit zur Aufnahme bestimmter Nahrungsmittel schon wesentlich älter ist und weit in die Antike zurückreicht. Aber es lohnt sich durchaus, noch ein wenig auf der Spur des Briten Hopkins zu bleiben, denn die wiederum führt erstaunlich weit zurück und bis in die Neue Welt hinüber.

Mißachtete Ursprünge

Auf der zweiten von insgesamt drei Reisen nach Kanada hatte der französische Entdecker Jacques Cartier (1491–1557) ausgesprochenes Pech. Im November 1535 fror seine kleine Flotte unweit der Huronensiedlung Hochelaga, aus der sich später Montreal entwickeln sollte, im St. Lawrence River ein. Cartier ließ seine Männer am Ufer eine kleine Befestigung errichten, um dort die Schneeschmelze im Frühling abzuwarten. Zunächst handelten die Männer mit den Indianern der Umgebung, doch als die Seeleute bei ihnen Symptome von Skorbut bemerkten, verwehrten sie ihnen den Zutritt, aus Angst vor einer möglichen Ansteckung.

Man sollte nicht geringschätzig auf diese Seeleute herabsehen; schließlich war die damalige „Schulmedizin“ auf keinem allzu hohen Niveau: Die Ärzte versuchten mit Blutegeln die Balance der Körpersäfte wiederherzustellen, muslimische Mediziner behandelten ihre Patienten mit glühenden Kohlen, und im Orient verschrieb man bevorzugt zermahlene Drachenknochen, die man als Grundlage für die verschiedensten Tränke verwendete. Wenn man an sinnlos gewilderte Tiger und unter qualvollsten Bedingungen zur Gewinnung von Galle eingepferchte Bären denkt, drängt sich der Eindruck auf, man habe in manchen Ländern bis heute nicht sehr viel dazugelernt!

Somit ist es sicher verzeihlich, wenn Cartiers Männer den Skorbut für eine Infektionskrankheit hielten. Die Quarantäne half ihnen jedoch nichts, sie erkrankten gleichfalls. Immerhin waren sie aufgeschlossen genug zu bemerken, daß die Indianer in kurzer Zeit wieder völlig erholt waren, während fast jeder vierte der 110 Weißen starb, und, so Cartier selbst, „der Rest war so krank, daß wir glaubten, sie würden sich, nur drei oder vier vielleicht ausgenommen, nie wieder erholen“. Aus Angst vor Angriffen wagte er es nur zögernd, sich bei den Ureinwohnern nach einem Hilfsmittel zu erkundigen, und nur unter dem Vorwand, einen Diener heilen zu wollen, um den Indianern nicht den wahren, erbärmlichen Zustand seiner Männer zu offenbaren. Doch sie zeigten ihm sehr bereitwillig, wie man aus der Rinde und den Nadeln eines immergrünen Baumes, den sie *annedda* nannten, ein nicht sehr wohlschmeckendes, aber hilfreiches Gebräu mit einem hohen Gehalt an Vitamin C gewinnen konnte.

Natürlich hat man ausgiebig darüber spekuliert, um welchen Baum es sich gehandelt haben könnte, allerdings erfolglos. Da Cartier keine präzisen Angaben machte, fühlten sich die späteren Herausgeber seiner Berichte berufen, diese Informationen nachzuliefern. Zunächst wurde der Sassafras- oder Fenchelholzbaum (*Sassafras albidum*) genannt, ein schlanker, bis zu 35 m hoher Baum aus der Familie der Lorbeergewächse. In der Tat war dieser Baumden nordamerikanischen Indianern als eine sogenannte *gute Medizin* heilig, sie nutzten ihn in den vielfältigsten Formen gegen viele Leiden, etwa gegen rheumatische Beschwerden, Geschlechtskrankheiten und Husten, als Narkotikum und Aphrodisiakum. Der Ethnobotaniker Christian Rätsch weist darauf hin, daß sowohl die weißen Siedler des Ostens wie auch die schwarzen Sklaven diese Pflanze begeistert in ihre Medizin aufgenommen haben.[2] Die Anhänger des Hoodoo beispielsweise, einer auf Louisiana konzentrierten Variante des karibischen Voodoo-Kults, verwendeten die Blätter des Sassafrasbaums als einen Ersatz für das afrikanische Okra als Gewürz für ihre Ritualspeise Gumbo. (Gumbo wurde nicht nur bisweilen als Bezeichnung für einen entflohenen Sklaven verwendet, vor allem steht es für das Malvengewächs *Abelmoschus esculentus*, eine krautige, einjährige, in den Südstaaten und der Karibik häufig angebaute Pflanze mit Hibiskus-ähnlichen Blüten, deren Schoten – Okra – aufgrund ihres hohen Schleimgehalts in noch jungem, grünem Zustand zum Eindicken und Würzen von Suppen und Eintöpfen eingesetzt wurden.) Doch so vielfältig der Sassafrasbaum auch genutzt wurde, eines sprach ganz erheblich gegen seine Identität mit *annedda*: So hoch im Norden kommt er leider nicht vor.

Es gab noch weitere Kandidaten, beispielsweise aus der Gattung der Schierlings- oder Hemlocktannen (*Tsuga* sp., in diesem Fall besonders *T. canadiensis*). Bei wohl allen Stämmen der nördlichen Waldregionen Nordamerikas wurde die Kanadische Schierlingstanne medizinisch genutzt: Die Ojibwa zerstießen und pulverisierten die Rinde zu einem Mittel gegen Diarrhö, bei den Micmac wurde ein Rindentee gegen Husten, Erkältungen und Grippe eingesetzt.

Das Baumpech fand Eingang in die amerikanische Pharmakopöe, basierend auf dem Gehalt an Tannin, geringen Mengen an ätherischen Ölen und dem Harz. Auch die Weymouthskiefer (*Pinus strobus*) wurde ins Spiel gebracht, ein im östlichen Nordamerika und vor allem im Gebiet der Großen Seen weit verbreiteter Baum, der ein wertvolles Holz und Terpentin liefert. Doch trotz aller Mutmaßungen wissen wir bis heute nicht definitiv, womit die Indianer Cartiers Männer retteten.

Obwohl Cartier seine Erfahrungen festhielt (und aus Dankbarkeit den Häuptling entführte, in der Hoffnung auf Goldschätze), wurde die Information völlig ignoriert. Das ist um so erstaunlicher, als der Skorbut damals ein erhebliches Problem darstellte. Erst als James Lind (1716–1794), ein schottischer Marineoffizier, Cartiers Bericht las, nahm die westliche Medizin die Therapie zur Kenntnis. Systematische Untersuchungen schlossen sich an, bis schließlich 1795 die britische Admiralität jenen Befehl ausgab, alle Schiffe mit Zitronen und ab 1865 mit Limonen zu versorgen. Lind jedenfalls ging in die Geschichte ein als der Entdecker der Ursache und der Therapie von Skorbut.[3]

Zwei Wissenssysteme

Wer einen Eindruck von der Naturerfahrung und dem Wissen gewinnen möchte, das die Indianer Nordamerikas angesammelt haben, der wird sich zunächst sehr schwer tun. Der bei uns übliche Modus, daß neue Ergebnisse zunächst publiziert werden, sich dann als fundiert erweisen müssen und schließlich Eingang in die Lehr- und Schulbücher finden, kann in diesem Fall nicht zur Anwendung kommen, schon allein deswegen, weil nichts schriftlich fixiert wurde. Doch das ist nur eine Seite der Münze. Sehr viel entscheidender ist, daß der Schamane oder Jäger zwar dieselben Phänomene in der Natur wahrnimmt wie beispielsweise ein Astronom oder Biologe des westlichen Kulturkreises, aber die Beobachtung auf eine ganz andere Art und Weise *erklärt*. Beide Naturforscher sind bemüht, die Umwelt in einem solchen Ausmaß zu erfassen, daß eine *Vorhersage* und eine *Manipulation* möglich werden. Beide erreichen dieses Ziel auch, doch die Methoden sind völlig unterschiedlich.

Man kann sich dies vielleicht an der Klassifikation von Lebewesen am besten deutlich machen. Als Carl von Linné 1735 sein System zur Taxonomie der Pflanzen einführte, da teilte er nach Geschlechtsorganen und nach anderen morphologischen Kriterien ein. Für ihn (wie auch für jeden anderen Naturwissenschaftler westlicher Prägung) ging es um die Suche nach Gemeinsamkeiten, nach zugrundeliegenden Prinzipien. Es gilt geradezu als krönender Abschluß, wenn es möglich wird, aus einer zunächst unüberschaubar anmutenden Vielfalt an Erscheinungen schließlich abstrakte mathematische Gesetze abzuleiten.

Auch der Indianer ist durchaus an Ähnlichkeiten in Gestalt und Funktion interessiert. [4] Die Navajos beispielsweise unterscheiden ebenfalls männliche und weibliche Pflanzen, allerdings nach Eigenschaften wie etwa der Härte oder der Größe. Ihr System basiert also nicht auf der Unterscheidung von Geschlechtsmerkmalen bei Pflanzen einer bestimmten Art, vielmehr werden Analogien zu verschiedenen Persönlichkeitszügen in die Organismen hineinprojiziert, wie man sie gemeinhin mit Männern oder Frauen zu assoziieren pflegt. Während der Wissenschaftler eine umfassende Systematik anstrebt, wird der Schamane oder Jäger bei nützlichen Arten eine ungeheuer treffsichere Unterscheidung leisten, andere jedoch fast völlig ungeordnet zusammenwerfen – nicht etwa, weil er sie nicht unterscheiden könnte, sondern weil sie keinen unmittelbaren Nutzen haben!

All das bedeutet aber nun keinesfalls, daß man eines dieser Wissenssysteme dem anderen vorziehen kann. Ein relativ simples Beispiel, bei dem ich mich an George Johnson orientiere[5], mag das verdeutlichen. Die Welt, das Universum um uns herum ist mit Sicherheit wesentlich komplizierter, als wir es uns heute vorzustellen vermögen. Alle Erklärungen, seien sie wissenschaftlicher, religiöser oder welcher Art auch immer, können somit nur eine Annäherung an die tatsächlichen Verhältnisse darstellen. Nehmen wir einmal an, wir hätten ein Punktmuster vorliegen, irregulär, mit gewissen Häufungen und anderen, eher leeren Stellen. Wenn ich von der Voraussetzung ausgehe, diese Punkte wären eigentlich eine Gerade, würden aber bis zu einem gewissen Grad darum herum streuen, dann gibt mir die Mathematik die Möglichkeit, aus den Koordinaten dieser Punkte mit rechnerischen Mitteln eine Gerade zu konstruieren.

Also beginne ich mit der unter Umständen mühsamen Arbeit, ein geeignetes Koordinatensystem über alle Punkte zu legen und den Punkten jeweils bestimmte Raumkoordinaten zuzuordnen. Habe ich alle Punkte erfaßt, kann ich mit bestimmten rechnerischen Hilfsmitteln die Gleichung dieser Gerade errechnen, ja, ich erhalte sogar einen Regressionskoeffizienten, der mir sagt, wie gut diese Geradengleichung die Punkteverteilung tatsächlich beschreibt. Möglicherweise wird dieser Koeffizient darauf hindeuten, daß die Beschreibung der Punkteschar durch eine Gerade zwar ganz gangbar, aber nicht ideal ist. Dennoch ist es vorstellbar, daß mir diese Beschreibung genügt, denn zum einen bin ich ja davon überzeugt, daß eine Gerade vorliegt, ich kann sogar einigermaßen zutreffend die Lage neuer Punkte vorhersagen, des weiteren fehlen mir vielleicht die mathematischen Mittel, um nach weiteren, komplexeren Mustern zu suchen, die den Punkten in Wirklichkeit zugrundeliegen könnten.

Aber gesetzt den Fall, ich hätte die notwendigen mathematischen Formalismen zur Verfügung und dächte auch daran, sie einzusetzen, so ist es denkbar, daß ich zu dem Ergebnis komme, daß keine Gerade vorliegt, sondern beispielsweise eine schräg verlaufende Helix. Auch dafür gibt es eine mathematische Gleichung, auch dafür kann ich wieder bestimmen, wie gut die Punkte auf dieser neuen Struktur liegen. Und – möglicherweise – ist diese neue Kurve besser geeignet, die Punkteschar zu beschreiben. Dennoch wird auch sie nicht alle Punkte auf sich vereinen, vielleicht aber immerhin mehr als die Geradengleichung. Wir haben jetzt ein zweites Weltbild geschaffen, das die beobachtete Wirklichkeit etwas besser wiederzugeben vermag. Doch Vorsicht: *Erstens bedeutet dies in keiner Weise, daß man nicht auf noch ganz andere Muster stoßen könnte, die noch besser geeignet sind, die Punkteschar in abstrakter Form zu beschreiben, und zweitens heißt dies schon gar nicht, daß die Punkte tatsächlich einem Muster folgen müssen!* In sehr treffender Form hat dies der Schweizer Chemiker Albert Hofmann[6] ausgedrückt: „Die Welt ist so, wie man sie wahrnimmt und was man von ihr wahrnimmt."

Ein Beispiel dieser Art bietet der Sternenhimmel. Um seine Vielfalt zu ordnen, haben wir Sternbilder erfunden, „hineingelesen", die im Weltraum keine Entsprechung haben, zwei Sonnen ein und desselben Sternbilds können in Wirklichkeit durch riesige Entfernungen voneinander getrennt sein. Auch die Indianer haben den Nachthimmel geordnet, doch aufgrund ihres unterschiedlichen kulturellen Hintergrunds haben sie andere Muster gesehen, andere Sternbilder definiert. Ihre Sternbilder sind genausowenig real wie unsere, doch beide Arten, den Himmel in Strukturen zu gliedern, erlauben es, sich in der Dunkelheit zu orientieren und beispielsweise eine bestimmte Richtung einzuschlagen. Somit haben wir zwei völlig unterschiedliche Arten, die Wirklichkeit zu beschreiben, die beide mit der Wirklichkeit nicht das Geringste zu tun haben und dennoch sinnvolle Aktionen ermöglichen. Wer wollte nun die Entscheidung darüber fällen, welche dieser beiden Arten „die bessere" sei?

Ursachen von Krankheit: die indianische Sicht

Überträgt man diese Analogie nun wieder auf die Medizin, fällt vielleicht ein Grundverständnis für die indianische Anschauung der Dinge ein wenig leichter. Dabei sei vorweg betont, daß die westlich-naturwissenschaftliche Weltanschauung hier nicht in Frage steht. Wir beginnen damit, Krankheiten auf das molekulare Niveau zurückzuverfolgen, wir beginnen somit auch, ihre Ursachen besser zu verstehen.[7] Es ist absehbar, daß wir damit eines Tages die medizinische Therapie auf ein neues Fundament stellen werden, wenn auch im Augenblick noch die Versprechungen für die Zukunft weit umfassender sind als das tatsächlich Erreichte. Aber im Rahmen dieser Diskussion soll versucht werden, ein von unserer Medizin völlig verschiedenes Wissensgebäude in seinen Umrissen darzulegen, ein Unternehmen, das eigentlich ein eigenes Buch wert wäre.[8] Von daher mag es verzeihbar sein, wenn die folgenden Ausführungen ein wenig einseitig ausfallen.

Während wir versuchen, die einer Erkrankung zugrundeliegende Störung auf physiologischer oder biochemischer Ebene ausfindig zu machen, hat für einen indianischen Heiler eine Krankheit ihre Wurzel in einer gestörten Beziehung zum Übersinnlichen. Das mag uns im ersten Moment weit hergeholt und wenig begründbar erscheinen, doch müssen wir den Gesundheitszustand der amerikanischen Urbevölkerung in Betracht ziehen. Diese Menschen litten in weitaus geringerem Umfang an chronischen Erkrankungen wie Krebs oder Beeinträchtigungen des Herz-Kreislauf-Systems, die in unserer Zivilisation zu den wichtigsten Todesursachen geworden sind. Auch die klassischen Infektionskrankheiten, die die europäischen Gesellschaften im Lauf der letzten zwei Jahrtausende heimsuchten, waren praktisch – wenn auch nicht ganz – unbekannt. Dafür waren Verletzungen aller Art häufig, Verstauchungen, Knochenbrüche, Fleisch- und Schnittwunden, Folgen von Unfällen und kriegerischen Auseinandersetzungen. Dazu kamen weiterhin chronische Beschwerden, beispielsweise Erkrankungen des rheumatischen Formenkreises, sowie bestimmte situationsbedingte Probleme wie etwa im Umkreis von Schwangerschaft und Geburt, Erkältungen, Augen- und Hautleiden, hier durchaus auch Hautkrebs.

Virgil J. Vogel hat diese Situation prägnant umrissen: „Es soll hier nicht behauptet werden, daß die amerikanischen Indianer die wissenschaftliche Methode von Experiment und Folgerung bei der Suche nach Heilmitteln und Behandlungsmethoden angewandt hätten. Die indianische Medizin war keine Spur rationaler als die europäische in jener Zeit der Entdeckung, möglicherweise mit der Ausnahme geburtshilflicher Praktiken; ob sie weniger rational war, bliebe noch zu diskutieren... Die indianische Behandlung äußerlich verursachter Schäden, deren Ursache deutlich einsichtig war, war normalerweise vernünftig und häufig effektiv. In diese Kategorie fallen Knochenbrüche, Verrenkungen, Wunden aller Art, einschließlich Schlangen- und Insektenbisse, Verletzungen der Haut, Quetschungen und ähnliches. Bei chronischen inneren Krankheiten, deren Ursache nicht unmittelbar auf der Hand lag, war es indianischer Brauch, die Erkrankung übernatürlichen Kräften anzulasten. Wenn die normalen medizinischen Fähigkeiten nicht in absehbarer Zeit Erleichterung verschafften, griffen sie auf Schamanen-Methoden zurück, wie beschwörende Gesänge, Zauber, Gebete, Tänze, das Schütteln von Rasseln und das Schlagen der Trommeln."

Gesundheit war also zunächst durchaus der Normalzustand, Krankheit das Resultat einer Disharmonie.[8] Die Übergänge dazwischen waren fließend, vergleichbar einer abschüssigen Rampe. Manche Stämme drückten diesen Übergang auch sprachlich aus; sie verwendeten dasselbe Wort „Seele“ für einen Menschen wie auch für einen Toten. Andere dagegen betonten den Bruch, indem sie „Seele“ und „Toter“ mit zwei unterschiedlichen Ausdrücken belegten. Ein Verstorbener konnte auch durchaus in der Form eines „Totengeistes“ individuell materialisieren, vor allem die Stämme der Athapasken vermieden daher die Erwähnung. Mit dem Tod hatte für sie eine Umwandlung in etwas radikal Neues, eventuell auch Gefährliches stattgefunden, vor dem Vorsicht angeraten war.

In Filmen und Romanen wird immer wieder auch die Wildheit im Kampf und die Todesverachtung der Indianer geschildert, so daß hier deutlich darauf hingewiesen werden soll, daß sie durchaus am Leben hingen. Selbsterhaltung war für sie selbstverständlich, doch hatten sie prinzipiell keine Angst vor dem Tod. Entscheidend war vielmehr das richtige Verhalten im Moment des Sterbens oder im Angesicht von Todesgefahr. Im Gegensatz zu unseren Glaubens- und Mythenwelten leben allerdings nur bei wenigen Stämmen die Toten mit den Göttern in einer Art Jenseits. Es gibt eine Vielzahl von Mittlern zwischen der Welt der Lebenden und jener der Toten; eine besonders vielschichtige Rolle spielen hier beispielsweise die Kachinas der Navajos. Der „große Geist“ oder Manitu (genauer Kitsche Manitou) unserer Indianerbücher, der eigentlich den Cree zuzuordnen ist, ist in diesem Sinn eher eine Ausnahme. Im übrigen genossen es die Indianer durchaus, sich mit Geschichten aus dem Totenreich ins Schaudern zu versetzen.

Ethnobotanische Spurensuche

Um nun mit ihren gesundheitlichen Beeinträchtigungen zurechtzukommen, schufen die Indianer ein medizinisches System, das uns in mehrfacher Hinsicht erstaunen sollte. Sie suchten ebenso wie wir nach Begründungen für die Erkrankung, und sie machten sie an einer gestörten Balance im übernatürlichen Bereich fest. Solange aus einer solchen Prämisse sinnvolle Handlungen ableitbar sind, ist sie – auch nach unseren wissenschaftstheoretischen Prinzipien! – a priori so gut oder schlecht wie jede andere. Und in der Tat griffen sie auf Heilmittel zurück, denen letzten Endes auch unsere Arzneimittel entstammen, meistens nämlich Pflanzen. Auch nichtpflanzliche Substanzen tierischen und mineralischen Ursprungs, vorwiegend Mineralien und Tonerden, wurden verwendet, allerdings nicht im gleichen Umfang. Wirklich beeindruckend aber ist das Repertoire an Heilpflanzen, das die indianischen Heiler erschlossen.

Der amerikanische Anthropologe D. E. Moerman von der University of Michigan in Dearborn hat in jahrzehntelanger Forschungsarbeit eine auch per Internet erschließbare Datenbank aufgebaut, in der er Verwendungen von Pflanzen durch amerikanische Ureinwohner gespeichert hat. Die inzwischen etwa 45 000 Eintragungen gliedern sich in die Hauptgruppen Heilmittel, Nahrungsmittel, Farbstoffe sowie Faserstoffe und ähnliches.[9] Zirka 11 000 Eintragungen betreffen Nahrungsmittel und nennen knapp 4000 verschiedene Pflanzenarten. Mehr als 25 000 dagegen beziehen sich auf Heilmittel, mit der Nennung von 2865 Pflanzenarten. Schon diese Zahlenverhältnisse deuten eine sehr intensive und bewußte Nutzung des medizinischen Potentials der Flora an.

Moermans Forschungen zeigen, daß dieser Eindruck keineswegs trügt. Die an Heilpflanzen ergiebigsten Familien sind (in dieser Reihenfolge) die Korbblütler (Asteraceae), die Rosengewächse (Rosaceae) und die Lippenblütler (Lamiaceae); Vertreter der Süßgräser (Poaceae) oder der Binsengewächse (Juncaceae) sind dagegen praktisch ohne Bedeutung. So zieht der Anthropologe den Schluß, daß diese bemerkenswerte Menge und Selektivität „ohne jeglichen Zweifel die abwertenden Behauptungen" widerlegen, wonach „die indigenen amerikanischen Heilmittel willkürlich ausgesucht wurden und die Ureinwohner einfach alles verwendeten und hin und wieder auf irgend etwas Nützliches (wie *Echinacea* oder *Podophyllum*) stießen".

Wie aber fanden die Indianer medizinisch nutzbare Pflanzen? Moerman stellt eine Reihe von Kriterien auf, die durchweg sehr praktischer Art sind. Potentielle Heilpflanzen sollten häufig sein, so daß man sie auch wiederfindet, ausdauernd und groß, also eher Bäume als Kräuter, weitverbreitet und gut erkennbar. „Das heißt nicht", so der Wissenschaftler, „daß eine winzige, unscheinbare, unauffällige, einjährige Pflanze, die in einem Wald in Tennessee vorkommt, nicht Bestandteil der amerikanischen Heilpflanzenflora sein könnte. Es heißt nur, daß es *wahrscheinlicher* ist, daß ein großer, verbreiteter, ausdauernder

Baum, der in 20 Staaten anzutreffen ist, medizinisch verwendet wird als die seltene Pflanze." Ist es – in Anbetracht der optischen Auffälligkeit – dann besonders erstaunlich, daß viele nordamerikanische Arzneipflanzen den Weg in unsere Gärten gefunden haben? Bruno Wolters hat einige aufgeführt: *Thuja occidentalis*, den Lebensbaum, *Hamamelis virginiana*, die Virginsche Zaubernuß, *Viburnum prunifolium*, den amerikanischen Schneeball, *Cimicifuga racemosa*, die Traubensilberkerze, die auch den Weg in die moderne Gynäkologie gefunden hat, *Phytolacca americana*, die Kermesbeere, die Sonnenhut-Arten *Echinacea purpurea*, *E. pallida*, *E. angustifolia* ...

Projekt Vampir

An dieser Stelle ist ein Einschub notwendig. Die schon mehrfach angesprochene Mißachtung indigenen Wissens (und das bezieht sich jetzt nicht allein auf Nordamerika) hat dazu geführt, daß früher die Nutzung von natürlichen Ressourcen durch andere Völker, also beispielsweise von Pflanzen zu Heilzwecken, allenfalls aus anthropologischer Sicht näher untersucht wurde, um also Wissen über diese Völkergruppen (Ethnien) anzuhäufen. Man wäre, außer in Notsituationen wie Cartier, kaum an den medizinischen Kenntnissen dieser Menschen interessiert gewesen. Heute scheint sich das zu ändern, und leider muß man – wieder einmal – konstatieren, daß dabei nicht vorwiegend vorausschauende Einsicht die Hauptrolle gespielt hat, sondern der ehrenwerte Versuch, im Nachhinein noch soviel wie möglich zu retten.

Die Feststellung, daß unsere Medizin weiter denn je davon entfernt sein dürfte, Krankheiten zu besiegen, ist inzwischen lapidar; sowohl in bezug auf Infektionskrankheiten wie auch auf die verschiedenen Arten von Krebs wird dies durch die aktuellen epidemiologischen Statistiken leider immer wieder nachhaltig bestätigt.[10] Insofern ist es eigentlich erstaunlich, daß man erst in den letzten Jahren damit begonnen hat, das empirische Wissen indigener Heiler aufzuzeichnen und auf seine medizinische Relevanz zu prüfen.[11] Solche Forschungsprojekte, wie sie inzwischen auch von einigen pharmazeutischen Firmen durchgeführt werden, sind in Zeiten knapper Kassen alles andere als Luxus. So hat die Weltgesundheitsorganisation WHO vor kurzem darauf hingewiesen, daß sich bis heute ein großer Teil der Menschen in vielen Entwicklungsländern für die primäre Gesundheitsversorgung nach wie vor auf traditionelle Heilmittel verläßt. Nach einer Studie der WHO und der UNESCO ist es nur dann möglich, weltweit einen einigermaßen akzeptablen Gesundheitszustand der Bevölkerung zu erhalten, wenn die althergebrachten Behandlungsmöglichkeiten nutzbar gemacht und rational weiterentwickelt werden, vor allem auf dem Gebiet pflanzlicher Arzneimittel – nicht zuletzt eine Frage der zur Verfügung stehenden Finanzmittel!

Dabei stößt man auf eine ganze Reihe nicht unerheblicher Schwierigkeiten. Zum einen ist die weltweite Globalisierung hin zur Einheitskultur schon weit fortgeschritten, und man findet nur noch wenige wirkliche Heiler, die bestens ausgebildet und dazu noch willig sind, ihr Wissen weiterzugeben. Auch in den Entwicklungsländern finden sie oft keine Nachfolger mehr. Es ist darüber hinaus kaum absehbar, wieviele Erkenntnisse infolge von Kriegen, „ethnischen Säuberungen", aber auch gezielter oder unbeabsichtigter Verfälschung der Überlieferung bereits unwiederbringlich verloren sind![12] Andererseits muß natürlich dafür gesorgt sein, daß dieses Wissen, so es denn Profite abwirft, auch der Bevölkerung in den jeweiligen Ländern zugute kommt. Einen Weg dahin weisen etwa Projekte wie „Shaman Pharmaceutica", das im Rahmen der Vorbereitung zur EXPO 2000 vorgestellt wurde. Dabei handelt es sich um eine Organisation, die mit den Bewohnern tropischer Regenwälder zusammenarbeitet und Stiftungen zugunsten der indigenen Bevölkerung unterhält. Auf diese Weise können Profite wieder in die Ursprungsländer zurückfliessen: sei es durch den Bau von Gesundheitszentren, die Installation von Trinkwasseranlagen oder auch die Möglichkeit für Wissenschaftler aus diesen Ländern, in den gut ausgestatteten Labors der westlichen Firmen forschen zu können; Möglichkeiten gibt es viele.

In solchen Fällen ist es dann sicher nicht angemessen, von einem „Projekt Vampir" zu sprechen, wie man es schon in Verkennung der Realitäten getan hat. Denn auch ein anderer Punkt darf nicht übersehen werden: Ein pharmazeutischer Volltreffer, wie es die Acetylsalicylsäure einmal war, ist dabei sicher nicht zu erwarten. Aus solchen Bestrebungen wird sich kein pharmazeutischer Weltkonzern entwickeln. Wohl aber eine Vielzahl kleiner, Steuern bezahlender und Arbeitsplätze schaffender mittelständischer Betriebe mit einer an das Land angepaßten Struktur, und eben das wird benötigt.

Drei von vielen

Es ist in diesem Zusammenhang sicher nützlich, anhand einiger weniger Beispiele darauf hinzuweisen, daß eben doch mancher Pflanze aus dem Heilkundewissen der Schamanen und Medizinmänner der „Aufstieg“ in unsere westliche Medizin gelungen ist – und daß damit heute Geld verdient werden kann. Ist es denn wirklich ein so großer Unterschied: hier der Arzt, der bei einer bakteriellen Infektion ein Antibiotikum gibt, das entweder aus einem Pilz isoliert oder zumindest nach einem solchen Naturstoff halbsynthetisch hergestellt wurde, und da der bei Indianerstämmen von Kalifornien bis zu den Neuenglandstaaten verbreitete Brauch, Pilze oder das Pulver von Pilzsporen zur Desinfektion auf eine Wunde aufzutragen?

Da Wolters sehr sachkundig in vielen Publikationen entsprechendes Wissen zusammengetragen hat, genügt es an dieser Stelle, an drei Beispielen aufzuzeigen, daß Indianer durchaus in der Lage waren, Pflanzen genau wie in der heutigen Phytotherapie zu nutzen. Das bekannteste Beispiel ist sicherlich der Sonnenhut *Echinacea*, dessen drei wichtigste Arten weiter oben schon erwähnt wurden. Vor allem im Gebiet der Prärieindianer wurde er häufig eingesetzt, meistens die Art *E. angustifolia*. Die Anwendungen waren äußerst vielfältig: bei Entzündungen, Schlangenbissen, Tollwut oder verunreinigten Wunden, als Wurmmittel oder als ein Stimulans. Vor allem also bei Infekten kam die Pflanze zum Einsatz – und das deckt sich vollständig mit der heutigen Anwendung als Immunstimulans! Die nordamerikanischen Indianer nutzten hier also ein sehr modernes Therapieprinzip, die Immunstimulation durch *biological response modifier*, sogenannte Immunmodulatoren.

Ganz ähnlich ist es beim Amerikanischen Lebensbaum (*Thuja occidentalis*). Im Zusammenhang mit Cartiers Reisen waren wir ihm schon begegnet – für die Indianer ist er auch heute noch eine der wichtigsten Arzneipflanzen. So kommt er beispielsweise bei den Schwitzbädern zum Einsatz, bei denen in engen, aus Zweigen und Lehm erbauten Hütten auf heißen Steinen Wasser verdampft wird. Dazu gibt man oft Zweige des Lebensbaums, die auf der erhitzten Unterlage ihre ätherischen Öle abgeben. Solche Schwitzbäder sind mehr als eine nur körperliche Reinigung, es ist ein Ritual, bei dem Dunkelheit, Hitze und ungeheure Luftfeuchte zusammenwirken. Unter solchen Bedingungen sind auch Visionen nicht selten. Die indianischen Anwendungen von *Thuja* bei Erkältungskrankheiten, Infekten, Hautleiden und Verbrennungen sind aufgrund der immunstimulierenden Polysaccharide und der antibiotisch wirkenden Thujaplicine sinnvoll. Auch hier ist die indigene Medizin also durchaus auf dem richtigen Weg.

Ein in ganz anderer Hinsicht faszinierendes Beispiel ist die Pazifische Eibe (*Taxus brevifolia*), eine enge Verwandte unserer einheimischen Eibe (*T. baccata*). Ab 1967 erforschte man die Wirkungen des Inhaltsstoffes Taxol, der bei Brust- und Eierstockkrebs Wirkung zeigt. Zeitweise mußte man befürchten, daß aufgrund des enormen Bedarfs an dieser Substanz der Baum ausgerottet werden würde, denn um zwei Gramm zu gewinnen, die Menge für die Behandlung einer einzigen Patientin, mußte man zwischen drei und zwölf Bäume fällen und entrinden. Bei etwa 50 000 Erkrankungen pro Jahr allein in den USA wäre der Bestand in Kürze vernichtet gewesen. Inzwischen wurde es glücklicherweise möglich, Taxol und verwandte Substanzen halbsynthetisch aus reichlich zur Verfügung stehenden Vorstufen aus *T. baccata* herzustellen, so daß dieses Problem gelöst ist. Und die Indianer? Sie setzen die Eibe sehr vielfältig ein, als Abtreibungsmittel, zum Desinfizieren, bei Schmerzen oder Lungenerkrankungen. Und bei Hautkrebs.

Wir können, wir sollten von den Indianern und anderen indigenen Völkern lernen, und zwar auf eine faire und den Umständen angepaßte Art und Weise. Dabei ist es jedoch nicht sinnvoll, sie zu Idealfiguren zu verklären, wie es heute in vielen Fällen im Bereich der Ökologie getan wird. Ein Beispiel ganz anderer Art kann das deutlich machen.

Cahokia: vom Untergang der Sonnenstadt

Das neben Moundville im US-Bundesstaat Alabama sicher beeindruckendste Kulturzentrum, seit 1982 von der UNESCO zum Weltkulturerbe gerechnet, ist Cahokia, die Stadt der Sonne.[13] Östlich von St. Louis in Illinois gelegen, haben wir hier die größte prähistorische Stadt nördlich von Mexiko vor uns. Sie wurde erst um 600 n. Chr. gegründet, und auf einem Areal von über 10 km^2 findet man ca. 120 Mounds. Früher mögen es mehr gewesen sein, doch viele wurden ein Opfer der Landwirtschaft oder des Straßenbaus. In der Blütezeit der Stadt, von 1050 bis 1250, dürften hier mindestens 20000 Menschen gelebt haben, vielleicht sogar doppelt so viele. Unsere britischen Miteuropäer mögen den respektlosen Vergleich erlauben: Cahokia war damals größer als London, und bis um 1800 erreichte keine Stadt in den Vereinigten Staaten eine vergleichbare Größe!

Weithin sichtbar erhob sich im Mittelpunkt der Stadt der Monks Mound, so benannt nach Trappisten-Mönchen, die im 18. Jahrhundert die Terrassen des Hügels für den Gemüseanbau nutzten. An der Basis ist er 316 m lang und 241 m breit; seine Grundfläche übertrifft damit die der Cheops-Pyramide bei Giseh um etwa 5000 m^2. In vier Terrassen ragte er bis zu einer Höhe von mehr als 30 m auf, und auf seiner obersten Plattform stand ein Tempel oder Palast, etwa 35 m lang, 16 m breit und wahrscheinlich ebenso hoch. Die Archäologen schätzen das Volumen an bewegter Erde auf immerhin 616 000 Kubikmeter. Ceram hat diese beeindruckenden Leistungen auf ein knappes Fazit gebracht: „Nimmt man alle nordamerikanischen Mounds zusammen, die unendlich viel zahlreicher sind als die ägyptischen Pyramiden, so ergibt sich der organisierte Arbeitsaufwand eines primitiven Volkes, der in seiner Gesamtheit *weit über dem ägyptischen rangiert!*“

Wie mag Cahokia in seiner Blütezeit ausgesehen haben? Es lag an einer von der Natur begünstigten Stelle am Zusammenfluß von Illinois, Mississippi und Missouri. Vier große Ökozonen treffen hier aufeinander: Prärien im Norden und Westen, die Ozark Mountains im Südwesten, Waldländer im Osten und nicht zuletzt die fruchtbaren und fischreichen Flußniederungen des Mississippi im Süden. So entstand eine mit Sümpfen, Teichen und Wasserläufen gespickte Schwemmlandebene von etwa 200 km^2 Ausdehnung, die man als American Bottom bezeichnet. Wild und Fische waren reichlich vorhanden, die Bergketten lieferten Mineralien und Gestein, die Wälder dringend benötigtes Holz. So entstanden in diesem Gebiet mindestens 50 Siedlungen, deren größte Cahokia wurde.

Die Erbauer von Cahokia rechnet man der Mississippi-Kultur zu. Bis heute ist es nicht ganz klar, ob die Menschen der Adena- und Hopewell-Traditionen eigenständige Kulturen darstellten, besondere Ausprägungen der Waldland-Kultur oder ob all diese Formen gar in eine Entwicklungsreihe gestellt werden können. Sicher ist lediglich, daß diese Menschen Mounds errichteten, daß sie eine ganze Reihe von Pflanzen, vor allem ertragreiche Mais-Sorten, anbauten

Acht Jahrtausende Haute Couture

Vielen genervten Eltern modebewußter Teenager mag es ein Trost sein: Kinder waren schon immer so. Der Beweis dafür kommt aus einer Disziplin, aus der man ihn nicht unbedingt erwartet hätte, der Archäologie. Als der Amateurgräber J. Mett Shippee in den 50er Jahren die Arnold Research Cave bei Columbia im US-Bundesstaat Missouri erforschte, stieß er auch auf Schuhe, Sandalen und Mokassins, die in der Trockenheit der Höhle überraschend gut erhalten geblieben waren. Sie vermittelten somit auch einen überraschenden Blick in die scheinbar so tote Vergangenheit. Ein Paar war von geradezu überdimensionaler Größe, andere Schuhe heruntergetreten und nur notdürftig geflickt. Und dann waren da die Ledermokassins eines Kindes, offensichtlich kaum getragen und achtlos beiseite geschleudert.

Dabei war das Material der meisten anderen Schuhe bei weitem nicht so wertvoll. Zu ihrer Herstellung hatte man *Eryngium yuccifolium* verwendet, eine Faserpflanze aus einer Gattung, die man bei uns Mannstreu nennt. (Manchem ist sicher *E. maritimum* bekannt, die als Doldenblütler eher ungewöhnlich aussieht und daher den Namen Stranddistel trägt, sie kommt in Europa und vor allem am Mittelmeer weit verbreitet vor.) *E. yuccifolium* trägt in Amerika den Namen *rattlesnake master* oder *button snakeroot*, da man ihre Blätter bei Schlangenbissen anwandte. Die Creek beispielsweise zerstießen die Pflanze, gossen sie mit Wasser auf und tranken das Gemisch kalt, nicht nur bei Schlangenbissen, sondern auch bei Neuralgien, Nierenbeschwerden und Rheumatismus. Außerdem stellten sie einen als *possau* bezeichneten Trank, daraus her, der als Emetikum, also das Erbrechen fördernd, wirkte und bei bestimmten Zeremonien zum Einsatz kam.

Daneben jedoch nutzte man die Pflanze offensichtlich auch zur Herstellung von Fasern und letzten Endes Schuhen. Dabei ließ die eigentliche Überraschung bis 1998 auf sich warten, als man die 35 Fundstücke genauer untersuchte und mit Hilfe der Beschleuniger-Massenspektroskopie datierte.[18] Zunächst fiel die bisweilen äußerst komplexe Machart auf, die auf ein ausgeprägtes Modebewußtsein, ja vielleicht sogar auf die Betonung sozialer Unterschiede schließen ließ. Das war um so erstaunlicher, als eines der Artefakte 8325 Jahre alt war, die jüngsten waren immerhin noch 1070 Jahre alt. Bisher hatte man aus Schmuckstücken geschlossen, daß solche soziale Schichtungen nicht älter seien als vier bis fünf Jahrtausende; jetzt wurde klar, daß sie schon wesentlich früher existiert hatten.

und daß sie ein bemerkenswert großräumiges Handelsnetz aufbauten, das sich von Mittelamerika bis zu den Großen Seen erstreckte.[14] Der Kontakt mit anderen Kulturformen, seien sie nun Vorgänger oder Parallelentwicklungen, trug in jedem Fall zum Aufschwung Cahokias bei.

Von größter Bedeutung für den ausgedehnten Handel waren die zahlreichen, gut schiffbaren Wasserwege des American Bottom mit ihrer Anbindung an die großen Flußsysteme. Der Aufschwung Cahokias von einem kleinen Weiler zum Zentrum eines straff organisierten Staatswesens muß sehr schnell erfolgt sein. Auf den fruchtbaren Schwemmlandebenen entlang der Wasserläufe wurde eine intensive Landwirtschaft betrieben. Die Überschüsse waren groß genug, um eine Spezialisierung verschiedener Berufszweige zu' erlauben, viele fein gearbeitete Schmuckstücke, beispielsweise aus Muschelschalen von der Küste des Golfs von Mexiko, Kunstwerke und Gegenstände des alltäglichen Lebens wie Pfeilspitzen und Keramikgefäße belegen die Geschicklichkeit der Handwerker. Gerade die Töpferwaren geben Hinweise auf Sitten und Gebräuche, sei es nun die Art, die Gesichter und Körper zu schminken und zu tätowieren, oder auch – in Form zahlloser Pfeifen – der Beweis des intensiven Tabakkonsums.

Cahokia wurde von einer Priesterkaste regiert, deren Anführer göttliche Macht für sich beanspruchte. Von späteren Mississippi-Kulturen wissen wir, daß er als „Große Sonne“ bezeichnet und als Bruder der Sonne gesehen wurde. Er nahm die oberste Stellung in einer scharf abgegrenzten Hierarchie ein. Seine direkten Untergebenen waren wohl enge Verwandte und andere Angehörige einer Elite, dann folgten die Führer der verschiedenen Clans und schließlich das „gemeine Volk“.

Vieles spricht für eine straffe Gliederung der Gesellschaft, nicht zuletzt die Tatsache, daß Cahokia genau geplant war. Insgesamt hatte die Stadt in etwa die Form eines geschliffenen Diamanten, in dessen Zentrum der Monks Mound lag. Um ihn herum konnten mehrere große Plätze lokalisiert werden, begrenzt von weiteren Mounds, teilweise genau auf die Hauptachse von Cahokia ausgerichtet. Eine riesige Palisade, in manchen Bauphasen mit vorspringenden Bastionen versehen, trennte das Zeremonialzentrum vom Rest der Stadt ab. Die übrigen Mounds bildeten zusammen mit kleineren Plazas und unzähligen Hütten aus Lehm, Stroh und Holzstangen eigene Gruppen außerhalb der Palisade.

Nicht alle Strukturen, die die Archäologen gefunden haben, sind in ihrer Bedeutung so klar wie die sogenannten Leihgruben (*borrow pits*), aus denen das Material für die Mounds kam und die dann später beispielsweise mit Abfall wieder aufgefüllt wurden, ja bisweilen dann sogar als Fundament für einen neuen Erdhügel dienten. Noch viel interessanter war eine Entdeckung, die man 1961 im Zuge von Straßenbauarbeiten machte. Westlich vom Monks Mound stieß man auf mehrere große Kreise, die einst lange Zedernstämme enthalten hatten. Die (in Anlehnung an das englische Stonehenge) als Woodhenge bezeichnete Konstruktion diente wohl als eine Art Kalender und als Markierung für die Errichtung weiterer Bauwerke. Zu den Tagundnachtgleichen im Frühjahr und Herbst, wichtigen Eckdaten für Aussaat oder Ernte auf den Feldern, schien die Sonne genau über dem Monks Mound, Sitz des Anführers, aufzugehen.

Insgesamt fünf solcher Kreise, einer immer um zwölf Pfähle größer als der vorhergehende, sind an dieser Stelle gefunden worden. Der erste bestand aus 24, der letzte, wäre er je fertiggestellt worden, aus 72. Auch die Sommer- und Wintersonnwenden konnten bestimmt werden; verfärbte Erde weist darauf hin, daß man wohl die Rückkehr der Sonne mit Feuern zu „unterstützen" versuchte. Sonnensymbole prägen auch die hier gefundenen Artefakte, die wohl im Verlauf von Kulthandlungen dargebracht wurden.

Der Bruder der Sonne verlangt ein Menschenopfer

Was wissen wir aber von den Ansichten und Einsichten, den Träumen und Hoffnungen dieser Menschen? Ganz offen gesagt, erbärmlich wenig. Das beginnt schon beim Namen dieser Stadt, denn die Fundstätte wurde später so benannt, nach in der Nähe siedelnden Indianerstämmen, die nichts mit den Bewohnern von Cahokia zu tun haben! Sicherlich kann man das Alltagsleben recht gut rekonstruieren, und manche der Kunstwerke oder besonders auch der Begräbnisse lassen natürlich manche Schlüsse zu, doch ist dabei extreme Vorsicht geboten.

Wie viele der Ureinwohner Amerikas dürften die Menschen der Mississippi-Kultur eine natürliche Harmonie in dem sie umgebenden Universum gesehen haben, die von einander entgegengesetzten Kräften in einer empfindlichen Balance gehalten wurde. Es gab Hell und Dunkel, Ordnung und Anarchie, Gutes wurde belohnt, Böses bestraft. Rituale dienten, wie oben schon besprochen, der Wiederherstellung dieser natürlichen Ordnung, wenn Katastrophen oder Krankheit darauf hindeuteten, daß sie gestört war.[7]

Die Welt der Menschen war eine Art Zwischenreich, auf der Grenze zwischen der hellen Oberwelt, stetig und vorhersagbar, und der dunklen, chaotischen Unterwelt. Diese Grenzstellung zwang dazu, stets den Ausgleich zu suchen. Tiere dienten als Symbole, Adler und Falke für die Oberwelt, Schlangen, Frösche und Fische für das dunkle Reich. Biber, Eulen und Berglöwe hatten Charakteristika beider Welten. Unter den Pflanzen nahm die Zeder eine Sonderstellung ein. Ihr rotes, widerstandsfähiges Holz mit seinem charakteristischen Duft und die Tatsache, daß der Baum immergrün ist, galt den Menschen von Cahokia als eine Verkörperung der Langlebigkeit.

Der Glaube an ein Leben nach dem Tode ließ einen ausgeprägten Totenkult entstehen, dem wir nicht zuletzt viele Grabbeigaben verdanken. Wie weit dieser Kult ging, belegten beispielsweise die Ausgrabungen am sogenannten Mound 72, einer jener kleinen, dachfirstähnlichen Hügel, die man zunächst kaum zur Kenntnis genommen hatte. Den Archäologen fiel unter anderem die exakte Ausrichtung zur Nordsüd-Achse der Stadt auf Es zeigte sich, daß er auf einigen anderen Hügeln und Gruben errichtet war und eine Unzahl von Grabbeigaben sowie die Überreste von etwa 300 Begräbnissen enthielt. Besonders interessant dabei war das Skelett eines Anführers der Frühzeit auf einem Bett aus über 20 000 Muschelschalen. Mit ihm waren sechs Bedienstete begraben worden, außerdem Kunstwerke aus Glimmer, eine Rolle getriebenes Kupfer und 15 runde Steine für eine Art Ballspiel (*chunkey stones*).

Schließlich stießen die Archäologen auch auf einige unheimliche Funde. Dazu zählten beispielsweise die Überreste von 53 jungen Frauen, zwischen 18 und 23 Jahren alt, die fein säuberlich in zwei Reihen nebeneinander, drei Reihen tief, beerdigt worden waren. Noch erschreckender waren die Körper von vier Männern, geköpft und ohne Hände, die Arme gekreuzt. Der Ausgräber Melvin Fowler faßte seine Schlußfolgerungen später sehr vorsichtig zusammen: „Obwohl es keinen greifbaren Hinweis dafür gibt, daß die jungen Frauen ein gewaltsames Ende fanden, so spricht doch ihre Altersgleichheit dagegen, daß eine Krankheit oder eine allgemeine Katastrophe für ihren Tod verantwortlich waren. Man kommt nicht um die Schlußfolgerung herum, daß die Frauen, ebenso wie die vier verstümmelten Männer, geopfert wurden, wahrscheinlich als Teil eines Begräbnisrituals."[15] Die Frauen wurden vermutlich erdrosselt. Inzwischen besitzen wir eine ganze Reihe von Belegen, die auf Menschenopfer, ja auch auf einen richtigen Totenkult (*Southern Cult*) im gesamten Osten der Vereinigten Staaten hindeuten.

Das Ende einer fremden Welt

„Wenn es einen Totenkult gegeben hat", so fassen es Franklin und Mary Folsom zusammen, „so scheint er einfallsreich genug gewesen zu sein, seinen eigenen Tod vorzubereiten, und er starb tatsächlich. Mit einer dramatischen Plötzlichkeit, die die Forscher immer noch erstaunt, endete der Bau der Erdpyramiden, und der damit verbundene Lebensstil verschwand."[16] Als die ersten Europäer Nordamerika bereisten, war Cahokia bereits verfallen und den später zugezogenen Indianerstämmen ebenso fremd wie den Weißen. Hernando de Soto hat noch einige Mounds in Benutzung, ja sogar im Aufbau gesehen, dennoch war das Ende schon gekommen – und zwar unabhängig von der Ankunft der Konquistadoren.

Was mag den Untergang der Sonnenstadt herbeigeführt haben? Man darf dabei nicht in monokausale Erklärungsversuche verfallen, sicher war eine ganze Reihe von Ursachen beteiligt. Doch der Geograph William I. Woods von der Southern Illinois University in Edwardsville (SIUE) hat ein Band gefunden, das die einzelnen Fakten zusammenhält – Übernutzung natürlicher Ressourcen. Sicherlich hat ab 1300 ein Klimawechsel eingesetzt, es wurde kälter, und Dürren nahmen zu. Cahokias Bevölkerung war extrem schnell gewachsen, und damit auch die typischen Probleme urbaner Zentren: Verschmutzung des Trinkwassers durch unzureichende Sanitäranlagen, drangvolle, aufflackernde Seuchen begünstigende Enge, Ausbreitung von Tuberkulose und Syphilis.

Ein kritischer Faktor war aber auch das Holz. Es wurde für die verschiedensten Zwecke gebraucht, sowohl als Feuerholz wie zum Bauen. Ein Beispiel dafür bietet die Palisade, die den zentralen Bereich von Cahokia isolierte, Mindestens viermal wurde sie völlig neu aufgebaut, mit unterschiedlichen Bastionen. Bei einer geschätzten Länge von etwa 3 km benötigte man dafür jeweils rund 15 000 Stämme in der Größe von Telefonmasten! Die Wälder in der Nähe waren schnell abgeholzt, ein Raubbau und nicht wiedergutzumachender Eingriff in den Lebensraum der Wildtiere, die eine wichtige Nahrungsquelle darstellten. Die Bewohner von Cahokia mußten wohl immer weitere Wege zurücklegen, um sich die Dinge zu beschaffen, die sie zum Leben benötigten.

Doch trotz größerer Wege nahm die Qualität ab, wie der Ethnobotaniker Neil Lopinot von der Southwestem Missouri State University in Springfield belegen konnte. Die Güte des jeweils verwendeten Holzes wurde deutlich schlechter, Hinweis darauf, daß man einfach keine geeigneten Bäume mehr fand. Immer mehr Holz wurde importiert, wie sich sehr schön an der immer häufigeren Verwendung von Arten belegen läßt, die um Cahokia herum nicht wachsen. Woods setzte schließlich dem Szenario noch die Krone auf. Bei Grabungen stieß er auf dicke Schichten ehemaligen Schlamms, ganz offensichtlich von Fluten auf Ackerland und besiedelten Gebieten abgelagert. Durch die intensiven Rodungen wurde die Pflanzendecke so geschwächt, daß sie nicht mehr standzuhalten vermochte, die Erosion nahm enorm zu. Flutkatastrophen wechselten mit Dürren ab. In einer Zeit, in der andere Gemeinwesen an Macht gewannen, innere Unruhen zunehmend das Staatsgefüge erschütterten, dürften einige wenige Mißernten nach Überflutungen schon verheerend gewesen sein.[17]

Ausgerechnet eine indianische Hochkultur also zeigt uns, wie ein Gemeinwesen durch Übernutzung der natürlichen Ressourcen zugrundegehen kann. Dabei handelt es sich hier nur um einen Fall, in dem unser Bild vom „Indianer" wieder einmal mit den Tatsachen kaum in Übereinstimmung zu bringen ist. Ein durchaus hochentwickeltes, rationales medizinisches System, die Übernutzung natürlicher Resssourcen – das sind Eigenschaften, die erst noch Eingang in unser Weltbild finden müssen. Diese Kluft zwischen dem, was ist, und dem, was wir wahrnehmen, hatten wir schon angesprochen. In einer kleinen Szene des Romans „Reservation Blues" des Spokane/Coeur d'Alene Sherman Alexie ist das auf humorvolle Art umrissen.

Als Arnold mit seinem gelben VW-Bus ins Reservat gefahren kam, rechnete er fest damit, Tipis und Büffel vorzufinden, weil er sich etwas anderes einfach nicht vorstellen konnte. Er war richtiggehend schockiert, als er mitbekam, daß die Indianer seiner Gemeinde englisch sprachen.

„Büffel?" fragte Bessie, die älteste Katholikin im Reservat. „Was für Büffel? Sie dachten wirklich, wir hätten hier Büffel?"

„Ja", sagte er. „Ich hatte mich schon darauf gefreut."

„Ach, Pater", sagte Bessie und lachte. „Büffel hat es hier noch nie gegeben. Wir sind ein Lachsfischerstamm. Das heißt, wir waren ein Lachsfischerstamm, bevor sie die ganzen Dämme in den Fluß gebaut haben."

„Aber ich verstehe das mit den Büffeln nicht. Im Fernsehen jagen die Indianer doch auch immer Büffel."

„Das sind die verflixten Sioux. Die Sioux dürfen andauernd ins Fernsehen. Sie dürfen alles."

* * *

Zur Einführung empfohlen:

Balick, M.J., Cox, P.A.: Drogen, Kräuter und Kulturen. Pflanzen und die Geschichte des Menschen. Heidelberg 1997. – *Erforscht die Wechselwirkungen zwischen Pflanze und Mensch, sowohl in bezug auf die Medizin, Gewürze und Genußmittel, Bau- und Kleidungsmaterialien als auch Rauschdrogen.*

Gottwald, F.-T., Rätsch, C. (Hrsg.): Schamanische Wissenschaften. Ökologie, Naturwissenschaft und Kunst. München 1998. – *Eine Sammlung von Beiträgen sehr unterschiedlicher Art, die einen Brückenschlag versuchen zwischen Schamanismus und moderner Naturwissenschaft. Sicher sehr kontrovers zu diskutieren, aber voller Denkanstöße.*

Haberland, W.: Das gaben sie uns. Indianer und Eskimos als Erfinder und Entdecker. 4. Aufl. Hamburg 1989. – *Im Selbstverlag des Hamburgischen Museums für Völkerkunde herausgegebenes Büchlein, gut lesbare Einführung.*

Rätsch, C.: Enzyklopädie der psychoaktiven Pflanzen. 2. Aufl. Aarau 1998. – *Ein Buch, das in seiner Fülle durchaus dem Titel gerecht wird. Behandelt die Ethnopharmazie aller Kulturkreise.*

Stammel, H. J.: Die Apotheke Manitous. Hamburg 1986. – *Besonders interessant an diesem Buch ist die Gegenüberstellung der zeitgenössischen „weißen", sinnig auch als „heroisch" bezeichneten, und der indianischen Medizin.*

Wolters, B.: Drogen, Pfeilgift und Indianermedizin. Arzneipflanzen aus Südamerika Greifenberg 1994. - ders.: Agave bis Zaubernuß. Heilpflanzen der Indianer Nord- und Mittelamerikas. Greifenberg 1996. – *Kenntnisreiche, mit zahlreichen Anekdoten gewürzte Einführung in die Pharmakologie süd- sowie mittel- und nordamerikanischer Drogen.* – S. a. B. Wolters, Dt. Apoth. Ztg. *132*, 2067 (1992).

Zitierte Literatur:

[1] *Stoll, G.:* Dtsch. Apoth. Ztg. 135, 2219 (1995). Zitat aus *Stryer, L.:* Biochemie. 4. Aufl. Heidelberg, Berlin, Oxford 1996. — [2] *Rätsch C.:* Indianische Heilkräuter. Tradition und Anwendung. 5. Aufl. München 1994. — [3] *Weatherford, J.:* Indian Givers. New York 1988. S. 182. — [4] *Kidwell, C.S.:* in *Josephy, A. M.:* America in 1492. New York 1992. S. 369. — [5] *Johnson, G.:* Denkmuster. Die Physiker von Los Alamos und die Pueblo-Indianer oder: Das menschliche Streben, die Welt zu erklären. München 1997. — [6] Zitiert nach Rätsch 1998. — [7] Für eine erste Übersicht s. z. B. *Trent, R. J.:* Molekulare Medizin. Heidelberg, Berlin, Oxford 1994. — [8] Wie z. B. *Hultkranz, Å.:* Schamanische Heilkunst und rituelles

Drama der Indianer Nordamerikas. 2. Aufl. München 1996. Trotz des etwas sperrigen Titels ein sehr anregendes Buch. Als Klassiker gilt zu Recht das immer wieder (zuletzt 1990) nachgedruckte Werk von *Vogel, V. J.:* American Indian Medicine. Norman, OK, 1970. — [9] *Moerman, D. E.:* Z. Phytother. *18*, 20 (1997). Die Internet-Adresse lautet http://www.umd.umich.edu/cgi-bin/herb. Zur Verwendung von nordamerikanischen Arzneipflanzen als Gartengewächse s. *Wolters, B.:* Dtsch. Apoth.-Ztg. *137*, 2253 (1997). — [10] Für Infektionskrankheiten ist dies besonders eindrucksvoll dargelegt worden von *Garrett, L.:* Die kommenden Plagen. Frankfurt a.M. 1996. Dramatisch, aber durchaus sachlich fundiert haben sich dieses Themas auch andere Autoren angenommen, z. B. *Preston, R.:* Hot Zone. München 1995, oder *McCormick, J. B., Horvitz, L. A.:* Todeszone 4. München 1996. Wer sich generell über die vielfältigen Aspekte informieren möchte, in denen sich der Einfluß von Mikroorganismen auf die menschliche Kultur bemerkbar macht, dem sei ausdrücklich empfohlen *Dixon, B.:* Der Pilz, der John F. Kennedy zum Präsidenten machte. Heidelberg, Berlin 1995. Wie wenig die Situation in bezug auf Krebs sich in ihrer Dramatik davon unterscheidet, dazu siehe z.B. *Spektrum der Wissenschaft Spezial:* Krebsmedizin. Heidelberg 1996. — [11] Siehe dazu *Cox P. A., Balick, M. J.:* Spektrum der Wissenschaft, August 1994, S. 40; *Haese, A.:* Pharm. Ztg. *143*, 34 (1998); *McGirk, T.:* Time, 30. 11. 1998, S. 46, Naturamed *14*, Nr. 6, S. 14 (1999). — [12] *Schneider, W.:* GEO, April 1999, S. 116. — [13] *Mink, C. G.:* Cahokia: City of the Sun. Collinsville, Ill., 1992. Siehe auch *v. Droste zu Hülshoff, B., Mayerhofer, B.:* Kultur- und Naturgüter der Welt: Bedrohung und Schutz. In: Spektrum der Wissenschaft, November 1995, S. 38. — [14] *Harbottle, G., Weigand, P. L.:* Türkishandel in Altamerika. In: Spektrum der Wissenschaft, April 1992, S. 96. — [15] *Fowler, M. L.:* A Pre-Columbian Urban Center on the Mississippi. In: Scientific American *233* (2) 1975, S. 93. — [16] *Folsom, F., Folsom, M. E.:* America's Ancient Treasures. 4. Aufl. Albuquerque, NM, 1993. S. 259. — [17] *Lopinot, N. H., Woods, W. I.:* Wood Overexploitation and the Collapse of Cahokia. In: *Scarry, C. M. (Hrsg.):* Foraging and Farming in the Eastern Woodlands. S. 206. Gainesville, Fla., 1993. Siehe auch Science *272*, 351 (1996). Ausführliche Informationen in *Woods, W. I. (Hrsg.):* Late Prehistoric Agriculture. Observations from the Midwest. Springfield, Ill., 1992. — [18] *Kuttruff, J., DeHart, S. G., O'Brien, M.:* Science *281*, 72 (1998); s. a. Science *281*, 23 (1998).

Anhang – Steckbrief zu den Ruinen des Südwestens

Die folgende Aufstellung informiert stichwortartig und alphabetisch geordnet über die archäologisch bedeutsamen Orte, die in der Tabelle Ruinen und Fundstätten am Ende von Kapitel 5 angeführt sind.

Anasazi Indian Village (= Coombs Site) – bewohnt zwischen 1050 und 1275 von jeweils etwa 200 Kayenta-Anasazi; 90 Räume.

Aztec (irrtümlicher Name) – mehrere sorgfältig geplante mehrstöckige Großhäuser, Kivas und Plätze der Anasazi. Die D-förmig angelegte, 110 m lange Westruine, erbaut 1111–1115, ist ein Chaco-Außenposten (mit Verbindungsstraße), meist zwei bis drei Stockwerke hoch mit rund 490 Räumen und 28 Kivas; eine Großkiva (1934 rekonstruiert) mit 15 m Durchmesser und einer 95 t schweren Decke; Begräbnis einer hochrangigen Person (selten!) mit vielen Ketten aus Tausenden von Weichtierschalen, 40 000 Perlen und zahlreichen Keramiken sowie eines Kriegers mit Schmuck und Federdecke; Aufgabe des Pueblos um 1150; ab 1225 neuer Einfluß von Mesa Verde, Anbau weiterer Räume; Aufgabe um 1300. 50 m nördlich liegt **Hubbard Site**, eine Struktur mit wohl ritueller Funktion aus drei konzentrisch angelegten Mauern mit 22 Räumen um eine Kiva; nicht ausgegraben sind die weiter östlich gelegene **Ostruine** (mit einer Kiva größer als die der Westruine) und die **Earl Morris-Ruine** (benannt nach dem in den 30er Jahren hier tätig gewesenen Archäologen).

Bandelier (benannt nach dem Anthropologen Adolph Bandelier) – rund 4000 Relikte der Anasazi, größtenteils seit dem 12. Jh.; besonders prominent die Reste des großen, runden Pueblo **Tyuonyi** („Treffpunkt") und die Ruine **Tsankawi**, verlassen Anfang des 16. Jh.; ins Vulkangestein gehauene Wege und Vorratsräume in den Klippen; nachgewiesen sind ferner Spuren von archaischen Nomaden zwischen 2000 und 600 v. Chr. sowie Paläo-Indianern.

Besh-Ba-Gowah (nach der Apachen-Bezeichnung „Ort des Metalls" für die Stadt Globe) – Hohokam-Siedlungen ab 750; in dem in fünf oder sechs Phasen errichteten Pueblo lebten von 1225–1400 bis zu 1400 Salado-Indianer. Festungsartige Anlage mit nur einem Tunnel-Eingang; zweistöckig, einst wohl rund 450 Räume; 146 im Erdgeschoß und 61 im ersten Stock sind noch erkennbar (z. T. rekonstruiert); drei große Plazas. Ackerbau und lebhafter Handel mit Mittelamerika, Kalifornien, Golf von Mexiko; 350 Begräbnisse; soziale Rangunterschiede. Bei Ausbruch einer Dürre Kriegszug gegen das benachbarte Gila-Pueblo, dessen Bewohner Wasser aufgestaut hatten, und dessen Zerstörung.

Butler Wash, Arch Canyon, Mule Canyon Ruins – Anasazi-Ruinen aus dem 11. und 12. Jh.; z. T. in Alcoven, mehrere Türme; im Mule Canyon L-förmiges Pueblo mit zwei Stockwerken; zwei Kivas, eine ist über Tunnels mit zweistöckigem Turm und Pueblo verbunden (rituelle Funktion?).

Canyon de Chelly (abgeleitet von Navajo „Tsegi" = „ein felsiger Canyon") – von 350–1300 von Kayenta-Anasazi bewohnt, maximal etwa 1000 (besonders ab 1050), ab 1150 im Canyon, zuvor auf der Höhe; zahlreiche Ruinen, u. a. **White House** (= Kini-da-e-kai, 1060–1275, zunächst Chaco-Außenposten, ca. 80 Räume und 60 Bewohner, vierstöckiger Turm), **Antelope House, Standing Cow Ruins, Sliding Rock Ruins, Junction Ruins;** später kurzer Hopi-Besuch, deren Herkunftsort u. a. hier war; seit 1700 von Navajos bewohnt.

Casa Grande (spanisch für „großes Haus") – letzte erhalten gebliebene drei- bis vierstöckige Ruine der Hohokam, 11 m hoch, bewohnt von 1350–1450, mit 1,2 m dicken Grundmauern gebaut aus Caliche (Mischung aus kalkhaltigem Lehm und Sand, die sich hier unter dem Erdboden befindet und mit Wasser verarbeitet wird); Verwendung fanden auch mehr als 600 Dachbalken, die z.T. von über 80 km Entfernung möglicherweise auf dem Gila River herantransportiert wurden; zahlreiche Fundamente anderer Ruinen in der Nähe sowie Reste von Ballspielplätzen und Bewässerungskanälen. 40 km nordwestlich liegen die Überreste eines großen Hohokam-Dorfes, heute **Snaketown** (nach Skoaquik, Pima: „Ort der Schlangen") genannt, das von 500 bis 1450 von rund 500 Menschen bewohnt war; zahlreiche Grubenhäuser, 1 km² Fläche, über 60 Abfallhaufen, z.T. 15 m groß.

Casa Malpais (spanisch für „Haus des schlechten, vulkanischen Landes") – Mogollon-Ruine auf einem Basaltkliff, bewohnt zwischen 1250–1400, 50 Räume; ins Kliff geschlagene Treppe zur Mesa; Grubenhäuser seit 700; in Lavaspalten Katakomben mit einst rund 200 Begräbnissen.

Casamero Ruins – Chaco-Außenposten der Anasazi, 1000 bis 1125 bewohnt; L-förmiger Grundriß, 20 Räume im Erdgeschoß, etwa 10 Räume im zusätzlichen Stockwerk an Westseite; eine der größten Kivas (21 m Durchmesser);

Mündung zweier Straßen; über 140 weitere Fundstätten in der Nähe, von Grubenhäuser bis Pueblos.

Casas Grandes (= Paquimé) – große Mogollon-Stadt, die sich im 14. Jh. aus über 20 Agglomerationen einstöckiger Bauten zu vielen mehrstöckigen Komplexen mit um die 2200 Einwohnern entwickelt hat; dominierte mit Satelliten-Gemeinschaften über ein Gebiet von 87 000 km²; große Plätze, Zeremonienhügel, I-förmige Ballspielplätze, Bewässerungssysteme; Handelszentrum für Papageien, Kupferglocken, Türkis und rituelle Axtklingen; Kontakte mit mexikanischen Indianern; Ende des 14. Jh. abgebrannt und verlassen.

Cave Canyon Towers – sieben Türme am Canyoneingang.

Chaco Canyon (Navajo: „weißer Stein") – über 9000 Jahre alte Spuren der Paläo-Indianer; rund 3500 Anasazi-Fundstätten seit 400 (rund 130 Grubenhäuser der Korbmacher II, Relikte z.B. in der **Atlatl-Höhle**; Korbmacher-III-Spuren u.a. in **Shabik'eshchee Village**), ab 700 erste Pueblos, Großhäuser ab 900. – **Casa Chiquita** (spanisch: „sehr kleines Haus", 1100–1125, kompakter, dreistöckiger Bau mit über 50 Räumen, 2 Kivas), **Chetro Ketl** (Name unbekannter Herkunft, soll „Regenpueblo" bedeuten; 1010–1054, Weiterbau um 1100, D-förmiger Grundriß, Rückwand mit mindestens drei Stockwerken, insgesamt rund 500 Räume und 16 Kivas, verbaut wurden 26 000 Bäume und über 50 Millionen Steine; nordwestlich liegt die **Talus Unit** mit mehreren Dutzend Räumen und einigen Kivas), **Hungo Pavi** (Name unbekannt; 1000–1075, D-förmiger Grundriß, bis zu drei Stockwerke, zwei große Kivas), **Kin Kletso** (Navajo: „gelbes Haus"; in zwei Phasen um 1125 und 1130 erbaut, kompakte rechteckige z.T. dreistöckige Struktur mit 100 Räumen und fünf Kivas), **Peñasco Blanco** (spanisch: „weißes Kliff", das in der Nähe ist; erste Räume ab 900 erbaut, Erweiterungen ab 1050, Hauptbauphase 1075–1095, weiter bis 1125, ovaler Grundriß, bis zu drei Stockwerke, über 160 Räume, zwei Großkivas; 10 m nördlich noch ein kleinerer Bau um 1100), **Pueblo Alto-Komplex:** sechs Ruinen, darunter **Pueblo Alto** (ab 1020–1140 erbaut, D-förmig, nur einstöckig, aber um die 100 bis 4,6 m hohe Räume, 11 Kivas, riesige Abfallhaufen), **New Alto** (1100–1125, quadratischer Grundriß, zweistöckig, 58 Räume), **East** und **Rabbit Ruin; Pueblo Bonito** (spanisch: „schöne Stadt"; in mindestens sieben Abschnitten zwischen 850 und 1130 erbaut, D-förmig, bis zu fünf Stockwerke, 650 Räume, circa 40 kleine Kivas im Haupttrakt, mehrere größere und zwei große auf Plaza; zwei rechteckige Plattformen im Süden; 1941 brach der 30 000 t schwere und 40 m lange „Threatening Rock“ von der Canyonwand ab und zerstörte oder beschädigte 65 Räume), **Pueblo del Arroyo** (spanisch: „Stadt des Flüßchens“, 1075–1105, Grundriß grob D-förmig mit anliegenden Strukturen, bis zu vier Stockwerke, rund 280 Räume und über 20 Kivas), **Tsin Kletsin** (Navajo: „Ort der Kohle“; kurz nach 1100 erbaut, aber schon früher geplant; D-förmiger Grundriß, zweistöckig, über 70 Räume), **Una Vida** (spanisch: „Stadt des einen Lebens“; eines der ältesten Chaco-Pueblos, von 850 bis 1100 auf einem Hügel erbaut, bis zu drei Stockwerke und 200 Räume, eine Großkiva und vier kleinere, L-förmig, mit Bogen aus 30 bis 40 Räumen um Plaza geschlossen), **Wijiji** (nach einem Navajo-Wort für einen bestimmten Busch; U-förmiger Grundriß, um 1110 gebaut, bis zu drei Stockwerke und über 200 Räume, nur zwei Kivas). – Circa 20 große Kivas über 15 m Durchmesser in den Großhäusern (z. T. in einem oberen Stockwerk Räume mit Fenstern, die wohl für privilegierte Zuschauer reserviert waren), aber auch einzeln stehend wie **Casa Rinconada** (spanisch: „Haus in einer Ecke“; um 1075–1100, über 19 m Durchmesser, bis 5 m Tiefe und Tunneleingang, die größte Kiva im Chaco Canyon; rund 50 kleine Pueblos mit einigen Kivas in der Nachbarschaft, z. B. **Tseh So**, Navajo für „Felskristall“, um 1050). – Wasserkontrollsysteme; Zentrum eines ausgedehnten Straßensystems; Stufen in Canyonwänden eingeschlagen. – Nicht weit außerhalb der heutigen Parkgrenzen stehen noch weitere große Pueblos, u. a. **Bis sa'ani** (2 Großhäuser, mehrere Unit-Häuser), **Kin Bineola** (ab 940, E-förmig, dreistöckig, 200 Räume, 10 Kivas und eine 17 m große Kiva), **Kin Klitsin** (zweistöckig, über 20 Räume, 2 Kivas, eine dreistöckige Turmkiva), **Pueblo Pintado** (900–1250, dreistöckig, 140 Räume, 3 Kivas, eine Großkiva).

Chimney Rock – Wohnstätte der Anasazi ab 925, bis zu 2000 Leute in vielen Grubenhäusern, die wegen des Sandsteinbodens oberirdisch angelegt waren; Großkiva (13 m, wahrscheinlich ohne Dach) und kleines Pueblo; L-förmiges, zweistöckiges Chaco-Pueblo, von 1076 bis ca. 1100 errichtet, rund 55 Räume.

Coronado (benannt nach dem spanischen Konquistador, der 1540 in der Nähe war) – Anasazi-Pueblo namens Kuaua (Tiwa: „immergrün“) ab 1300 bis ins 16. Jh., 1200 Räume im Erdgeschoß, bemalte Kivas; Tiwa-Vorfahren.

Dittert Site (benannt nach dem Ausgräber Alfred E. Dittert) – L-förmiges Anasazi-Pueblo mit 30 Räumen aus dem 13. Jh., wohl von Chaco-Nachfahren errichtet.

Edge of the Cedars – Anasazi-Pueblo, ab 850 in mindestens zwei Etappen bewohnt, wenigstens bis 1125; etwa 10 Kivas, eine Großkiva, u.a. Fund einer Kupferglocke aus Mexiko.

El Morro – Besiedlung der Gegend ab 400, zwei Anasazi-Pueblos aus dem 13. Jh. auf dem 60 m hohen Sandsteinfelsen, eines ist z. T. ausgegraben und heißt **A'ts'ina** (Zuni: „Schreiben auf den Stein"); ab 1275 errichtet und um 1400 verlassen; rechteckiger Grundriß, drei Stockwerke, zwischen 750 und 1000 Räume, über 1000 Bewohner (Vorfahren der Zuni).

Elden Pueblo – von Sinagua 1100–1250 errichtet; über 60 Räume, ein 10 x 11 m großer ventilierter Gemeinschaftsraum; in der Nähe gepflasterte Plätze und Begräbnisstätten (130 Funde); von den Hopi **Pasiwvi** („Platz der Zusammenkunft") genannt, die die Einwohner als Vorfahren ansehen.

Gatlin Site – tausend Jahre alte Hohokam-Anlage, bestehend aus einem 20x30 m großen und 3,7 m hohen, in sechs Phasen errichteten Plattform-Hügel, zwei ovalen Ballspiel-Plätzen, über 20 Abfallhaufen und einem Bewässerungskanal. Da nur die Reste zweier Grubenhäuser gefunden wurden, wird vermutet, daß die Anlage vor allem zeremoniellen Zwecken diente.

Gila Cliff Dwellings – Gegend seit 100 von Mogollon bewohnt, Grubenhäuser, um 1000 dann Häuser in den Alcoven, um 1300 verlassen.

Gila Pueblo – Salado-Dorf, bewohnt von 1225–1400, über 200 Räume, wohl wegen Streitigkeiten um Wasserressourcen von den Bewohnern des Nachbarpueblos Besh-Ba-Gowah zerstört.

Glen Canyon – von Anasazi ab 500 oder früher bis 1300 bewohnt; am Lake Powell liegen **Defiance House** (im Forgotten Canyon), **Three Roof Ruin** (Escalante-Gebiet) und **Widow's Ledge** (Slickrock Canyon).

Grand Canyon – Western-Archaic-Kultur hinterließ vor 3000 bis 4000 Jahren Tierfiguren aus Zweigen in Höhlen; Kayenta-Anasazi bewohnten die Gegend ab 500, Feldbau ab 700 am Südrand, 200 Jahre später auch am Nordrand; Hunderte von Ruinen, z. B. am Südrand **Tusayan** (benannt nach der spanischen Bezeichnung für diese Gegend), um 1185 erbaut und nur 50 Jahre von etwa 30 Leuten bewohnt, 8 Räume, 2 Kivas, **Cape Royal Ruin** am Nordrand (um 1050), **Bright Angel Pueblo** im Canyon am Colorado (1060–1150 bewohnt, 5 Räume, 1 Kiva). Um 1200 Wegzug, möglicherweise nach Osten (Gründung des Hopi-Pueblo Oraibi um diese Zeit). Zwischen 700 und 1100 lebten außerdem die Cohonina, ab 1400 die Kaibab-Paiute-Indianer am Grand Canyon, und bis heute im Westen die Havasupai.

Hardy Site – Reste eines Hohokam-Dorfs, 300 –1250 bewohnt.

Homolovi Ruins (Hopi: „Ort der kleinen Hügel") – Anasazi-Grubenhäuser 750–850, ab dem 13. Jh. Pueblos, eines der fünf mit rund 1000 Räumen, ein anderes mit rund 250; ab 1325 Entstehung des Kachina-Kults (den die Hopi noch immer ausüben), wie Ton- und Felsmalereien zeigen, und einer der letzten Orte vor der Zusammenkunft der Hopi-Clans; Aufgabe im 15. Jh.

Hovenweep (Ute: „verlassener Canyon") – Spuren der Paläo-Indianer vor 14 000 Jahren, später von archaischen Kulturen; ab 500 Anasazi der Mesa Verde-Kultur, aber bis zum Ende der Pueblo I-Phase nur wenige Gebäude; ab 1150 bis Ende 13. Jh. (1281 als letztes Jahrring-Datum) größere Bauten, über 500 Ruinen in der weiteren Umgebung; besonders auffällig: quadratische, ovale, Kreis- und D-förmige Türme an Canyonrändern, in Canyons und sogar auf einzelnen Felsblöcken. Fünf Gruppen von Ruinen: **Cajon, Cutthroat, Hackberry, Holly** (benannt nach dem Rancher Jim Holly) und besonders prominent **Square Tower Canyon** (mit **Hovenweep Castle** und **House, Rim Rock House, Square Tower, Stronghold House** und **Tower, Twin Towers, Unit Type House;** insgesamt ca. 100 Bewohner hier; Reste eines Damms zur Kontrolle des Wasserabflusses).

Hupobi Ruin – Anasazi-Pueblo aus Lehm, 1000 Räume, bewohnt zwischen 1300 und 1500.

Jemez (benannt nach den Indianern, die heute noch dort leben) – Ruinen des Pueblo **Giusewa**, um 1300, bis zu drei Stockwerke.

Kinishba Pueblo (Apache/Navajo: „braunes Haus") – eine der größten Anlagen des Südwestens: mehrere Gebäude, zwei mit fast 400 Räumen; von bis zu 2000 Mogollon zwischen 1050 und 1350 bewohnt; Fundort einer 1,8 m langen Halskette mit über 2500 Türkis-Perlen.

Mesa Verde (spanisch: „grüner Tisch") – Archaische Projektilspitzen ab 3000 v. Chr.; rund 900 Fundstätten der Anasazi: Grubenhäuser noch vor 600,

Pueblos seit 9. Jh. (kleinere **Mesa Top-Ruinen**), Ende des 11. Jh. dann größere Pueblos: **Far View Ruins** (500 Bewohner in 50 Gebäuden um 1100, u.a. **Pipe Shrine House,** L-förmiges, nach dort gefundenen Tonpfeifen benanntes Gebäude mit 21 Räumen, erbaut zwischen 900 und 1100; 30 m nördlich davon steht **Far View House,** ein dreistöckiges Gebäude mit 40 Räumen allein im Erdgeschoß und fünf Kivas, errichtet ab 1100), **Sun Point Pueblo** (um 1200, blieb unvollendet; 30 Räume und eine Kiva, die unterirdisch über einen Tunnel mit einem daneben liegenden Turm verbunden war, 50 Bewohner); außerdem Türme wie **Cedar Tree Tower** und **Far View Tower** mit kleinen Häusern und Kivas in der Nähe. Der Bau des im Grundriß D-förmigen **Sun Temple** an einem Rand von Fewkes Canyon wurde erst im 13. Jh. begonnen, aber nicht fertiggestellt. – Auf der Mesa Bewässerungsdämme und die 27,5 m große und 3,5 m tiefe, von einer Mauer umgebenen Senke **Mummy Lake,** wohl ein Wasserreservoir (ab 900 angelegt). – Ab 1200 Alcoven-Pueblos (cliff-dwellings), u. a.: **Cliff Palace** (größtes Felsenhaus Nordamerikas, erbaut 1209–1270 in einer 99 m breiten und 18 m hohen Höhle, 217 Räume, 23 Kivas, bis zu 250 Bewohner), **Balcony House** (45 Räume, 2 Kivas, enthält einen der jüngsten verbauten Balken von Mesa Verde aus dem Jahr 1278), **Hemenway House, Jug House, Fire Temple** (rechteckige Großkiva) und **Fire House, House of Many Windows, Kodak House, Long House** (zweitgrößtes Pueblo von Mesa Verde, 150 Räume, 21 Kivas, bis zu 175 Bewohner; 28 Tote mit Grabbeigaben), **Mug House** (94 Räume, aus mindestens zwei Gemeinschaften entstanden), **Oak Tree House** (50 Räume, 6 Kivas), **Spruce Tree House** (drittgrößtes Felsenhaus, erbaut zwischen 1200 und 1276 in der 66 m breiten und 27 m tiefen Höhle, 114 Räume und 8 Kivas, rund 100 Bewohner), **Square Tower House** (ab 1200 bewohntes Pueblo mit einst über 80 Räumen und einem vierstöckigen Turm, 26 m hoch), **Step House** (um 1226 erbautes, zweistöckiges Pueblo mit etwa 40 Bewohnern; daneben ein Grubenhäuser-Dorf der modifizierten Korbmacher, um 626, ca. 25 Bewohner), **Sunset House.**

Montezuma Basin – ab 12. Jh. Zentrum der Anasazi-Kultur (Mesa Verde- oder besser: nördliche San Juan-Anasazi) mit vielen Dörfern und großen Pueblos; bis zu 30 000 Menschen lebten in acht großen Siedlungen, die auch als zeremonielle Zentren der umliegenden Dörfer dienten: **Goodman Point** (85 Kivas), **Lancaster Ruin, Lowry Ruin** (Gegend spätestens ab 850 bewohnt, nach 1060 wieder besiedelt, nördlichster Chaco-Ableger, hier und in der Umgebung lebten wohl bis zu 1800 Menschen; 110 Kivas; dreistöckiges Pueblo mit über 60 Räumen, acht kleinen und einer großen Kiva von 1106 mit Spuren einer Innenwandbemalung; zum Schluß von Chaco-Auswanderen umgebaut, nach 1200 verlassen), **Mud Springs, Sand Canyon** (gebaut nach 1250, 420 Räume, 90 Kivas, 14 Türme, wohl über 720 Bewohner), **Wilson Ruin, Yellow Jacket** (Stadt mit über 1800 Räumen und 2500–3000 Bewohnern, 160 Kivas, 20 Türmen, nach Norden orientierten Straßen), **Yucca House.** Kleinere Ruinen, die besichtigt werden können: **Dominquez** (nach spanischem Pater benannt, kleines Pueblo aus vier Räumen und einer Kiva für zwei bis drei Familien, gebaut um 1123; wertvolle Grabbeigaben für eine 35jährige Frau, u. a. 6900 Türkis-Perlen – eine Besucherin aus Chaco?), **Escalante** (nach spanischem Mönch benannt, geplantes Dorf, Chaco-Außenposten, 25 Räume, 2 Kivas, um 1129 gebaut, bis nach 1200 bewohnt).

Montezuma Castle (irrtümlicher Name) – fünfstöckige Sinagua-Ruine mit 20 Räumen im Kliff, 30 m über dem Tal, 1150–1250 von vielleicht 35 Menschen bewohnt und in mehreren Etappen erbaut; gleich daneben liegt **Castle A,** eine weitgehend zerfallene Ruine eines einst sechsstöckigen Gebäudes mit 45 Räumen und vielleicht 100 Bewohnern, ab 1200 erbaut, um 1400 von Feuer zerstört. 10 km nordöstlich ist **Montezuma Well,** ein See mit 112 m Durchmesser in einer 11 000 Jahre alten und 17 m tiefen Kalksteinsenke, wo sich zahlreiche kleine Ruinen befinden (mit ca. 55 Räumen); zwischen 1125 und 1400 lebten rund 150 bis 200 Sinagua-Indianer hier; es gibt auch ein ausgegrabenes Hohokam-Grubenhaus (um 1100). Um 1450 war die Gegend aus unbekannten Gründen verlassen.

Natural Bridges – erste Siedlungsspuren 2000 Jahre alt, ab 450 ständig bewohnt, ab 1150 bis nach 1250 von Mesa Verde-Anasazi.

Navajo (weil im Navajoland gelegen) – Kayenta-Anasazi-Ruinen im Tsegi Canyon, insbesondere **Betatakin** (Navajo für „Riffhaus"), 135 Räume und nur 2 Kivas in einem 140 m hohen Felsüberhang, und **Keet Seel** (Navajo für „zerbrochene Töpferware") mit 160 Räumen, 6 Kivas unterschiedlichen Stils (verschiedene kulturelle Untergruppen haben sich in Keet Seel niedergelassen); beide nach 1260 erbaut, bis 1300 von maximal je 150 Leuten bewohnt; ferner **Inscrip-**

tion House (wegen historischer Inschriften so genannt, bei den Hopi Kawestima „nördliches Dorf" genannt), Vorfahren mancher Hopis.

Pecos – Gegend seit 9. Jh. bewohnt; Pecos-Pueblo um 1300 gegründet, um 1540, als Coronado hierher kam, mit 660 Räumen und bis zu fünf Stockwerken eines der größten Pueblos überhaupt, rund 2000 Leute; 1838 nur noch 17; Nachfahren leben heute bei Jemez.

Petrified Forest – Artefakte schon von Paläo-Indianern; über 550 Anasazi-Relikte, **Puerco Indian Ruins** (70 mal 55 m) mit 150 Räumen, vielleicht 200 Bewohnern zwischen 1250 und 1350, 3 Kivas auf einem zentralen Platz und Hunderten von Petroglyphen in der Nähe; **Agate House,** 1934 wiederaufgebaut.

Pueblo Grande Ruins – rund 20 Hohokam-Ruinen, bis zu drei Stockwerke, 1150–1350 von bis zu 1000 Menschen bewohnt, erste Siedlungen schon 700 Jahre früher; Ballspielplatz; vor über 200 Jahren angelegter künstlicher Hügel mit einem Volumen von 100 000 Schubkarren, auf dem Häuser standen.

Puyé Cliff Dwellings – Vorfahren der Santa Clara-Indianer lebten hier seit dem 13. Jh. unter Alcoven, manche sogar im Cliff selbst; Pueblos mit mehreren hundert Räumen auf dem Cliff; Wegzug im 16. Jh. kurz vor Ankunft der Spanier.

Poshu Oinge (Tiwa: „Dorf am Grat der Kürbisse", unpassenderweise auch **Turqoise Ruin** genannt) – Relikte eines z. T. dreistöckigen Pueblos aus dem 14. und 15. Jh. (Vorfahren der Tiwa) mit insgesamt rund 2000 Räumen.

Salinas (spanisch für „Saline, Salzlagune", dem heutigen Estancia Valley) – Mogollon-Grubenhäuser von 800 bis 1100; seit dem 14. Jh. drei große, dreistöckige Pueblos, **Abó, Gran Quivira** und **Quarai,** mit mehreren hundert Räumen und um die 3000 Einwohnern bei der Ankunft der Spanier unter Coronado 1540. Relikte spanischer Missionskirchen.

Salmon Ruin (benannt nach dem Farmer George Salmon, der die Reste Ende des 19. Jh. bewahren half) – Außenposten der Chaco-Anasazi, nach vorheriger Planung gebaut zwischen 1088 und 1095, E-förmig, 130 m lang, zweistöckig, ca. 290 Räume, eine 15-m-Großkiva; nach 60 Jahren verlassen; wieder bewohnt ab 1185; zwischen 1225 und 1240 Zuzug von mehreren hundert Mesa Verde-Anasazi aus dem San Juan-Flußtal, die Trennwände in die großen Räume einzogen; Anfang 14 Jh. verlassen; ein Brand im Jahr 1263 kostete fünfzig Kinder das Leben, als sie auf ein Kiva-Dach flohen, das einstürzte.

Three Kiva Pueblo – Kayenta-Anasazi-Stätte mit 14 Räumen, gebaut ab 900, bewohnt bis 1300; Handelsbeziehungen mit Mesa Verde, Hovenweep, aber auch der Pazifikküste.

Three Turkey Ruin – Relikte einer Aufenthaltsstätte, die nur etwa 50 Jahre von Anasazi bewohnt war, nachdem diese Mesa Verde verlassen hatten.

Tonto (der Name bezeichnet eine Apachen-Gruppe) – ab 850 Grubenhäuser der Hohokam im Tonto-Basin; drei Cliff Dwellings der Salado (1400–1450): **Lower Ruin** (16 Räume im Erdgeschoß, 3 im ersten Stock), **Annex** (12 Räume, gleichzeitig mit Lower Ruin, wohl weil dieses Pueblo zu klein wurde) und **Upper Ruin** (32 Räume im Erdgeschoß, 8 im ersten Stock; vielleicht noch weiteres Stockwerk); Bau wohl von Anasazi im Norden inspiriert; warum Siedlung 300 m über Feldern ist unklar, vielleicht wegen Überbevölkerung dort; Anbau von Mais, Baumwolle, verschiedenen Bohnen- und Kürbisarten, Bewässerung (in der Nachfolge der Hohokam); Funde von Körben, Kleidung (darunter ein kunstvoll gewebtes Hemd), Pfeilen und Bögen, Nadeln und zeremoniellen Objekten. Mit der Errichtung des Roosevelt-Damms 1911 sind rund 2000 Salado-Ruinen (ab 1100) und die Relikte der Bewässerungsgräben im Tonto-Basin unter Wasser gesetzt worden.

Tuzigoot (Apachen-Wort für „krummes Wasser“, gemeint ist Peck's Lake in der Nähe) – zweistöckiges Pueblo auf einer Bergspitze, 60 m über dem Verde Valley, von 1125 bis nach 1400 von ca. 50 Sinagua bewohnt (früher lebten hier schon Hohokam), etwa 100 Räume.

Ute Mountain – mehrere Dutzend Anasazi-Pueblos in Alcoven, meist um 1140 erbaut.

Walnut Canyon (benannt aufgrund der Arizona-Walnußbäume dort) – über 240 Fundstellen von Artefakten bis größeren Pueblos bei den 120 m hohen Canyonwänden; die meisten Gebäude wurden von einer oder wenigen Sinagua-Familien bewohnt; nur eines ist nachweislich vor 900, alle anderen datierten sind nach 1100 errichtet worden (massive Zuwanderung von Sinagua aus der Wupatki-Gegend); 150 bis 500 Bewohner, nach 1225 entweder nach Süden (zu Montezuma Castle, Tuzigoot) oder nach Osten ins heutige Hopi-Gebiet fortgezogen.

Westwater Ruin – Anasazi-Cliff Dwelling mit 13 Räumen, fünf Kivas, einem eingestürzten Stockwerk; Mitte 13. Jh.; aber schon ab 750 erste Siedlungsspuren.

Wupatki (Hopi für „hohes Haus") – nach einer Vulkaneruption im Jahr 1064, die zur Bildung des heutigen Sunset Craters führte, war das Land aufgrund der nährstoffreichen und Feuchtigkeit haltenden Asche trotz schlechter Klimabedingungen einige Jahrzehnte sehr fruchtbar. Intensive Handelsbeziehungen mit Kayenta- und Winslow-Anasazi im Norden und Osten, Cohonina, Hohokam und Prescott-Leuten im Westen und Süden; ob Angehörige dieser Kulturen oder nur Sinagua hier lebten, ist umstritten; Sinagua siedelten in der Gegend ab 750, 20 km nordöstlich von Sunset Crater liegt **Wupatki,** das größte der Pueblos, ab 1106 errichtet und 150 Jahre bewohnt; drei Stockwerke, über 100 Räume für etwa 150 Personen; in der Nähe ein „Amphitheater" unbekannter Funktion (Tanzplatz? Zeremonien- und Besprechungsstätte?) und ein 30 m langer Ballspielplatz in der Hohokam-Tradition, der nördlichste Amerikas, errichtet um 1150. Wenige km entfernt befinden sich **Citadel** (vor 1200 auf Bergkuppe angelegt, zweitgrößtes Pueblo in der Gegend, rund 50 Räume); in der Nähe **Nalakihu,** (Hopi: „Haus außerhalb des Dorfes", ebenso alt), **Lomaki** (Hopi: „schönes Haus", zweistöckig) und andere Box Canyon-Ruinen sowie **Wukoki** (Hopi: „großes Haus", dreistöckig, um 1120–1210 von zwei bis drei Familien bewohnt) und rund 3000 andere Ruinen. Ende 12. Jh. durch verstärkte Trockenheit und Kälte Wegzug nach Anderson Mesa, Verde Valley und die Gegenden der heutigen Zuni- und Hopi-Pueblos; um 1400 kehrten einige Hopi vorübergehend zurück.

Zuni – historisches Pueblo und zwei archäologische Stätten (im 40 km großen Zuni River Valley sind ab 700 noch vier andere Pueblos entstanden): **Hawikuh** (um 1300 von Anasazi-Nachfahren gegründetes Pueblo; 800 Räume, 1500 Bewohner bei Kontakt mit Spaniern 1539, die erste überlieferte Begegnung überhaupt; nach der Pueblo-Revolte 1680 verlassen), **Village of the Great Kivas** (einer der entferntesten Chaco-Außenposten, drei Pueblos mit insgesamt etwa 80 Räumen und zwei 15-m-Großkivas; um 1000 bis 1150 bewohnt).

Register

Die folgenden Seitenzahlen verweisen auf die wichtigsten Namen und Begriffe in diesem Buch. **Fett** gedruckte Zahlen beziehen sich auf Abbildungen, *kursiv* gedruckte auf Reisetips. Nicht angeführt sind die Autoren und Begriffe der Literaturhinweise.

A

D

E

T

Bildnachweis

Die vollständigen Angaben der namentlich zitierten Quellen stehen in den Literaturhinweisen. Die Copyrights bleiben bei den jeweiligen Rechte-Inhabern.

S. 21: Powell 1895. – *S. 23:* G. Stoll. – *S. 47:* Coe, Snow und Benson 1989. – *S. 54:* Verändert nach einer Karte der US-Nationalparkverwaltung. – *S. 55:* G. Stoll. – *S. 57:* Folsom und Folsom 1993. – *S. 61:* Walthall 1994. – *S. 64:* Nach Lindig und Münzel 1987. – *S. 65:* Squier und Davies 1848. – *S. 80, 87:* Fagan 1987, Zeichnung von S. S. Driver. – *S. 90:* Haberland 1991 nach Wormington 1957, Schobinger 1969 sowie Emperaire, Laming-Emperaire und Reichlén 1963. – *S. 106:* Folsom und Folsom 1994. – *S. 114:* Catlin 1844. – *S. 121:* Galinat 1995. – *S. 123:* Lindenmuseum, Stuttgart, mit freundlicher Genehmigung. – *S. 135:* Mesa Verde Nationalpark. – *S. 138:* Nach Barnes und Pendleton 1979. – *S. 139:* R. Vaas. – *S. 145:* Wenger 1991. – *S. 147, 148:* R. Vaas. – *S. 150:* Mesa Verde Nationalpark. – *S. 154:* Judge aus Crown und Judge 1991. – *S. 157:* Lekson u. a. 1988. – *S. 163, 164, 166, 169, 176, 177:* R. Vaas. – *S. 192:* Ruhlen 1991. – *S. 196, 199:* Aus Josephy 1991. – *S. 247:* Ruhlen 1991. – *S. 261:* Nach Cavalli-Sforza u. a. 1992. – *S. 279, 288, 290, 293:* Drößler 1990. – *S. 295:* bild der wissenschaft Nr. 6 (1995), S. 28. – *S. 296:* Drößler 1990. – *S. 300:* Verändert nach Ferguson und Rohn 1997 sowie nach Malville und Putnam 1993 nach Daten von Sofaer und Sinclair 1987. – *S. 303:* R. Vaas. – *S. 304:* Schuster 1993. – *S. 306:* R. Vaas. – *S. 307:* Williamson 1984. – *S. 311:* Malville und Putnam 1993. – *S. 313:* R. Vaas. – *S. 314:* Drößler 1990 (links) und Museum of the American Indian, New York. – S. 316 oben: Zeichnung von R. Vaas nach Informationen des Crystal River Archeological Site State Park sowie Hardman 1971 und Whiteacre 1982. – S. 316 unten: R. Vaas. – *S. 318:* Drößler 1990. – *S. 329:* R. Vaas. – *S. 330:* New Scientist Nr. 1723 (1990), S. 43. – *S. 340:* Verändert nach Lindig 1994. – *S. 341:* Verändert nach Jacquin 1990. – *S. 344:* Schultes und Hofmann 1987.